BUCHNERS KOLLEG
THEMEN GESCHICHTE

Das deutsch-polnische Verhältnis

Wurzeln unserer Identität

C.C.Buchner Verlag

Buchners Kolleg. Themen Geschichte.

Das deutsch-polnische Verhältnis

Wurzeln unserer Identität

Unterrichtswerk für die Oberstufe

Bearbeitet von Boris Barth, Stephan Kohser, Heike Krause-Leipoldt, Thomas Ott, Markus Reinbold, Reiner Schell und Hartmann Wunderer

Zu diesem Lehrwerk sind erhältlich:
- Digitales Lehrermaterial **click & teach** Einzellizenz, Bestell-Nr. 322531
- Digitales Lehrermaterial **click & teach** Box (Karte mit Freischaltcode), ISBN 978-3-661-32253-7

Weitere Materialien finden Sie unter www.ccbuchner.de.

Dieser Titel ist auch als digitale Ausgabe **click & study** unter www.ccbuchner.de erhältlich.

1. Auflage, 1. Druck 2020
Alle Drucke dieser Auflage sind, weil untereinander unverändert, nebeneinander benutzbar.

Das Werk folgt der reformierten Rechtschreibung und Zeichensetzung. Ausnahmen bilden Texte, bei denen künstlerische, philologische oder lizenzrechtliche Gründe einer Änderung entgegenstehen.

Auf verschiedenen Seiten dieses Buches finden sich Mediencodes. Sie verweisen auf optionale Unterrichtsmaterialien und Internetadressen (Links).
Haftungshinweis: Trotz sorgfältiger inhaltlicher Kontrolle wird die Haftung für die Inhalte externer Seiten ausgeschlossen.

Redaktion: Stefanie Witt
Korrektorat: Kerstin Schulbert
Layout, Satz, Umschlaggestaltung und Grafiken: mgo360 GmbH & Co. KG, Bamberg
Karten: ARTBOX Grafik und Satz GmbH, Bremen
Druck und Bindung: mgo360 GmbH & Co. KG, Bamberg

www.ccbuchner.de

ISBN 978-3-661-**32203**-2

Anforderungsbereich III (Reflexion und Problemlösung)

Er umfasst den kritischen und reflektierten Umgang mit neuen Problemstellungen, den eingesetzten Methoden und den gewonnenen Erkenntnissen. Ziel sind eigenständige Begründungen, Folgerungen, Deutungen und Wertungen.

beurteilen

den Stellenwert von Sachverhalten oder Prozessen in einem Zusammenhang bestimmen, um kriterienorientiert zu einem begründeten Sachurteil zu gelangen

entwickeln

zu einem Sachverhalt oder zu einer Problemstellung eine Einschätzung, ein Lösungsmodell, eine Gegenposition oder ein begründetes Lösungskonzept darlegen

erörtern

zu einer vorgegebenen Problemstellung eine reflektierte, abwägende Auseinandersetzung führen und zu einem begründeten Sach- und/oder Werturteil kommen

sich auseinandersetzen

zu einem Sachverhalt, einem Konzept, einer Problemstellung oder einer These usw. eine Argumentation → *entwickeln*, die zu einem begründeten Sach- und/oder Werturteil führt

Stellung nehmen

Beurteilung (→ *beurteilen*) mit zusätzlicher Reflexion individueller, sachbezogener und/oder politischer Wertmaßstäbe, die Pluralität gewährleisten und zu einem begründeten eigenen Werturteil führen

überprüfen

Inhalte, Sachverhalte, Vermutungen oder Hypothesen auf der Grundlage eigener Kenntnisse oder mithilfe zusätzlicher Materialien auf ihre sachliche Richtigkeit bzw. auf ihre innere Logik hin untersuchen

Operator, der Leistungen in allen drei Anforderungsbereichen verlangt:

interpretieren

Sinnzusammenhänge aus Quellen erschließen und ein begründetes Sachurteil oder eine Stellungnahme abgeben, die auf einer Analyse beruhen

Operatoren zusammengestellt nach: http://db2.nibis.de/1db/cuvo/datei/ge_go_kc_druck_2017.pdf (Zugriff: 11. November 2019)

Tipps für den richtigen Umgang mit den Operatoren und den Aufgaben im Buch:

• Nützliche Erklärungen zu den einzelnen Operatoren bietet die Übersicht auf Seite 178 bis 185.
• Zu Aufgaben, die mit einem H (= Helfen) oder F (= Fordern) gekennzeichnet sind, finden Sie im Anhang auf Seite 196 bis 199 Hinweise und weitere Informationen.

Gewusst wie: Lerntipps fürs Abitur!

Kennen Sie das auch: Sie stehen kurz vor der Abiturprüfung und wissen nicht, wie Sie sich die ganze Stofffülle merken sollen? Typische Eselsbrücken aus dem Geschichtsunterricht wie „Sieben, fünf, drei – Rom schlüpft aus dem Ei" oder „Zehn, sieben, sieben – Heinrich muss nach Canossa schieben" helfen beim Abitur nur bedingt weiter. Daher wollen wir Ihnen auf dieser Seite ein paar ausgewählte Techniken und Hilfen vorstellen, mit denen Sie sich den Lernstoff besser aneignen können.

Lerntipp 1

Was hat mein Stuhl mit der konstitutionellen Monarchie zu tun?

Stellen Sie sich folgende Situation vor: Sie gehen durch Ihr Zimmer und legen gedanklich an bestimmten Orten jeweils eine Information zu den Hauptphasen der Französischen Revolution ab. Wie soll das funktionieren? Ganz einfach! Hier ein Beispiel: Stuhl – Konstitutionelle Monarchie, Schreibtisch – Republik und „Schreckensherrschaft", Regal – Direktorium. Ausgewählte **Orte** werden also mit verschiedenen **Inhalten** verbunden. Und nicht nur das. Sie sind zudem durch kleine **Geschichten** miteinander zu verknüpfen. Der Fantasie sind dabei keine Grenzen gesetzt. Am Beispiel des Stuhles kann das Ganze dann so aussehen: Eigentlich bräuchte ich dringend einen neuen Stuhl. Seine „Konstitution" ist nicht mehr gut. Lieber würde ich wie ein „Monarch" auf einem neuen Stuhl thronen (= Konstitutionelle Monarchie).

Zudem ist es wichtig, dass der von Ihnen festgelegte Weg in der richtigen **Abfolge** wiederholt wird, um sich die Begriffe dauerhaft merken zu können. Dabei müssen Sie Ihre Route im Zimmer nicht immer selbst abschreiten, sondern können diese auch in Gedanken durchlaufen.

Lerntipp 2

Werden Sie kreativ und fertigen Sie Gedankenlandkarten an!

Bei dieser Methode geht es darum, Ihre Gedanken zu einem Thema aufs Papier zu bringen. Die Gedankenlandkarten – auch **Mindmaps** genannt – helfen Ihnen, Ideen zu ordnen, übersichtlich darzustellen und Wissen zu verknüpfen. Welche Schritte bei der Gestaltung einer Mindmap zu beachten sind, finden Sie unter dem Code **32203-25**. Im Internet gibt es übrigens kostenlose **Programme** (z. B.: Free Mind, FreePlane und Mindmapping), mit denen sich ganz einfach und schnell Mindmaps kreieren lassen.

Lerntipp 3

Reden ist Silber, Schweigen ist Gold – stimmt das überhaupt?

Das bekannte Sprichwort kann beim Lernen ignoriert werden. Hier ist es sogar ratsam, über das Gelernte zu sprechen. **Erzählen** Sie einem Freund oder Familienmitglied von dem Thema, mit dem Sie sich gerade beschäftigen. Ein guter Nebeneffekt ist, dass Sie sich damit auch testen, ob Sie alles verstanden haben. Sie können natürlich auch kleine Gruppen mit Ihren Mitschülern bilden und sich gegenseitig abfragen. Lernen Sie lieber alleine, hilft auch **halblautes oder lautes Üben** beim Einprägen neuer Informationen.

Lerntipp 4

Merke: Wiederholung macht den Meister!

Die Themenvielfalt, die Sie für das Abitur beherrschen sollen, ist nicht gerade gering. Daher sollten Sie es unbedingt vermeiden, sich zu überfordern und zu viel auf einmal zu lernen. Effizienter ist es, sich den Lernstoff vorab in **überschaubare Einheiten** einzuteilen und das angeeignete Wissen **regelmäßig zu wiederholen**. Nach nur einmaligem Lernen ist die Wahrscheinlichkeit nämlich hoch, in wenigen Tagen die Hälfte davon wieder zu vergessen. Erst durch häufige Wiederholungen prägen sich die Informationen auch dauerhaft ins Gedächtnis ein.

Weitere Tipps: Verschiedene YouTube-Videos zu Lern- und Merktechniken, darunter auch welche Lernfehler unbedingt vermieden werden sollten und wie man sich am besten Zahlen merken kann, haben wir für Sie unter dem Code **32203-01** zusammengestellt.

vorne und hinten im Buch: Auf einen Blick: Anforderungsbereiche und Operatoren, Lerntipps fürs Abitur, Quellen und Methoden, Präsentationsformen

Hinweis: Die Inhalte des vorliegenden Lehrwerkes sind auf Kurse mit erhöhtem Anforderungsniveau abgestimmt. Bei den Arbeitsfragen zu den (Text-)Materialien finden Sie Vorschläge, wie Kurse auf grundlegendem Anforderungsniveau mit dem Band unterrichtet werden können. Die Aufgaben für die gA-Kurse sind speziell durch einen Unterstrich gekennzeichnet (z. B. **1.**, **2.**, **3.**, **4.**).

Zur Arbeit mit dem Buch

Das vorliegende **Lern- und Arbeitsbuch** wurde eigens nach den Vorgaben des Kerncurriculums für Niedersachsen und den fachbezogenen Hinweisen zur schriftlichen Abiturprüfung konzipiert.

Einführungsseiten
leiten mit problemorientierten Bildern und Texten, einer **Lernstandserhebung** sowie den **Kompetenzerwartungen** in das Rahmenthema ein.

Orientierungsseiten
informieren überblicksartig über die Themen des **Pflichtmoduls** (blau) bzw. der **Wahlmodule** (grün). Die Doppelseite umfasst ein Auftaktbild, einen kurzen Text zum Einstieg ins Thema, die **Lerninhalte** des jeweiligen Moduls sowie eine **Chronologie** mit zentralen Daten und Fakten.

Darstellungen
vermitteln ein Verständnis für historische Zusammenhänge und Strukturen. Sie sind mit den Materialien durch Querverweise vernetzt. (→M1, →M2 etc.) Die Randspalte enthält **Namens- und Begriffserklärungen**, weiterführende **Internettipps** sowie Hinweise auf „**A**nimierte **K**arten" und „**G**eschichte **I**n **C**lips". Um die Filme, Karten und Tipps abzurufen, geben Sie im Suchfeld auf www.ccbuchner.de den im Buch genannten **Mediencode** (z. B. 32203-01) ein oder steuern Sie die digitalen Inhalte direkt über die **QR-Codes** an.

Materialien

vertiefen zentrale Themenaspekte und stellen kontroverse Sichtweisen dar. Die Aufgaben sind farblich je nach **Anforderungsbereich** gekennzeichnet. Erläuterungen dazu stehen ganz vorne im Buch. Tipps zum richtigen **Umgang mit den Operatoren** finden Sie ab Seite 178. Über Angebote zum Helfen (**H**) und Fordern (**F**) informiert Seite 196 ff.

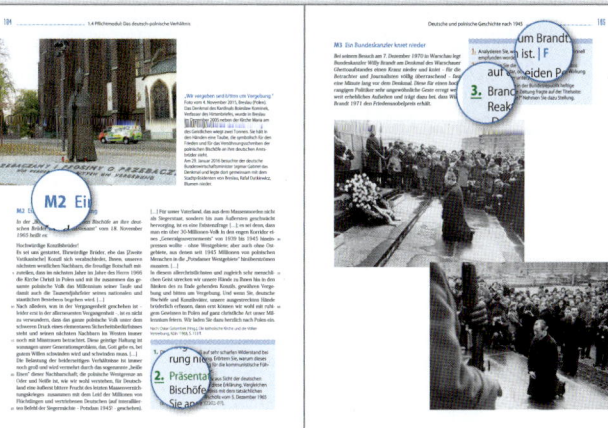

Weitere Hinweise

- Aufgaben, die eine **Partner-/Gruppenarbeit** sowie spezifische **Präsentationsformen** erfordern, sind zusätzlich ausgewiesen.
- Aufgaben für **gA-Kurse** sind durch einen Unterstrich gekennzeichnet.

Kernmodule

sind **rot** gekennzeichnet. Sie behandeln **historische Theorien und Erklärungsmodelle** und vernetzen zum Teil die Kapitel durch Querverweise und Aufgaben miteinander.

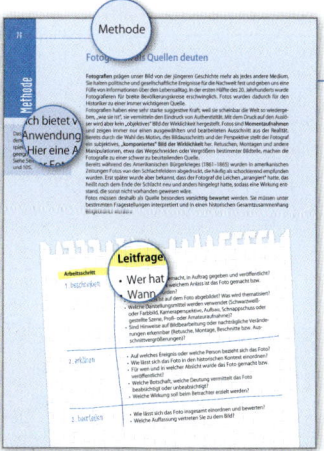

Methoden

erläutern **historische Arbeitstechniken** für die eigenständige Erarbeitung und Wiederholung an einem konkreten Beispiel. Die **Musterlösungen** können Sie auf Seite 191 bis 195 nachlesen. Zudem finden Sie hinten im Buch grundlegende **Hinweise zur methodischen Arbeit**.

Geschichte kontrovers

präsentiert Standpunkte vornehmlich von Fachwissenschaftlern, die zur Diskussion anregen und die eigene **Urteilskompetenz** fördern sollen.

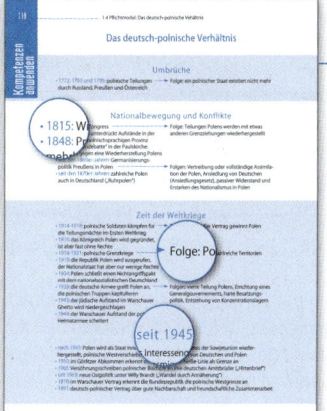

Kompetenzen anwenden

Auf dieser Doppelseite fassen **Schaubilder** die wesentlichen Lerninhalte des Kapitels zusammen. Mithilfe von **Materialien** und Arbeitsaufträgen können das erworbene Wissen und die angeeigneten methodischen Kenntnisse getestet werden.

Deutschland zu Gast in Polen.
Foto vom Juni 2016.
Die polnische Ministerpräsidentin Beata Szydło empfing den damaligen Bundes-
präsident Joachim Gauck anlässlich der Feierlichkeiten zum 25-jährigen Bestehen
des deutsch-polnischen Vertrages über gute Nachbarschaft und freundschaftliche
Zusammenarbeit in Warschau.

Demonstration für Europa.
Foto vom März 2017.
Mitglieder der überparteilichen Bürgerinitiative „Pulse
of Europe" versammelten sich im März 2017 auf
dem Berliner Gendarmenmarkt, um für Europa und die
Europäische Union zu demonstrieren. Die Luftballon-
zahl „60" erinnert an den 60. Jahrestag der Römischen
Verträge.

Schulbesuch in Weimar.
Foto vom Februar 2019.
Die Schülerin Kiki Camilla Manig traf Bundespräsident Frank-Walter
Steinmeier in der Weimarer Parkschule. Steinmeier besuchte den Kunst-
unterricht einer 9. Klasse am Rande des 100-jährigen Jubiläums der
Weimarer Verfassung. Im Hintergrund sind Bilder von Persönlichkeiten
der Weimarer Republik zu erkennen.

1. Wurzeln unserer Identität

Wo kommen wir her? Diese Frage ist für den Einzelnen wie für Gruppen von zentraler Bedeutung, und zwar im religiösen wie im kulturellen und historischen Sinne. Unsere ethnische und weltanschauliche Zugehörigkeit, unsere regionalen und sozialen Wurzeln haben einen tiefen Einfluss auf unser Denken und Handeln. Gleichzeitig sind diese Identitäten Brüchen unterworfen, die mit unseren individuellen Lebenswegen zusammenhängen. Dementsprechend lassen sich geschichtliche Ereignisse viel leichter verstehen, wenn wir wissen, welche Personen und Gruppen daran beteiligt waren – und es bis heute sind, denn das Beharren wie auch Wandel und Umbruch sind nicht nur Komponenten der Vergangenheit, sondern betreffen uns ebenso in unseren aktuellen Lebensumständen. Dieses Rahmenthema unterstützt Sie dabei, sich Ihrer Identität und der großen Zusammenhänge bewusster zu werden.

Kompetenzen

Am Ende des Rahmenthemas sollten Sie Folgendes können:

… die Grundlagen einer deutschen Identität sowie deren mentalitätsgeschichtliche und ideologische Voraussetzungen analysieren und sich damit auseinandersetzen.

… Ausprägungen und Veränderungsprozesse im kollektiven Selbstverständnis der Menschen in Deutschland erläutern.

… sich mit Erscheinungsformen nationalen Denkens und Selbstverständnisses sowie deren Auswirkungen bis in die Gegenwart auseinandersetzen.

Was wissen und können Sie schon?

Teilen Sie den Kurs in kleine Gruppen ein und bearbeiten Sie mithilfe der drei Fotografien folgende Aufgaben. Stellen Sie die Gruppenergebnisse anschließend im Kurs vor.

1. Beschreiben Sie die Bildinhalte: Wer oder was ist dargestellt? Was wird thematisiert?

2. Ordnen Sie die drei Bilder in den historischen Kontext ein. Auf welche Ereignisse bzw. Sachverhalte beziehen sich die Fotos? Wann fanden sie statt und welche historische Bedeutung haben sie?

3. Erklären Sie, was Sie allgemein unter dem Begriff „Identität" verstehen.

4. Präsentation: Stellen Sie in einer Tabelle „nationale Identität" und „europäische Identität" gegenüber. Erarbeiten Sie für jede Spalte Merkmale der jeweiligen Identität.

1.1 Kernmodul: Nation – Begriff und Mythos

Ein Mythos entsteht: die Schlacht bei Tannenberg | Im Jahre 1410 fand bei *Tannen-berg* (polnisch Grunwald) eine große Schlacht zwischen einem Heer der Ordensritter und einer litauisch-polnischen Armee statt, die letztere gewann. Danach war die Schlacht fast 500 Jahre lang quasi vergessen worden, auch deshalb, weil sie fast keine politischen Konsequenzen gehabt hatte. Noch zu Beginn des 19. Jahrhunderts spielten in Preußen die Schlacht und die Erinnerung an die Ordensritter nahezu keine Rolle. Die am Ufer der Nogat gelegene Marienburg, der ehemalige Sitz der Ordensritter, diente nicht als Erinnerungsort, sondern als Getreidespeicher. Erst in der zweiten Hälfte des 19. Jahrhunderts änderte sich diese Sicht auf die Vergangenheit grundlegend.

Mehrere Historiker betonen, dass häufig mit scharf polarisierenden Paaren von Begriffen gearbeitet wurde. Auf der einen Seite standen die Deutschen, auf der anderen die Polen. Die Gegensätze waren etwa das (kultur)geografische Abendland und der kulturlose Osten, die zivilisatorische Bildung und die Barbarei, die sittliche Ritterlichkeit und der Frevel oder die mentale Disziplin und die Anarchie. Der ansonsten hoch ange-sehene deutsche Historiker *Heinrich von Treitschke* (1834–1896) popularisierte auf diese Weise das Bild der Schlacht bei Tannenberg. Eine große Rolle in der deutschen Literatur spielte auch die christliche Missionstätigkeit der Ordensritter im Osten. Dabei wurde aber häufig übersehen, dass das mittelalterliche Polen bereits seit dem 10./11. Jahrhundert christianisiert war, die Ritter also keineswegs gegen einen heidni-schen Osten gekämpft hatten.

Sehr viel mehr noch als in Deutschland befassten sich polnische Schriftsteller mit der Schlacht bei Grunwald. Der Roman „Die Kreuzritter", 1900 verfasst von *Henryk Sienkiewicz* (1846–1916), der 1905 den Nobelpreis für Literatur erhielt, wurde zu einem Bestseller. Hier wurden sehr ähnliche Stereotype verwendet, nur in umgekehrter Weise: Dem edlen Polen standen hier die hochmütigen Ordensritter gegenüber. Auch in den folgenden Jahren wurde diese Polarisierung bei anderen Autoren konsequent beibe-halten. Der polnische König ist bescheiden, friedliebend, fromm und gerecht, die Kreuzritter sind eingebildet, menschenverachtend, hochmütig, machtgierig und brutal.

Tannenberg im Spiegel von Denkmälern und Gedenkfeiern | 1901 wurde auf dem ehemaligen Schlachtfeld von Tannenberg ein zweieinhalb Meter hoher Granitblock aufgestellt. Die Aufschrift lautete: „Im Kampf für deutsches Wesen, deutsches Recht starb hier der Hochmeister Ulrich von Jungingen am 15. Juli 1410 den Heldentod." 1902 fand in der restaurierten Marienburg ein Fest des Johanniterordens statt, bei der Kaiser Wilhelm II. eine scharfe antipolnische Rede hielt.

Die polnische Seite reagierte sofort. Nach ei-ner Pressekampagne erinnerten Feiern in zahlrei-chen Orten an den polnischen Sieg gegen die Ritter. Den Höhepunkt erreichten die polnischen Feiern im Jahr 1910, als das 500-jährige Jubiläum der Schlacht als ein polnischer Nationalfeiertag begangen wurde. In zahlreichen Kirchen fanden Dankgottesdienste statt, und in Krakau wurden zentrale dreitägige Feiern abgehalten, zu denen etwa 150 000 Menschen anreisten. Reden, Para-den, Theateraufführungen, Ausstellungen und Volksfeste fanden statt, und auf dem zentralen Matejko-Platz wurde ein 24 Meter hohes Denkmal enthüllt, das der berühmte polnische Pianist *Ignacy Jan Paderewski* (1860–1941) gespendet hatte. Es zeigte König *Wladyslaw II.* (1362–1434) auf einem Pferd, zu seinen Füßen lag der erschla-

Hinweis: Zum Begriff „Nation" siehe vor allem das Kapitel „Nationen und Nationalstaatsbildung" auf den Seiten 28 bis 32.

Das Tannenberg-Denkmal aus der Luftperspektive.
Foto von 1931.
Das Foto wurde von einem Zeppelin aus aufgenommen. Das Oktogon (Achteck) symbolisiert einerseits eine Burg, nimmt also Bezug auf die mittel-alterliche Schlacht. Andererseits stellt es auch eine Anspielung auf die „Dolchstoßlegende" (siehe Seite 119) dar, weil die Front bzw. das Mauer-werk nach außen hin unzerbrochen steht, so wie auch angeblich die Front 1918 bis zuletzt gehalten habe.

gene deutsche Großmeister, und die Inschrift lautete: „Den Urvätern zum Ruhm, den Brüdern zur Ermutigung".

Nachdem 1914 zu Beginn des Ersten Weltkrieges bei den Masurischen Seen eine russische Armee in Ostpreußen vernichtend geschlagen worden war, wurde diese Schlacht nach dem Vorschlag *Paul von Hindenburgs* (1847–1934)[1] erneut nach dem kleinen Ort Tannenberg benannt. Nach dem Ende des Ersten Weltkrieges wurde an dieser Stelle zwischen 1924 und 1927 ein gigantisches deutsches Denkmal errichtet, das die Funktion eines nationalen Ehrenmales erhalten sollte (→ M1 bis M6).

Trauerfeier für Paul von Hindenburg.
Foto vom 7. August 1934.
Nach Hindenburgs Tod verfügte Adolf Hitler, dass das Denkmal zu einem Mausoleum für den toten Helden von Tannenberg werden sollte. Das Tannenberg-Nationaldenkmal wurde in ein Reichsehrenmal umgetauft. Der Versuch, es zu einem Kriegerdenkmal für die ganze Nation zu machen, scheiterte indes. In den 1930er-Jahren war es höchstens eine Touristenattraktion, aber nie ein zentraler Gedenkort. 1945 zerstörten es die Russen auf ihrem Weg nach Berlin.

▶ Erörtern Sie, ob das Foto Ausdruck einer Mythisierung von Tannenberg beziehungsweise der Person Paul von Hindenburgs ist.

_____

[1] Informationen über Paul von Hindenburg finden Sie auf Seite 114.

M1 Funktion nationaler Mythen

Der deutsche Politikwissenschaftler Herfried Münkler (*1951) schreibt:

Nationalmythen beschwören Gestalten der Vergangenheit, um Zukunft zu garantieren. Sie erheben den Anspruch, die Geschichte der Nation nicht nur zu deuten, sondern ihren Fortgang auch zu strukturieren. Dazu müssen sie freilich
5 zwei große Herausforderungen bewältigen: Sie müssen die Komplexität des Geschehens reduzieren und dieses ethischen und ästhetischen Vorstellungen anpassen, und sie müssen den Schrecken der Kontingenz[1] wegzählen, also die Furcht besänftigen, die nationale Geschichte sei wo-
10 möglich nur eine bedeutungslose Episode der Weltgeschichte. Indem sie diesen beiden Anforderungen genügen, stiften Nationalmythen Vertrauen und Zuversicht, dass die Nation die groß und bedrohlich vor ihr stehende Zukunft meistern werde. Barbarossa, der schlafende Kaiser, wird
15 wiederkehren und das Reich in all seiner Macht und Herrlichkeit neu errichten; Siegfried, der stolze Held, wird alle anderen überstrahlen, und der forschende Gelehrte Faust wird die Welt verändern und beherrschen. So werden Nationalmythen zu Interpunktionen und Ligaturen[2] im Fluss
20 der Zeit.

Herfried Münkler, Die Deutschen und ihre Mythen, Berlin ³2009, S. 33

1. Fassen Sie mit eigenen Worten zusammen, was Münkler unter nationalen Mythen und ihren Funktionen versteht.
2. Informieren Sie sich im Internet, inwieweit Barbarossa, Siegfried und Faust in Deutschland nationale Mythen dargestellt haben und eventuell auch noch darstellen.
3. Präsentation: Recherchieren Sie im Internet und/oder in Fachbüchern nach weiteren nationalen Mythen in Europa und in den USA. Stellen Sie diese anschließend in einem Kurzreferat vor.
4. Analysieren Sie, welche Voraussetzungen bestehen müssen, damit Persönlichkeiten oder Orte der Vergangenheit zu nationalen Mythen werden können.
5. Präsentation: Entwickeln Sie ausgehend von Ihren Ergebnissen der vorherigen Arbeitsfragen eine eigene Definition von nationalen Mythen, ihren Funktionen und ihren Erscheinungsformen.

M2 Geschichte, Mythologisierung und Nationsbildung

Der polnische Historiker Piotr Przybyła bemerkt:

Die Geschichtswissenschaft hatte im 19. Jahrhundert zwei übergreifende Ziele verfolgt: Die Etablierung ihrer selbst als wissenschaftliche Disziplin und die imaginative Fundierung der Nation und des Nationalstaates. „Wir Historiker haben vor allem unserm Volk und unserm Staat den Dienst 5 zu leisten, dass sie durch unsere Arbeit das Bild ihrer selbst gewinnen und darin die lebendigen Momente ihrer Politik", formulierte Johann Gustav Droysen[3] das letztere Anliegen. Anders als die Staatsnation (Frankreich, Großbritannien), deren primäre Konstituenten und Ordnungsprinzipien 10 strukturellen Charakters sind (z. B. die Verfassung oder ein bestimmtes und anerkanntes Territorium), greift die Kulturnation stärker auf imaginative (mitunter imaginäre) Größen zurück – die „gesellschaftliche Konstruktion der Nation geschieht in ihren Selbstbildern", heißt es in einem 15 pointierten Satz von Dieter Langewiesche[4]. Das Selbstbild entsteht im Spannungsfeld von Gleichheit und Distinktion[5]: „Die Mitglieder der Nation und des Nationalstaates werden […] durch historische Merkmale ausgezeichnet, die ihnen nach außen Distinktion, nach innen Identität vermitteln 20 und der neuen Ordnung als Ganzes Legitimation durch Geschichte verleihen." (Andreas Suter) […]
Das Medienspektrum, auf das die Nation zurückgreifen kann, ist denkbar breit. Der tschechische Nationalismusforscher Miroslav Hroch nennt in diesem Kontext u. a. Sym- 25 bole, Denkmäler, Feste, Räume und unterstreicht dabei […] die Rolle der Emotion.

Piotr Przybyła, 1410, „gedächtnisfrisch". Deutsche und polnische Tannenberg/ Grunwald-Imaginationen zwischen Geschichte und Gedächtnis (1789–1914), in: Izabela Surynt und Marek Zybura (Hrsg.), Narrative des Nationalen. Deutsche und polnische Nationsdiskurse im 19. und 20. Jahrhundert, Osnabrück 2010, S. 159–180, hier S. 160f.

1. Geben Sie mit eigenen Worten den Unterschied von Staatsnationen und Kulturnation wieder.
2. Ergänzen Sie weitere Medien bzw. Erinnerungsformen, auf die die Nation zurückgreifen kann (vgl. Zeile 23 bis 27). Ordnen Sie diesen jeweils ein konkretes Beispiel zum Thema „Der Erste Weltkrieg im europäischen Gedächtnis" zu. Sie können dazu das Internet nutzen. Berücksichtigen Sie dabei auch das aktuelle Gedenken (Stichwort: 100 Jahre Erster Weltkrieg).
3. Vergleichen Sie diesen Text mit M1. Berücksichtigen Sie dabei, welchen Zusammenhang die beiden Autoren zwischen Geschichte und nationaler Mythenbildung herstellen.

---

[3] **Johann Gustav Droysen** (1808–1884): deutscher Historiker, 1848/49 Mitglied der Nationalversammlung in Frankfurt am Main
[4] **Dieter Langewiesche** (*1943): deutscher Historiker
[5] **Distinktion**: Unterscheidung, Abheben

---

[1] **Kontingenz**: die prinzipielle Offenheit einer Situation
[2] **Ligaturen**: Verbindungen

M3 Was haben Arminius, Luther und die „Stunde Null" gemein?

Die Historikerin Heidi Hein-Kircher (*1969) definiert 2009 anlässlich des zweitausendjährigen Jubiläums der Varusschlacht in einem Aufsatz politische Mythen und ihre Funktion:

Unter einem Mythos ist eine sinnstiftende Erzählung zu verstehen, die Unbekanntes oder schwer zu Erklärendes vereinfacht mit Bekanntem erklären will. Er entflechtet schwer oder gar nicht erklärbare Vorgänge und stellt sie
5 auf einfache Weise dar, wobei mythisches Denken auf einem Raster apriorischer Prämissen[1] beruht. [...] Eine Gesellschaft besitzt daher zahlreiche, häufig miteinander vernetzte und voneinander abhängige politische Mythen; zumeist bilden politische Mythen ein sich ergänzendes
10 und aufeinander aufbauendes Mosaik, so ist der Arminius-mythos nicht ohne den im 19. Jahrhundert entstandenen Germanenmythos zu verstehen. [...]
So gibt es Gründungs- und Ursprungsmythen, Mythen [...] der Beglaubigung und Verklärung, wobei aber der politi-
15 sche Gründungsmythos letztlich eine alle anderen umfas-sende Kategorie ist, da jeder Mythos in seinem Kern über den Sinn und das Entstehen einer Gemeinschaft berichtet. Er behandelt eben nicht irgendeine Person oder irgendein Ereignis, sondern *die* Person, die nach der Interpretation
20 des Mythos einen grundlegenden Beitrag zur Entstehung der Gemeinschaft oder des Gemeinwesens geleistet hat, *das* Schlüsselereignis, das zu deren bzw. dessen Gründung führte, oder *den* Raum, der wesentlich für die Definition des eigenen Territoriums ist. So thematisiert der Varusschlacht-
25 mythos den „Wendepunkt der Geschichte Europas" [...], sodass er heute als Ausgangspunkt für das Werden Europas gesehen wird, während er im 19. Jahrhundert für die Iden-titätsbildung der deutschen Nation von fundamentaler Be-deutung war. In einem engen Zusammenhang steht eine
30 andere Perspektive, nämlich der Blick auf die „Botschaft" politischer Mythen. Sie behandeln einen Erfolg, Niederlage/ Verlust und/oder Opfer, wobei Letztere auch im Sinne der historischen „Leistungsschau" interpretiert werden. So re-sultiert die „Stunde Null" aus der vernichtenden Niederlage
35 Nazi-Deutschlands im Zweiten Weltkrieg. [...]
Politische Mythen behandeln nur das, was für die jeweilige Gesellschaft konstitutiv[2] und von Bedeutung ist. Diese im Mythos erzählten Bilder repräsentieren die Werte, Ziele und Wünsche einer sozialen Gruppe. Sie beglaubigen ihre
40 grundlegenden Werte, Ideen und Verhaltensweisen, weil sie die historischen Vorgänge aus ihrer Sicht und in ihrem Sinne interpretieren, sodass diese durch die Erzählung einer geschichtlich wirksamen Einheit zusammengebunden wird. Daher geben politische Mythen nationalen und nicht-nati-
45 onalen (Massen-)Gesellschaften bzw. Gruppen Sinn, bei-

Zur Enthüllungsfeier des Hermannsdenkmals am 16. August 1875.
Holzschnitt aus der Zeitschrift „Kladderadatsch" vom 15. August 1875. Arminius und Martin Luther vor dem Petersdom „gegen Rom". Arminius: „Ich habe gesiegt!" Luther: „Ich werde siegen!"

▶ Erläutern Sie die Aussage des Holzschnitts. Warum werden hier Arminius und Luther „gegen Rom" dargestellt? Recherchieren Sie dazu zum nationalen Luthermythos und zum „Kulturkampf".

spielsweise ist etwa der Mythos von „Luther auf der Wart-burg" prägend für protestantische Identität geworden. [...] Eine solche Identitätsbildung ist jedoch nur möglich, wenn zugleich eine Abgrenzung nach außen, zu anderen Gruppen hin, stattfindet. Auch dies wird durch Mythen geleistet, weil 50 sie kennzeichnen, wer zur Gruppe gehört und wer nicht. Dies geschieht, indem Mythen immer den Gegensatz zwi-schen „gut", also „eigen/selbst", und „böse", also „die ande-ren", schaffen. [...] Insofern ist ein Mythos auch ein Mittel zur Selbstdarstellung nach innen und außen, etwa indem 55 die Varusschlacht eindeutig auf die Stärke der „Germanen" und damit der dem Mythos folgenden Gruppe, der deut-schen Nation, hinweist. Mit dieser Funktion geht die inte-grative Rolle politischer Mythen einher. [...]

---

[1] apriorische Prämisse: vorherige Annahme
[2] konstitutiv: bestimmend

Darüber hinaus können, wie es der Germanenmythos zeigt, politische Mythen zu Elementen von Ideologien werden und auch als deren Essenz, Umschreibung oder Erklärung dienen. Auf diese Weise wird das gegenwärtige politische
⁶⁰ Handeln, werden territoriale Machtansprüche, Krieg und
⁶⁵ damit auch die herrschende Gruppe gerechtfertigt. Denn durch einen politischen Mythos werden diejenigen, die ihn „erfunden" haben und ihn fördern, vom Glanz der im Mythos dargestellten Leistung bestrahlt.

Heidi Hein-Kircher, Zur Definition, Vermittlung und Funktion von politischen Mythen, in: Landesverband Lippe (Hrsg.), 2000 Jahre Varusschlacht – Mythos, Stuttgart 2009, S. 149–154, hier S. 149 und 151–154

---

1. Definieren Sie den Begriff „politischer Mythos". Erläutern Sie dessen Funktion am Beispiel des Varusschlacht- bzw. Arminiusmythos.
2. Analysieren Sie anhand des Textes und auf der Grundlage ergänzender Recherchen, was Arminius, Luther und die „Stunde Null" gemeinsam haben. Ziehen Sie auch die Abbildung auf Seite 11 hinzu.

M4 Der Tannenberg-Mythos

Der deutsche Historiker Hans-Jürgen Bömelburg (*1961) stellt fest:

Eine erste Konjunktur erlebte der Tannenberg-Mythos seit der deutschen Reichsgründung 1870 durch Persönlichkeiten mit öffentlicher Ausstrahlung wie den Berliner Historiker Heinrich von Treitschke oder den Schriftsteller Ernst
⁵ Wichert [...]. Treitschke oder Wichert schrieben dem Deutschen Orden eine deutsche Zivilisierungsmission zu und sahen in ihm einen Vorposten gegen die „slawische Flut", eine Vorstellung, die nach 1870 auch den deutschen Zeitgeist mit seinen Germanisierungszielen in den sogenannten
¹⁰ „Ostmarken" traf. Heinrich von Plauen, der Deutschmeis-

ter[1], der nach der Niederlage von Tannenberg den polnisch-litauischen Armeen Widerstand leistete, war eine programmatische Figur, die das Heldentum der Ordensritter verkörperte.

Auf der polnischen Seite entstanden parallel Bilder und
¹⁵ Texte, die zum Aufbau einer Identität der Nation ohne Staat auf den Sieg in der Schlacht bei Grunwald zurückgriffen und damit das nationale Selbstbewusstsein kräftigen wollten. Den Anfang machte das monumentale Grunwald-Bild des Krakauer Malers Jan Matejko (1878), das dank seines
²⁰ komplexen Figurenpanoramas den Zeitgenossen half, die Ereignisse neu zu entdecken und zu ordnen [...]. Ordensritterromane [...] popularisierten eine heroische Sicht auf die nationale Geschichte und kräftigten die damals, um 1900, deutlich unterlegenen polnischen Eliten in ihrem
²⁵ Selbstbewusstsein. [...]
Der Erste Weltkrieg und die Zwischenkriegszeit sind von staatlicher Aneignung und Überformung der deutschen wie der polnischen Erinnerung gekennzeichnet. Die deutsche Benennung der ostpreußischen Kämpfe 1914 nach „Tannen-
³⁰ berg" war rein willkürlich – es hätte auch Hunderte anderer Orte gegeben, nach denen man die Schlacht hätte benennen können. Für „Tannenberg" sprach nachdrücklich der Revanche-Gedanke [...].

Hans-Jürgen Bömelburg, Vergessen neben Erinnern. Die brüchige Erinnerung an die Schlacht bei Tannenberg/Grunwald in der deutschen und polnischen Öffentlichkeit, in: Peter Oliver Loew und Christian Prunitsch (Hrsg.), Polen. Jubiläen und Debatten. Beiträge zur Erinnerungskultur, Wiesbaden 2012, S. 37–55, hier S. 38f.

---

1. Erklären Sie den Begriff „Zivilisierungsmission" (Zeile 6).
2. Analysieren Sie, wie sich anhand eines wenig bedeutsamen historischen Ereignisses sehr unterschiedliche, konkurrierende „nationale" Erinnerungskulturen bilden. **| F**
3. Erörtern Sie, warum Geschichte als Argument für nationale Bewegungen eine derartig wichtige Rolle spielte und immer noch spielt.

---

[1] **Deutschmeister**: Oberhaupt der preußischen Kreuzritter

M5 Die Schlacht bei Grunwald aus polnischer Perspektive

Der Pole Jan Matejko (1838–1893) malt das rund vier Meter breite und fast zehn Meter lange Ölgemälde in den 1870er-Jahren. Das Monumentalgemälde verbindet verschiedene Szenen miteinander: Links von der Bildmitte ist der Tod von Ulrich von Jungingen, dem Hochmeister des Deutschen Ordens, zu erkennen. In der rechten Bildhälfte wird der polnische König auf einem Hügel dargestellt. Im Zentrum des Bildes befindet sich der litauische Großfürst Vytautas der Große, der sein Schwert in die Höhe streckt.

1. Beschreiben Sie die mögliche Wirkung des Gemäldes auf den Betrachter. Beziehen Sie dabei auch die Größe des Bildes mit ein.
2. Charakterisieren Sie einzelne Personengruppen und deren Beziehungen zueinander. Berücksichtigen Sie dabei auch die Mimik, Gestik und Haltung ausgewählter Personen.
3. Präsentation: Entwickeln Sie ausgehend von dem Bild Hypothesen über den Charakter von nationalen Mythen. | F

M6 Einweihung des Tannenberg-Denkmals

An seinem 80. Geburtstag, dem 18. September 1927, weiht Reichspräsident Paul von Hindenburg das Denkmal ein, das als „nationaler Sammlungspunkt" dienen soll. In seiner Rede sagt er unter anderem:

Die Anklage, dass Deutschland schuld sei an diesem Kriege, weisen wir, weist das deutsche Volk in allen seinen Schichten einmütig zurück! Nicht Neid, Hass oder Eroberungslust gaben uns die Waffen in die Hand. Der Krieg war uns viel-
5 mehr das äußerste, mit dem schwersten Opfer verbundene Mittel der Selbstbehauptung einer Welt von Feinden gegenüber. Reinen Herzens sind wir zur Verteidigung des Vaterlandes ausgezogen und mit reinen Händen hat das deutsche Heer das Schwert geführt. Deutschland ist jederzeit
10 bereit, dies vor unparteilischen Richtern nachzuweisen. In den zahllosen Gräbern, welche Zeichen deutschen Heldentums sind, ruhen ohne Unterschied Männer aller Parteifärbungen. Sie waren damals einig in der Liebe und in der Treue zum gemeinsamen Vaterlande. Darum möge an diesem Erinnerungsmale stets innerer Hader zerschellen; es
15 sei eine Stätte, an der sich alle die Hand reichen, welche die Liebe zum Vaterlande beseelt und denen die deutsche Ehre über alles geht.

Hindenburg gegen die Kriegsschuldlüge. Einweihung des Tannenberg-Denkmals, in: Coburger Zeitung Nr. 219 vom 20. September 1927

▶ Erläutern Sie, welche Rolle die Propaganda und die Mythenbildung bei der Weltkriegserinnerung in der Zwischenkriegszeit spielten.

1.2 Kernmodul: Deutungen des deutschen Selbstverständnisses

Das deutsche Selbstverständnis im Wandel der Zeit | Das deutsche „Selbstverständnis" hat in den letzten 200 Jahren erhebliche Wandlungen erlebt. Bis zur Mitte des 19. Jahrhunderts waren die Vorstellungen einer „Nation" eng mit dem Liberalismus verbunden. Während des Kaiserreiches wurden nationale Vorstellungen zunehmend aggressiver als zuvor, hingen eng mit dem Imperialismus zusammen und entwickelten sich langsam in Richtung auf einen Reichsnationalismus (→M1). Im Nationalsozialismus verbanden sich dann hypernationalistische Vorstellungen mit einem mörderischen Rassismus. Nach 1945 war deshalb klar, dass diese Art von Nationalismus eine Sackgasse dargestellt hatte und neue Wege beschritten werden mussten. Allzu deutlich war auch geworden, dass Nationalismus zu kriegerischen Auseinandersetzungen führen konnte, und ein erneuter Krieg in Europa mit Atomwaffen ausgetragen worden wäre. Kein Staat kommt ganz ohne ein „wir"-Gefühl aus. In welche Richtung konnten aber Nationsvorstellungen mit einem neuartigen demokratischen Selbstverständnis entwickelt werden?

Hinweis: Zum deutschen Selbstverständnis im 19. Jahrhundert siehe auch die Kapitel ab Seite 33, 46 und 56. Daneben informiert das Kapitel ab Seite 144 ausführlich über das deutsche Selbstverständnis nach 1945.

Bundesrepublik Deutschland und DDR | Die beiden deutschen Staaten, die nach 1949 entstanden, sind sehr unterschiedlich mit dieser Frage umgegangen. Die Führung der DDR betonte zunächst vor allem den Internationalismus der Arbeiterbewegung und die Tradition des Widerstandes gegen den deutschen Faschismus. Allerdings blieben die Erfolge dieser Propaganda begrenzt. Sie konnte zwar bei Aufmärschen oder bei Parteiveranstaltungen in gewisser Weise mobilisierend wirken, war aber für die breite Masse der Bevölkerung zu abstrakt und knüpfte auch zu wenig an Alltagserfahrungen an. Zudem versuchte sich die DDR in den 1950er-Jahren von Westdeutschland abzusetzen, indem der Westen als militaristisches und (halb)faschistisches System dargestellt wurde (→ M2 und M3). Anfangs stieß diese Propaganda auf einige Erfolge, weil in der Bundesrepublik tatsächlich zahlreiche ehemalige aktive Anhänger des NS-Regimes wieder öffentliche Funktionen ausübten. Langfristig war sie aber nur mäßig erfolgreich, weil in

„Deutschland – August 1914."
Ölgemälde (192 x 147 cm) von Friedrich August von Kaulbach, 1914.

▶ Beschreiben Sie die dargestellte Frauenfigur und ihre Attribute.

▶ Charakterisieren Sie die Stimmung, die das Gemälde transportiert.

▶ Arbeiten Sie heraus, welches deutsche Selbstverständnis in dem Ölgemälde deutlich wird. Berücksichtigen Sie dabei auch den historischen Kontext.

▶ Vergleichen Sie diese Germania-Darstellung mit derjenigen auf Seite 189 (M1).

▶ Präsentation: Entwickeln Sie eine moderne Germania-Darstellung, in der sich Assoziationen zur deutschen Geschichte widerspiegeln.

der DDR der westliche Rundfunk und später westliche Fernsehprogramme empfangen werden konnten, die ein völlig anderes Bild des Landes entwarfen.

In der Bundesrepublik Deutschland hingegen setzte die CDU/CSU unter *Konrad Adenauer* (1876–1967) ganz auf die europäische Karte, vor allem durch die Versöhnung mit Frankreich, während sich zunächst – wenn auch schwach ausgeprägt – Nationsvorstellungen in den 1950er-Jahren eher bei den Sozialdemokraten fanden. Diese verschwanden aber fast vollständig in den 1960er- und 70er-Jahren. Fast niemand glaubte noch ernsthaft an eine Wiedervereinigung der beiden deutschen Staaten, und die ganz überwiegende Mehrheit der bundesdeutschen Bevölkerung hatte sich mit der Spaltung Deutschlands abgefunden oder sich damit arrangiert (→M4). Trotz einzelner Wirtschaftskrisen entstand zudem im Westen einer der ökonomisch erfolgreichsten Staaten der Welt, und der stetig wachsende Wohlstand in einer Massenkonsumgesellschaft bot gute Perspektiven.

Nach 1990 | Nach der Wiedervereinigung flammten vereinzelt wieder nationalistische Vorstellungen auf, die aber keine Mehrheit in der deutschen Bevölkerung fanden (→M5). Stattdessen gab es zahlreiche Diskussionen und Debatten unter Intellektuellen und Politikern zu der Frage, welche Art von Identität in der neuen Bundesrepublik existieren würde bzw. wünschbar sei. Hier wurde eine große Zahl von ganz unterschiedlichen Ideen entwickelt. So ist beispielsweise vorgeschlagen worden, von einer *deutschen Leitkultur* zu sprechen, der sich dann Zuwanderer anzupassen hätten. Allerdings hat sich herausgestellt, dass diese Leitkultur nur sehr schwer zu definieren ist. Andere Autoren wiederum haben Vorstellungen von einer *multikulturellen Gesellschaft* entworfen, allerdings haben Gegner dieser Idee auch davor gewarnt, da „parallele" Gesellschaften entstehen könnten. Häufig ist auch versucht worden, eine neuartige spezielle Identität zu schaffen, die auf Europa und auf die Europäische Union bezogen ist. Die Idee eines *Verfassungspatriotismus* hat ebenfalls einige Anhänger gefunden: Dahinter steht die Vorstellung, einen bestimmten Stolz auf die sehr erfolgreiche bundesdeutsche Demokratie zu entwickeln (→M6).

„Tag der Deutschen Einheit."
Plakat von 2014.
Die offiziellen Feiern zum „Tag der Deutschen Einheit" werden als Bürgerfeste organisiert. Sie wechseln jährlich den Ort und werden von einer Landeshauptstadt ausgerichtet.

▶ Charakterisieren Sie das deutsche Selbstverständnis, welches das Plakat transportiert.

M1 Das Niederwald-Denkmal

Das Niederwald-Denkmal bei Rüdesheim wird nach insgesamt sechsjähriger Bauzeit 1883 in Anwesenheit von Kaiser Wilhelm I. eingeweiht. Auf einem Bergvorsprung 230 Meter über dem Rhein gelegen, ist das 38 Meter hohe Denkmal weithin sichtbar. Bei der nachstehenden Abbildung handelt es sich um ein Schulwandbild von 1890.

1. Beschreiben Sie in wenigen Worten den Aufbau des Denkmals.

2. Erklären Sie, wen die Frauengestalt auf dem Denkmalsockel darstellt und warum gerade diese Figur gewählt wurde

3. Recherchieren Sie im Internet nach weiteren allegorischen Figuren und Symbolen des Denkmals. Analysieren Sie deren Bedeutung.

4. Ordnen Sie das Denkmal in den historischen Kontext ein.

5. Erläutern Sie, welches deutsche Selbstverständnis sich in dem Denkmal widerspiegelt. | F

M2 Der 4. Jahrestag der DDR

Walter Ulbricht (1893–1973), Generalsekretär der SED, hält am 7. Oktober 1953 eine Rede zum vierjährigen Bestehen der DDR:

Wir begehen den vierten Jahrestag der Gründung der Deutschen Demokratischen Republik. Zum ersten Mal in der deutschen Geschichte ist in einem großen Teil Deutschlands der Militarismus mit der Wurzel ausgerottet und die
5 Arbeiter-und-Bauern-Macht errichtet worden.
Durch die Vernichtung der Kriegsmaschine des faschistischen deutschen Imperialismus und die Befreiung Deutschlands von der faschistischen Knechtschaft durch die heroische Sowjetarmee war es nach 1945 möglich, in einem
10 großen Teil Deutschlands die Wurzeln des Imperialismus zu beseitigen. [...] Unter Führung der Arbeiterklasse schlossen sich alle demokratischen Kräfte zusammen, um die Folgen des Hitlerkrieges zu beseitigen. [...]
In Westdeutschland hingegen wurden mithilfe der ameri-
15 kanischen, englischen und französischen Besatzungsmächte die Grundlagen des deutschen Imperialismus geschützt und wurde die Macht der Konzernherren, Bankherren und Großagrarier wieder errichtet. Auf Initiative der USA-Regierung und der westdeutschen Monopolherren
20 wurde Deutschland gespalten, um den westlichen Teil Deutschlands in die militärische Hauptbasis der USA in Europa zu verwandeln. Das Ergebnis der westdeutschen Wahlen vom 6. September[1] brachte zum Ausdruck, dass es den amerikanischen und den westdeutschen Imperialisten
25 gelungen ist, in Westdeutschland die aggressivsten Revanchepolitiker an die Macht zu bringen, die gewillt sind, im Dienst des USA-Finanzkapitals als Stoßtrupp gegen die Sowjetunion und gegen die volksdemokratischen Staaten in Europa zu kämpfen.

Walter Ulbricht, Zur Geschichte der deutschen Arbeiterbewegung, in: Ders., Reden und Aufsätze, Bd. 4, Berlin 1958, S. 650f.

---

1. Analysieren Sie, welche Art von gemeinsamer Identität Ulbricht hier mit seiner Rede schaffen will.
2. Charakterisieren Sie Ulbrichts Sprache. Untersuchen Sie dazu ausgewählte zentrale „Schlagworte".

---

[1] Die Wahlen vom 6. September waren von der CSU/CSU gewonnen worden, die daraufhin mit Konrad Adenauer wiederum den Bundeskanzler stellte.

Heinrich August Winkler. Foto von 2012.
Der 1938 in Königsberg geborene Historiker lehrte von 1991 bis 2007 an der Berliner Humboldt-Universität. Er setzte sich u.a. mit der Frage des deutschen „Sonderwegs" auseinander. Die seit den 1960er- und 70er- Jahren dominierende These besagt, dass Deutschland einen „Sonderweg" in die Moderne beschritten habe, der sich auffällig von dem anderer west- und mitteleuropäischen Staaten unterscheide. Die Ausgangsfrage lautet dabei, warum Länder wie Großbritannien und Frankreich die ökonomische und politische Krise um 1930 überstanden, während das Deutsche Reich die Demokratie aufgab und durch eine totalitäre Diktatur ersetzte.
Winkler hält an der These vom deutschen „Sonderweg" auch nach 1945 fest. Er beschreibt die späte Entwicklung Deutschlands zu Nationalstaat und Demokratie als „langen Weg nach Westen", der erst mit der Wiedervereinigung 1990 zum Abschluss gekommen sei. Unter Historikern ist die „Sonderwegsthese" heute allerdings umstritten. Kritiker heben hervor, dass es den „einen" Weg zur Demokratie auch im Westen niemals gegeben habe, sondern dass sehr viele unterschiedliche Entwicklungsstränge seit dem 19. Jahrhundert zur Entstehung parlamentarischer Staaten geführt hätten. Zum deutschen „Sonderweg" siehe das Kernmodul ab Seite 20f.

M3 Sonderwege?

Der Historiker Heinrich August Winkler befasst sich mit der „Identität" der DDR:

Die DDR hatte sich in den frühen Siebzigerjahren vom Bekenntnis zur einen deutschen Nation gelöst und die Theorie von den *zwei* deutschen Nationen, der neuen sozialistischen und der alten kapitalistischen, verkündet. Die Deutsche Demokratische Republik war unter den Mitgliedsländern des 5 Warschauer Paktes der Ideologiestaat schlechthin: ein Staat ohne nationale Identität und darum mehr als alle anderen auf den „proletarischen Internationalismus" als Ersatzidentität angewiesen. *Beide* deutsche Staaten beschritten also Sonderwege: die DDR einen „internationalistischen", die Bun- 10 desrepublik einen „postnationalen". Der erste Sonderweg war eine bloße Parteidoktrin; der zweite entwickelte sich zu einem Lebensgefühl.
Die DDR betrachtete sich als Erbin des antifaschistischen Widerstands; sie bescheinigte sich eine Geburt aus dem 15 Geist dieses Widerstands und machte so den Antifaschismus zu ihrem Ursprungsmythos. In den Achtzigerjahren

wurde der Antifaschismus durch die Pflege älterer nationaler Traditionen, darunter, soweit sie als fortschrittlich galt,
20 der preußischen ergänzt: ein stillschweigendes Eingeständnis, dass die Doktrin der sozialistischen deutschen Nation in der Bevölkerung keine Wurzeln geschlagen hatte.

Heinrich August Winkler, Der lange Weg nach Westen, Bd. 2, München ⁶2005, S. 652

1. Vergleichen Sie ausgehend von M3 die Identitäten in der DDR und in der Bundesrepublik. Ziehen Sie dazu weiteres Material heran (Schulbuch, Fachbücher, Internet).
2. Analysieren Sie die Gründe, warum es der DDR schwer fiel, sich in eine deutsche nationale Tradition einzufügen.

M4 Über das Verhältnis der Bundesrepublik zum Nationalismus vor 1989

Der Historiker Hans-Ulrich Wehler (1931–2014) schreibt im Jahre 2001:

Unter den vom Schicksal begünstigten Westdeutschen verblasste das Leitbild der gesamtdeutschen Nation mehr und mehr. Der Nationalismus verlor jede massenwirksame Anziehungskraft. Die weltpolitische Konstellation, welche
5 die Teilung des Landes sanktionierte, wirkte fest betoniert. Noch ehe vierzig Jahre nach der „deutschen Katastrophe" von 1945 vorbei waren, zählte die klare Mehrheit zu den in der Bundesrepublik Geborenen, denen – wie die Meinungsumfragen ergaben – eine Wiedervereinigung illusi-
10 onär erschien. Dafür aber tauchten die Konturen einer postnationalen Gesellschaft auf, deren belastbares Legitimationsfundament die Funktionstüchtigkeit des Verfassungs-, des Rechts- und des Sozialstaates im Verein mit den Leistungen der Wachstumsmaschine geschaffen
15 hatte. Keinem Mitgliedsland fiel daher der Souveränitätsverzicht zugunsten der „Europäischen Gemeinschaft" und „Union" so leicht wie der Bundesrepublik.

Hans-Ulrich Wehler, Nationalismus. Geschichte, Formen, Folgen, München 2001, S. 88 f.

1. Fassen Sie Wehlers Aussagen mit eigenen Worten zusammen.
2. Analysieren Sie, was Wehler unter einem „Legitimationsfundament" versteht.

M5 Ein deutscher Papst

*Der Politikwissenschaftler Herfried Münkler (*1951) über die Wahl eines Deutschen zum Papst:*

Am 20. April 2005, dem Tag nach der Wahl Joseph Kardinal Ratzingers zum Papst, machte die *Bild*-Zeitung mit der die gesamte erste Seite des Blatts beherrschenden Überschrift „Wir sind Papst" auf. Aus der überraschenden Wahl des Kurienkardinals Ratzinger wurde so ein Triumph, wie 5 er sonst nur in sportlichen Wettkämpfen errungen und gefeiert wird. Der Erfinder der Überschrift, der Chef des *Bild*-Politikressorts Georg Streiter, hat später erzählt, dass er sich durch Schlagzeilen wie „Wir sind Weltmeister" habe inspirieren lassen. 10
Während die Nachrichtensendungen des Fernsehens am Abend zuvor neben Bildern vom Petersplatz eine eher zurückhaltend reagierende Bevölkerung in Deutschland gezeigt hatten, bei der weder helle Freude noch stürmische Begeisterung vorherrschte, verwandelte die *Bild*-Über- 15 schrift die Papstwahl in einen nationalen Triumph. Ein Ereignis, das im Prinzip nur die deutschen Katholiken beziehungsweise diejenigen unter ihnen betraf, die sich mit ihrer Kirche identifizierten, wurde ins nationale Wir-Bewusstsein eingeprägt, als ob damit eine grundlegende 20 Weichenstellung deutscher Geschichte verbunden wäre. Dass man das auch ganz anders sehen konnte, zeigte an demselben Tag die Titelseite der taz, die ganz schwarz war und nur in der Mitte die Worte „Oh, mein Gott!" sowie, klein oben links, die Erläuterung „Joseph Ratzinger neuer Papst" 25 enthielt. Zwar war Ratzinger vor und während des Konklaves als möglicher Kandidat genannt worden, doch hatte man allgemein seine Wahl wegen seines fortgeschrittenen Alters und seiner Nationalität für unwahrscheinlich gehalten – immerhin war seit über fünf Jahrhunderten kein 30 Deutscher mehr zum Papst gewählt worden. [...] Die Wahl Joseph Ratzingers war also eine handfeste Überraschung und für manchen gleichbedeutend mit der endgültigen Rehabilitierung Deutschlands. Von alldem schwang etwas in dem triumphalen „Wir sind Papst" mit. 35

Herfried Münkler, Die Deutschen und ihre Mythen, Berlin ³2009, S. 484 f.

1. Analysieren Sie ausgehend von dieser Quelle, inwieweit sich der Nationalismus in Deutschland seit den 1990er-Jahren verändert hat.

„Unser Joseph Ratzinger ist Benedikt XVI.

WIR SIND PAPST!

Bild

M6 Verfassungspatriotismus

Der Politikwissenschaftler Volker Kronenberg (*1971) äußert sich 2009:

Jenseits des Gefühligen geht es um die Beantwortung der Frage, wer als Bürger welchen Beitrag freiwillig, solidarisch, patriotisch für seine res publica[1] leistet. Die Frage verweist auf die Neujustierung des Staat-Bürger-Verhältnis-
5 ses und damit auf eine Stimulierung der bürgerlichen Selbsthilfebereitschaft und ihrer Fähigkeiten im Dienste einer solidarischen Verantwortungs- und Zivilgesellschaft [...].
Deutschland im Jahre 2009: Verwobene Prozesse in Politik
10 und Kultur haben zu einem neuen Nachdenken über Patriotismus geführt, zu einem moderateren Ton ein einem sachlicheren Tenor in der öffentlichen Debatte, und fokussieren vielleicht als Folge dessen die Erfahrung von „1989" wie Norbert Frei[2] jüngst meinte: „auch deshalb, weil das Wir

seitdem in sein Recht gesetzt wurde, mithin eine reale 15 Möglichkeit geworden ist". Dieses „Wir", das die Deutschen in Ost und West ebenso umfasst wie Eingewanderte, die dauerhaft in Deutschland leben wollen, ist „aufgefordert eine Ordnung und Gesellschaft zu gestalten, auf die sie mit Recht stolz sein können. Ein darauf gründender Patriotis- 20 mus stünde nicht in Gefahr, nationalistisch zu werden, sondern würde die zivilen Kräfte im Land stärken."

Volker Kronenberg, Verfassungspatriotismus im vereinten Deutschland, in: Aus Politik und Zeitgeschichte, Nr. 28, 2009

1. Informieren Sie sich über den Begriff der „Zivilgesellschaft" im Internet und/oder in Fachbüchern. Erklären Sie diesen anschließend mit eigenen Worten.

2. Analysieren Sie den Gegensatz zwischen Patriotismus und Nationalismus.

[1] **res publicat**: hier: Republik
[2] **Norbert Frei** (*1955): deutscher Historiker

1.3 Kernmodul: Deutscher Sonderweg und transnationale Geschichtsschreibung

Deutschlands Weg bis 1945 | Staat und Gesellschaft in Deutschland entwickelten sich im 19. Jahrhundert anders als in den Ländern Westeuropas. Der deutsche Nationalstaat von 1871 entstand nicht durch eine bürgerliche Freiheitsbewegung, sondern war das Ergebnis dreier Kriege und einer „Revolution von oben". Bis zum Ende des Ersten Weltkrieges empfanden viele Deutsche diese Besonderheit als Vorzug. Während der Weimarer Republik und im „Dritten Reich" wurde daraus eine „Ideologie des deutschen Weges" (Bernd Faulenbach), die die Ideen der Französischen Revolution und die westliche Demokratie als „undeutsch" ablehnte. Erst der Zweite Weltkrieg, der Holocaust und die deutsche Teilung führten zu einem Umdenken. Nun wurde die bisherige Entwicklung Deutschlands als Irrweg begriffen.

Seit 1945: versuchter Nachweis und künftige Vermeidung eines „Sonderwegs" | Im Zuge der Aufarbeitung der NS-Vergangenheit entstand die Vorstellung vom „deutschen Sonderweg". Historiker, Philosophen, Politikwissenschaftler und Soziologen wollten damit erklären, weshalb es gerade in Deutschland zur Diktatur der Nationalsozialisten kommen konnte. Sie verwiesen dabei auf langfristig wirksame Bedingungen: Die staatliche Zersplitterung seit dem Mittelalter, die Glaubensspaltung im 16. Jahrhundert oder das Scheitern der Revolution von 1848/49 hätten die Entwicklung zu Freiheit und Selbstbestimmung belastet oder gar verhindert (➔M1). Im Zentrum dieser Betrachtungen stand das preußisch dominierte Deutsche Kaiserreich von 1871 bis 1918 – dessen politische Rückständigkeit habe die Deutschen nachhaltig von der Demokratie entfremdet (➔M2).

Die in den 1960er- und 70er-Jahren entwickelte *„Sonderweg"-These* über den verhängnisvollen Verlauf der deutschen Geschichte des 19. und frühen 20. Jahrhunderts erntete sowohl Zuspruch als auch Kritik (➔M3). Einerseits sorgte sie für eine griffige historische Bilanz und diente als Mahnung gegen Unterdrückung, Militarismus, Rassismus und nationalen Größenwahn. Andererseits erschien die deutsche Geschichte allzu eindimensional dargestellt, als bloße Vorgeschichte des Nationalsozialismus. Immerhin bestand Konsens darüber, dass die Fehlentwicklung Deutschlands mittlerweile beendet war. Die Nachfolger des 1945 zusammengebrochenen deutschen Nationalstaates, Bundesrepublik und DDR, verstanden sich jeweils als Gegenentwurf zur NS-Diktatur. Als 1990 die deutsche Einheit in Frieden und Freiheit vollzogen wurde, galt dies als endgültiger Schritt in eine westlich geprägte „Normalität".

Transnationale Geschichte | Ein weiteres Manko der Vorstellung vom „Sonderweg" und anderer nationaler Geschichtsdeutungen besteht darin, dass sie die eigene Vergangenheit eher isoliert betrachten. Seit dem Ende des 20. Jahrhunderts wird daher – nicht nur in Deutschland – nach einer Geschichte jenseits der reinen Nationalgeschichte gefragt. Das hängt auch mit der wachsenden Vernetzung und Globalisierung vieler Lebensbereiche, mit Mobilität und Zuwanderung, mit der europäischen Integration und mit grenzüberschreitender geschichtlicher Erinnerung zusammen. Die Einflüsse und Verflechtungen, die zwischen zwei oder mehr Nationen bestehen, werden als „transnational" bezeichnet (➔M4). Sie entstanden im wesentlichen erst seit dem 19. Jahrhundert und betreffen nicht nur Politik und Wirtschaft, sondern auch Kultur, Religion, Bildung und Wissenschaft sowie zwischenmenschliche Kontakte. In einer transnationalen Geschichtsschreibung, die diese Felder untersucht, geht die deutsche Geschichte nicht etwa vollkommen auf. Vielmehr lässt sich die eigene Geschichte damit erweitern und in einen größeren Zusammenhang stellen (➔M5).

M1 Diagnosen über Deutschland

Weshalb kam es in Deutschland zur Herrschaft des Nationalsozialismus? Als eine wesentliche Voraussetzung gilt die geistig-politische Entwicklung des Landes bis 1933. In diesem Zusammenhang spricht der Philosoph und Soziologe Helmuth Plessner (1892–1985) von einer „verspäteten Nation", der Politologe und Historiker Karl Dietrich Bracher (1922–2016) von einem „deutschen Sonderbewusstsein":

	Helmuth Plessner (1935/59)	Karl Dietrich Bracher (1969)
These (als Schlagwort)	„verspätete Nation"	„deutsches Sonderbewusstsein"
betrachteter Zeitraum	17. bis frühes 20. Jahrhundert	19. bis frühes 20. Jahrhundert
Merkmale der Entwicklung in Deutschland	• bis ins späte 19. Jahrhundert Aufspaltung in viele Einzelstaaten, Fehlen einer gemeinsamen Nationalidee • lange bestimmender Einfluss des Luthertums: unkritischer Glaube an Staat und Kirche, Distanz zur westeuropäischen Aufklärung • besonders in Preußen kein bürgerliches Freiheitsideal, sondern Untertanengeist und Diensteifer (Militär- und Beamtenstaat) • im 19. Jahrhundert rasche Industrialisierung, nun Einfluss von „Ersatzreligionen" wie Darwinismus[1], Materialismus[2] und Sozialismus	• Ablehnung der Ideen der Französischen Revolution • Scheitern der Revolution von 1848/49 • Deutsches Kaiserreich seit 1871 behindert die Mitbestimmung politischer Parteien • Weigerung, die Kriegsniederlage von 1918 und die Versailler Friedensordnung anzuerkennen • nach dem Ersten Weltkrieg wird Deutschland weniger als Gemeinschaft von Staatsbürgern, sondern eher als (biologisch-rassisch definierte) „Volksgemeinschaft" verstanden
negative Folgen	• geistig-politische Entfremdung von Großbritannien und Frankreich • Deutschland als „unpolitisches" Volk: bei breiten Schichten kein Wille zur Selbstbestimmung • Rückständigkeit in Sachen Menschenrechte und individueller Freiheit	• nationale Einheit und Macht wichtiger als demokratische Freiheit • Weimarer Republik wird von vielen Deutschen verachtet oder abgelehnt • in Deutschland wird antiwestliches Denken bestimmend

Basierend auf: Helmuth Plessner, Die verspätete Nation. Über die Verführbarkeit bürgerlichen Geistes (1935/1959), in: Ders., Gesammelte Schriften, hrsg. von Günter Dux, Odo Marquard und Elisabeth Ströker, Bd. 6, Frankfurt am Main 1982, S. 11–223; Karl Dietrich Bracher, Die deutsche Diktatur. Entstehung, Struktur, Folgen des Nationalsozialismus (1969), Köln/Berlin ⁴1972, S. 16–28

1. Arbeiten Sie die Unterschiede und Übereinstimmungen zwischen den Beobachtungen Plessners und Brachers heraus.
2. Gruppenarbeit: Finden Sie zu den Stichpunkten der Rubrik „Merkmale der Entwicklung in Deutschland" jeweils gegenteilige Befunde für ein westeuropäisches Land oder die USA (z.B. „Aufspaltung in Einzelstaaten" – staatliche Einheit in Frankreich). Tragen Sie die Ergebnisse in der Klasse zusammen und erläutern Sie diese. | **H**
3. Gruppenarbeit: Greifen Sie einen Stichpunkt der Rubrik „negative Folgen" heraus und stellen Sie die Aussage den Verhältnissen im heutigen Deutschland gegenüber.

---

[1] **Darwinismus:** Lehre des englischen Naturwissenschaftlers Charles Darwin (1809–1882) über Abstammung und Entwicklung der Pflanzen- und Tierwelt. Darwins Leitsätze wurden ebenso auf die menschliche Gesellschaft übertragen (Sozialdarwinismus), insofern auch hier ein „Kampf ums Dasein" herrsche, in dem sich nur die Stärksten und Anpassungsfähigsten behaupten könnten.

[2] **Materialismus:** Anschauung, die das Streben nach materiellen Gütern für vordringlich erachtet; Weltbild, das die Entwicklung des Einzelnen und der Gesellschaft hauptsächlich von materiellen Bedingungen abhängig sieht.

M2 Das Kaiserreich in der Kritik

Die eigentliche Fehlentwicklung Deutschlands, so argumentiert der Historiker Hans-Ulrich Wehler (1931–2014), habe mit dem Deutschen Kaiserreich (1871–1918) begonnen:

Wie immer man das Kaiserreich von 1871 beurteilt [...], eine eigentümliche Fusion von modernen und traditionalen Elementen verkörperte es ganz unstreitig. Von der Beurteilung des relativen Gewichts dieser Kräfte, erst recht ihrer
5 Entwicklungsfähigkeit hängt das historische Urteil über die moderne deutsche Geschichte nach 1871 [...] in einem ganz eminenten Maße ab. Deshalb müssen an dieser Stelle unausweichlich drei zusammenhängende Fragen geklärt werden: Ist seit 1871 ein „deutscher Sonderweg" im Sinne
10 einer gravierenden Abweichung von dem Modernisierungspfad der westlichen Gesellschaften eingeschlagen worden? Oder ist ein bereits mehr oder minder lang bestehender „Sonderweg" nur weiter fortgesetzt worden? Oder aber hat es weder vor noch nach 1871 einen solchen „Son-
15 derweg" gegeben? [...]
Lange Zeit, auf jeden Fall von 1871 bis 1945, hat es eine positive Vorstellung von einem solchen deutschen „Sonderweg" gegeben. Seit 1933, vollends erst seit 1945 setzte sich dann eine negative Vorstellung von einem deutschen „Son-
20 derweg" durch, aus dem eine historisch plausibel wirkende Erklärung der großen Frage hergeleitet wurde, wie es dazu kommen konnte, dass die Weimarer Republik nach zwölf Jahren zerfiel, die nationalsozialistische Diktatur aber zwölf Jahre lang bestehen konnte, dass Deutschland als
25 bisher einziges Industrie- und Kulturland der westlichen Zivilisation einen Radikalfaschismus[1] praktiziert hat, der die Welt in einen fünfjährigen totalen Krieg und bis nach Auschwitz führte. Dieser „Sonderweg" mündete in eine beispiellose Vernichtungspolitik und Katastrophe, die aber
30 paradoxerweise auch die Chance eröffnete, eine zweite, erfolgreichere liberal-demokratische Republik aufzubauen und zugleich auch eine westliche Staatsbürgergesellschaft mit ihrer politischen Kultur zu entwickeln und allmählich fest zu verankern. [...]
35 Zahlreiche politische, gesellschaftliche, rechtliche Reformen standen im Kaiserreich von Anfang an auf der Tagesordnung, und ihre Anzahl und Bedeutung nahm kontinuierlich zu, da sich das Modernisierungsdilemma des wachsenden Abstands zwischen beschleunigter sozialöko-

nomischer Entwicklung und erstarrtem politischen Ord- 40
nungsgefüge verschärfte. Jeder Reformanlauf ist jedoch an jenem Herrschaftssystem, das 1867/71 verfassungsrechtlich sanktioniert worden war, und an jenem Machtkartell gescheitert, das es seither aus eigennützigen Interessen verteidigt hat. Die Aufwertung des Adels, die politische 45
Zweitrangigkeit des Bürgertums, die Isolierung der marxistischen Arbeiterbewegung, die Härte der Klassengegensätze – so beginnt eine lange Reihe von [...] Faktoren, die für die gesellschaftliche Erklärung der Bedingungen des deutschen Modernisierungswegs von grundlegender Be- 50
deutung sind. Ausschlaggebend für den deutschen „Sonderweg" war aber letztlich das politische Herrschaftssystem und die es tragende soziale Kräftekonstellation. Sie haben zusammen jene verhängnisvollen Belastungen geschaffen, welche die Deformationen der deutschen Geschichte bis 55
1945 ermöglicht haben. Das Kaiserreich hat zu einem deutschen „Sonderweg" geführt, weil seine politische und soziale Herrschaftsstruktur es ermöglichte, um es in den Worten Max Webers[2] zu sagen, „in einem bürokratischen ‚Obrigkeitsstaat' mit Scheinparlamentarismus die Masse 60
der Staatsbürger unfrei zu lassen und sie wie eine Viehherde zu ‚verwalten'", anstatt „sie als Mitherren des Staates in diesen einzugliedern".

Hans-Ulrich Wehler, Deutsche Gesellschaftsgeschichte, Bd. 3: Von der „Deutschen Doppelrevolution" bis zum Beginn des Ersten Weltkrieges, 1849–1914, München 1995, S. 461 und 1294f.

1. Fassen Sie die Kritik Wehlers an den politischen und gesellschaftlichen Verhältnissen im Deutschen Kaiserreich zusammen.

2. Für Wehler hängt der „deutsche Sonderweg" mit Versäumnissen in der Modernisierung des Landes zusammen. Arbeiten Sie anhand des Textes und eigener Recherchen heraus, in welchen Bereichen Deutschland vor 1914/18 als modern gelten konnte, in welchen dagegen nicht.

3. Diskutieren Sie in der Klasse, ob sich ein „Modernisierungsdilemma" im Sinne Wehlers (wachsender Abstand zwischen beschleunigter sozialökonomischer Entwicklung und erstarrtem politischen Ordnungsgefüge) auch in der Gegenwart beobachten lässt, beispielsweise in der Europäischen Union, der Türkei, den USA oder China.

---

[1] **Faschismus** (von ital. *fasci di combattimento*: Kampfbünde): seit den 1920er-Jahren nationalistische, antikommunistische und diktatorische Bewegung in Italien, später auch in anderen Ländern. Die Nationalsozialisten übernahmen viele Elemente des Faschismus in ihre Herrschaftspraxis.

[2] **Max Weber** (1864–1920): deutscher Soziologe, Wirtschafts- und Kulturwissenschaftler

Propagandapostkarte aus dem Jahr 1933.
Die Aufschrift lautet: „Was der König eroberte, der Fürst formte,
der Feldmarschall verteidigte, rettete und einigte der Soldat."

▶ Beschreiben und benennen Sie die abgebildeten Personen.

▶ Erläutern Sie die genannten Titel und Funktionen („König",
„Fürst" usw.) sowie die den Personen zugedachten Tätigkeiten
(„erobern", „formen", „verteidigen" usf.).

▶ Stellen Sie die hier behauptete Kontinuität deutscher Geschichte
derjenigen gegenüber, wie sie in M1 und M2 skizziert wird.

M3 Sonderweg pro und kontra

*Der Historiker Heinrich August Winkler (siehe Seite 17)
fasst 1981 die bisherige Diskussion über den „deutschen
Sonderweg" zusammen:*

Die Ausgangsfrage jener Historiker und Soziologen, die in
kritischer Absicht von einem deutschen Sonderweg sprechen, lautete und lautet heute noch: Warum war Deutsch-
5 land das einzige hochindustrialisierte Land, das im Zuge
der Weltwirtschaftskrise nach 1929 sein demokratisches
System aufgab und durch eine totalitäre[1] Diktatur von
rechts ersetzte? Die Antworten gehen weit auseinander,
aber sie haben doch einen gemeinsamen Nenner: Deutschland war zu spät eine Demokratie geworden. Ohne die
10 Weltwirtschaftskrise hätte Weimar vermutlich noch lange
überleben können, aber ohne das fortwirkende Erbe der
obrigkeitsstaatlichen Vergangenheit hätte die erste deutsche Demokratie wohl auch die Weltwirtschaftskrise überstanden. Dass Deutschland *vor* 1918 nicht parlamenta-
15 risch, sondern autoritär regiert wurde, hat seine politische
Entwicklung *nach* 1918 entscheidend bestimmt. [...]
Deutschland unterschied sich von Frankreich und England
viel weniger als etwa Russland. Es gab eine Fülle von

gesellschaftlichen und kulturellen Gemeinsamkeiten zwischen Deutschland und West- 20
europa. Im Gegensatz zum Zarenreich war
Deutschland von den großen europäischen
Emanzipationsbewegungen – von der Refor-
mation über die Aufklärung bis zum bürgerlichen Liberalismus und zum demokratischen 25
Sozialismus – tief erfasst worden. [...] Aber
gerade auf dem Hintergrund der Gemeinsamkeiten fallen die Unterschiede auf. Die Nähe
zu Westeuropa berechtigt dazu, von einem
deutschen Sonderweg zu sprechen. 30
Die deutsche Abweichung vom Westen
sprang erst im 20. Jahrhundert aller Welt in
die Augen, aber begonnen hatte sie lange
zuvor. Während in Westeuropa die Natio-
nalstaaten im Mittelalter entstanden, formten sich in der 35
Mitte Europas viele Territorialstaaten heraus. Während
sich in Frankreich und England große Teile des Bürgertums
und auch des Adels gegen den Absolutismus des Königs
auflehnten, scharten sich in den protestantischen deutschen Territorien die Bürger um den Landesherrn als den 40
Verteidiger des neuen Glaubens. Während in Frankreich
eine Revolution von unten den Absolutismus und die Überreste des Feudalismus[2] hinwegfegte, setzten aufgeklärte
Monarchen und Beamte in Deutschland auf rechtzeitige
Reformen, ja auf eine Art Revolution von oben. 45

*In seinem Werk „Der lange Weg nach Westen" aus dem
Jahr 2000 verteidigt Winkler noch einmal die „Sonderweg"-These gegen ihre Kritiker:*

Der stärkste Einwand gegen die These vom „deutschen
Sonderweg" lautet noch immer, dass es einen oder gar den
westlichen „Normalweg" nicht gibt: Der englische war es so
wenig wie der französische oder der amerikanische. Aber
der Begriff „westliche Demokratien" verweist doch auf ein 50
gemeinsames Merkmal der Staaten, von deren politischer
Entwicklung sich die deutsche bis 1945 scharf abhob. Die
Menschen- und Bürgerrechte in der Tradition der englischen Habeas-Corpus-Akte von 1679[3], der amerikanischen
Unabhängigkeitserklärung von 1776 und der Erklärung 55
der Menschen- und Bürgerrechte durch die französische
Nationalversammlung am 26. August 1789 waren tief
genug in der politischen Kultur der westlichen Demokratien verankert, um Verstöße gegen dieselben zum öffentlichen Skandal zu machen und den Kampf um ihre weitere 60

---

[1] **totalitär** (von lat. *totus*: ganz, umfassend): Bezeichnung für eine
Herrschaftsform, die die vollständige Unterwerfung und Kontrolle
der Menschen anstrebt

[2] **Feudalismus** (von lat. *feudum*: Lehen): Aus dem europäischen
Mittelalter stammende Wirtschafts- und Gesellschaftsordnung.
Darin verleiht der Adel seine Güter an Untertanen, um dafür von
ihnen Abgaben und persönliche Gefolgschaft zu erhalten.

[3] **Habeas-Corpus-Akte**: englisches Gesetz aus dem Jahr 1679. Es ver-
bietet die Inhaftierung einer Person ohne vorherige richterliche
Prüfung und bildet einen Grundstein moderner Rechtsstaatlichkeit.

Verwirklichung voranzutreiben. Diese Tradition fehlte in Deutschland nicht, aber sie war schwächer als die des langlebigen Obrigkeitsstaates. Anders gewendet: Die Verschleppung der Freiheitsfrage im 19. Jahrhundert bildet
65 eines der wichtigsten Kapitel in der Vorgeschichte der „deutschen Katastrophe" der Jahre 1933 bis 1945.

Erster Text: Heinrich August Winkler, Der deutsche Sonderweg: Eine Nachlese, in: Merkur. Deutsche Zeitschrift für europäisches Denken 35 (1981), Heft 399, S. 793–804, hier S. 801–803; zweiter Text: Ders., Der lange Weg nach Westen, Bd. 2: Deutsche Geschichte vom „Dritten Reich" bis zur Wiedervereinigung, München [7]2010, S. 648

1. Arbeiten Sie anhand von M1 bis M3 heraus, was den deutschen „Obrigkeitsstaat" bis 1945 kennzeichnete.
2. Fassen Sie die Merkmale zusammen, die Winkler für den „Westen" als prägend ansieht. | F
3. Diskutieren Sie in der Klasse, welche politischen, gesellschaftlichen, wirtschaftlichen und kulturellen Charakteristika Sie mit der „westlichen Welt" verbinden.
4. Gruppenarbeit: Finden Sie Beispiele aus der deutschen Geschichte seit 1945, in denen versucht wurde, die Fehler der Vergangenheit zu vermeiden.
5. Nehmen Sie Stellung zu der Frage, ob nicht auch Europa insgesamt einen „Sonderweg" in die Moderne beschritten hat. Beziehen Sie dabei die kulturelle und staatliche Vielfalt, Kriege und Revolutionen sowie die Kolonialherrschaft europäischer Länder in Ihre Überlegungen mit ein.

M4 Über Grenzen hinweg

In der Einführung zu einem Sammelband wird der Begriff „transnational" historisch eingeordnet und definiert:

Der Rückblick auf die Herausbildung starker nationaler Identitäten seit dem 19. Jahrhundert macht deutlich, dass die Identifikation mit dem Nationalstaat ihre Dynamik nicht zuletzt daraus gewann, dass der Nationalstaat für die
5 zentralen Herausforderungen des 19. Jahrhunderts wie z.B. den technischen Fortschritt, die allgemeine Wohlstandsmehrung und die damit zusammenhängende „soziale Frage", aber auch hinsichtlich der Kolonialisierung und weltwirtschaftlichen Expansion die effizientesten Kapazitä-
10 ten bereitzustellen versprach. Im 20. Jahrhundert lässt sich dagegen in wichtigen Politikfeldern eine bemerkenswerte Verschiebung der Problemlagen auf die transnationale Ebene feststellen. Außenpolitisch haben dabei vor allem die beiden Weltkriege, die verschiedenen Krisen im Rahmen
15 des Kalten Kriegs, die verschärfte Nord-Süd-Problematik[1]

und die daraus erwachsenen supranationalen Zusammenschlüsse sowie globale ökologische Krisen und die neuen Migrationen die offenkundigen Grenzen des Systems der Nationalstaaten und damit auch einer rein „internationalen" Politik aufgezeigt. [...]
20 Der Begriff [„transnational"] findet sich in der wissenschaftlichen Literatur vereinzelt seit den 1960er- und verstärkt ab der Mitte der 1970er-Jahre. Hierbei standen Themen des Wirtschaftsrechts und Analysen übernational agierender Wirtschaftsunternehmen und -verbände sowie des
25 Technologietransfers im Vordergrund, vereinzelt findet sich auch der Bezug auf den über die nationalen Grenzen hinweg agierenden Terrorismus. Innerhalb der Wirtschaftswissenschaften handelte es sich um eine ergänzend-abgrenzende Begrifflichkeit zu „multinational", wobei
30 eine Hierarchisierung in der Weise eingeführt wurde, dass „multinational" häufig als eine Vorstufe von „transnational" innerhalb eines allgemeinen Internationalisierungsprozesses definiert wurde [...]. Seit den 1980er- und insbesondere in den 1990er-Jahren hat der Begriff dann Eingang in die
35 allgemeine sozialwissenschaftliche Literatur gefunden, wobei nur selten versucht wird, ihn genauer zu beschreiben [...]. Es zeichnet sich jedoch trotz vieler Unschärfen eine Art Konsens darüber ab, dass als *transnational* zunächst ganz allgemein all diejenigen Interaktionen zwischen Indi-
40 viduen, Gruppen, Organisationen und Staaten bezeichnet werden können, die über Grenzen hinweg agieren und dabei gewisse über den Nationalstaat hinausgehende Strukturmuster[2] ausbilden. Eine solche Definition lässt dabei zunächst den räumlichen Rahmen solcher Austausch-
45 prozesse offen, um die analytische Reichweite nicht von vornherein einzuengen.

Hartmut Kaelble, Martin Kirsch und Alexander Schmidt-Gernig, Zur Entwicklung transnationaler Öffentlichkeiten und Identitäten im 20. Jahrhundert. Eine Einleitung, in: Dies. (Hrsg.), Transnationale Öffentlichkeiten und Identitäten im 20. Jahrhundert, Frankfurt am Main/New York 2002, S. 7–33, hier S. 7–9

1. Präsentation: Geben Sie die Aussagen des Textes in Form einer Mindmap wieder, in deren Mittelpunkt der „Nationalstaat" steht.
2. Finden Sie Beispiele aus Geschichte und Gegenwart für transnationale Vorgänge oder Verflechtungen, die der hier angebotenen Definition (Zeile 39 bis 44) entsprechen. Erklären Sie die ausgewählten Beispiele.

---

[1] **Nord-Süd-Problematik:** Bezeichnung für das seit dem 20. Jahrhundert weltweit herrschende Gefälle zwischen Industrienationen (vereinfacht: „Norden") und Schwellen- und Entwicklungsländern („Süden").

---

[2] **Strukturmuster:** wiederkehrende, wiederholbare oder feste Formen (hier: von Begegnung und Zusammenarbeit)

M5 Lohnender Perspektivenwechsel

Anhand eines Beispiels skizziert der deutsch-britische Historiker Kiran Klaus Patel (*1971), worin der Mehrwert einer transnationalen Geschichtsschreibung liegen kann:

[Ein Beispiel für transnationale Geschichtsschreibung] bezieht sich auf die Geschichte der europäischen Auswanderung im 19. und frühen 20. Jahrhundert. Wenn man sich etwa auf die deutsche Geschichte konzentriert, so lässt sich
5 das gängige Narrativ[1] zum Thema relativ knapp zusammenfassen [...]. Danach waren vor allem aufgrund der Diskrepanz zwischen raschem Bevölkerungswachstum und nicht schnell genug ansteigenden Ernährungs- und Arbeitsmöglichkeiten über fünf Millionen Deutsche gezwungen, aus-
10 zuwandern. So gingen, gemessen an der Gesamteinwohnerzahl von 1900, rund 10 Prozent der deutschen Bevölkerung „verloren", von denen wiederum rund 90 Prozent in die USA auswanderten. Häufig folgt die Darstellung dieser Geschichte dem Muster einer Verlusterzählung. Lediglich in
15 ihrer Funktion als soziales Sicherheitsventil erscheint die Auswanderung in etwas hellerem Licht. Zugleich endet das historiografiegeschichtliche Interesse an den Betroffenen, sobald sie den Bremer oder Hamburger Hafen verlassen haben – fortan fallen sie demnach in die Zuständigkeit der
20 Geschichtsschreibung ihres Ziellandes. Migration gilt, zusammengefasst, als Einbahnstraße. [...]
In transnationaler Perspektive erscheint diese Geschichte dagegen in einem anderen Licht: Trotz einer schwierigen Quellenlage kann man festhalten, dass in einigen Jahrzehn-
25 ten die Rückwanderung nach Deutschland zwischen 10 und 20 Prozent der Auswanderung betrug, dass also Hunderttausende aus Amerika wieder an ihren Ursprungsort oder in einen anderen Teil Deutschlands zurückkehrten. Viele blieben zudem nicht in den USA, sondern zogen von
30 dort weiter. Für andere europäische Gesellschaften ergeben sich noch dramatischere Befunde: So kehrten zum Beispiel zwischen 1860 und 1930 etwa 20 Prozent aller finnischen Amerika-Auswanderer in ihre Heimat zurück,

nach Spanien im Zeitraum von 1899 bis 1924 ungefähr 45 Prozent und nach Italien im selben Zeitraum sogar rund 35 50 Prozent der Emigranten. Schätzungen zufolge kamen insgesamt rund sieben Millionen von den ca. 50 bis 55 Millionen Europäern, die ihren Kontinent zwischen 1815 und 1939 verließen, in die Alte Welt zurück.
Für die transnationale Geschichte ergibt sich daraus ein 40 ganzes Bündel von Fragen: Welche Netzwerke entstanden durch diese Itinerare[2] über den Atlantik hinweg? Welche Rückwirkungen hatten die frühen Transmigranten für die verschiedenen Gesellschaften? Viele von ihnen wurden erstmals in den USA massiv mit der – sich häufig erst bil- 45 denden – Nation identifiziert, aus der sie ausgewandert waren, während sie sich selbst häufig primär über ihre territoriale und regionale Zugehörigkeit oder auch konfessionell definierten. Pointiert gesagt: Erst in den USA wurde der Pfälzer zum Deutschen. Insgesamt kann man also [...] 50 hier die Konstituierung des Nationalen aus dem Transnationalen erkennen.

Kiran Klaus Patel, Überlegungen zu einer transnationalen Geschichte, in: Zeitschrift für Geschichtswissenschaft 52 (2004), S. 626–645, hier S. 638 f.

1. Der Verfasser unterscheidet zwischen einer herkömmlichen Sicht auf die europäische Auswanderung und einem neuen, transnationalen Zugang zum Thema. Stellen Sie die Merkmale beider Darstellungsweisen, wie sie im Text genannt werden, stichpunktartig zusammen.

2. Erläutern Sie, ausgehend vom Text, was mit einer „Konstituierung des Nationalen aus dem Transnationalen" (Zeile 51 f.) gemeint ist. Finden Sie weitere Beispiele, etwa aus Ihrer persönlichen Erfahrung, um diesen Gedanken zu veranschaulichen.

3. Präsentation: Recherchieren Sie im Internet nach Sammelbänden oder Monografien, die ein historisches Thema transnational untersuchen. Informieren Sie sich über das ausgesuchte Werk in Fachrezensionen und stellen Sie es in einem Kurzreferat vor.

---

[1] **Narrativ** (von lat. *narrare*: erzählen): Erzählmotiv, meist mit sinnstiftender Wirkung

[2] **Itinerar** (von lat. *iter*: Weg): zurückgelegte Wegstrecke, Reiseroute

1.4 Pflichtmodul: Das deutsch-polnische Verhältnis

In der Geschichtswissenschaft sind in den letzten 30 Jahren intensiv die Themen Nationsbildung und Nationalismus erforscht worden. Seit dem Beginn des 19. Jahrhundert formierten sich in zahlreichen europäischen Regionen Nationalbewegungen, die einen eigenen Nationalstaat anstrebten. Derartige Staaten entstanden teilweise schon seit der Mitte des 19. Jahrhunderts (Italien und das Deutsche Reich), teilweise aber auch erst nach dem Ende des Ersten Weltkrieges (zum Beispiel Polen, die Tschechoslowakei oder weitere Staaten in Ost- und in Ostmitteleuropa). Die Bildung dieser Nationalstaaten war sehr häufig von Kriegen und Gewalt begleitet. Auch war keineswegs immer eindeutig klar, wie die Grenzziehungen verlaufen sollten, weil in vielen europäischen Regionen sprachlich gemischte Bevölkerungen existierten, die keineswegs einfach einer einheitlichen „Nation" zugeordnet werden konnten. Die Zeit zwischen den Weltkriegen war außerdem durch eine tiefe Krise in vielen europäischen Gesellschaften gekennzeichnet: 1918/19 hatte sich scheinbar die Demokratie fast überall durchgesetzt, kurz vor dem Beginn des Zweiten Weltkrieges waren Demokratien in Europa selten geworden.

Einen Höhepunkt erreichte der gewalttätige Nationalismus im Zweiten Weltkrieg, wo er sich in Deutschland unter dem nationalsozialistischen Regime mit einem mörderischen Rassismus vermischte. Der Völkermord an den Juden und eine brutale Besatzungspolitik in Polen und in anderen Regionen Ost- und Mitteleuropas waren die Folge. Nach dem Ende des Zweiten Weltkrieges nahmen die Siegermächte umfangreiche Umsiedlungen und Vertreibungen von ganzen Völkern vor. Nach 1945 ging der Nationalismus in Europa aber langsam zurück, auch wenn er niemals völlig verschwand. Statt abgeschotteter Nationalstaaten entstanden zunächst im Westen langsam überstaatliche Organisationen wie die Montanunion, die Europäische Wirtschaftsgemeinschaft und die Europäische Union.

Das Hambacher Fest am 27. Mai 1832.
Öl auf Holz (108,5 x 151,5 cm), 1977, von Hans Mocznay nach einer zeitgenössischen schwarz-weiß Lithografie.

1772 - 1795	Polen wird geteilt.	Zeit der Umbrüche
1789 - 1815	Französische Revolution und Napoleonische Kriege	

1814/15 — Nach dem Sieg gegen Napoleon wird Europa auf dem Wiener Kongress neu geordnet.   **Restauration und Vormärz**

1830/31 — Der polnische Aufstand im russischen Teilungsgebiet wird niedergeschlagen.

27. 5. 1832 — Das Hambacher Fest mit 30 000 national gesinnten Teilnehmern findet statt.

1848/49 — Aufstände und Revolutionen in Mitteleuropa   **Krisenhafte Entwicklungen in Mitteleuropa**

1863/64 — Ein großer Aufstand im russischen Polen scheitert.

1859 — Beginn der italienischen Einigungsbewegung

1864 — Erster Einigungskrieg: Deutscher Bund gegen Dänemark   **Der Weg zur deutschen Reichseinigung**

1866 — Zweiter Einigungskrieg: Preußen und Italien gegen Österreich und die meisten deutschen Mittelstaaten

1870/71 — Dritter Einigungskrieg: Deutsche Staaten gegen Frankreich

1871 — Gründung des Deutschen Kaiserreiches

1914 - 1918 — Erster Weltkrieg   **Die Zeit der Weltkriege**

28. 6. 1919 — Der Versailler Friedensvertrag wird unterzeichnet.

1918 - 1938 — Die europäischen Demokratien geraten in der Zwischenkriegszeit in eine Krise.

1939 - 1945 — Zweiter Weltkrieg

nach 1945 — Polnische Westverschiebung   **Zeit nach 1945**

1949 — Gründung von Bundesrepublik (23. 5.) und DDR (7. 10.), Gründung der NATO (4. 4.)

6. 7. 1950 — Görlitzer Abkommen zwischen der DDR und der Volksrepublik Polen

18. 4. 1951 — Gründung der „Europäischen Gemeinschaft für Kohle und Stahl" (Montanunion)

25. 3. 1957 — Römische Verträge, Gründung der EWG

7. 12. 1970 — Bundeskanzler Willy Brandt besucht Warschau und unterzeichnet einen deusch-polnischen Vertrag, der die polnische Westgrenze faktisch anerkennt.

1973 - 1975 — Konferenz über Sicherheit und Zusammenarbeit in Europa (KSZE)

1989/90 — Fall der Berliner Mauer; friedliche Revolutionen in Osteuropa

3. 10. 1990 — Wiedervereinigung Deutschlands

17. 6. 1991 — Deutsch-polnischer Nachbarschaftsvertrag

1. 5. 2004 — Polen tritt der Europäischen Union bei.

Nationen und Nationalstaatsbildung

Kaiserproklamation im Spiegelsaal des Versailler Schlosses.
Ölgemälde (270 x 270 cm mit Rahmen) von Anton von Werner, 1885 (Ausschnitt).
Das Bild entstand im Auftrag des Kaisers zum 70. Geburtstag Bismarcks. Im linken Teil des Gemäldes stehen Kaiser Wilhelm I. und der Großherzog von Baden (den Arm zur Ausrufung des Kaisers erhoben), der Kronprinz, die deutschen Fürsten und die Vertreter der Hansestädte. Vor den Stufen sind Bismarck in weißer Uniform, der die Proklamation des Kaisers verliest, und Generalstabschef Helmuth von Moltke zu sehen. Bismarck trug tatsächlich eine blaue Uniform.

Nationsbildung | Fast alle Historiker gehen davon aus, dass „Nationen" nichts Naturgegebenes sind, sondern dass sie in einer langen Geschichte entstanden sind (→ M1 bis M3). Für die Nationsbildung in Europa wird häufig die folgende Chronologie angewendet. Allerdings muss dabei beachtet werden, dass in einigen Fällen diese Phasen nicht völlig klar abgrenzbar waren, sondern sich auch überlappen konnten.

• Phase 1: Meistens gegen Ende des 18. oder zu Beginn des 19. Jahrhunderts begannen einige wenige Intellektuelle neuartige Gemeinsamkeiten zu entdecken oder zu konstruieren. In Deutschland sammelten beispielsweise die Brüder Grimm deutsche Volksmärchen, um sie vor dem Vergessen zu bewahren. Diese Periode wird häufig als die „romantische" Phase der Nationsbildung bezeichnet, weil sie vorwiegend kulturell, literarisch oder volkskundlich geprägt war. Politische Folgen traten nur in Ausnahmen auf.

• Phase 2: In dieser Phase bildeten sich Gruppen von Vorkämpfern und oft militanten Wortführern, die die „nationale Idee" proklamierten. Diese Periode verlief in Deutschland ungefähr von 1813/15 bis 1848/49, in Polen etwa von 1830/32 bis 1863 und in Italien vom Beginn des 19. Jahrhunderts bis ca. 1860/61. Hier spielte das geschichtliche Argument oft eine zentrale Rolle, weil historische Bezüge in die Vergangenheit hergestellt wurden und behauptet wurde, die Nation müsse „wiedergeboren" oder „erweckt" werden. Oft war aber unklar, was genau diese „Nation" ausmachte oder welche territorialen Grenzen sie umfassen sollte.

• Phase 3: In der dritten Phase wurde Nationalismus zu einem Massenphänomen, das alle Schichten der Gesellschaft umfasste. In Deutschland verlief diese Periode etwa von 1848/49 bis 1866/71, in Polen etwa von 1863 bis in die 1890er-Jahre. Auch die Unterschichten wie Arbeiter oder Bauern sahen sich nun zunehmend als Bestandteil einer „Nation". Der Übergang von Phase 2 zu 3 war in Europa häufig gewalttätig und von Kriegen oder Bürgerkriegen begleitet, weil die jeweiligen Staatsgrenzen keineswegs mit denjenigen Territorien übereinstimmten, die von den jeweiligen Wortführern der Nationalisten beansprucht wurden.

• *Phase 4*: Diese Periode verlief ungefähr zwischen dem Ausbruch des Ersten und dem Ende des Zweiten Weltkrieges. Sie war gekennzeichnet durch einen extremen, sehr oft rassistischen Nationalismus, der im Falle des Deutschen Reiches bis hin zum Völkermord und zu Vernichtungskriegen ging.

• *Phase 5*: Unter Historikern ist umstritten, ob man noch eine fünfte Phase annehmen kann, die nach dem Ende des Zweiten Weltkrieges begann. Diese Periode ist dadurch gekennzeichnet, dass Nationalismus zwar nicht verschwindet, sich aber auf einem langsamen Rückzug befindet. Gründe hierfür waren die Entstehung von übernationalen Institutionen wie beispielsweise der *Europäischen Union*. Freiwillig traten Nationalstaaten Rechte an Organisationen ab, die oberhalb der jeweiligen Nationalstaaten standen. Auf diese Weise sollten internationale Konflikte vermindert werden.

Nationale Identitäten | Identitäten sind vielschichtige Gebilde, kein Mensch richtet sich alleine an einem Bezugssystem aus. Den einen Weg zur Nationsbildung hat es nicht gegeben, viele unterschiedliche Faktoren kamen zusammen, bis eine große Gruppe von Menschen davon überzeugt war, einer Gemeinschaft anzugehören. In der historischen Forschung werden viele unterschiedliche Dinge genannt, die bei der Entstehung von Nationen wichtig waren, und von denen im Folgenden einige aufgezählt werden. Diese können sich im Einzelfall ergänzen, aber auch ausschließen, in manchen Fällen waren sie zentral, in anderen spielten sie keine Rolle.

• *Sprache*: Sehr häufig sprechen die Mitglieder einer Nation eine gemeinsame Muttersprache. Dies unterscheidet den Nationalstaat vom *Imperium*, in dem meistens viele unterschiedliche Völker mit unterschiedlichen Sprachen zusammen leben. Allerdings gibt es hier Ausnahmen: Die Schweizer verstehen sich zwar als Nation, in der Schweiz werden aber vier unterschiedliche Muttersprachen gesprochen (Deutsch, Französisch, Italienisch und Rätoromanisch).

• *Kultur*: Oft beziehen sich Nationen auf eine wirkliche oder vermeintliche gemeinsame Kultur. In der Praxis ist aber oft nur schwer zu definieren, was diese Kultur ausmacht oder wie sie definiert werden kann.

• *Herkunft (Ethnie)*: Vor allem in der dritten und vierten Phase der Nationsbildung spielt häufig „Ethnie" eine wichtige Rolle. Nationalisten behaupten, dass alle „Deutschen" eine gemeinsame Abstammung hätten, die sie von anderen Völkern grundsätzlich unterscheidet. Diese Auffassung geht oft Hand in Hand mit der Entstehung eines gewaltbereiten Rassismus.

• *Bürgerschaft*: Sobald ein Nationalstaat entstanden ist, muss definiert werden, wer dazugehört und vor allem wer kein Bürger ist. In Frankreich kann beispielsweise theoretisch jeder Ausländer Franzose werden, wenn er die französische Sprache spricht und sich zur französischen Kultur bekennt. Im Deutschen Reich wurde 1913 festgelegt, dass – mit Ausnahmen – nur diejenige Person ein Deutscher ist, die einen deutschen Vater hat. Dieses „Blutrecht" wurde erst in den 1990er-Jahren reformiert.

• *Gemeinsame Geschichte*: Geschichte spielt für die Nationsbildung eine extrem wichtige Rolle. Häufig wird eine Art von Gründungsmythos konstruiert, manchmal können dies aber auch mehrere Ereignisse sein. In der deutschen Nationalbewegung wurde beispielsweise der Germanenfürst *Arminius* bzw. *Hermann der Cherusker*, der im Jahre 9 n. Chr. die Römer im Teutoburger Wald geschlagen hatte, zu einer Art „Gründungsvater" ernannt.

„Yes Scotland"-Kampagne.
Foto vom September 2014, George Square in Glasgow.
2014 stimmten die Schotten in einem Referendum über ihre Unabhängigkeit von Großbritannien ab. Dieses Referendum scheiterte überraschend eindeutig.

▶ Partnerarbeit: Informieren Sie sich im Internet über das Referendum. Entwickeln Sie anschließend Argumente für und gegen eine Abspaltung von Großbritannien. Berücksichtigen Sie bei Ihrer Argumentation auch einige der Punkte, die im Abschnitt „Nationale Identitäten" aufgeführt sind.

• *Religion*: Religion kann eine Bedeutung für die Nationsbildung haben. In Deutschland war Religion weniger wichtig, weil hier stets Protestanten und Katholiken – oft konfliktreich – miteinander gelebt hatten, Religion hatte hier eher einen spaltenden Charakter. Im polnischen Fall ist Religion wichtiger als im deutschen, weil sehr viele polnische Nationalisten der Meinung waren, dass nur Katholiken wirkliche Polen sein können.

• *Territorium*: Die Entstehung von Vorstellungen einer „Nation" ist zwar unabhängig von einem bestimmten Territorium, aber unweigerlich wird irgendwann die Frage aufgeworfen, wie die Grenzen des bestehenden oder angestrebten Staates gezogen werden sollen. Fast immer traten hier Konflikte auf, auch weil stets Gebiete bestanden, die „gemischt" besiedelt waren, das heißt in denen Menschen mit unterschiedlichen Muttersprachen, Religionen oder Abstammungen lebten.

• *Gemeinsame Normen und Werte*: Nationen beziehen sich häufig auf gemeinsame Werte. Beispielsweise spielten und spielen bei vielen Franzosen die sogenannten Werte der *Französischen Revolution* (Freiheit, Gleichheit, Brüderlichkeit) eine sehr wichtige Rolle für die nationale Identifikation.

Nationale Symbole | Symbole spielten bei der Nationsbildung eine zentrale Rolle. Den Grund hierfür kann man leicht verstehen, wenn man die Begriffe „Zeichen" und „Symbol" vergleicht. Ein Zeichen muss eindeutig sein, ein Symbol sollte dies gerade nicht sein. Bei einem Verkehrszeichen wie dem Stoppschild weiß jeder Verkehrsteilnehmer, dass er hier anhalten muss, es gibt also keinen Interpretationsspielraum. Bei einem Symbol ist das Gegenteil der Fall: Hier muss – wenn das Symbol „funktionieren" soll – gerade besonders viel Interpretationsspielraum vorhanden sein. Wenn beispielsweise ein großer Demonstrationszug hinter der „nationalen" (deutschen) Fahne herzieht, können wir davon ausgehen, dass die einzelnen Teilnehmer sehr unterschiedliche Assoziationen und Gefühle mit dieser Fahne verbinden. Der eine denkt vielleicht mit Stolz und Patriotismus an seine Heimat, respektiert aber auch andere Nationalitäten, ein anderer „Nationalist" ist der Meinung, dass die „deutsche" Nation allen anderen überlegen sei. Ein weiterer geht nur deshalb mit, weil er seinem Nachbarn einen Gefallen tun möchte, ein vierter hat gerade nichts Besseres zu tun und ein fünfter verehrt die Fahne, weil sie für ihn Rechtsstaatlichkeit garantiert. Gerade weil das Symbol offen und mehrdeutig ist, kann es sehr unterschiedliche Vorstellungen vereinen bzw. können verschiedene Meinungen auf das Symbol projiziert werden.

M1 Sind Nationen naturgegeben?

*Der britische Historiker Eric Hobsbawm (1917–2012)
schreibt im Jahre 1991 zum Thema „Nation":*

Wie die meisten ernsthaften Forscher betrachte ich die
„Nation" nicht als eine ursprüngliche oder unveränderliche
soziale Einheit. Sie gehört ausschließlich einer bestimmten
historisch jungen Epoche an. Sie ist eine gesellschaftliche
5 Einheit nur insofern, als sie sich auf eine bestimmte Form
des modernen Territorialstaates bezieht, auf den „Nationalstaat", und es ist sinnlos, von Nation und Nationalität zu
sprechen, wenn diese Beziehung nicht mitgemeint ist. Dass
Nationen als eine natürliche, gottgegebene Art der Klassi-
10 fizierung von Menschen gelten – als ein [...] politisches
Geschick –, ist ein Mythos. [...] Kurz, aus Gründen der
Analyse kommt der Nationalismus vor der Nation. Nicht die
Nationen sind es, die Staaten und Nationalismen hervor-
bringen, sondern umgekehrt. [...] [Nationen sind] Doppel-
15 phänomene, im Wesentlichen zwar von oben konstruiert,
doch nicht richtig zu verstehen, wenn sie nicht auch von
unten analysiert werden, das heißt vor dem Hintergrund
der Annahmen, Hoffnungen, Bedürfnisse, Sehnsüchte und
Interessen der kleinen Leute, die nicht unbedingt national
20 und noch weniger nationalistisch sind.
Dieser Blick auf die Nation von unten – das heißt nicht aus
dem Blickwinkel der Regierungen und der Wortführer und
Aktivisten nationalistischer (oder nicht-nationalistischer)
Bewegungen, sondern aus der Sicht normaler Menschen
25 [...] ist überaus schwer zu rekonstruieren. [...] Vieles liegt
noch im Ungewissen, aber über drei Dinge gibt es keinen
Zweifel. Erstens bieten offizielle Ideologien keine Anhaltspunkte für das, was in den Köpfen selbst ihrer loyalsten
Bürger oder Anhänger vorgeht. Zweitens haben wir insbe-
30 sondere keinen Grund zu der Annahme, dass für die meisten Menschen die Identifikation mit der Nation – sofern sie
existiert – alle anderen Identifikationen, die ein gesell-
schaftliches Wissen ausmachen, ausschließt oder ihnen
immer oder überhaupt überlegen ist. [...] Drittens kann
35 eine nationale Identifikation samt allen ihren Weiterungen
sich im Lauf der Zeit, ja selbst innerhalb sehr kurzer Peri-
oden verändern und verlagern.

Eric Hobsbawm, Nationen und Nationalismus, Frankfurt am Main 1991, S. 20 ff.
(übersetzt von Udo Rennert)

---

1. Fassen Sie mit eigenen Worten die zentralen Thesen des
   Textes stichwortartig zusammen.
2. Erläutern Sie, warum Hobsbawm „Nationen" nicht als
   „ursprüngliche" soziale Einheit sieht.
3. Erörtern Sie, welche Sicht „normale Menschen" auf eine
   Nation haben könnten.

„Statue of Liberty."
Foto nach 2000.
Die Freiheitsstatue steht an der Hafeneinfahrt von New York.
Sie wurde 1886 fertiggestellt und war ein Geschenk Frankreichs
an die USA.

▶ Informieren Sie sich im Internet und/oder in Fachbüchern über
die beiden nationalen Symbole für die USA und für das Deutsche
Kaiserreich (siehe dazu die Abbildung auf Seite 28). Setzen Sie
anschließend die beiden Beispiele in Beziehung zueinander und
erläutern Sie die Botschaften, die hier transportiert werden.
Gehen Sie dabei auf die Frage ein, welche Vorstellungen, Bedürfnisse oder Wünsche geweckt bzw. befriedigt werden.

▶ Präsentation: Recherchieren Sie im Internet nach nationalen Symbolen von Ländern wie zum Beispiel Frankreich, Polen oder Russland. Vergleichen Sie die ausgewählten Beispiele in Form einer
Tabelle hinsichtlich Entstehungszeit, Künstler, Auftraggeber und
Aussageabsicht miteinander.

M2 Die Nation als „vorgestellte" Gemeinschaft

Der amerikanische Politikwissenschaftler Benedict Anderson (1936–2015) vermerkt in seinem 1983 erschienenen Buch „Imagined Communities" (dt. Titel: „Die Erfindung der Nation"):

Nationalismustheoretiker sind oft von drei Paradoxa irritiert: 1. Der objektiven Neuheit von Nationen aus dem Blickwinkel des Historikers steht das subjektive Alter in den Augen der Nationalisten gegenüber. 2. Der formalen
5 Universalität von Nationalität als sozio-kulturellem Begriff – in der modernen Welt kann, sollte und wird jeder eine Nationalität „haben", so wie man ein Geschlecht „hat" – steht die marginale Besonderheit ihrer jeweiligen Ausprägungen gegenüber, wie zum Beispiel die definierte Einzig-
10 artigkeit der Nationalität „Griechisch". 3. Der „politischen" Macht des Nationalismus steht seine philosophische Armut oder gar Widersprüchlichkeit gegenüber. Mit anderen Worten: Anders als andere Ismen hat der Nationalismus nie große Denker hervorgebracht – keinen Hobbes, keinen
15 Marx und keinen Weber. [...]
[Die Nation] ist eine vorgestellte politische Gemeinschaft – vorgestellt als begrenzt und souverän. Vorgestellt ist sie deswegen, weil die Mitglieder selbst der kleinsten Nation die meisten anderen niemals kennen, ihnen begegnen oder
20 auch nur von ihnen hören werden, aber im Kopf eines jeden die Vorstellung ihrer Gemeinschaft existiert. [...] Die Nation wird als begrenzt vorgestellt, weil selbst die größte von ihnen mit vielleicht einer Milliarde Menschen in genau bestimmten, wenn auch variablen Grenzen lebt, jenseits
25 derer andere Nationen liegen. Keine Nation setzt sich mit der Menschheit gleich. Selbst die glühendsten Nationalisten träumen nicht von dem Tag, da alle Mitglieder der menschlichen Rasse ihrer Nation angehören werden – anders als es in vergangenen Zeiten den Christen möglich
30 war, von einem ganz und gar „christlichen" Planeten zu träumen.
Schließlich wird die Nation als Gemeinschaft vorgestellt, weil sie, unabhängig von realer Ungleichheit und Ausbeutung, als „kameradschaftlicher" Verbund von Gleichen ver-
35 standen wird. Es war diese Brüderlichkeit, die es in den letzten zwei Jahrhunderten möglich gemacht hat, dass Millionen von Menschen für so begrenzte Vorstellungen weniger getötet haben als vielmehr bereitwillig gestorben sind. Dieses Sterben konfrontiert uns mit dem zentralen
40 Problem, vor das uns der Nationalismus stellt: Wie kommt es, dass die kümmerlichen Einbildungen der jüngeren Geschichte (von kaum mehr als zwei Jahrhunderten) so ungeheure Blutopfer gefordert haben? Ich bin der Überzeugung, dass die Antwort in den kulturellen Wurzeln des Nationa-
45 lismus liegt.

Benedict Anderson, Die Erfindung der Nation, Frankfurt am Main 1996,
S. 14–17 (übersetzt von Benedikt Burkard)

1. Geben Sie die zentralen Thesen von Anderson wieder.
2. Arbeiten Sie heraus, was Anderson unter einer „vorgestellten" Gemeinschaft versteht.

M3 Loyalitäten und Nationalismus

Der deutsche Historiker Hans-Ulrich Wehler (1931–2014) äußert sich zur Entstehung des Nationalismus wie folgt:

Immer schon hat es Loyalitätsbindungen gegeben, welche Menschen an größere Herrschafts- und Solidarverbände gebunden haben. Ihr Bezugspunkt konnte der Familienclan oder die Klientel sein, ein Stamm oder eine Fürstendynastie, eine antike Polis oder später eine okzidentale Stadt, 5 eine Religion oder eine Region. Ein solches Loyalitäts- und Zugehörigkeitsgefühl kann als sozialpsychische, geradezu als anthropologische Konstante gelten. Es hebt das Selbstwertbewusstsein und stärkt das Identitätsgefühl, wenn mit dem Solidarverband, dem man angehört, außer Schutz und 10 Hilfe auch Ansehen und Geltung verbunden sind.
Solche älteren Loyalitätsbeziehungen haben a limine[1] nicht mit dem Nationalismus zu tun. Allerdings können sie später im Rahmen dieses neuen Weltbildes zur Konstruktion einer nationalen Vergangenheit genutzt werden. Sie erodieren 15 auch selten vollständig, sondern halten sich über lange Zeitspannen hinweg als konfessionelle, großfamiliale, regionale Bindungen, die neben dem nationalen Identitätsbewusstsein weiterbestehen oder mit ihm fusionieren. [...] Da der Nationalismus eine neuartige Loyalitätsverpflichtung 20 darstellt, taucht unabweisbar die Frage nach dem spezifischen historischen Kontext und den Antriebskräften seiner Genese auf: Wann, wo, wie und vor allem warum entstand der Nationalismus? Da der Nationalismus sich anfangs seine Nation schafft, indem er bereits bestehende Herr- 25 schaftsverbände umbaut, ist das die erste Frage. Daran schließt sich die zweite nach der Natur des „Rohmaterials" an, aus dem das nationale Weltbild geformt wurde.

Hans-Ulrich Wehler, Nationalismus. Geschichte, Formen, Folgen, München
2001, S. 16 f.

1. Charakterisieren Sie den Unterschied zwischen traditionellen Loyalitätsbindungen und dem neuen Nationalismus. **| H**
2. Vergleichen Sie M1 bis M3 miteinander und arbeiten Sie die jeweiligen Gemeinsamkeiten und Unterschiede heraus. **| F**

---

[1] **a limine:** kurzerhand, von vornherei

Die deutsche und die polnische Nationalbewegung

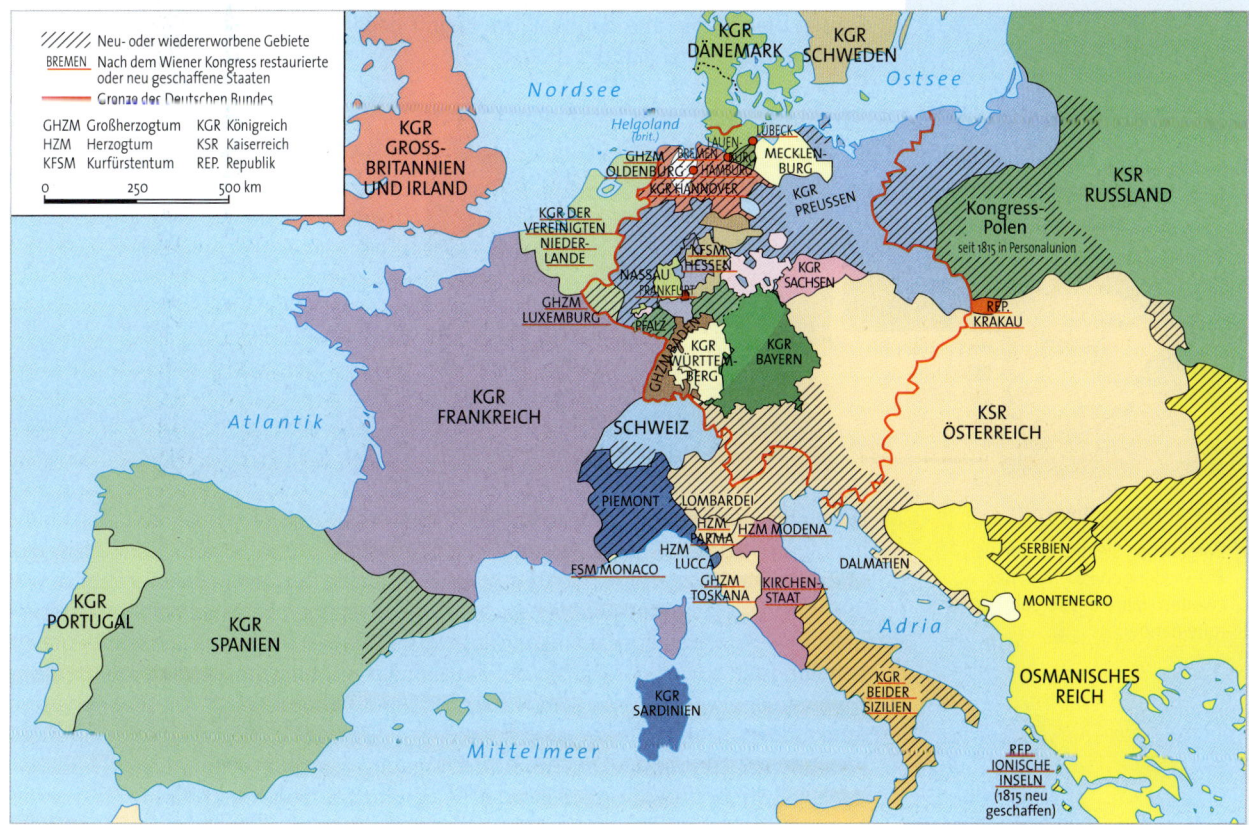

Legend (map):

/////// Neu- oder wiedererworbene Gebiete

BREMEN Nach dem Wiener Kongress restaurierte oder neu geschaffene Staaten

——— Grenze des Deutschen Bundes

GHZM Großherzogtum KGR Königreich
HZM Herzogtum KSR Kaiserreich
KFSM Kurfürstentum REP. Republik

0   250   500 km

Die Anfänge der deutschen Nationalbewegung | Nach dem Ausbruch der Französischen Revolution von 1789 und dem Aufstieg Napoleons I. zum französischen Kaiser folgten lange Kriege, die ganz Europa in Mitleidenschaft zogen. 1803 und 1806/07 wurden große Teile der „deutschen" Gebiete entweder von französischen Truppen besetzt, oder als Satellitenstaaten im Rheinbund zusammengefasst. Zahlreiche kleine Fürsten wurden abgesetzt, und ihre Territorien wurden größeren Staaten angeschlossen. In Bayern und in Preußen fanden umfangreiche *Reformen* statt, mit denen die Staatsbürokratie und die gesellschaftlichen Strukturen gründlich modernisiert wurden. Zu diesem Zeitpunkt existierten kaum Vorstellungen von einer gemeinsamen „deutschen" Nation. Nachdem 1812/13 Napoleons Feldzug gegen Russland gescheitert war, begannen in Mitteleuropa die *Befreiungskriege*, die von 1813 bis 1815 verliefen.

Hierbei standen sich zwei Prinzipien gegenüber. Auf der einen Seite wollten die jeweiligen Monarchen oder Fürsten ihre Unabhängigkeit und ihre ehemalige Machtstellung zurückerhalten. Auf der anderen Seite formierten sich die Anfänge der deutschen Nationalbewegung, die nicht für die traditionellen Herrscher kämpfen, sondern ein neues und einiges Deutschland ohne die vielen kleinen und großen Machthaber aufbauen wollte. Während der Befreiungskriege blieb die Frage, wer sich durchsetzen würde, noch in der Schwebe, doch auf dem Wiener Kongress wurde sie 1815 eindeutig entschieden.

Abgesehen von vielen kleinen Herrschern, die bereits während der vorangegangenen Kriege quasi enteignet worden waren, setzten sich die meisten deutschen Fürsten durch, und die noch kleine nationale Bewegung ging leer aus. Die Idee, dass irgendwann ein neues und parlamentarisches Deutschland mit einer Verfassung geschaffen werden

Europa nach dem Wiener Kongress.

▶ Analysieren Sie anhand der Karte, in welchem Maße die europäischen Grenzen durch die Beschlüsse des Wiener Kongresses verändert wurden. | **F**

Rheinbund: Zusammenschluss der kleineren deutschen Staaten im Jahre 1806, der aber fast vollständig von den Franzosen abhängig war. Nach der Völkerschlacht bei Leipzig löste sich der Rheinbund 1813 auf.

Wiener Kongress: 1814/15 versammelten sich die europäischen Mächte in Wien, um eine neue Friedensordnung zu beschließen, die mehrere Jahrzehnte funktionieren sollte.

könnte, verbreitete sich jedoch langsam vor allem unter Studenten und Intellektuellen weiter und konnte nicht mehr aus der Welt geschafft werden (➔M1). Die Idee der Demokratie, wie sie heute gebräuchlich ist, stellte zu dieser Zeit aber selbst in diesen Kreisen eine Ausnahme dar, weil der Begriff negativ benutzt und oft gleichgesetzt wurde mit der Herrschaft des „Pöbels".

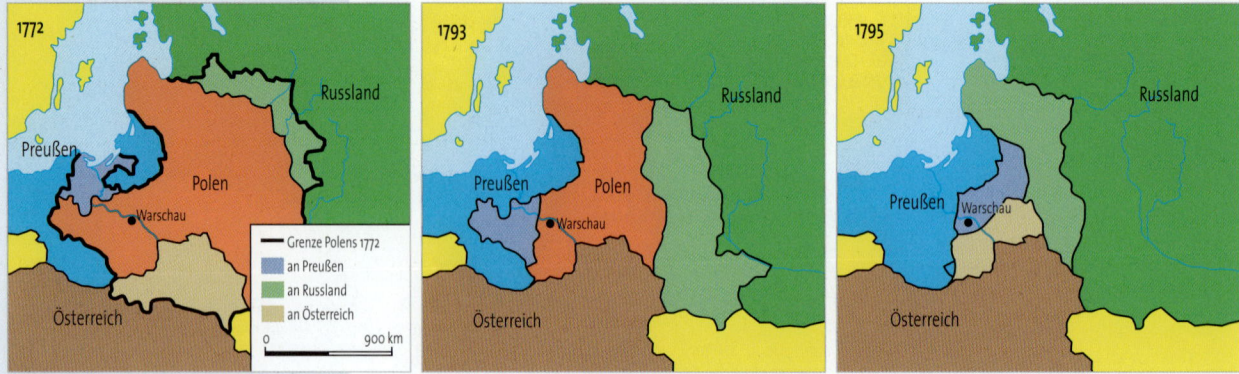

Die Teilungen Polens.

▶ Vergleichen Sie die territorialen Entwicklungen Polens in der zweiten Hälfte des 18. Jahrhunderts miteinander.

jagiellonische Staatsidee: benannt nach dem mittelalterlichen bzw. frühneuzeitlichen Königsgeschlecht der Jagiellonen

Die polnischen Teilungen ❙ Am Ende des 18. Jahrhunderts wurde das bis dahin unabhängige Königreich Polen-Litauen in drei Schritten (1772, 1793 und 1795) zwischen Preußen, Österreich und Russland aufgeteilt. Bis dahin bestand in Polen – ähnlich wie in England – eine *Adelsrepublik*, das heißt, die mächtigen Familien wählten in regelmäßigen Abständen ein Parlament. Diese Institution war allerdings nur sehr begrenzt handlungsfähig, weil das Prinzip der Einstimmigkeit herrschte: Gesetze konnten nur beschlossen werden, wenn keine Gegenstimme vorhanden war. Diese eigenartige Struktur begünstigte die Entstehung von Korruption, weil immer wieder Abgeordnete bereit waren, ihre Stimme an den Meistbietenden – auch aus dem Ausland – zu verkaufen. Zwischen 1734 und 1763, der Regierungszeit von König *August III.*, konnte beispielsweise kein einziges Gesetz verabschiedet werden. Die sogenannte jagiellonische Staatsidee basierte auf einer dezentralen Struktur, und die einzelnen Regionen verfügten über erhebliche Freiheiten. Diese Adelsrepublik wurde seit der Mitte des 18. Jahrhunderts in zwei Kriegen gegen Schweden, einen mehrjährigen Krieg, in dem es um die Thronfolge ging, und in regionalen Aufständen geschwächt. Als Folge hiervon geriet Polen-Litauen in russische Abhängigkeit, und auch die anderen europäischen Staaten mischten sich zunehmend in die inneren Angelegenheiten ein. Da seit dem Ende der 1760er-Jahre einflussreiche Adlige und Politiker damit begannen, die unhaltbare Struktur des polnischen Staates zu reformieren, griffen die drei Nachbarstaaten Russland, Preußen und Österreich ein und erzwangen die Abtretung großer Grenzgebiete. Die *erste polnische Teilung* wurde umgesetzt, und Polen verlor fast ein Drittel seiner Bevölkerung.

Seit Ende der 1780er-Jahre fanden in Polen wiederum Reformen statt, und 1791 wurde eine der modernsten Verfassungen Europas verabschiedet. Diese Veränderungen riefen russischen Widerstand hervor, weil ein starkes, reformfähiges Polen unerwünscht war. 1792/93 intervenierten russische Truppen militärisch. Auch die preußische Regierung sah nun wieder die Möglichkeit, Gewinne zu machen, und die *zweite Teilung* wurde durchgesetzt. Da diese Maßnahme diesmal auf starken Widerstand in der polnischen Bevölkerung stieß, entschlossen sich die drei Teilungsmächte, Polen ganz von der Landkarte zu tilgen, und sie besetzten 1795 in der *dritten Teilung* auch den Rest des Landes (➔M2 und M3).

Während der napoleonischen Kriege wurde kurzzeitig zwischen 1807 und 1815 ein kleines *Herzogtum Warschau* geschaffen, das allerdings vollständig von Napoleon abhängig war. Nach der französischen Niederlage wurden die Territorien erneut zum Objekt der Großmächte. Auf dem Wiener Kongress wurden die Teilungen mit etwas anderen Grenzziehungen wiederhergestellt. Allerdings bestanden gewisse Freiheiten bis zum polnischen Aufstand von 1830/31[1]: Es gab im russischen Teil ein gewähltes Adelsparlament, das regionale Befugnisse ausübte; ferner bestand eine Verfassung, eine kleine polnische Armee und ein eigenständiges Schul- und Gerichtswesen.

Restauration nach dem Wiener Kongress | Die Fürsten, Könige und der Adel in den deutschen Staaten waren sich nach dem Wiener Kongress darüber im Klaren, dass die Verbreitung nicht nur von liberalen und sogar demokratischen, sondern auch von nationalen Vorstellungen ihre Herrschaft gefährden würde. Sie reagierten auf mehreren Ebenen: Erstens schlossen 1815 Österreich, Preußen und Russland die *Heilige Allianz*, der später viele weitere europäische Staaten beitraten. Auf der Basis des Christentums sollte der Frieden in Europa gesichert werden. Unter maßgeblicher Führung des österreichischen Staatskanzlers Fürst von Metternich wurden diese Verträge besonders gegen die Liberalen und gegen die jeweiligen Nationalbewegungen eingesetzt. 1818 wurden weitere Maßnahmen zur Unterdrückung dieser politischen Strömungen beschlossen. Zudem einigten sich im August 1819 in den *Karlsbader Beschlüssen* die zahlreichen deutschen Regierungen – wiederum unter der Führung von Metternich –, diese potenziell gefährlichen Bewegungen massiv zu verfolgen. In den folgenden Jahren wurden zahlreiche politische Gruppierungen verboten, eine scharfe Zensur der Presse und der meisten weiteren Druckwerke eingeführt, und häufig wurden Oppositionelle verhaftet oder ins Exil getrieben. Auch wurden die Universitäten, die als Brutstätten liberaler und nationaler Ideen galten, scharf überwacht. Gegen einige Professoren, die als zu liberal oder national galten, wurden Berufsverbote ausgesprochen. Lediglich im wirtschaftlichen Bereich gab es einige Initiativen, Handelsschranken abzubauen und die deutschen Länder näher aneinanderzubringen. 1834 wurde der Deutsche Zollverein gegründet, in dem die beigetretenen Staaten auf gegenseitige Zölle verzichteten. Hierdurch entstand ein kleiner Raum des Freihandels, der sich günstig auf die bald einsetzende *Industrialisierung* auswirkte.

Unter dem Aspekt von Freiheit und Parlamentarismus wurde und wird diese Zeit der *Restauration* eindeutig negativ beurteilt. Einerseits wurde der Freiheitsdrang der Liberalen und Demokraten unterdrückt, und jede freie Meinungsäußerung wurde ausgeschlossen. Andererseits geben heute aber auch einige Historiker zu bedenken, dass nach den verheerenden napoleonischen Kriegen, in denen Millionen Menschen gestorben sind, 1815 die Periode eines über 30-jährigen Friedens in Mitteleuropa begann, die 1830 nur kurz von einer neuen revolutionären Welle unterbrochen wurde. Man kann davon ausgehen, dass die Masse der Bauern, die zu diesem Zeitpunkt die eindeutige Mehrheit der Bevölkerung in allen deutschen Staaten bildete, und auch viele Bürger in den Städten diese zwar unfreie, aber immerhin friedliche Periode mit Erleichterung begrüßt haben.

Vormärz | Als *Vormärz* wird meist diejenige Periode bezeichnet, in der sich zwischen 1830 und 1848 die deutsche Nationalbewegung langsam formierte und zu einer einflussreichen politischen Kraft wurde. Der Begriff kommt dadurch zustande, dass im März 1848 in Berlin eine *Revolution* ausbrach, und alle vorrevolutionären Vorgänge in Deutschland unter diesem Namen zusammengefasst werden. Die Periode wurde im Juli 1830 mit einem erneuten Revolutionsversuch in Paris eingeleitet, der allerdings nur indirekt auf Deutschland einwirkte. Die Unruhen in Paris hatten aber erhebliche direkte Effekte in anderen europäischen Ländern wie Belgien, den Niederlanden, Portugal oder Italien. Deutlich spürbar waren die Wirkungen auch in Polen: Im November 1830 begannen Offiziere und Studenten gemeinsam einen großen Aufstand, weil das Gerücht aufkam, russische Truppen sollten gegen die Revolution in Frankreich und in Belgien eingesetzt werden, und Polen solle währenddessen unter eine Militärverwaltung gestellt werden. Dieser Aufstand blieb auf das russische Teilungsgebiet beschränkt und

Klemens Wenzel Lothar Fürst von Metternich (1773–1859): auf dem Wiener Kongress österreichischer Außenminister und in den folgenden Jahren wichtigster europäischer Politiker

Deutscher Zollverein: Binnenmarkt, dem die meisten deutschen Staaten ohne Österreich angehörten

---

[1] Zum polnischen Aufstand, auch „Novemberaufstand" genannt, siehe weiter unten.

wurde, nachdem sich die Bewegung erheblich radikalisiert hatte, bis zum September 1831 brutal niedergeschlagen. Die Erhebung stieß in der deutschen liberalen Bewegung auf große Sympathie, und zahlreiche Hilfsvereine entstanden, die Geld sammelten oder Polen auf der Flucht unterstützten.

Auch wenn große revolutionäre Unruhen in den deutschen Territorien ausblieben, wuchs die Protestbewegung gegen die unbeliebte Herrschaft unübersehbar an. Vor allem Studenten, aber auch andere meist junge Männer, zu denen einige wenige Frauen stießen, veranstalteten gemeinsam große öffentliche Feiern und Feste, die nur schwer verboten und überwacht werden konnten, und auf denen Forderungen nach weitgehenden Reformen an die Regierungen gestellt wurden. Die herrschenden Eliten versuchten zwar, diese Bewegung zu behindern, wagten aber die offene Konfrontation meistens nicht, weil sie befürchteten, bei Anwendung von zu viel Gewalt das Gegenteil ihrer Ziele zu erreichen.

„Göttinger Sieben.“
Denkmal in Hannover von Floriano Bodini.
Im Mittelpunkt des Bronzedenkmals steht ein sechs Meter hohes, halb geöffnetes Portal. Vor dem Tor stehen drei Personen, rechts davon ein Student, hinter dem Portal (hier verdeckt) stehen vier weitere Figuren sowie (auf dem Pferd) König Ernst August.

▶ Präsentation: Informieren Sie sich im Internet über die „Göttinger Sieben“ und ihren Protest gegen das Vorgehen von König Ernst August I. von Hannover. Entwickeln Sie auf der Grundlage Ihrer Rechercheergebnisse ein Protestschreiben.

▶ Jutta Limbach, damalige Präsidentin des Bundesverfassungsgerichts, bezeichnete anlässlich der Einweihung des Denkmals im März 1998 die Protestaktion der „Göttinger Sieben“ als „erstes Leuchtzeichen eines rechtsstaatlichen Verfassungsdenkens“. Erörtern Sie diese Aussage.

Das Hambacher Fest | Die wichtigste dieser Veranstaltungen war das *Hambacher Fest*, das vom 27. Mai bis zum 1. Juni 1832 in der Pfalz stattfand. Dieses Treffen stellte später für die deutsche Nationalbewegung einen zentralen Bezugspunkt dar. Unter schwarz-rot-goldenen Fahnen, die symbolisch für die Freiheit und für die nationale Einheit standen, versammelten sich zwischen 20 000 und 30 000 meist junge Menschen auf der Schlossruine von Hambach.[1] Zahlreiche Reden wurden gehalten und gemeinsam wurden Lieder gesungen. Die Teilnehmer diskutierten lebhaft darüber, mit welchen Mitteln ein einiges und liberales Deutschland erreicht werden könnte. Zentral war ferner die Forderung nach einem Verfassungsstaat. Nur eine Minderheit plädierte dafür, sofort Gewalt einzusetzen und mit einer revolutionären Erhebung zu beginnen. Die meisten Teilnehmer sahen ein, dass die Mehrheit der Bevölkerung hierbei passiv bleiben würde und dass die militärischen Mittel der Fürsten zu überwältigend waren. Dennoch verbreitete sich der nationale Gedanke weiter. Eine polnische Delegation, die an den Feiern und Diskussionen teilnahm, wurde begeistert begrüßt, und beide Seiten sicherten sich Unterstützung bei der Schaffung ihrer jeweiligen nationalen Staaten zu. Demonstrativ wurde neben der schwarz-rot-goldenen auch die weiß-rote polnische Fahne gehisst (→M4). Bei den Liberalen in Westeuropa löste die polnische Freiheitsbewegung Begeisterung aus, weil die „junge“ Idee der Nation gegen das „alte“ Konzept der imperialen Herrschaft zu stehen schien.

[1] Zum Hambacher Fest siehe auch die Abbildung auf Seite 26.

Die Revolution von 1848/49 und die „nationale" Frage | Als im Februar 1848 in Paris erneut eine Revolution ausbrach, zog diese sofort Wirkungen in anderen europäischen Hauptstädten nach sich. Im März 1848 begannen in Berlin schwere Barrikadenkämpfe zwischen Aufständischen, die meist aus der Handwerkerschaft und aus dem Bürgertum stammten, und regulären Truppen. Nach dem Ende der sogenannten *Märzkämpfe* musste der preußische König Friedrich Wilhelm IV. zugestehen, dass eine neue Ordnung entstehen würde. Er wurde gezwungen, vor den bei den Konflikten gefallenen Menschen, die als „Märzgefallene" im Schlosshof aufgebahrt worden waren, seine Mütze zu ziehen und zwei Tage später mit schwarz-rot-goldener Schärpe durch Berlin zu reiten. Er behielt allerdings zunächst die Kontrolle über die Armee, was sich im Nachhinein als ein schwerer Fehler der Revolutionäre herausstellte. Auch in Wien revoltierte das Volk, und Fürst Metternich, der von den Aufständischen als das verhasste Symbol der alten restaurativen Ordnung angesehen wurde, musste fliehen. In freien Wahlen wurde in den deutschen Staaten ein Parlament gewählt, das in Frankfurt am Main in der *Paulskirche* zusammentrat und das die Aufgabe hatte, eine Verfassung zu erarbeiten. Diese Versammlung wurde von den Liberalen dominiert, die danach strebten, die Revolution in friedliche Bahnen zu lenken und sich mit den regierenden Fürsten zu arrangieren bzw. diese in eine Verfassung einzubinden. Außerhalb des Parlaments bestand aber eine sehr viel radikalere demokratische Bewegung, die die Revolution vorantreiben und die Fürsten absetzen wollte. Innerhalb dieser Gruppe machte bald das abschätzige Wort „Professorenparlament" die Runde (→M5).

Nachdem die Revolution zunächst Erfolge erzielt hatte, stand sofort die „nationale" Frage im Raum. Mehrere Konzepte wurden diskutiert, die sich gegenseitig ausschlossen. Die *„kleindeutsche Lösung"* strebte einen neuen Staat an, der ohne Österreich nur die norddeutschen und einige süddeutschen Territorien unter der Führung Preußens vereinigen sollte, wobei die Frage Bayerns offen war. Die *„großdeutsche Lösung"* umfasste alle Territorien, die innerhalb des Deutschen Bundes lagen. Allerdings bestand hier das Problem, dass dann auch zahlreiche nichtdeutsche Völker, wie beispielsweise Tschechen, innerhalb dieses neuen Staates gelebt hätten. Ferner warf die großdeutsche Lösung die Frage auf, was mit denjenigen Territorien geschehen solle, die außerhalb des bisherigen Deutschen Bundes lagen, aber beispielsweise zu Preußen oder zu Österreich gehörten. Eine dritte mögliche Lösung, die allerdings nur wenig diskutiert wurde, hätte deshalb in einer Art von imperialer *Föderation* bestehen können, bei der unklar gewesen wäre, ob Preußen oder Österreich die Vormacht in Mitteleuropa gehabt hätten.

Alle diese Kontroversen führten zu keinen konkreten oder politisch umsetzbaren Ergebnissen, weil sich bereits Ende 1848 die Kräfte der Gegenrevolution neu gruppierten. Entscheidend war, dass sowohl in Österreich als auch in Preußen die Armeen in der Hand der jeweiligen Regierungen geblieben waren und nun zunehmend gegen die revolutionären Bewegungen eingesetzt wurden. Bereits im Oktober schlugen Truppen nach Kämpfen, die fast vier Wochen dauerten, in Wien einen erneuten Aufstand nieder, und Anfang des nächsten Jahres griffen sie militärisch in Italien ein. Am 3. April 1849 lehnte König Friedrich Wilhelm IV. die Kaiserkrone ab, die ihm von der Nationalversammlung angeboten worden war. Stattdessen wurde die Versammlung in der Paulskirche von der Armee einfach aufgelöst. Seit Anfang Mai gingen preußische Truppen systematisch gegen die revolutionäre Bewegung in Sachsen, Württemberg und vor allem in Baden vor, wo sich die Hochburg der süddeutschen Demokraten befand. Am 23. Juli kapitulierte schließlich Rastatt, die letzte Bastion der Freiheitskämpfer, und damit war die Revolution offiziell beendet (→M6).

Friedrich Wilhelm IV. (1795–1861): preußischer König seit 1840, trat 1858 aus gesundheitlichen Gründen von seiner Regentschaft zurück

Deutscher Bund: Er bestand von 1815 bis 1866 und war ein lockerer Staatenbund, dem die meisten deutschsprachigen Territorien angehörten. Seine Grenzen waren allerdings nicht identisch mit den Staatsgrenzen, beispielsweise gehörten die östlichen Teile Preußens und viele der nicht-deutschsprachigen Teile Österreichs nicht zum Bund. Einige Gebiete, die – wie Schleswig und Holstein – von ausländischen Herrschern regiert wurden, gehörten hingegen dazu. Ziel des Bundes war es, die innere und äußere Sicherheit der Mitgliedstaaten zu gewährleisten.

Internettipp
Informationen zu den Ursachen, dem Verlauf und den Folgen der Revolution von 1848/49 finden Sie unter dem Code **32203-02**.

1848 und das polnische Problem | In den polnischen Teilungsgebieten schwelten seit 1846 erneut Unruhen, die vor allem vom polnischen Landadel ausgingen. Im Zusammenhang mit dem Beginn der 1848er-Revolution wurde in der mehrheitlich polnischsprachigen Provinz *Posen* die Unabhängigkeit gefordert, und es wurden auch Truppen aufgestellt. Bereits im Mai 1848 unterdrückte die preußische Armee aber diese Aufstandsbewegung.

Diese Vorgänge stellten für die deutschen Liberalen eine große Herausforderung dar, weil sie sich zwischen den Prinzipien der Freiheit und der nationalen Selbstbestimmung entscheiden mussten. Hatten beim Hambacher Fest noch beide nationalen Bewegungen Seite an Seite agiert, änderte sich die deutsche Haltung nun schnell. Dafür war auch verantwortlich, dass die in der Provinz Posen lebende deutschsprachige Minderheit die Etablierung eines neuen polnischen Staates ablehnte, auch wenn dieser innerhalb des Deutschen Bundes geblieben wäre. Immerhin war die Versammlung in der Paulskirche zunächst bereit, die Schaffung eines polnischen Staates – ausgehend von der Provinz Posen – dort zuzulassen, wo eindeutig Polen in der Mehrheit waren. In der sogenannten *„Polendebatte"* im Juli 1848 wurde aber deutlich, dass sehr viele deutsche Liberale ein unabhängiges Polen nun vehement ablehnten, wenn dadurch preußische Gebiete verloren würden. Nur wenige Demokraten, die meist auf der Seite der Linken standen, unterstützten die polnischen Wünsche.

In den folgenden Jahren setzte sich bei denjenigen Polen, die auf preußischem Territorium lebten, langsam die Überzeugung durch, dass militärischer Widerstand oder weitere Aufstände sinnlos sein würde. Sie erkannten, dass sie deshalb besser innerhalb der bestehenden Institutionen mitarbeiten sollten, um auf diese Weise die eigenen Interessen wahrzunehmen.

Eine gescheiterte Revolution in Deutschland? | Vordergründig ist die Revolution von 1848/49 in Deutschland gescheitert, weil sie militärisch niedergeschlagen wurde. Einige Revolutionäre wurden hingerichtet oder eingekerkert, viele flohen ins Ausland oder wanderten in die USA aus, wo sie schnell und erfolgreich wieder politisch aktiv wurden und beim Aufbau eines demokratischen Staates halfen. Wenn man allerdings die folgenden zwei Jahrzehnte betrachtet, kann man nicht einfach von einer Rückkehr zu den Verhältnissen von vor 1848 sprechen. Der preußische Staat setzte beispielsweise vorsichtig und behutsam einige Reformen um, die auf den Forderungen der liberalen Bewegung basierten. Das preußische Abgeordnetenhaus, das Ende 1848 eingeführt worden war, hatte nur wenige Befugnisse: Vor allem musste es dem preußischen Staatsbudget zustimmen und es hatte das Recht, Gesetze vorzuschlagen. Es wurde nach dem Drei-Klassen Wahlrecht gewählt, das sich am Besitz orientierte und damit die Konservativen und das reiche liberale Bürgertum stark begünstigte. Aber immerhin blieb in Preußen ein Parlament bestehen. 1849/50 verkündete der König von Preußen eine Verfassung, die allerdings die Rechte der Krone kaum einschränkte. Ferner bildeten sich in den 1850er-Jahren politische Parteien, die durchaus in offener Opposition zu den jeweiligen Regierungen stehen konnten. Auch die Konservativen formierten sich neu und schufen sich einen umfangreichen und effektiven Parteiapparat. Weitere Umgestaltungen betrafen die Wirtschaft. Durch eine Reihe von Maßnahmen wurden Firmengründungen erleichtert, und trotz einer kurzen Wirtschaftskrise in den 1850er-Jahren ging die Industrialisierung in vielen Teilen Preußens schnell voran. Mit staatlicher Unterstützung wurde der Eisenbahnbau vorangetrieben, und im Ruhrgebiet entstand aus bescheidenen Anfängen innerhalb von wenigen Jahrzehnten eine der größten Industrieregionen Europas. Schließlich stand seit den frühen 1860er-Jahren auch wieder die nationale Frage ganz oben auf der politischen Tagesordnung. Diese wurde auch dadurch aktueller als zuvor, weil in Italien die kriegerische Einigung des Staates begonnen hatte.[1]

---

[1] Zur italienischen Einigungsbewegung siehe Seite 46 f.

Der polnische Aufstand von 1863 | 1863 brach im russischen Teilungsgebiet erneut ein großer polnischer Aufstand aus. Träger des „nationalen" Gedankens waren vor allem Adlige und einige Intellektuelle, die Mehrheit der Bauern verhielt sich wie schon zuvor weitgehend passiv, und die Aufstandsbewegungen blieben räumlich auf die russischen Territorien begrenzt. Die Ursachen beruhten vor allem darauf, dass die zaristische Regierung zwar in den 1850er-Jahren einige Lockerungen zugelassen und innenpolitische Zugeständnisse gemacht hatte, diese aber in Teilen der polnischsprachigen Bevölkerung als unzureichend angesehen worden waren. Proteste, bei denen sich der Wunsch nach weitergehenden Freiheitsrechten ausdrückte, waren zudem scharf unterdrückt worden. Russische Truppen hatten eine friedliche Demonstration in Warschau zusammengeschossen, wobei mehr als 100 Menschen starben. Allerdings wurde der Aufstand von 1863 nur schlecht vorbereitet und die Rebellen verfügten über viel zu wenige Waffen. Auch gelang es ihnen nicht, die Hauptstadt Warschau zu besetzen, sodass ihnen ein logistisches Zentrum fehlte. Immerhin konnten die Rebellen sich aber etwa 15 Monate halten, und erst im Frühjahr 1864 brach der Aufstand zusammen, auch wenn einzelne Einheiten noch fortfuhren, einen Partisanenkrieg zu kämpfen.

Die russischen Reaktionen waren erneut sehr hart. Über 400 Aufständische wurden hingerichtet und über 20 000 nach Sibirien deportiert. Auch wurde das zuvor relativ gut ausgebaute Schulsystem ausgedünnt. Der Gebrauch der polnischen Sprache in der Schule wurde grundsätzlich verboten und in einigen Regionen stieg die Zahl der Analphabeten auf bis zu 70 Prozent an. Viele tausend polnische Intellektuelle, ehemalige Soldaten und Politiker flohen nach Westeuropa oder in die USA, wo sie einflussreiche Netzwerke formierten. Dieser und die vorangegangenen Aufstände stellten später für die polnische Nationalbewegung einen wichtigen Bezugsrahmen dar. Beispielsweise komponierte der berühmte Pianist, Komponist und Politiker Ignacy Jan Paderewski 1909 eine Symphonie (h-moll, op. 24), die den Beinamen „Polonia" erhielt und die dem Nationalaufstand von 1863 gewidmet war. In diesem Werk wurde musikalisch mehrfach das sogenannte „Lied der Legionen" zitiert, das später unter dem Titel „Noch ist Polen nicht verloren" zur polnischen Nationalhymne[2] wurde.

---

[2] Vergleichen Sie hierzu M2 auf Seite 40 f.

M1 „Des Deutschen Vaterland"

1813 verfasst der deutsche Schriftsteller und Histori-ker Ernst Moritz Arndt (1769–1860) während der Befreiungskriege gegen die napoleonische Herrschaft das folgende Lied, das 1814 zum ersten Mal aufge-führt wird, zunächst aber recht erfolglos bleibt. In den 1820er- und 30er-Jahren wird es in der liberalen Na-tionalbewegung populär und häufig gesungen.

Was ist des Deutschen Vaterland?
Ist's Preußenland, ist's Schwabenland?
Ist's, wo am Rhein die Rebe blüht?
Ist's, wo am Belt die Möwe zieht?
5 O nein! nein! nein!
Sein Vaterland muss größer sein.

Was ist des Deutschen Vaterland?
Ist's Bayerland, ist's Steierland?
Ist's, wo des Marsen Rind sich streckt?
10 Ist's, wo der Märker Eisen reckt?
O nein! nein! nein!
Sein Vaterland muss größer sein.

Was ist des Deutschen Vaterland?
Ist's Pommerland, Westfalenland?
15 Ist's, wo der Sand der Dünen weht?
Ist's, wo die Donau brausend geht?
O nein! nein! nein!
Sein Vaterland muss größer sein.

Was ist des Deutschen Vaterland?
20 So nenne mir das große Land!
Ist's Land der Schweizer? ist's Tirol?
Das Land und Volk gefiel mir wohl;
Doch nein! nein! nein!
Sein Vaterland muss größer sein.

25 Was ist des Deutschen Vaterland?
So nenne mir das große Land!
Gewiss es ist das Österreich,
An Ehren und an Siegen reich?
O nein! nein! nein!
30 Sein Vaterland muss größer sein.

Was ist des Deutschen Vaterland?
So nenne mir das große Land!
So weit die deutsche Zunge klingt
Und Gott im Himmel Lieder singt,
35 Das soll es sein!
Das, wackrer Deutscher, nenne dein!

Das ist des Deutschen Vaterland,
Wo Eide schwört der Druck der Hand,
Wo Treue hell vom Auge blitzt,
40 Und Liebe warm im Herzen sitzt –

Das soll es sein!
Das, wackrer Deutscher, nenne dein!

Das ist des Deutschen Vaterland,
Wo Zorn vertilgt den welschen Tand,
45 Wo jeder Franzmann heißet Feind,
Wo jeder Deutsche heißet Freund –
Das soll es sein!
Das ganze Deutschland soll es sein!

Das ganze Deutschland soll es sein!
50 O Gott vom Himmel sieh darein
Und gib uns rechten deutschen Mut,
Dass wir es lieben treu und gut.
Das soll es sein!
Das ganze Deutschland soll es sein!

Nach: http://gutenberg.spiegel.de/buch/gedichte-2227/58
(Zugriff: 4. Februar 2016)

1. Zeichnen Sie anhand einer Landkarte diejenigen Terri-torien ein, die der Autor unter dem „ganzen" Deutsch-land versteht. Vergleichen Sie anschließend Ihr Ergebnis mit der Karte Europas nach dem Wiener Kongress. Siehe dazu Seite 33.

2. Bei der Nationsbildung spielen Wertvorstellungen eine zentrale Rolle. Charakterisieren Sie die Eigenschaften, die ein guter Deutscher nach Arndts Auffassung haben sollte.

3. Arbeiten Sie aus dem Lied die beiden Elemente heraus, die laut Arndt alle deutschen Territorien miteinander ver-bindet.

M2 Die polnische Nationalhymne

Die heutige Nationalhymne Polens geht auf ein Lied zu-rück, das der polnische Politiker und Schriftsteller Józef Wybicki (1747–1822) im Jahre 1797 im italienischen Exil komponiert hat. Das Lied wird später in der Nationalbewe-gung sehr populär und bei Aufständen gerne gesungen.

Noch ist Polen nicht verloren,
so lange wir leben.
Was uns fremde Übermacht nahm,
werden wir uns mit dem Säbel zurückholen.

5 Marsch, marsch, Dąbrowski,
Von der italienischen Erde nach Polen.
Unter deiner Führung
vereinen wir uns mit der Nation

Wir werden Weichsel und Warthe durchschreiten,
10 wir werden Polen sein.

Bonaparte[1] gab uns ein Beispiel
wie wir zu siegen haben.

Marsch, marsch Dąbrowski …

Wie Czarniecki[2] bis nach Posen
15 nach der schwedischen Besetzung,
Zur Rettung des Vaterlands
kehren wir übers Meer zurück.

Marsch, marsch, Dąbrowski …

Da spricht schon ein Vater zu seiner Basia[3]
20 weinend:
„Hör nur, es heißt, dass die Unseren
Die Kesselpauken schlagen."

Marsch, marsch, Dąbrowski …

Nach: Nationalhymnen. Texte und Melodien, Stuttgart 1982, S. 132

1. **Präsentation:** Informieren Sie sich im Internet über den mehrfach im Lied genannten „Dąbrowski". Verfassen Sie anschließend ein kurzes Porträt über ihn. Arbeiten Sie darin auch seine Bedeutung in der polnischen Geschichte heraus.
2. Recherchieren Sie im Internet über die deutsche Nationalhymne. Vergleichen Sie diese anschließend mit der polnischen Hymne unter folgenden Gesichtspunkten: Verfasser, Entstehungszeit und -ort. Berücksichtigen Sie ebenso den historischen Kontext: Welche Personen oder welche Ereignisse behandeln die Texte?
3. Erörtern Sie die Funktion, die Nationalhymnen für eine nationale Bewegung haben. Diskutieren Sie, ob diese Funktion von der polnischen Hymne erfüllt wird.

M3 „Auferstehung des polnischen Volkes"

Der aus dem Landadel stammende Adam Mickiewicz (1798–1855) gilt als einer der wichtigsten polnischen Nationaldichter. Im Jahre 1832 schreibt er:

Schließlich kamen im götzendienerischen Europa drei Könige zur Regierung; der Name des ersten war Friedrich der Zweite von Preußen, der Name des zweiten Katharina die Zweite von Russland, der Name des dritten Maria Theresia von Österreich. Und es war die satanische Dreifaltigkeit
5 wider die göttliche, und sie war gleichsam ein Spott und Hohn auf alles, was heilig ist.

Friedrich, dessen Name Freund des Friedens bedeutet, sann auf Kriege und Raubzüge sein ganzes Leben lang [...].
Katharina wiederum heißt auf Griechisch die Reine, sie war 10 aber die unzüchtigste unter allen Frauen und wie eine schamlose Venus, die sich eine reine Jungfrau nennt. [...]
Maria Theresia wiederum trug den Namen der demütigsten und unbefleckten Mutter des Erlösers, um die Demut und die Heiligkeit zu verspotten. Denn sie war eine hoch- 15 mütige Teufelin und führte Krieg, um fremde Länder zu unterwerfen. [...]
Die Namen dieser drei Könige, Friedrich, Katharina und Maria Theresia, waren drei Gotteslästerungen und ihre Leben drei Verbrechen und ihr Andenken drei Verfluchungen 20 [...].
Das polnische Volk allein aber neigte sich vor dem neuen Götzen nicht und hatte in seiner Sprache kein Wort, ihn polnisch zu benennen, ebenso wenig für seine Verehrer, die nach dem Französischen Egoisten heißen. Das polnische 25 Volk ehrte Gott, weil es wusste, dass, wer Gott ehrt, allem, was gut ist, die Ehre gibt.
Von Anfang bis zu Ende also war das polnische Volk dem Gott seiner Vorfahren treu. Seine Könige und Ritter griffen nie irgendein gläubiges Volk an, sondern verteidigten die 30 Christenheit vor den Heiden und den Barbaren, die die Sklaverei mit sich führten. [...]
Das polnische Volk ist nicht gestorben; sein Leib liegt im Grab und seine Seele hat die Erde, das öffentliche Leben verlassen, um hinabzusteigen zum Abgrund, das ist zum 35 häuslichen Leben der Völker, die Knechtschaft leiden daheim und in der Ferne, um ihre Leiden zu sehen. Und am dritten Tage wird die Seele in den Leib zurückkehren, und das Volk wird auferstehen, und es wird alle Völker Europas aus der Knechtschaft befreien [...]. Und wie mit dem aufer- 40 standenen Christus die blutigen Opfer von der ganzen Erde verschwanden, so werden mit der Auferstehung des polnischen Volkes aufhören innerhalb der Christenheit die Kriege.

Nach: Enno Meyer (Hrsg.), Deutschland und Polen 1772–1914. Quellen- und Arbeitshefte zur Geschichte und Gemeinschaftskunde, Stuttgart 1966, S. 38f.

1. Fassen Sie stichpunktartig zusammen, wie Friedrich II. von Preußen, Katharina II. von Russland und Maria Theresia von Österreich in der Quelle charakterisiert werden.
2. Arbeiten Sie heraus, auf welche historische Ereignisse in dem Text angespielt werden.
3. Analysieren Sie die Bedeutung, die die in der Quelle verwendeten religiösen Begriffe haben.

---

[1] **Bonaparte:** Gemeint ist Napoleon Bonaparte.
[2] **Stefan Czarniecki** (1599–1665): polnischer Feldherr, der durch seine Siege im schwedisch-polnischen Krieg (1655–1660) zum nationalen Helden wurde
[3] **Basia:** polnische Bezeichnung für den Vornamen Barbara

M4 „Es leben unsere deutschen Brüder!!"

In Paris besteht ein polnisches Nationalkomitee, das im Mai 1832 eine Adresse an die Teilnehmer des Hambacher Festes versendet. Wichtigster Vertreter ist Joachim Lelewel (1786–1861), der bei dem Aufstand von 1830/31 Mitglied in der polnischen Revolutionsregierung gewesen ist und nach der polnische Niederlage ins Exil flieht. In der Adresse heißt es:

Ja, groß, erhaben und edel ist das Ziel, zu dessen Erringung Ihr bei diesem der Hoffnung gewidmeten Feste die Mittel besprechen wollt. Nur in der politischen Einheit Eures
5   Vaterlandes durch eine Verbindung der einzelnen Brüderstämme können die gemeinsamen Interessen – das Gesamtwohl Eurer Nation gefördert – die innere Willkür und die äußere Gewalt abgeschafft – gesetzliche Freiheit und deutsche Nationalwürde erstrebt werden. Aber das Fortbeste-
10   hen des Errungenen kann nur die Einführung der Volkssouveränität verbürgen, welche der politischen Reform zur Grundlage dienen muss. Alle noch von Despoten beherrschten europäischen Völker werden ihr inbrünstiges Gebet mit dem Eurigen verbinden, dass der Ewige, der Gott der Ge-
15   rechten, Euch bei Eurem Vorhaben beistehen und dessen Erringung gewähren, Eure Hoffnungen und ihre Wünsche mit einem günstigen Erfolge krönen möge; denn durch die bürgerliche Emanzipation eines so großen Volkes wird der Grundstein zur Befreiung aller anderen Völker vom Skla-
20   venjoche gelegt.
Und wenn Ihr nach Erringung der beabsichtigten Reform, dem Ewigen für seinen Beistand dabei Dank zollend, das Errungene auf den Gräbern Eurer Väter [...] opfern werdet – dann gedenket auch unserer Gesetzgeber, welche
25   schon vor 40 Jahren das von ihren Vorfahren ererbte große Prinzip der Volkssouveränität als das erste Bedürfnis für Ruhe und Sicherheit der Völker, als die erste Bedingung des Fortbestehens der Volksfreiheit in ihrem ganzen Umfange mit der Oberaufsicht über die Werkzeuge der voll-
30   streckenden Gewalt in der von ihnen unserem Vaterlande *gegebenen* Verfassung vom Jahre 1791 verkündeten, – welche aber Märtyrer der Volkssache wurden und die weitere Entwicklung des Werkes nicht erlebten, weil der auswärtige Einfluss, die untereinander verbündeten Despoten,
35   es gleich zu untergraben versuchten und das große Prinzip im Keime erdrückten, da dasselbe außer bei uns nirgends Verteidiger gefunden hat.
Die Erringung dieses Prinzips und unser Vorhaben, die Wohltaten der bürgerlichen Emanzipation allen Volksklas-
40   sen zuzugestehen, ist und soll unser größtes Bemühen sein, und beide sind die größten Bedingungen unserer Unabhängigkeit, nach welcher wir streben.
Es leben unsere deutschen Brüder!!

Nach: Enno Meyer (Hrsg.), ebd., S. 35 f.

1. Geben Sie die wesentlichen Aussagen wieder.

2. Charakterisieren Sie die sprachlichen Mittel, mit denen sich das Nationalkomitee an die Teilnehmer des Hambacher Festes wendet.

3. In M4 wird auf die polnische Verfassung von 1791 hingewiesen. Informieren Sie sich über diese. Ordnen Sie ihre Bedeutung auf nationaler und europäischer Ebene ein.

4. Analysieren Sie die Gemeinsamkeiten und Unterschiede in M3 und M4. Gehen Sie dabei auch auf die Frage ein, welche Formen von Nationalismus sich in den beiden Texten widerspiegeln.

M5 Liberalismus und Nationalismus

Der deutsche Historiker Wolfgang J. Mommsen (1930–2004) äußert sich im Jahre 1998:

Die liberale Bewegung und ebenso ihr linker Flügel, die radikale Demokratie, waren von Anbeginn eng mit der nationalen Idee verbunden. In der Zeit des Vormärz war die Idee der Kulturnation, die ihre natürliche Vollendung in einem eigenständigen, obschon gegebenenfalls föderativ 5 gegliederten Nationalstaat finden müsse, zur herrschenden Ideologie der „Bewegungspartei" geworden. Die nationale Idee einte die Intelligenz und die bürgerlichen Eliten in einem gemeinsamen Credo; die bürgerlichen Kulturwerte, insbesondere die jeweilige Nationalliteratur, dienten der 10 Legitimierung der nationalen Ideologie gegenüber den traditionellen Gewalten. Darüber hinaus erwies sich die Idee des Nationalstaats als eine ungemein zugkräftige Integrationswaffe, um die breiten Schichten der Bevölkerung schrittweise für die politischen Ziele der bürgerlichen Eli- 15 ten zu gewinnen. [...]
Allerdings sollte die partielle Befriedigung der nationalpolitischen Ziele von den verfassungspolitischen Machtfragen ablenken und zugleich von den noch ungleich explosiveren sozialen Problemen. Es war eine der wichtigsten Auswir- 20 kungen der Revolution, dass die nationale Idee nahezu überall in Europa nunmehr einen festen Rückhalt nicht allein bei den Intellektuellen und den Schichten von „Besitz und Bildung" gewonnen hatte, sondern auch bei den breiten Schichten der Bevölkerung, und dies, obschon die 25 nationalrevolutionären Bewegungen als solche fast überall vollständig scheiterten.
In dieser Hinsicht war die Bilanz der Revolution von 1848/49 nichts weniger als positiv. Die polnische Nationalbewegung war vollständig zerschlagen worden; Polen war 30 nach 1849 der repressiven Herrschaft der Teilungsmächte weit stärker ausgeliefert als zuvor; die Institutionen, die im Vormärz eine gesamtpolnische Identität garantierten, waren ausgelöscht worden. [...]

35 Zu Teilen lässt sich das Scheitern der Neuordnung Europas aufgrund des Selbstbestimmungsrechts der Nationen darauf zurückführen, dass die europäischen nationalen Bewegungen schon von Anbeginn in bittere Konflikte miteinander verstrickt wurden, statt, wie dies weitsichtigere Männer
40 der Linken [...] gefordert hatten, gegenüber den überkommenen dynastischen Ordnungen Solidarität zu üben. Ganz im Gegenteil, überall, und namentlich in der Paulskirche, traten sogleich nationalistische Tendenzen und zuweilen gar imperialistische Begehrlichkeiten hervor, die die Ach-
45 tung vor dem Eigenrecht der anderen Nationen völlig vermissen ließen. Dies erleichterte es den überkommenen Gewalten, die einzelnen Nationalitäten und Nationen gegeneinander auszuspielen. Europa verpasste eine – genauer: die erste – große Gelegenheit, sich unter freiheitli-
50 chen Gesichtspunkten eine neue Ordnung zu geben.

Wolfgang J. Mommsen, 1848. Die ungewollte Revolution. Die revolutionären Bewegungen in Europa 1830–1849, Frankfurt am Main 1998, S. 311 ff.

1. Fassen Sie mit eigenen Worten die Argumente zusammen, mit denen der Zusammenhang zwischen Liberalismus und Nationalismus in dem Text dargestellt wird.

2. Präsentation: Informieren Sie sich im Internet und/oder in Fachbüchern über den Begriff „Kulturnation" (siehe Zeile 4). Schreiben Sie anschließend einen kurzen Lexikonbeitrag zum Begriff.

3. Erörtern Sie, wie Mommsen die Perspektiven der Revolution darstellt und welche Chance seiner Meinung nach 1848/49 verspielt worden ist.

M6 1848/49: eine gescheiterte Revolution?

Der deutsche Historiker Thomas Nipperdey (1927–1992) schreibt über die Revolution:

Es war die Spaltung der bürgerlichen Bewegung in liberal-konstitutionelle und radikale Demokraten, die zu ihrem Scheitern geführt oder doch wesentlich beigetragen hat. Denn das schwächte die Revolution gegenüber den alten
5 Mächten nachhaltig. [...] War es der Radikalismus der Radikalen, und vielleicht ihr utopischer Illusionismus, der die möglichen Chancen der Revolution vereitelt hat [...] Oder war es die Vorsicht, der obrigkeitliche konservative Traditionalismus der Liberalen, ihre Klassenangst vor Demokra-
10 tie und sozialer Veränderung, vor der „roten Revolution", die sie zum Kampf gegen die Linke, zur Kooperation mit den alten Gewalten oder zur Resignation getrieben hat? [...] [Die Liberalen] hatten andere Ziele als die Linken und eine andere Strategie; sie trieben eine Politik der Mitte,
15 gegen die Linke gewiss, aber gegen die alten Mächte, den

Status quo wie die Gegenrevolution ebenso. Sie waren keine dezidierten Revolutionäre gewesen, sondern Revolutionäre wider Willen; sie machten vor den Thronen Halt; sie wollten die Revolution beenden und in Legalität über-
20 führen; die permanente Revolution als Basis ihrer Legitimität und ihrer Macht war ihnen ein Gräuel. [...] Die Liberalen wollten Dämme gegen das Chaos bauen, die Revolution begrenzen, gerade weil sie die Ziele, die sie mit der Revolution gemeinsam verfolgten, durchsetzen wollten. Man kann
25 von den Liberalen, von den bürgerlichen Honoratioren, von den Anwälten einer Gesellschaft mittlerer Existenzen, von Eigentümern nicht erwarten, dass sie die sozialen und egalitären demokratischen Normen unserer Gesellschaft des 20. Jahrhunderts verfochten. [...]
30 Wie die Freiheit hatte auch die Einheit ihre großen Probleme. Sie stieß mit den europäischen Mächten und dem neuen Nationalismus der Völker zusammen – Grenzen, Minderheiten, neue Großmachtposition [...]. Und die Einheitsforderung stieß auf den alten wie den neuen Föderalismus und Partikularismus der deutschen politischen
35 Welt, das Gegeneinander von Einzelstaat und werdendem Gesamtstaat. Sie stieß zudem auf das Problem des deutschen Dualismus: nationale Einheit gab es nicht ohne Österreich, nicht ohne Preußen, aber solange die als Staaten bestanden, stellte sich das Problem der Führung. Und es
40 stellte sich das Problem, wie der deutschen Nationalstaat und der Anspruch der Nation auf Einschluss der Deutschen Österreichs und die Existenz dieses übernationalen Staates zu vereinbaren wären. [...] Deutsche Einheit, deutsche Grenzen, deutsche Freiheit und ein Stück sozialer Gerech-
45 tigkeit, das waren schon vier Probleme, die gleichzeitig anstanden [...] Es ist die Vielzahl der Probleme und ihrer Unlösbarkeiten gewesen, die zum Scheitern der Revolution geführt hat. Man wollte einen Staat gründen und eine Verfassung durchsetzen, beides zugleich, und das angesichts
50 gravierender sozialer Spannungen. Auch in Frankreich, wo die Probleme einfacher waren, und auch in Italien ist die Revolution gescheitert; diese Tatsachen muss jedes Urteil über die deutsche Revolution mitreflektieren.

Thomas Nipperdey, Deutsche Geschichte 1800–1866. Bürgerwelt und starker Staat, München 1998, S. 663 f. und 668 f.

1. Fassen Sie die zentralen Argumente zusammen, mit denen Nipperdey seine Auffassung über das Scheitern der Revolution begründet.

2. Vergleichen Sie die Texte von Mommsen (M5) und von Nipperdey, und arbeiten Sie Gemeinsamkeiten und Unterschiede ihrer Argumentation heraus.

3. 1848/49: eine gescheiterte Revolution? Nehmen Sie dazu Stellung. | H

Historische Urteile untersuchen

Ein **historisches Urteil** drückt eine begründete Position zu einem vergangenen Geschehen aus. Dabei ist zwischen einem Sach- und einem Werturteil zu unterscheiden. Beiden Urteilen liegt eine Sachanalyse zugrunde. Ein **Sachurteil** berücksichtigt Perspektiven, Formen, Ursachen und Wirkungen geschichtlicher Ereignisse. Dabei kann vergangenes Geschehen (z. B. das Hambacher Fest) ebenso Gegenstand eines Sachurteils sein wie das Handeln verantwortlicher Personen (z. B. die Debatten in der Frankfurter Paulskirche 1848/49).

Historische Urteile berücksichtigen mehrere Ursachen (**Multikausalität**) eines Geschehens: wirtschaftliche, soziale, rechtliche, außen- und innenpolitische und andere Zusammenhänge. Sie beziehen auch verschiedene Sichtweisen ein (**Multiperspektivität**), also unterschiedliche Interessen und Motive verschiedener Handelnder sowie Betroffener.

Sachlich begründete **Analysekriterien** helfen, nachprüfbare historische Sachurteile zu treffen. Politische und wirtschaftliche Entscheidungen können zum Beispiel vor dem Hintergrund der zeitgenössischen Entscheidungsspielräume auf ihr Zustandekommen und ihre Wirksamkeit (Effizienz) befragt werden: Erfolgte die Entscheidung schnell? War sie politisch und gesellschaftlich durchsetzbar? Wurde das angestrebte Ziel erreicht? Zu hinterfragen ist auch die Rechtmäßigkeit (Legitimität) bestimmter Handlungen: War die Entscheidung rechtlich möglich? War sie nach damals gültigen Wertvorstellungen legitim? Gab es damals konkurrierende Wertvorstellungen?

Wenn wir Ereignisse oder Handlungen nicht nur nach zeitgenössischen, sondern auch nach heutigen Wertmaßstäben beurteilen, fällen wir historische **Werturteile**. Dabei haben wir darauf hinzuweisen, dass unser Urteil mitbestimmt ist von unserem aktuellen Verständnis von Gerechtigkeit, Freiheit und Gleichheit der Geschlechter oder anderen in unserem Grundgesetz festgehaltenen Grundrechten. Nur dann, wenn zwischen **heutigen und früheren Wertmaßstäben** deutlich unterschieden wird, können historische Urteile angemessen und einleuchtend sein.

Je nach **Gewichtung der Argumente** und dem **Standpunkt des Urteilenden** können die Aussagen im Ergebnis unterschiedlich ausfallen.

Im Buch gibt es zahlreiche Quellen, die ein historisches Urteil beinhalten. Hier eine kleine Auswahl: Siehe M1, Seite 31; M6, Seite 43; M2, Seite 83 und M1, Seite 103.

Operatoren*

Sachurteil

• **beurteilen**

Beispiel: Beurteilen Sie, in wiefern die Rede als „Schlüsseldokument" für die „Endlösung der Judenfrage" und den Holocaust angesehen werden kann (vgl. Seite 95).

• **erörtern**

Beispiel: Erörtern Sie die Bedeutung des Einflusses der Solidarność-Bewegung auf die politische Wende von 1989 (vgl. Seite 107).

Werturteil

• **Stellung nehmen**

Beispiel: 1848/49: eine gescheiterte Revolution? Nehmen Sie dazu Stellung (vgl. Seite 43).

• **erörtern**

Beispiel: Erörtern Sie, warum Geschichte als Argument für nationale Bewegungen eine derartig wichtige Rolle spielte und immer noch spielt (vgl. Seite 12).

* Siehe dazu auch den Anforderungsbereich III bei den Hinweisen zur Bearbeitung der Aufgaben ganz vorne im Buch sowie die Hilfen zum richtigen Umgang mit den Operatoren ab Seite 178.

Historische Urteilsbildung.
Grafik von Jana Bretschneider.

▶ Begründen Sie ausgehend von der Grafik, warum es sich bei der Beurteilung von Jürgen Heyde (M „Novemberaufstand") um ein Sach- und nicht um ein Werturteil handelt.

Gegenstand
(Ereignis, Herrschaftssystem, Handlung, Prozess bzw. Entwicklung, Kommentar etc. in der Geschichte)

Analyse
(auch unter Anwendung geschichtswissenschaftlicher Theorien)

multiperspektivisch
- politische Akteure
- wirtschaftlich Handelnde
- betroffene (politische, ethnische, religiöse, soziale) Gruppen

multikausal
- kurz-, mittel-, langfristige Ursachen und Folgen
- Anlässe

Sachurteil (Urteilskriterien)

Effizienz
- (politische) Durchsetzbarkeit
- politische und wirtschaftliche Nützlichkeit
- Schnelligkeit
- (Ziel-)Genauigkeit der Maßnahme
- Vermeidung unerwünschter Nebenfolgen

Legitimität
- historisch geltendes Recht
- Akzeptanz in historischer Gesellschaft
- historische Wertmaßstäbe (z. B. Gerechtigkeitsvorstellungen)

Werturteil (Urteilskriterien)
heute geltende Grundwerte: Sicherheit, Freiheit, Gerechtigkeit, Gleichheit der Geschlechter, Solidarität, Rechtsstaatlichkeit, Demokratie (politische Teilhabe, Transparenz politischer Entscheidungen) etc.

M „Novemberaufstand"

Der deutsche Historiker Jürgen Heyde (*1965) bewertet die polnische Nationalbewegung anhand des Aufstandes von 1830/31:

Auch in Polen selbst war die gesellschaftliche Basis für den Aufstand zunächst sehr gering. Er hatte als Generationenkonflikt innerhalb der Streitkräfte begonnen, bis die liberalen Kräfte zielstrebig auf eine „Nationalisierung" der
5 Bewegung hinarbeiteten. In den ersten Tagen des Aufstandes hatten sich Vertreter der Aristokratie, des Bürgertums und auch hohe Offiziere mehrheitlich gegen die Erhebung ausgesprochen und zu Mäßigung geraten. Doch angesichts der kompromisslosen Haltung der russischen Regierung in
10 St. Petersburg schlossen sie sich den Aufständischen an. Zentren der Aufstandsbewegung waren die großen Städte, besonders die Universitätsstädte Warschau und Wilna. [...] In der Emigration versuchte die aristokratische Partei [...] ergebnislos, auf diplomatischem Wege Bündnisse gegen
15 Russland zu organisieren. Innerhalb Frankreichs gelang es [...] hingegen, einen Lehrstuhl für Slawische Sprache und Literatur am Collège de France einzurichten, auf den 1840

Adam Mickiewicz[1] berufen wurde. Diese Professur entwickelte einen nicht zu unterschätzenden Einfluss auf die junge französische Intelligenz. Mickiewiczs Schaffen wurde 20 in der polnischen Exilöffentlichkeit, aber auch im geteilten Polen breit rezipiert. Seine romantischen Vorstellungen von Polen als dem „Christus der Völker" fanden hier regen Anklang.
In Paris entstanden die Werke, welche für lange Zeit das 25 Bild der polnischen Nationalbewegung prägen sollten – in der Emigration ebenso wie in den polnischen Ländern.

Jürgen Heyde, Geschichte Polens, München ³2011, S. 61 und 63 f.

▶ In der vorliegenden Quelle werden mehrere Sachurteile genannt. Benennen Sie einige und beurteilen Sie diese. Beziehen Sie dabei Ihre bisherigen Kenntnisse der polnischen Nationalbewegung mit ein. Ihre Ergebnisse können Sie mit der Beispiellösung auf Seite 191 vergleichen.

_____
[1] Zu Adam Mickiewicz siehe auch M3 auf Seite 41.

Der Weg zur Reichsgründung

Die italienische Einigungsbewegung: das Risorgimento | Zeitlich ging die Einigung Italiens derjenigen von Deutschland voraus, und die deutschen Liberalen haben die Vorgänge in Italien sehr genau beobachtet. Häufig wurden die Ereignisse in Italien kommentiert und Überlegungen angestellt, ob und wie die italienischen Erfahrungen für Deutschland nutzbar gemacht werden könnten bzw. ob sich Vorbilder ergaben. Vor 1860 bestanden in Italien sehr ausgeprägte regionale Identitäten. Lokale Dialekte herrschten vor, und die hochitalienische Sprache wurde nur von einer kleinen Schicht gesprochen. Die *italienische Einigungsbewegung* entstand aus zwei unterschiedlichen Quellen. Erstens wurde sie getragen von einer relativ kleinen, aber einflussreichen Gruppe von liberalen Bürgern, die meistens aus den großen Städten in Norditalien stammten. Diese wollten einen modernen italienischen Staat mit einer Verfassung und einem Parlament schaffen, lehnten aber fast immer demokratische Ideen ab. Sie wollten das Wahlrecht an ein bestimmtes Einkommen bzw. an Besitz koppeln. Ferner beabsichtigten sie, den Einfluss der katholischen Kirche zu beschränken und nach dem Vorbild Frankreichs einen säkularen Nationalstaat zu schaffen, in dem Staat und Kirche strikt getrennt sein sollten. Zweitens bestand in Süditalien, wo die Ländereien fast ausschließlich Großgrundbesitzern gehörten, eine Bewegung von kleinen Bauern und armen Landarbeitern, die vor allem Agrarreformen und die Aufteilung der großen Güter forderten. Beide Bewegungen hatten zunächst nur miteinander gemeinsam, dass sie mit den herrschenden Bedingungen unzufrieden waren. 1859 siegten Truppen des Staates *Sardinien-Piemont*, die von Frankreich unterstützt wurden, in einem Krieg gegen Österreich, das in der Folge die Lombardei abtreten musste. Als Dank hierfür erhielt Frankreich Nizza und Savoyen.

Zum Führer der Bewegung im Süden wurde der Republikaner *Giuseppe Garibaldi*, der in den kommenden Jahrzehnten zum Symbol des italienischen Freiheitskampfes wurde. Im Mai 1860 kehrte er aus dem Exil in den USA zurück und landete mit einer Gruppe von etwa 1 000 bewaffneten Anhängern in Sizilien. Diese Invasion löste große *Volksaufstände* aus, und innerhalb weniger Monate brach die bisherige staatliche Ordnung in Süditalien zusammen (→M1). Garibaldi nahm schnell Neapel ein, proklamierte aber keine demokratische Revolution, sondern unterstellte sich im Oktober 1861 *Viktor Emanuel II.*, dem König von Sardinien-Piemont (Königshaus Savoyen). Im März 1861 war in Turin die neue italienische *Monarchie* ausgerufen worden. 1866 beteiligte sich Italien am Krieg zwischen Deutschland und Österreich und 1870 besetzten italienische Truppen während des Deutsch-Französischen Krieges den Kirchenstaat, sodass Rom zur neuen italienischen Hauptstadt wurde. Auch wenn bei Volksabstimmungen eine überwältigende Mehrheit für die nationale Einheit stimmte, stellte – anders als in Deutschland – die nationale Bewegung in Norditalien keine Massenbewegung dar, sondern die Liberalen waren sich darüber bewusst, dass sie nicht die Mehrheit der Bevölkerung repräsentierten. Das Wahlrecht wurde sehr stark eingeschränkt, nur 1,9 Prozent der Bevölkerung durfte über die Zusammensetzung des Parlaments abstimmen. Die erheblichen sozialen Probleme waren den Führern der italienischen Parteien bewusst. So bemerkte der konservative Politiker *Massimo d'Azeglio* zutreffend in einer berühmten Rede vor dem Parlament: „Wir haben Italien geschaffen, jetzt müssen wir Italiener schaffen."[1]

Aufstände von Bauern im Süden, die weiterhin auf Landreformen hofften, wurden gewaltsam niedergeschlagen. Auch war das Land tief gespalten, weil der Papst, nachdem der Kirchenstaat militärisch besetzt worden war, den italienischen Staat scharf ablehnte und allen Katholiken die Mitarbeit am öffentlichen Leben verbot. Erst ab den 1890er-Jahren entstand mit dem italienischen Imperialismus in Afrika und im Mittelmeerraum eine integrative Ideologie, die sich nationalistisch interpretieren ließ.

Imperialismus: Als „Zeitalter des Imperialismus" wird die Zeit zwischen dem späten 19. Jahrhundert und dem Ausbruch des Ersten Weltkrieges bezeichnet. In dieser Periode teilten die europäischen Mächte Afrika und Teile Asiens unter sich auf.

---

[1] Nach: Eric Hobsbawm, Nationen und Nationalismus, Bonn 2005, S. 58.

Der preußische Verfassungskonflikt und die preußischen Liberalen | Der *preußische Verfassungskonflikt* stellte eine mehrjährige und schwere Auseinandersetzung zwischen der preußischen Regierung und den Liberalen dar. Er entzündete sich an einer eigentlich harmlosen Frage: 1860/61 wollte *Albrecht von Roon*, der neue preußische Kriegsminister, eine umfangreiche *Armeereform* durchführen. Hierbei sollte die preußische Landwehr aufgelöst werden. Diese Maßnahme war rüstungspolitisch sinnvoll, denn der militärische Wert dieser Truppen war gering. Allerdings hatte die Landwehr für die Liberalen einen sehr hohen symbolischen Wert, weil sie aus den Befreiungskriegen hervorgegangen war und auch die Revolution von 1848/49 überdauert hatte. 1862 brach der offene Konflikt aus, weil das preußische Abgeordnetenhaus das Budget der Regierung mit großer Mehrheit ablehnte. Zeitweise spielte König Wilhelm I. sogar mit dem Gedanken zurückzutreten. Allerdings erklärte sich Otto von Bismarck bereit, die Position des preußischen Ministerpräsidenten zu übernehmen (→ M2). Bismarck galt zu diesem Zeitpunkt zwar als sehr fähig, aber auch als extrem reaktionär, und er war, weil selbst viele preußische Konservative ihm misstrauten, als Botschafter nach Russland abgeschoben worden. Bismarck war nun bereit, eine riskante Strategie zu verfolgen. Er wollte einfach gegen die Verfassung und gegen das Abgeordnetenhaus regieren, weil er sich sicher war, dass die Liberalen nicht noch einmal einen Revolutionsversuch unternehmen würden. Der Verfassungskonflikt, der vier Jahre dauerte, lief nach folgendem Muster ab: Das Abgeordnetenhaus lehnte das Budget der Regierung ab und wurde daraufhin von Bismarck aufgelöst. Bei den Neuwahlen gewannen die Liberalen dann aber hinzu, sodass sie ihre Mehrheit im Parlament sogar ausbauten. In dieser verfahrenen Situation suchte Bismarck nach außenpolitischen Erfolgen, mit denen er zumindest einen Teil der Liberalen auf seine Seite ziehen konnte. Die meisten Historiker sind sich darüber einig, dass der Weg zur deutschen Einheit keineswegs zielstrebig beschritten, sondern von Bismarck mit einem hohen Grad von Improvisation angegangen wurde, ja wahrscheinlich die Einheit anfangs überhaupt nicht geplant war, weil der innenpolitische Kampf in Preußen alles überschattete.

Die Frage von Schleswig-Holstein und der erste Einigungskrieg | Die Herzogtümer Schleswig, Holstein und Lauenburg lagen innerhalb der Grenzen des Deutschen Bundes, wurden aber in *Personalunion* vom dänischen König verwaltet. In Holstein und im Süden Schleswigs war die Mehrheit deutschsprachig, während im Norden mehrheitlich Dänisch gesprochen wurde. 1863 machte der neue dänische König einen schweren Fehler, der Bismarck den Vorwand lieferte, auf den er gewartet hatte: Dänemark erhielt eine neue Verfassung, die auch für die beiden Provinzen gelten sollte, und Schleswig sollte über einen gemeinsamen Reichsrat enger als zuvor an Dänemark gebunden werden. Für den Alltag der Bevölkerung in den Herzogtümern hätte sich damit kaum etwas geändert, aber die Zugehörigkeit der Provinzen zum Deutschen Bund war in internationalen Verträgen garantiert worden. Für Bismarck war es sehr einfach, die sogenannte *Bundesexekution* zu erhalten. Diese besagte, dass bei einem offenen Verfassungsbruch eines der Mitglieder die anderen auch militärisch gegen dieses vorgehen konnten. Die kleine dänische Armee leistete zwar heftigen Widerstand, hatte aber gegen die beiden Großmächte Österreich und Preußen letztlich keine Chance. Nach dem Sieg wurden die Provinzen unter die vorläufige Verwaltung der beiden deutschen Großmächte gestellt: Preußen erhielt Lauenburg und Schleswig, Holstein ging an Österreich. Nach dem zweiten Einigungskrieg annektierte Preußen auch Holstein und bildete 1867 die neue preußische Provinz Schleswig-Holstein.

Landwehr: Bestandteil des preußischen Heeres. Sie umfasste alle Männer bis zum 40. Lebensjahr, die nicht dem stehenden Heer angehörten.

Wilhelm I. (1797–1888): preußischer König (1861–1888) und Deutscher Kaiser ab 1871

Otto von Bismarck (1815–1898): von 1862 bis 1890 preußischer Ministerpräsident; 1871–1890 Reichskanzler und Außenminister

Legende:
- Preußen vor 1866
- preußisches Staatsgebiet nach 1866
- Südgrenze des Norddeutschen Bundes 1867
- Grenze des Deutschen Reiches 1871

0   200 km

Der Weg zur Reichseinigung.

▶ Erläutern Sie anhand der Karte die Etappen auf dem Weg zur Reichseinigung von 1866 bis 1871.

Der zweite Einigungskrieg | Den beiden deutschen Großmächten war ein leichter Erfolg in den Schoß gefallen, aber der preußische Verfassungskonflikt war nicht gelöst worden. Nach wie vor verweigerten die Liberalen Bismarck jede Unterstützung und lehnten das Budget ab. Bismarck benötigte also weitere außenpolitische Erfolge. Bereits nach dem Sieg über Dänemark war er deshalb daran interessiert, möglichst viele Konfliktherde mit Österreich offen zu lassen, um diese im Falle eines Falles eskalieren zu können. Für Preußen war aber riskant, dass die meisten der kleineren deutschen Staaten eindeutig auf der Seite Österreichs standen, weil sie die wachsende preußische Macht fürchteten. Deshalb schlossen Preußen und Italien im April 1866 ein geheimes Angriffsbündnis, das sich gegen Österreich richtete.

Unmittelbarer Anlass für den Kriegsausbruch waren Meinungsverschiedenheiten über die Verwaltung von Schleswig und Holstein, die von Bismarck gezielt zugespitzt wurden. Der Krieg, der nur sieben Wochen dauerte, wurde am 3. Juli 1866 in der *Schlacht von Königgrätz* (in Österreich: Sadowa) entschieden. Die Preußen gewannen diese Schlacht, weil die Heeresreformen bereits griffen, die Truppen besser ausgebildet waren, die Armee über eine fortschrittlichere Waffentechnik als die Österreicher verfügte und sie die Vorteile der neuen Technologie der Eisenbahn bei ihrem schnellen Aufmarsch maximal für sich nutzte.

Nachdem der Friede geschlossen worden war, annektierte Italien weite Gebiete im Norden. Die Preußen hingegen behandelten Österreich sehr milde – weder mussten Territorien abgetreten werden noch wurde eine finanzielle Kriegsentschädigung verlangt. Diese zurückhaltende preußische Politik galt allerdings nicht für diejenigen deutschen Mittelstaaten, die auf der Seite Österreichs am Krieg teilgenommen hatten.

Der *König von Hannover* wurde – zum Entsetzen der preußischen Konservativen – verjagt, und sein gesamtes Vermögen wurde konfisziert. Mit diesem Geld wurde der sogenannte *„Reptilienfonds"* gebildet, mit dem Bismarck in den kommenden Jahren systematisch die Presse bestach. Die Stadt Frankfurt am Main, die eine Hochburg des Liberalismus war, wurde annektiert und musste sofort eine sehr hohe Kriegsentschädigung zahlen.

Die Position der preußischen Liberalen aber brach zusammen. Der Sieg von Königgrätz versetzte die meisten von ihnen in eine derartige nationale Begeisterung, dass sie zu Bismarck überliefen. In der sogenannten Indemnitätsvorlage, die am 3. September 1866 direkt nach dem Sieg verabschiedet wurde, gestand das Abgeordnetenhaus mit einer Mehrheit von 230 zu 75 Stimmen bei vier Enthaltungen zu, dass rückwirkend alle Staatsausgaben korrekt gewesen wären. In der Folge spalteten sich die Liberalen in die linke *Fortschrittspartei* und in die *Nationalliberalen*, die von diesem Tag an Bismarck unterstützten und die Flagge des Nationalismus hochhielten (→M3).

Nach dem Sieg über Österreich wurde der Deutsche Bund aufgelöst und durch den Norddeutschen Bund ersetzt, der eindeutig von Preußen dominiert wurde (→M4). Damit rückte die kleindeutsche Lösung, die bereits während der Revolution von 1848/49 diskutiert worden war, in den Bereich des Möglichen. Allerdings schien die internationale Lage in Europa hierfür nicht günstig zu sein. Russland hatte an einer weiteren Stärkung Preußens kein Interesse. Großbritannien war zwar an Zentraleuropa kaum interessiert, fürchtete aber die Entstehung einer neuen Großmacht, die eine *Hegemonie* über Europa ausüben würde. Vor allem Frankreich, wo *Napoleon III.* faktisch eine Diktatur etabliert hatte, versuchte weitere Schritte in Richtung auf eine nationale Einigung zu verhindern. Allerdings stand der französische Kaiser im eigenen Land unter erheblichem Druck, weil er seit mehreren Jahren keinerlei außenpolitische Erfolge mehr vorweisen konnte.

Der dritte Einigungskrieg | Bismarck war bewusst, dass in den süddeutschen Staaten Württemberg und Bayern ein Krieg gegen Frankreich und eine Einigung des Reiches unter preußischer Führung nicht populär waren. In Frankreich bestand aber ein extremer Nationalismus in fast allen Parteien, den Bismarck zu nutzen wusste. Unmittelbarer Anlass für den Konflikt wurde die spanische Thronfolge: Bei einem Militärputsch wurde 1868 die spanische Königin gestürzt und ein geeigneter Nachfolger war in Spanien nicht vorhanden. Deshalb wurde ein katholischer Prinz der Hohenzollern als möglicher Kandidat ins Gespräch gebracht. Zwar hätte er als neuer spanischer König nur über wenig Macht verfügt, aber aus Gründen des Prestiges war ein Deutscher auf dem spanischen Thron für Frankreich nicht hinnehmbar. Nach einem Gespräch zwischen dem preußischen König und dem französischen Botschafter in dem Kurort Bad Ems ließ Wilhelm I. einen Bericht über die Unterredung an Bismarck schicken. Bismarck kürzte und veränderte diesen Text, der als *Emser Depesche* bekannt wurde, sinnentstellend, ohne dass seine Eingriffe erkennbar waren, und gab ihn an die Presse weiter (→M5). Nach Bismarcks Version schien der preußische König nun grundsätzlich alle weiteren Verhandlungen abgelehnt zu haben, und diese Äußerung musste in Frankreich als weitere offene Provokation aufgefasst werden. Auf den Pariser Straßen wurde lautstark ein Krieg gefordert, und in der französischen Nationalversammlung herrschte ebenfalls einmütig die Ansicht, dass dieser preußische Schritt nicht hinnehmbar war. Am 19. Juli erklärte Frankreich Preußen den Krieg.

Allerdings entwickelte sich der Feldzug ganz anders, als von der französischen Regierung und von Napoleon III. geplant worden war. Die süddeutschen Staaten sahen sich nun offen von Frankreich bedroht und schlossen sich den Preußen an. Auch die anderen europäischen Großmächte sahen in Frankreich den Aggressor und blieben gegenüber Preußen neutral. Schon nach kurzer Zeit rückten preußische Truppen in Frankreich vor und drängten die viel schlechter ausgebildete französische Armee zurück: Oft verfügten französische Offiziere zwar über sehr gute Landkarten Deutschlands, aber über keine des eigenen Gebietes. Bei *Sedan* wurde ein großer Teil der französischen

Indemnität: nachträgliche Billigung einer Regierungsmaßnahme

Norddeutscher Bund: Der 1866 gegründete Bund bestand aus Preußen, 17 Kleinstaaten nördlich der Mainlinie und vier Freien Städten. Er ging 1871 im Deutschen Kaiserreich auf.

Hohenzollern: das – eigentlich protestantische – Fürstengeschlecht, aus dem die preußischen Könige stammten

Die Siegessäule in Berlin.
Fotos nach 2000.
Nach den drei Einigungskriegen wurde in Berlin eine monumentale Siegessäule errichtet, in die erbeutete dänische, österreichische und französische Kanonen aus den drei Einigungskriegen eingebaut wurden. Die rechte Abbildung zeigt vergoldete Kanonenrohre, die mit Lorbeer bekränzt sind.

▶ Charakterisieren Sie die Geschichts- und Erinnerungskultur, die durch dieses zentrale Denkmal deutlich wird.

▶ Arbeiten Sie heraus, welcher Bezug zu einem deutschen Nationalismus durch die Siegessäule hergestellt wird.

Armee eingeschlossen und musste am 2. September kapitulieren; Kaiser Napoleon III. geriet in Gefangenschaft.

Auch wenn der deutsch-preußische Sieg eindeutig war, weitete sich der Krieg seit dem Herbst 1870 zu einem französischen Volkskrieg aus, nachdem der Kaiser aus dem Spiel war. Am 4. September 1870 wurde die *Dritte Republik* ausgerufen und eine neue Regierung gebildet. Schlecht ausgebildete, aber begeisterte junge Männer meldeten sich freiwillig, um gegen die Eindringlinge zu kämpfen, und selbst wenn die Deutschen fast jedes größere Gefecht für sich entschieden, konnten sie den radikalen französischen Nationalismus mit militärischen Methoden nicht unter Kontrolle bekommen. Auch aufseiten der Deutschen wurde der Friedensschluss Anfang 1871 deshalb mit Erleichterung begrüßt. Im Januar 1871 wurde nach komplizierten Verhandlungen der deutschen Fürsten untereinander im Spiegelsaal von Versailles das neue *Deutsche Kaiserreich* gegründet. Anders als im Falle Österreichs waren die deutschen Bedingungen diesmal hart, gingen aber Teilen der deutschen Nationalbewegung nicht weit genug. Die Provinzen Elsass und Lothringen (wo die Mehrheit der Bevölkerung französisch sprach) wurden annektiert, Frankreich musste eine enorm hohe Kriegsentschädigung von fünf Milliarden Goldfranc zahlen, und große Teile von Nordfrankreich blieben bis zur vollständigen Begleichung dieser Summe von deutschen Truppen besetzt.

Die Verfassung des Deutschen Reiches ┃ Bei der deutschen *Verfassung*, die 1871 in Kraft trat, fielen Verfassungstext und Verfassungsrealität schon bald weit auseinander (➜M6). Dem Text nach war der Souverän nicht das Volk oder der Kaiser, sondern die im *Bundesrat* zusammengeschlossenen deutschen Fürsten, unter denen der Kaiser als König von Preußen lediglich *primus inter pares* (dt.: *„Erster unter Gleichen"*) war. Anders wäre die Zustimmung einiger süddeutscher Staaten – besonders Bayerns – für die Reichseinigung nicht zu erlangen gewesen. Ab 1890 spielte sich der neue Kaiser Wilhelm II. aber derart in den Vordergrund, dass die anderen deutschen Fürsten hinter ihn zurücktraten und in der Öffentlichkeit kaum noch wahrgenommen wurden. In der Theorie gab es ferner keine Reichsregierung: Nur Bismarck bekleidete das Amt des *Reichskanzlers* und war ausschließlich dem Kaiser gegenüber verantwortlich. In der Praxis ließ sich diese Konstruktion aber nicht durchhalten, und 1878 wurde in dem sogenannten *Stellvertretergesetz* bestimmt, dass der Reichskanzler für bestimmte Ressorts Stellvertreter bestimmen durfte. Diese agierten faktisch als Minister und bildeten eine Regierung, auch wenn sie selbst nur den Titel von Staatssekretären hatten und ihre Bürokratien lediglich als „Ämter" bezeichnet wurden. Aus diesem Grund heißt bis heute das deutsche Außenministerium offiziell „Auswärtiges Amt". Bei den Wahlen zum *Reichstag* wurde ferner das allgemeine und gleiche *Männerwahlrecht* eingeführt, und damit ein Wahlrecht installiert, das eines der demokratischsten in Europa darstellte. Bismarck war sich sicher, dass die meisten Bauern konservativ wählen würden, doch verlief die demografische Entwicklung anders, als er vorausgesehen hatte: Durch die rapide *Industrialisierung* und *Verstädterung* entstand schon bald eine wachsende *Arbeiterklasse*, die sich mehrheitlich in der Sozialdemokratie organisierte. Dem Text der Verfassung nach hatte der Reichstag – abgesehen vom Budgetrecht – kaum Kompetenzen. Aber schon seit der Mitte der 1890er-Jahre stellte sich heraus, dass ein Reichskanzler oder ein Staatssekretär, der das Vertrauen des Reichstages verloren hatte, sich kaum halten konnte. Auch waren in der Verfassung keine politischen *Parteien* vorgesehen. Schon in den 1870er-Jahren waren diese aber nicht mehr aus dem politischen Leben wegzudenken, und ihre Bedeutung stieg bis 1914 kontinuierlich weiter an.

Wilhelm II. (1859–1941): seit 1888 König von Preußen und Deutscher Kaiser. Nach seiner Abdankung im Jahre 1918 lebte er im Exil im niederländischen Doorn.

M1 Italien seit 1860

Nach: Dtv-Atlas Weltgeschichte, Bd. 2: Von der Französischen Revolution bis zur Gegenwart, München ²⁵1991, S. 350

1. Analysieren Sie die Karte unter folgenden Gesichtspunkten:

   a) Um welchen Kartentyp handelt es sich? Wann wurde die Karte veröffentlicht? Wer hat sie in Auftrag gegeben?

   b) Über welches Thema informiert die Karte? Welchen Raum und welche Zeit zeigt sie? Welche Darstellungsformen nutzt die Karte?

   c) In welchen historischen/politischen Zusammenhang lässt sich die Karte einordnen? Welche Ursachen, Entwicklungen oder Folgen lassen sich aus der Karte ablesen?

   d) An welchen Adressatenkreis wendet sich die Karte? Welchen Zweck, welche Funktion verfolgt sie?

2. Präsentation: Stellen Sie die Etappen der deutschen und der italienischen Einigung in zwei Schaubildern zusammen. Wählen Sie dafür die Grundform einer Treppe oder eines Verlaufsdiagramms. Begründen Sie Ihre Entscheidung. Lesen Sie zur Beantwortung der Fragen im Vorfeld die Darstellung auf Seite 46ff.

M2 „Eisen und Blut"

Am 23. September 1862 hat das Abgeordnetenhaus mit 308 gegen elf Stimmen den Etat der Militärverwaltung gestrichen. Sieben Tage später, kurz nach seinem Amtsantritt, hält Otto von Bismarck, der neue preußische Ministerpräsident, eine programmatische Rede vor der Budgetkommission des preußischen Abgeordnetenhauses, in der er unter anderem sagt:

Nicht auf Preußens Liberalismus sieht Deutschland, sondern auf seine Macht; Bayern, Württemberg, Baden mögen dem Liberalismus indulgieren[1], darum wird ih-

---
[1] indulgieren: Nachsicht üben

nen doch keiner Preußens Rolle anweisen; Preußen muss
seine Kraft zusammenfassen und zusammenhalten auf den
günstigen Augenblick, der schon einige Male verpasst ist;
Preußens Grenzen nach den Wiener Verträgen sind zu einem gesunden Staatsleben nicht günstig; nicht durch Reden und Majoritätsbeschlüsse werden die großen Fragen
der Zeit entschieden – das ist der große Fehler von 1848
und 1849 gewesen – sondern durch Eisen und Blut.

Otto von Bismarck, Die gesammelten Werke, Bd. 10, Berlin 1928, S. 138 f.

▶ Erklären Sie das Politik- und Verfassungsverständnis
Bismarcks anhand dieser Rede. | F

M3 „Selbstkritik"

*Während des zweiten Einigungskrieges lebt der liberale
Historiker Hermann Baumgarten (1825–1893) in Karls-
ruhe. Dort veröffentlicht er noch im Herbst 1866 seine
Selbstkritik am deutschen Liberalismus:*

Der Frühling dieses Jahres [1866] brachte endlich die
lange drohende Katastrophe zum Ausbruch. [...]
Preußen hatte nur zwei Wege vor sich: entweder zusammen mit Österreich die deutschen Dinge zu leiten oder sich
trotz Österreich der deutschen Macht allein zu bemächti-
gen. [...]
Graf Bismarck hatte den Mut, das große Spiel zu wagen,
und er bewies die Kraft und die Klugheit, welche dem
Staatsmann erlaubt zu wagen. Fast alles war gegen ihn. Die
Konservativen hielten ihre Opposition stiller, um desto
mehr unter der Hand zu tun, die Liberalen erhoben ein
Friedensgeschrei, das über die Gesinnung des Volkes keinen Zweifel ließ. [...] Ich bin weit davon entfernt, meine
liberalen Parteigenossen deshalb tadeln zu wollen, dass sie
nicht gleich von vornherein entschieden Partei nahmen für
die Bismarck'sche Politik. Es gehörte dazu vielleicht eine
Unbefangenheit des Urteils und eine Kenntnis der Sach-
lage, die man nicht von der Masse einer Partei verlangen
darf.
Dass sie aber noch im Mai, ja noch im Juni mit wenigen
Ausnahmen daran festhielten, gegen Bismarck Chorus zu
machen mit allem, was in Deutschland reaktionär und
antinational war, [...] als es längst auf der Hand lag, dass
der Sieg Preußens der Sieg einer liberalen und einer nationalen Politik werden müsse, der Sieg Österreichs die Vernichtung aller liberalen und nationalen Hoffnungen, das,
ich gestehe es, war das Traurigste, was ein aufrichtig liberaler Mann erleben konnte. Es sprach über die bisher in
Deutschland übliche Art von Liberalismus ein Todesurteil,
von dem es keine Appellation[1] mehr gab. Es bewies, dass

die Partei, an welche sich bisher die Hoffnungen der Nation
geknüpft hatten, weder die politische Einsicht noch die
Kraft besaß, durch die allein ein großes Volk zu seinem Heil
geführt werden kann. [...]
Wer sehen wollte, musste jetzt sehen, [...] dass Preußen,
indem es diese Entscheidung herbeiführe, durch die unwi-
derstehliche Macht der Verhältnisse gezwungen werde, die
Kraft der Nation für sich aufzurufen gegen die eng verbundene Phalanx[2] aller auf der Zerrissenheit und Unfreiheit
der Nation ruhenden Interessen. Wenn aber die preußische
Politik diese Wendung nahm trotz der heftigen Opposition
des Liberalismus und der darin gelegenen Nötigung, sich
so viel als möglich in Preußen auf die konservative Richtung zu stützen, so war es doch eine Sache der einfachsten
politischen Berechnung zu erkennen, dass diese Politik
frank und frei auf den Boden eines liberalen Programms
sich stellen werde, sobald nur die Liberalen aufhörten, ihr
das unmöglich zu machen.
Ich bin der festen Überzeugung, dass eine befriedigende
Lösung unserer politischen Aufgaben nur dann gelingen
wird, wenn der Liberalismus aufhört, vorwiegend Opposition zu sein, wenn er dazu gelangt, gewisse unendlich wichtige Anliegen der Nation, für die nur er ein volles und auf-
richtiges Verständnis hat, in eigener gouvernementaler
Tätigkeit[3] zu befriedigen, wenn wir einen wohltätigen er-
frischenden Wechsel liberaler und konservativer Regierungen bekommen. Der *Liberalismus muss regierungsfähig
werden*. Wer darin eine Verkümmerung der liberalen
Größe findet, dass er, statt als Opposition ein Unbegrenztes
zu fordern, als Regierung ein Geringes tun soll, dem kann
ich freilich nicht helfen. Aber einen Abfall vom Liberalismus wird doch wohl niemand die Forderung zu nennen
wagen, dass der Liberalismus endlich eine seine Gedanken
selbst realisierende Macht werde.

Hermann Baumgarten, Der deutsche Liberalismus. Eine Selbstkritik, herausgegeben von Adolf Birke, Frankfurt am Main 1974, S. 132–149 (stark gekürzt)

1. Fassen Sie Baumgartens Vorwurf an die „liberalen
Parteigenossen" mit eigenen Worten zusammen.
2. Arbeiten Sie heraus, welche Hoffnungen Baumgarten
mit dem Sieg Preußens über Österreich verbindet und
wie er die Zukunft seiner liberalen Partei sieht.
3. Überprüfen Sie, inwiefern Baumgartens Hoffnungen zur
Zeit der Entstehung des Textes gerechtfertigt waren.
Durchsuchen Sie die preußisch-deutsche Geschichte bis
1866 auf entsprechende Hinweise.
4. Präsentation: Verfassen Sie die Entgegnung eines liberalen Bismarck-Gegners.

[1] **Appellation**: im jur. Sinne: Anfechten eines Urteils, Berufung

[2] **Phalanx**: bildungssprachlich für eine geschlossene, widerständige
Front (ursprünglich eine besondere Schlachtaufstellung im antiken
Griechenland)

[3] **gouvernementale Tätigkeit**: Regierungsarbeit

M4 „Groß-Preußen mit Vasallenstaaten"

August Bebel (1840–1913) hält am 10. April 1867 seine erste Rede vor dem sich konstituierenden Norddeutschen Reichstag. Er ist zu diesem Zeitpunkt Vertreter der „Sächsischen Volkspartei". Bebel wird später einer der profiliertesten Politiker der deutschen Sozialdemokratie werden. Seine Ausführungen beziehen sich auf die Verabschiedung der Verfassung des Norddeutschen Bundes:

[M]eine Herren, ich behaupte, dass mit der Gründung dieses Norddeutschen Bundes ein spezifisch preußisches Interesse (*Widerspruch rechts*), dass die Stärkung der Hohenzollernschen Hausmacht damit bezweckt worden ist.
5 (*Lebhafter Widerspruch rechts.*) [...]
In dem gegenwärtigen Norddeutschen Bundesrat wird Preußen mit 17 Stimmen [...] nach Belieben Verfassungsänderungen durchführen, eine jede Verfassungsänderung gegen seinen Willen aber verhüten können. Dies würde
10 indessen bei dem Zutritt Süddeutschlands zum Norddeutschen Bunde nicht der Fall sein, dann wären die 17 Stimmen Preußens ungenügend an sich, eine derartige Zweidrittelmehrheit zu erzielen. [...] Das sind meines Erachtens die Gründe, welche die preußische Regierung von ihrem
15 spezifisch preußischen Standpunkte aus nicht nur heute, sondern auch späterhin stets veranlasst werden, gegen den Eintritt Süddeutschlands aufzutreten, gegen denselben zu stimmen. Man wird sich eben einfach damit begnügen, [...] dass man lediglich die Militärgewalt in die Hände be-
20 kommt, im Falle eines Krieges, und im Übrigen wird man sich damit begnügen, durch Zollverträge usw. wenigstens einigermaßen die Kluft, die hervorgebracht ist, zu überbrücken, wohlverstanden, zu überbrücken, aber auszufüllen, dazu wird man sich nicht herbeilassen. Meine Herren, eine
25 solche Politik zu unterstützen, dazu habe ich keine Lust, ich muss entschieden dagegen protestieren, dass man eine solche Politik eine deutsche nennt, ich muss entschieden protestieren gegen einen Bund, der nicht die Einheit, sondern die Zerreißung Deutschlands proklamiert, einen Bund,
30 der dazu bestimmt ist, Deutschland zu einer großen Kaserne zu machen (*lebhafter Widerspruch*), um den letzten Rest von Freiheit und Volksrecht zu vernichten.

August Bebel, Sein Leben in Dokumenten, Reden und Schriften, herausgegeben von Helmut Hirsch, Köln 1968, S. 153 ff.

---

1. Erläutern Sie Bebels Bewertung des Norddeutschen Bundes.
2. Präsentation: Entwerfen Sie die Entgegnung eines nationalliberalen Politikers.

M5 Die Emser Depesche

Geheimrat Heinrich Abeken telegrafiert am 13. Juli 1870 an Bundeskanzler Otto von Bismarck, nachdem einen Tag zuvor der spanischen Regierung mitgeteilt worden ist, dass die Kandidatur eines Hohenzollern-Prinzen zurückgezogen wird:

Ems, den 13. Juli 1870.

Seine Majestät der König schreibt mir:
„Graf Benedetti[1] fing mich auf der Promenade ab, um auf zuletzt sehr zudringliche Art von mir zu verlangen, ich sollte ihn autorisieren, sofort zu telegrafieren, dass ich für 5 alle Zukunft mich verpflichte, niemals wieder meine Zustimmung zu geben, wenn die Hohenzollern auf ihre Kandidatur zurückkämen. Ich wies ihn, zuletzt etwas ernst, zurück, da man *à tout jamais* dergleichen Engagement nicht nehmen dürfe, noch könne. – Natürlich sagte ich ihm, 10 dass ich noch nichts erhalten hätte, und da er über Paris und Madrid früher benachrichtigt sei als ich, er wohl einsähe, dass mein Gouvernement wiederum außer Spiel sei."
Seine Majestät hat seitdem ein Schreiben des Fürsten bekommen. Da seine Majestät dem Grafen Benedetti gesagt, 15 dass er Nachricht vom Fürsten[2] erwarte, hat Allerhöchstderselbe mit Rücksicht auf die obige Zumutung, auf des Grafen Eulenburg[3] und meinen Vortrag beschlossen, den Grafen Benedetti nicht mehr zu empfangen, sondern ihn nur durch einen Adjutanten sagen zu lassen: dass Seine 20 Majestät jetzt vom Fürsten die Bestätigung der Nachricht erhalten, die Benedetti aus Paris schon gehabt, und dem Botschafter nichts weiter zu sagen habe.
Seine Majestät stellt Eurer Exzellenz anheim, ob nicht die neue Forderung Benedettis und ihre Zurückweisung so- 25 gleich sowohl unseren Gesandten als in der Presse mitgeteilt werden sollte?

Bismarck gibt folgende Mitteilung an die Presse weiter:

Berlin, den 13. Juli 1870.
[zur Station: 11.15 nachm.]

Nachdem die Nachrichten von der Entsagung des Erbprin- 30 zen von Hohenzollern der Kaiserlich Französischen Regierung von der Königlich Spanischen amtlich mitgeteilt worden sind, hat der französische Botschafter in Ems an Seine Majestät den König noch die Forderung gestellt, ihn zu autorisieren, dass er nach Paris telegrafiere, dass Seine 35

---

[1] **Vincent Graf von Benedetti**: französischer Botschafter in Berlin
[2] Gemeint ist hier Karl Anton Fürst von Hohenzollern-Sigmaringen, dessen Sohn Leopold der spanische Thron angeboten worden war. Nach der Erbregelung des Hauses Hohenzollern hatte nicht der Sohn, sondern sein Vater das letzte Wort über die Entscheidung, ob Leopold die Kandidatur annehmen sollte.
[3] **Graf Friedrich zu Eulenburg**: preußischer Innenminister

Majestät der König sich für alle Zukunft verpflichte, niemals wieder seine Zustimmung zu geben, wenn die Hohenzollern auf ihre Kandidatur wieder zurückkommen sollten. Seine Majestät der König hat es darauf abgelehnt, den

40 französischen Botschafter nochmals zu empfangen, und demselben durch den Adjutanten vom Dienst sagen lassen, dass Seine Majestät dem Botschafter nichts weiter mitzuteilen habe.

Nach: www.documentarchiv.de/nzjh/ndbd/emser-depesche.html#fn01
(Zugriff: 10. Februar 2016)

1. Arbeiten Sie heraus, auf welche Weise die Depesche (= Telegramm) verschärft wurde. Legen Sie dar, warum aus einer relativ harmlosen Mitteilung eine internationale Provokation wurde.

2. Erörtern Sie, wer am Deutsch-Französischen Krieg schuld war. Berücksichtigen Sie, dass die Kriegserklärung von Frankreich ausging und dass ein Krieg gegen Preußen in der französischen Öffentlichkeit populär war.

M6 Die Verfassungsrealität von 1871

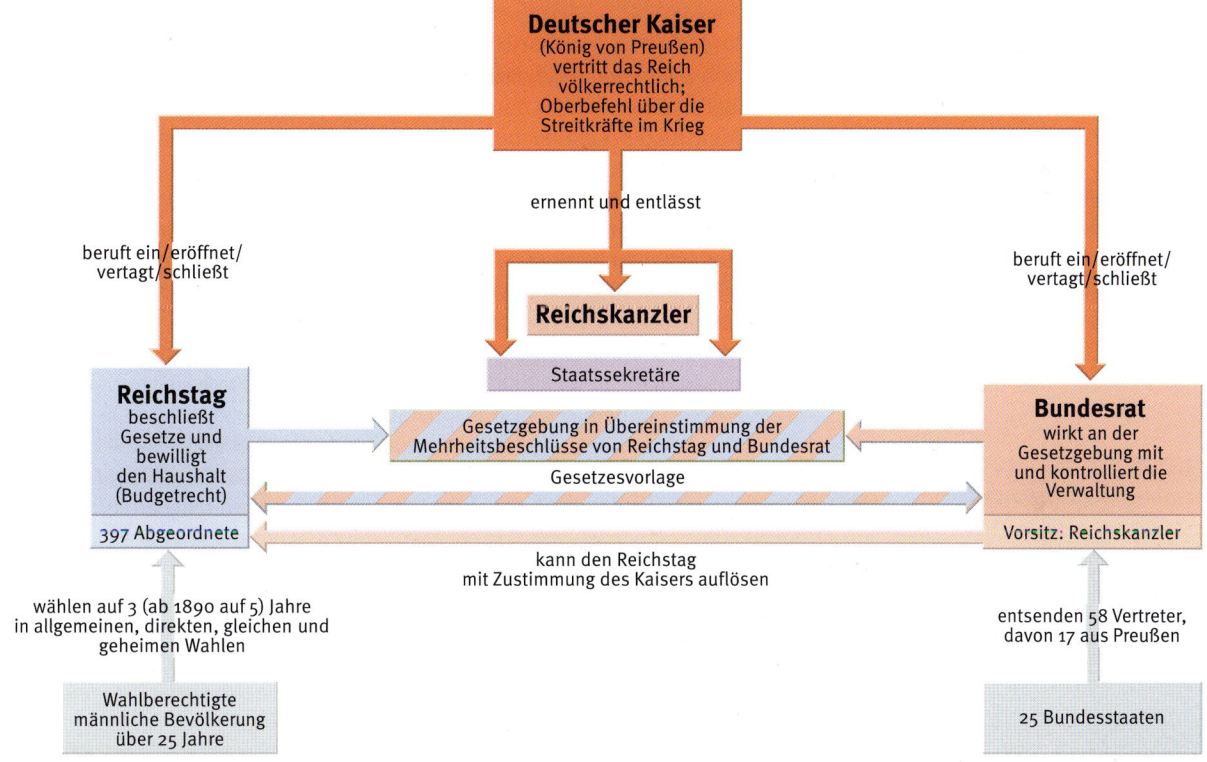

1. Beschreiben Sie den Aufbau des Schaubildes und stellen Sie die Kompetenzen der jeweiligen Verfassungsorgane dar.

2. Die Verfassungstheorie und die Verfassungsrealität fallen sehr weit auseinander. Analysieren Sie die entsprechenden Unterschiede. Berücksichtigen Sie dazu auch den Abschnitt „Die Verfassung des Deutschen Reiches" auf Seite 51.

3. Überprüfen Sie, wer die Regierung in der Theorie und in der Realität verkörpert.

„Nation" und „Minderheiten"

Wer gehört zu den Staatsbürgern? | Wenn sich ein Volk in einer Nation zusammenfindet, muss definiert werden, wer zu diesem Volk gehört und wer nicht. Dies gilt besonders in demokratischen Staaten, weil geklärt werden muss, wer wahlberechtigter *Staatsbürger* ist. Die europäischen Nationalstaaten haben dieses Problem sehr unterschiedlich gelöst. In Frankreich galt beispielsweise theoretisch das Prinzip, dass jeder Mensch, der Französisch sprach und sich zur französischen Nation und zur französischen Kultur bekannte, auch die Staatsbürgerschaft beantragen konnte. Diese Regelung galt allerdings nur sehr eingeschränkt für Afrikaner oder Vietnamesen, die aus den französischen Kolonien kamen. Im Deutschen Reich war diese Frage zunächst nicht zentral geregelt. In Preußen galt das männliche Abstammungsprinzip: Jeder Mensch, der einen preußischen Vater hatte, war automatisch auch preußischer Staatsbürger. Diese Regelung wurde 1913 in einem Staatsbürgerschaftsgesetz für das gesamte Deutsche Reich übernommen.

Was ist eine Minderheit? | Im Deutschen Reich spielte Religion eine wichtige Rolle für die Definition von *Minderheiten*. In Preußen stellten die Katholiken eine Minorität dar, die in den 1870er-Jahren während des sogenannten *Kulturkampfes* offensiv bekämpft wurde. Hintergrund für den Kulturkampf waren die Auseinandersetzungen zwischen den Liberalen und dem Vatikan. Obwohl der Papst auch von vielen Katholiken kritisiert worden war, warfen die Liberalen den preußischen Katholiken pauschal „Ultramontanismus" vor und unterstellten ihnen eine antinationale Gesinnung. Viele Priester und Bischöfe wurden verhaftet, katholische Vereine überwacht und Gottesdienste behindert. Allerdings war diese Politik wenig erfolgreich und hat eher dazu geführt, dass Katholiken sich zusammenschlossen und zur Wehr setzten.

In den Jahren nach 1880 begann ein langsamer Prozess der Normalisierung, und nach 1900 waren auch in Preußen Katholiken in der Regel integriert. Sie verfügten mit der Zentrumspartei und einem sehr gut organisierten Vereinswesen auch über eine starke institutionelle Verankerung. Auch die Juden stellten eher eine religiöse, als eine nationale Minderheit dar. Rechtlich waren sie 1871 nach der Reichsgründung völlig gleichgestellt. Allerdings entstand seit den späten 1870er-Jahren langsam ein neuer *Antisemitismus*, der nicht mehr religiös, sondern rassistisch argumentierte. Der *Zionismus*, also die Idee, dass die Juden irgendwo auf der Welt einen eigenen Staat erhalten sollten, hatte im Deutschen Reich aber dennoch nur sehr wenige Anhänger. Die meisten Juden passten sich – auch wenn sie ihre Religion beibehielten – überall wo es möglich war der deutschen Kultur an. Sehr viele Juden betrachteten sich selbst als einen deutschen Volksstamm wie etwa die Bayern, die Württemberger oder die Preußen.

„Nationale" Minderheiten im Deutschen Kaiserreich | Vor allem in den Randgebieten des Kaiserreiches wohnten sprachliche Minderheiten. Die zahlenmäßig größte Minorität waren erstens die Polen. In den beiden Provinzen Elsass und vor allem in Lothringen, die 1871 annektiert worden waren, lebten zweitens französischsprachige Menschen, die sich kulturell meist nach Frankreich orientierten. Sie wurden bis zum Ersten Weltkrieg teils offen, teils versteckt diskriminiert, und der deutsche Staat hat ihnen kaum ein Angebot zur Integration gemacht. Anders als die anderen Minderheiten durften sie aber in bestimmten Situationen (im Verkehr mit der Verwaltung oder vor Gericht) wenigstens Französisch sprechen. Drittens bestand in Schleswig, das 1866 annektiert worden war, eine dänische Minderheit, die aber weitgehend unauffällig war. Fast alle Dänen gehörten der protestantischen Religion an und waren bereit, sich – trotz des hohen Assimilationsdrucks seitens der preußischen Behörden – den politischen Verhältnissen anzupassen. Viertens gab und gibt es bis heute südlich von Berlin im Spreewald die Sorben, eine kleine Gruppe von Menschen, die eine slawische Sprache sprechen und die ebenfalls bereit waren, sich integrieren zu lassen. Hinzu kamen

Ultramontanismus (von lat. *ultra montes*: jenseits der Berge): also jenseits der Alpen dem Papsttum und nicht dem preußischen Staat gegenüber loyal

Konfessionen	Anzahl
Protestanten	35 231 104
Katholiken	20 327 913
Juden	586 833
Andere	221 328

Konfessionen im Deutschen Reich.
Stand: 1. Dezember 1900.

Kaiserliches Statistisches Amt, (Hrsg.) Statistisches Jahrbuch für das Deutsche Reich, Berlin 1906, S. 4

fünftens im Osten Deutschlands sehr kleine Gruppen von Litauern und weitere slawisch sprechende Völker, die aber keine politische Bedeutung hatten. Keine echte Minderheit bildeten Wanderarbeiter vor allem aus dem russischen Teil Polens, die lediglich zur Ernte nach Deutschland kamen und am Ende des Herbstes wieder zurückkehrten. Ähnlich kamen seit den 1890er-Jahren viele Italiener als Saisonarbeiter, die aber meistens nicht im Deutschen Reich blieben, sondern nur für einige Monate oder Jahre Geld verdienen wollten.

Der neue Reichsnationalismus | Nachdem das Deutsche Kaiserreich gegründet worden war, veränderte sich langsam der vorwiegend bürgerliche Nationalismus, der sich nun weit stärker als zuvor auf den Gedanken des „Reiches" bezog. Auch der Kaiser bot sich als integrative Figur an. Als problematisch erwies es sich aber, dass dieser entstehende *Reichsnationalismus* zunehmend rassistische und völkische Vorstellungen in seine Ideenwelt integrierte. Seit den frühen 1890er-Jahren wurden Imperialismus und *Kolonialismus* weit über das Bürgertum hinaus immer populärer. Um die Jahrhundertwende kam der Flottengedanke hinzu, als die Marine damit begann, eine große Schlachtflotte gegen England zu bauen. Die radikalste Gruppierung war der *Alldeutsche Verband*, der 1890/94 gegründet worden war und der einen aggressiven Imperialismus predigte. Zwar war er zahlenmäßig klein, aber ihm gehörten viele Mitglieder der intellektuellen Eliten, also etwa Professoren, Lehrer oder Journalisten an (→M1)

Germanisierungspolitik im Osten | Bereits nach dem polnischen Aufstand von 1863[5] wurde in Preußen schrittweise eine gezielte *Germanisierungspolitik* betrieben, das heißt, die Polen sollten möglichst von ihrem Land vertrieben werden, sofern sie nicht bereit waren, ihre Identität aufzugeben. Stattdessen sollten Deutsche dort angesiedelt werden (→M2). Reichskanzler Otto von Bismarck verschärfte diese Politik noch in den 1880er-Jahren. 1886 gründete die preußische Regierung eine Ansiedlungskommission, die mit zunächst 100 Millionen Reichsmark polnischen Grundbesitz kaufen und Siedler aus dem Reich anwerben sollte. Eine weitere einflussreiche private Organisation, die Geld sammelte, um Boden zu „germanisieren" und pro-deutsche Propaganda zu organisieren, war der *Ostmarkenverein*. Auch wurde schon seit den 1870er-Jahren die polnische Sprache fast völlig aus dem öffentlichen Leben verdrängt. Selbst in den Grundschulen durfte Polnisch nur im Fach Religion benutzt werden, in allen anderen Fächern und Schultypen war der Gebrauch dieser Sprache strikt untersagt.

Allerdings war diese Politik der Germanisierung nicht besonders erfolgreich. Erstens provozierte sie polnische Gegenreaktionen und stärkte den ohnehin vorhandenen polnischen Nationalismus. Zweitens war es zwar möglich, durch bürokratischen Druck Polen zur Abwanderung zu zwingen oder an der Neuansiedlung zu hindern, aber Deutsche waren kaum daran interessiert, in die teilweise wenig entwickelten agrarischen Gebiete im Osten zu ziehen, in denen sie zudem selbst oft eine Minderheit dargestellt hätten. Selbst nationalistische Fanatiker, die von einem „reinrassigen" deutschen Osten träumten, wohnten lieber in Berlin oder in Hamburg als auf einem abgelegenen Bauernhof in der Nähe von Posen, wo es keine Theater oder andere Freizeiteinrichtungen gab und der nächste Bahnhof viele Kilometer entfernt war. Bis 1914 wurden – trotz der massiven Propaganda – nur 22 000 deutsche Bauernfamilien

Muttersprache	Gesamt	in Prozent
Deutsch	51 883 131	92
Holländisch	80 361	0,14
Dänisch	141 061	0,25
Französisch	211 679	0,38
Italienisch	65 591	0,12
Polnisch	3 086 489	5,48
Masurisch[1]	142 049	0,26
Kassubisch[2]	100 213	0,18
Sorbisch[3]	93 032	0,17
Mährisch[4]	64 382	0,11
Litauisch	106 305	0,19
Andere	139 597	0,25

Bevölkerung nach Muttersprachen.
Stand: 1. Dezember 1900. Differenzen zu 100 Prozent sind rundungsbedingt.

Kaiserlich Statistisches Amt, a.a.O., S. 5

---

[1] **Masuren:** slawische Volksgruppe im südlichen Ostpreußen
[2] **Kassuben:** slawische Volksgruppe in Pommern und Westpreußen
[3] **Sorben** (auch Wenden genannt): slawische Volksgruppe an der Elbe, Niederlausitz (Sachsen)
[4] **Mähren:** aus dem heutigen Tschechien stammende Sprachgruppe
[5] Vgl. Sie dazu Seite 39.

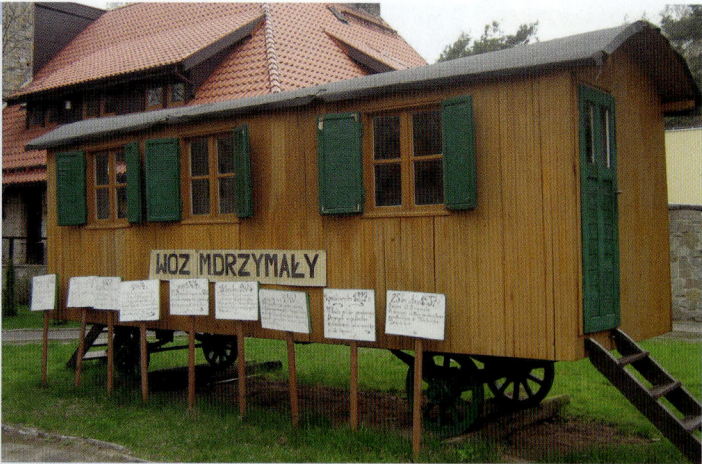

Ein listiger Pole stellt sich gegen die Germanisierungspolitik.
Foto vom April 2010.
Mehrere Jahre lang machte der polnische Bauer Michał Drzymała die Germanisierungspolitik der preußischen Behörden mit einem Zirkuswagen regelrecht lächerlich. Das Foto zeigt eine moderne Nachbildung seines berühmten Wagens.

▶ Präsentation: Recherchieren Sie im Internet über die Geschichte des Bauern und seines Zirkuswagens. Fassen Sie Ihre Ergebnisse anschließend in einem kurzen Bericht zusammen.

angesiedelt. Drittens war das Deutsche Kaiserreich zwar ein autoritärer Staat, aber dennoch – ganz anders als später das nationalsozialistische Deutschland – ein Rechtsstaat. Findigen Polen gelang es immer wieder, Gesetzeslücken für sich auszunutzen oder juristische Übertretungen deutscher Beamter in der Presse anzuprangern.

Die Entwicklung des nationalen Gedankens in Polen | Zwar fanden nach 1863 keine polnischen Aufstände mehr statt, aber die aggressive preußische Politik stieß auf breiten und häufig erfolgreichen passiven polnischen Widerstand, und sie förderte geradezu die Verbreitung von nationalistischen Ideen. Überall im deutschen Teilungsgebiet entstand ein sehr lebendiges und aktives Vereinsleben, in dem die nationale Kultur auf vielfältige Weise gepflegt wurde. Hinzu kam eine breite Publizistik, das heißt, Zeitungen und Zeitschriften sowie Bücher und Romane wurden geschrieben, die auf vielfältige Weise den nationalen Gedanken hochhielten und die polnische Vergangenheit feierten. Mehrfach gab es Schulstreiks, bei denen polnische Jugendliche gegen die scharfen Sprachvorgaben protestierten. Zu besonderen Jahrestagen oder Jubiläen wurden große kulturelle Veranstaltungen abgehalten (→ M3). Eine wichtige Stütze des nationalen Gedankens war die polnische katholische Kirche. Diese oppositionellen Polen konnten auch darauf verweisen, dass im österreichischen Teilungsgebiet viel mehr Freiheiten bestanden. Dort war Polnisch sogar als untergeordnete zweite Sprache in der Armee gestattet, und in mehrheitlich polnischsprachigen Gebieten bestand ein gewisser Grad an kommunaler Selbstverwaltung.

1903 schlossen sich im Deutschen Reich mehrere bis dahin konkurrierende polnische Parteien zur *Polnischen Nationaldemokratischen Partei* (kurz *Polenpartei*) zusammen. Während des gesamten Kaiserreiches erzielten die polnischen Minderheitsparteien konstant zwischen etwa drei und vier Prozent der Stimmen. Bei den Reichstagswahlen von 1907 erreichte die Polenpartei fünf und 1912 vier Mandate. Sie war auch im preußischen Landtag und in zahlreichen Stadträten vertreten. Mehrfach versuchte die Partei, loyal mitzuarbeiten und konstruktive Vorschläge zu machen, die das gemeinsame Zusammenleben verbessert hätten. Doch wurde sie durch die konstant repressive preußische Politik geradezu in die Opposition gedrängt. In den verschiedenen Parlamenten arbeitete sie meistens mit der katholischen Zentrumspartei zusammen, weil sich hier über die gemeinsame Religion viele Berührungspunkte ergaben. Von Vorteil erwies sich auch, dass die gewählten Abgeordneten Immunität genossen. Sie konnten deshalb im Berliner Parlament immer wieder die Öffentlichkeit auf Missstände aufmerksam machen und Übergriffe preußischer Beamter anprangern (→M4).

Politik der „organischen Arbeit" | Nachdem klar geworden war, dass durch Aufstände eine polnische Unabhängigkeit unmöglich erreicht werden konnte, entwickelten polnische Intellektuelle, einige Adlige aus der Provinz Posen und Studenten seit den 1860er-Jahren das Konzept der „organischen Arbeit". Hierdurch sollten den vielen Enttäuschungen, Repressalien und Erniedrigungen ein positives Konzept entgegengesetzt und die wirtschaftliche, soziale und kulturelle Modernisierung der polnischen Nation vorangetrieben werden. Die polnische Nation wollte man nun durch ein konstruktives Programm, das sich zugleich an die Gesetze hielt, stärken. Das Gefühl der nationalen Zusammengehörigkeit sollte durch Kenntnisse von Traditionen, der Geschichte, der Wissenschaft und der Wirtschaft bekräftigt werden. Zugleich wurde damit auch dem wachsenden Germanisierungsdruck entgegengewirkt. Gerade die junge polnische gebildete Elite begeisterte sich für dieses Konzept und brachte ihre patriotischen Vorstellungen auch in die Diskussionen in Berlin ein. Das Projekt musste ohne jede staatliche Hilfe auskommen, und lebte von Spenden. Zu Zentren der organischen Arbeit entwickelten sich Selbsthilfevereine, die oft aus regionalen und lokalen Initiativen heraus entstanden. Diese Bewegungen griffen wegen des wachsenden Druckes seit den 1870er-Jahren auch auf die russischen und österreichischen Teilungsgebiete über. Auch wollte die Bewegung verhindern, dass – wie direkt nach den Aufständen – polnische Intellektuelle, Politiker und Wissenschaftler erneut das Land verließen und nach Frankreich oder nach Amerika auswanderten. Da keine polnischsprachige Universität existierte, wurde 1882 die „Fliegende Universität" gegründet, in der Studierende in privaten Wohnungen unterrichtet wurden.

Die „Ruhrpolen" | Das Ruhrgebiet stellte bereits ab den 1860er-Jahren eine der dynamischsten Industrieregionen Europas dar. Bis 1914 wuchs die Industrie vor allem in den Bereichen Kohle und Stahl rapide, sodass dringend Arbeitskräfte, vor allem gesunde junge Männer, benötigt wurden. Die Arbeit im Bergbau oder am Hochofen war hart und gefährlich, zugleich aber – von Krisenzeiten abgesehen – auch gut bezahlt. Da in Oberschlesien bereits ein Bergbaurevier bestand, in dem viele Polen arbeiteten, konnten die Besitzer von Zechen und Stahlwerken hier immer wieder gut ausgebildete Bergleute abwerben. Aber auch ungelernte Arbeiter waren gefragt, die häufig aus den wenig entwickelten und landwirtschaftlichen Gebieten des Ostens in das Ruhrgebiet kamen (→M5). Viele blieben nur für einige Zeit, um schnell Geld zu verdienen, und kehrten dann in ihre Heimat zurück. Einige blieben aber für immer und manche holten ihre Familien nach, sodass bis zur Jahrhundertwende ein stabiles polnischsprachiges Milieu entstand. Ab den 1890er-Jahren stieg auch die Zahl von polnischsprachigen Frauen stark an, sie blieb aber stets unter der Zahl der Männer. Bei Ausbruch des Ersten Weltkrieges lebten etwa 400 000 *Ruhrpolen* im Industrierevier. Manche Städte wie Gelsenkirchen, Recklinghausen, Herne, Bottrop und Bochum waren sehr stark von Polen geprägt, in manchen Stadtteilen betrug der polnischsprachige Anteil zwischen 70 und 80 Prozent. Diese Gruppe hatte ihre eigenen Geschäfte, ihre eigenen (fast immer katholischen) Kirchen und vor allem ein sehr reges und gut organisiertes Vereinsleben. Im Jahre 1912 wurden 1 038 polnische Vereine im Ruhrgebiet gezählt, die nahezu jede Freizeitaktivität erfassten. Es gab Gesangs- und Taubenzüchtervereine, Frauengruppen, religiöse Gruppierungen, Turn- und Fußballvereine und Wählervereinigungen, die die polnische politische Partei unterstützten.

Verwitterte Spuren.
Foto, um 2010.
Die Inschrift auf einer Hauswand in Bochum weist auf die 1917 gegründete „Bank Robotników" (Polnische Arbeiterbank) hin.

▶ Präsentation: Zahlreiche Museen und Ausstellungen im Ruhrgebiet haben sich in den vergangenen Jahren mit den „Ruhrpolen" beschäftigt. Informieren Sie sich im Internet über einige dieser Initiativen. Verfassen Sie auf der Basis dieses Materials einen kurzen Zeitungsartikel zum polnischen Vereinswesen vor 1914.

M1 Radikalisierung des Reichsnationalismus

Der deutsche Historiker Wolfgang Kruse (*1957) befasst sich mit dem Reichsnationalismus in der Wilhelminischen Zeit (nach 1890):

In der wilhelminischen Phase des Kaiserreichs kamen zwei neue Faktoren hinzu, die den Reichsnationalismus weiter radikalisierten: Im Zeichen des Hochimperialismus ging die Reichspolitik von Konsolidierung und eher zauderndem
5 Kolonialerwerb nun zu einer aggressiven „Weltpolitik" über. Und sie wurde dabei von neuen, bürgerlich geprägten Agitationsverbänden angetrieben, die die monarchische Regierung von rechts propagandistisch unter Druck zu setzen versuchten und dabei einen radikalen Nationalismus
10 entwickelten. [...] Einen besonders radikalen, pangermanisch-völkischen Nationalismus vertrat [...] der Alldeutsche Verband, dessen Vorsitzender Heinrich Class 1912 unter dem Titel „Wenn ich der Kaiser wäre" eine programmatische Schrift veröffentlichte, die mit ihren Forderungen
15 nicht nur nach einer expansionistischen Außenpolitik, sondern auch nach der Schaffung einer homogenen, national, politisch und rassisch einheitlichen Volksgemeinschaft eindeutig einen präfaschistischen Charakter aufwies. [...] Als typisch imperialistische Legitimationsideologie gewann
20 schließlich auch der Sozialdarwinismus spezifisch nationalistische Aufprägungen. Nationale Stärke und Kampfbereitschaft sollten die Nation in der als notwendig begriffenen Auseinandersetzung mit anderen Nationen auszeichnen. Der pensionierte Planungsleiter im Preußischen General-
25 stab Friedrich v. Bernhardi etwa propagierte in seinem Bucherfolg „Deutschland und der nächste Krieg" nicht nur eine aggressive Politik des Kaiserreiches, sondern er bestimmte Krieg zugleich als eine „biologische Notwendigkeit" für die Nation. „Ohne den Krieg aber würden nur allzu
30 leicht minderwertige und verdorbene Rassen durch Masse und Kapitalmacht die gesunden, kernkräftigen Elemente überwuchern, und ein allgemeiner Rückgang müsste die Folge sein. In der Auslese besteht die Schöpferkraft des Krieges."

Nach: www.bpb.de/geschichte/deutsche-geschichte/kaiserreich/138915/
nation-und-nationalismus (Zugriff: 17. Februar 2016)

1. Fassen Sie die Kernaussagen des Textes zusammen.
2. Analysieren Sie den Zusammenhang zwischen Nationalismus, Krieg und Rassismus.
3. Informieren Sie sich im Internet und/oder in einem Lexikon über den Begriff „Sozialdarwinismus" (Zeile 20). Erörtern Sie anschließend die Bedeutung dieses Begriffes im Zusammenhang mit der Minderheitenpolitik Preußens.

„Aus Preußisch-Polen. Die beginnende Enteignung."
Zeichnung von Hans Gabriel Jentzsch, in: Der wahre Jacob, Nr. 687 vom 16. November 1912.
Text unter dem Bild: „Die Auswanderer: Weshalb werden wir von Haus und Hof gejagt, Panje Landrat, und wohin sollen wir ziehen? Kein Mensch wird uns aufnehmen! Der Landrat: Geht nur ins Kohlengebiet – da ist Platz für euch alle. Hier wird jetzt germanisiert!"

▶ Charakterisieren Sie die einzelnen Personengruppen und deren Beziehungen zueinander.

▶ Arbeiten Sie heraus, welche Meinung der Künstler bezüglich der preußischen Germanisierungspolitik einnimmt. Berücksichtigen Sie dabei auch die Zeitschrift, in der der Farbdruck erschienen ist. Informieren Sie sich dazu im Vorfeld über „Der wahre Jacob" im Internet.

▶ Entwickeln Sie Alternativen, mir denen Polen auf die Germanisierungspolitik reagieren konnten.

M2 Preußische Polenpolitik

Der in Wien lehrende Historiker Philipp Ther (*1967) äußert sich 2004 über die preußische Verwaltung in den polnischen Gebieten:

Die erste Periode des preußisch-deutschen Empires dauerte von 1815, als die Teilung Polens bestätigt wurde, bis Anfang der Sechzigerjahre. In dieser ersten Phase war die imperiale Herrschaft Preußens [...] über die polnischen
5 Teilungsgebiete informell und indirekt. Der [...] polnische Adel behielt auf lokaler und regionaler Ebene viele seiner Vorrechte [...].
Die zweite Phase beginnt mit dem Januaraufstand in Polen von 1863.[1] Preußen griff nun zu einer Politik der strikten
10 Unterdrückung und Assimilation. Im Zuge der allgemeinen Bürokratisierung erreichte der Staat auch entlegene Gebiete, die imperiale Herrschaft wurde also zunehmend direkt und formell. Die Einstellungen gegenüber Polen standen zunehmend unter rassistischen Vorzeichen und
15 nahmen einen kolonialen Charakter an. [...] Nahezu zeitgleich mit dem Erwerb der überseeischen Gebiete[2] verschärfte das Deutsche Reich noch einmal die Gangart gegenüber den Polen, 1886 wurde das Reichsansiedlungsgesetz erlassen, das die Germanisierung der polnischen
20 Gebiete durch deutsche Siedler anstrebte. Administrativ und juristisch war das polnische Teilungsgebiet zwar nie eine Kolonie, aber die Einstellungen der Deutschen gegenüber den Polen entwickelten sich, bei allen Unterschieden, doch in dieser Richtung. [...]
25 Die Ansiedlungspolitik im polnischen Teilungsgebiet zielte langfristig darauf ab, aus dem Reich auch dort einen Nationalstaat zu machen. Weil aber die Politik der Assimilation und Unterdrückung auf Widerstand traf, griff die Regierung zu immer schärferen Maßnahmen.

Philipp Ther, Deutsche Geschichte als imperiale Geschichte. Polen, slawophone Minderheiten und das Kaiserreich als kontinentales Empire, in: Sebastian Conrad und Jürgen Osterhammel (Hrsg.), Das Kaiserreich transnational. Deutschland in der Welt 1871–1914, Göttingen 2004, S. 109–148, hier S. 146f.

1. Erklären Sie anhand von selbstgewählten historischen Beispielen, was unter informeller und formeller Herrschaft (Zeile 3ff. und 10ff.) zu verstehen ist. Dazu können Sie auch Informationen aus dem Internet heranziehen.
2. Charakterisieren Sie die Ziele der Politik in den polnischsprachigen Teilen Preußens.
3. Beurteilen Sie, ob im Falle der polnischsprachigen Gebiete von der Bildung einer Kolonie gesprochen werden kann. Informieren Sie sich vorab über die Begriffe „Kolonialismus" und „Kolonie" im Internet und/oder in Fachbüchern.

M3 „Wo liegt Polen?"

Der deutsche Historiker Peter Oliver Loew (*1967) beschreibt die Wandlungen im polnischen Nationalbewusstsein an der Wende vom 19. zum 20. Jahrhundert:

Angesichts der Abwesenheit Polens auf den Karten wurde die mentale Kartierung der Nation immer wichtiger. Während im historischen Staatsgebiet nicht-polnische Nationalbewegungen ihr Haupt erhoben, während sich Litauer und Letten, Ukrainer und schließlich auch die Weißrussen als
5 junge Nationen formierten, entdeckten die Polen ihrerseits die polnischsprachigen Bevölkerungen außerhalb des historischen Staatsgebiets: Gehörten Masuren, Kaschuben und Oberschlesier nicht auch in einen dereinst wiederentstehenden polnischen Staat? Die Vorstellung eines zwischen
10 Oder und Dnjepr, Ostsee und Schwarzem Meer gelegenen historischen Großreichs wurde somit langsam ersetzt durch eine vage Vorstellung polnischer Grenzen, in denen ethnische, sprachliche, kulturelle, geografische und historische Argumente zusammenfielen. Damit war jedoch alles
15 andere als klar, welche Gebiete ein wiedergeborenes Polen umfassen würde. Auf die Frage „Wo liegt Polen?" gab es deshalb die unterschiedlichsten Antworten, doch keine war präzise. Während Stanislaw Wyspiański 1901 in seinem Schauspiel Die Hochzeit die Auskunft erteilte, dass Polen
20 dort liege, wo das Herz sei [...], verstieg sich der Geograf Wacław Nałkowski kurz vor dem Ersten Weltkrieg in düstere Gedanken: Das Gebiet Polens mit seinem Übergangscharakter wecke bei den Polen keine Energie, kein aktives Zukunftsstreben, sondern allzu oft Trauer, Resignation und
25 schläfriges Sich-Verlieren in die Vergangenheit.

Peter Oliver Loew, Paderewski oder Wo liegt Polen. Nation und Erinnerungskultur zwischen dem 19. und 20. Jahrhundert, in: Peter Oliver Loew und Christian Prunitsch (Hrsg.), Polen. Jubiläen und Debatten. Beiträge zur Erinnerungskultur, Wiesbaden 2012, S. 71–96, hier S. 74

1. Arbeiten Sie heraus, was unter dem Begriff einer „mentale[n] Kartierung" (Zeile 2) zu verstehen ist.
2. In dem Text werden zwei Möglichkeiten genannt, mit dem Problem des Nationalismus ohne Staatsgebiet umzugehen. Erörtern Sie, ob weitere Alternativen bestanden haben könnten. Ziehen Sie dabei diejenigen Argumente heran, die auch in der deutschen Nationalbewegung benutzt wurden, bevor das Deutsche Reich gegründet war. Siehe hierzu nochmals Seite 33ff.

[1] Siehe hierzu Seite 39.
[2] Gemeint sind die deutschen Kolonien in Afrika, die 1884/85 erworben wurden.

M4   Eine polnische Gefahr?

*Ludwik Jażdżewski (1838–1911), Abgeordneter der polni-
schen Partei, kritisiert 1901 die Politik der preußischen
Regierung gegen die polnische Bevölkerung:*

Meine Herren, wenn man einer Bevölkerung, welche dem
preußischen Staate aufgrund von internationalen Staats-
verträgen[1] einverleibt worden ist mit der Zusage, mit dem
feierlich abgegebenen königlichen Versprechen, dass ihre
5 Nationalität geschützt und gepflegt werden soll im preußischen Staat, dass ihre Sprache im amtlichen und im Privat-
leben eine Schonung und einen sicheren Schutz erhalten
soll, – wenn man dieser Bevölkerung, die schon unglücklich
genug gewesen ist, dass sie ihre staatliche Unabhängigkeit
10 verloren hat, alle diese Versprechen und Zusagen vorent-
hält und ins Gegenteil verkehrt, so kann man sich nicht
wundern, dass diese unsere Bevölkerung, die eine tausend-
jährige Geschichte und Kultur hinter sich hat, über die geradezu feindlichen Maßnahmen der Regierung unzufrie-
15 den, ja geradezu empört ist, und bei ihrem lebhaften
Naturell dieser Unzufriedenheit und tiefem Missbehagen
einen entsprechend lebhaften Ausdruck gibt.
Ich will ihnen nur kursorisch eine kurze, lange nicht er-
schöpfende Zusammenstellung dessen vorlegen, was alles
20 dieser unserer Bevölkerung in den letzten Zeiten widerfah-
ren ist, um sie aufzureizen und zu schädigen. [...] Fami-
liennamen werden vielfach durch Behörden verfälscht;
jede fachmännische Versammlung wird polizeilich überwacht; jede Versammlung unter freiem Himmel wird un-
25 tersagt; Aufzüge mit Musik werden verboten; polnische
Theateraufführungen werden meistens verboten oder verhindert. Was tut nicht alles die Ansiedlungskommission[2],
um die Bevölkerung zu kränken? [...] Und worauf zielt sie
hin? Auf das Verdrängen der polnischen Besitzer und Ar-
30 beiter von der väterlichen Scholle mit dem Vorbehalt, dass
eine Parzelle aus Staatsfonds von den angekauften Gütern
an einen Polen, der doch auch ein gleichberechtigter
Staatsbürger sein soll wie jeder andere, nie und nimmer
verkauft werden darf. Die verschiedenen Ankäufe und
35 Verkäufe dieser Kommission regen tagtäglich die Bevölkerung auf, und nachdem das geschieht, klagt man darüber,
dass die Bevölkerung sich beunruhigt fühlt, und dass eine
gewisse Agitation im Lande sich zeigt, die solchen Maßnahmen entgegenarbeitet. [...]
40 Meine Herren, vor Gericht darf kein Pole seine Sache in
eigener Sprache vertreten: Vor den Verwaltungsbehörden
findet er kein Gehör in seiner Muttersprache. Kurz und gut,

---

[1]   Jażdżewski spielt auf die polnischen Teilungen und den Wiener
    Kongress von 1815 an; siehe hierzu Seite 33f.
[2]   Die Ansiedlungskommission wurde von Bismarck 1886 mit Stim-
    men der Konservativen und der Nationalliberalen gegründet.
    Sie sollte Land von verschuldeten polnischen Bewohnern aufkaufen
    und günstig an deutsche Zuwanderer abgeben.

„Studt bringt den polnischen Kindern das deutsche Vater-
unser bei."
Zeichnung von Otto Emil Lau, in: Der wahre Jacob, Nr. 532 vom
11. Dezember 1906.
Auf der Flasche steht geschrieben: „Deutsch. Religionsunterricht".

▶ Informieren Sie sich im Internet über Conrad von Studt und
   seine Funktion zur Entstehungszeit der Karikatur.

▶ Charakterisieren Sie, wie der Zeichner das deutsch-polnische
   Verhältnis darstellt.

▶ Ordnen Sie diese Karikatur in den Kontext der preußischen
   Germanisierungspolitik ein.

auf jedem Gebiet wird der Pole zurückgedrängt, auf jedem
Schritt und Tritt wird er gekränkt; und nachdem das tagtäglich geschieht, klagt man über Agitation, über Unruhe 45
und über eine polnische Gefahr und spricht von der Be-
drängung des Deutschtums! Meine Herren, nun die Schule!
Ist denn bei uns die Volksschule ein Bildungsinstitut, eine
Bildungsanstalt im erhabenen Sinne des Wortes? Nein, sie
ist geradezu eine Verbildungsanstalt, sie ist nichts weiter 50
wie ein Abrichtungsinstitut. Den Vorwurf muss ich der
Schulverwaltung in der schärfsten Weise entgegenhalten,
dass sie nicht dafür Sorge trägt, was ihre Pflicht und Schul-
digkeit ist, dass der Bevölkerung ihre Muttersprache, die
Sprache der Familie und der Kirche, in der Schule nicht 55
gehörig beigebracht wird, dass das polnische Kind in der
Volksschule meistens nicht einmal leidlich polnisch lesen
und schreiben lernen kann.
Meine Herren, das sind alles Zustände, die die polnische
Bevölkerung tagtäglich vor Augen hat, und mit welchen sie 60

tagtäglich in Berührung kommt; und da spricht nun das angezogene Ministerialorgan von einer durch Agitation gezeitigten polnischen Gefahr! Diese polnische Gefahr haben Sie sich, meine Herren am Ministertische, selbst her-
65 aufbeschworen und großgezogen. Sie ist ihr eigenstes Werk.

Nach: Willibald Gutsche (Hrsg.), Herrschaftsmethoden des deutschen Imperialismus 1897/98 bis 1917. Dokumente zur Innen- und Außenpolitik, Berlin (Ost) 1977, S. 74–76

---

1. Fassen Sie die Maßnahmen der preußischen Regierung gegen die polnische Bevölkerung zusammen.
2. Erläutern Sie die Folgen dieser Politik für die polnische Bevölkerung damals und für die späteren deutsch-polnischen Beziehungen.

M5 „Wie eine Pflanze in fremder Erde"

Eine polnische Lokalchronik aus Bottrop berichtet 1911 über die Zuwanderung polnischsprachiger Arbeitskräfte in den 1870er-Jahren:

Der erste […] Agent kam nicht lange nach dem Krieg nach Oberschlesien. Er erreichte jedoch nicht viel, da er Deutscher und der polnischen Sprache nicht mächtig war. So brachte er nur 25 Bergleute, hauptsächlich aus dem Kreise
5 Rybnik, mit sich. Das war im Januar 1871. […] Selbstverständlich reichten diese neu zugezogenen Kräfte bei Weitem nicht zur Deckung des Bedarfs aus; deshalb fuhr ein neuer Agent los. Diesmal war es ein Pole namens Karl Sliwka, der als Steiger auf [der Zeche] Prosper I arbei-
10 tete. Mit ihm kamen 400 polnische Bergleute nach Bottrop, die in dem gleichen Gebäude untergebracht wurden. Diese Reise fand im Mai 1871 statt. Im Jahr darauf brach auf der Zeche ein Streik aus und ungefähr 300 polnische Bergleute kehrten daraufhin in die Heimat zurück. Die Bergwerksbe-
15 sitzer wurden dadurch veranlasst, Karl Sliwka ein zweites Mal zur Werbung von Arbeitern auszusenden. Und auch diesmal fand Sliwka ein fruchtbares Arbeitsfeld im Kreise Rybnik, denn er brachte ca. 500 polnische Arbeiter mit. Mit dem Sturze der Konjunktur [Ende des Jahres 1873] kehrten
20 viele polnische Arbeiter wegen des zu geringen Verdienstes in die Heimat zurück, sodass auf den hiesigen Gruben bald danach wieder Mangel an Arbeitern bestand. Es schien deshalb den Bergwerksbesitzern das Beste, noch einmal einen Agenten nach Oberschlesien zu senden, und zwar
25 diesmal Leopold Kowalik. Aber die Bergleute scharten sich

nicht mehr in so großen Gruppen um ihn wie früher, er konnte nur 200 Bergleute nach Bottrop bringen, woraus ersichtlich ist, dass sie nicht mehr das anfängliche Vertrauen zum westfälischen Glück in sich trugen.
Die Ankunft dieser polnischen Arbeiter fiel in das Jahr 30 1875. In dem gleichen Jahr begannen diejenigen polnischen Arbeiter, die schon länger in Bottrop wohnten und sich etwas erworben hatten, ihre Familien aus der Heimat in die Fremde zu holen. Nicht alle konnten sogleich von dieser Möglichkeit Gebrauch machen, aber langsam und 35 vereinzelt zogen Familien zu, sodass sich in Bottrop im Jahre 1876 ca. 20 polnische Familien befanden. Und so kann man jetzt sagen, dass mit diesem Jahr, in dem die polnischen Familien im Herzen Deutschlands zu leben begannen, das hiesige Polentum seine Existenz wie eine 40 Pflanze in fremder Erde begann.

Nach: Christoph Kleßmann, Polnische Bergarbeiter im Ruhrgebiet 1870–1945, Göttingen 1978, S. 38

---

1. Fassen Sie die Informationen über Herkunft, Qualifikation und Motivation polnischsprachiger Arbeitskräfte zusammen.
2. Erklären Sie die Hintergründe für die hohe Fluktuation der polnischsprachigen Arbeitskräfte.

Rückseite der Fahne des polnischen Knappenvereins Dortmund-Eving aus dem Jahre 1898.
Der Text auf der Fahne bedeutet: „Hl. Barbara, betet für uns." Für Katholiken ist die Heilige Barbara die Schutzpatronin der Bergleute.

Der Erste Weltkrieg und seine Folgen

Die Frage der Kriegsschuld | Am 28. Juni 1919 wurde der *Versailler Vertrag* unterzeichnet, der die Friedensregelungen für Deutschland traf und der den *Ersten Weltkrieg* beendete. Nach *Artikel 231* war alleine das Deutsche Reich für den Ausbruch dieses Krieges verantwortlich. Diese Annahme stieß in der *Weimarer Republik*[1] bei fast allen Parteien auf vehementen Widerstand. Auch unter Historikern entstanden schon bald komplizierte Forschungsdebatten, die sich mit der Frage der Kriegsschuld befassten. Nach dem Ende des *Zweiten Weltkrieges* setzte sich international vorübergehend die These durch, dass alle eigentlich gegen ihren Willen in den Krieg hineingeschlittert seien. Diese Auffassung wurde in den 1960er-Jahren von dem Hamburger Historiker *Fritz Fischer* infrage gestellt, der die Meinung vertrat, die Reichsregierung habe den Krieg lange geplant und bewusst herbeigeführt, da ihre Weltpolitik in eine Sackgasse geraten sei. Das Deutsche Reich habe 1914 nach der „Weltmacht" gegriffen. Diese These löste eine weitere mehrjährige Debatte aus.

Heute besteht unter Historikern weitgehende Einigkeit darüber, dass die Thesen von Fritz Fischer zu zugespitzt waren. Nachdem der österreichische Thronfolger *Franz Ferdinand* am 28. Juni 1914 in Sarajewo von einem serbischen Terroristen ermordet worden war, verfolgte die deutsche Regierung eine sehr riskante Strategie, weil sie in der sogenannten *Julikrise* die Konflikte auf dem Balkan, die sich nach dem Mord abzeichneten, bewusst verschärfte. Einen Weltkrieg wollte sie wohl nicht beginnen, sie trug aber die „initiierende Verantwortung" – so der Historiker *Klaus Hildebrand* – dafür, dass sich die Krise erheblich zuspitzte. In einem Buch, das 2012 unter dem Titel „Die Schlafwandler. Wie Europa in den Ersten Weltkrieg zog" erschien, zeigte der in Cambridge lehrende australische Historiker *Christopher Clark*, dass in allen beteiligten Staaten Kriegsparteien bestanden, die bewusst auf einen großen Konflikt hinarbeiteten. Clark argumentierte auch, dass in den entscheidenden Momenten zahlreiche Politiker in mehreren Ländern einfach überfordert waren: Sie mussten schnell weitreichende Entscheidungen treffen, ohne genug Zeit zu haben, ausreichende Informationen einzuholen und die Konsequenzen ihres Handelns sorgfältig zu durchdenken. Hinzu kam, dass die zahlreichen Krisen zuvor die jeweiligen Friedensparteien deutlich geschwächt hatten und internationale Kompromisse immer schwieriger geworden waren. Im Juli 1914 konnten sich vor allem im Deutschen Reich und in Österreich-Ungarn gemäßigte Politiker in den Regierungen gegenüber den Militärs, die massiv auf einen sofortigen Krieg drängten, nicht mehr durchsetzen (➔ M1 und M2).

Der deutsche Nationalismus im Ersten Weltkrieg | Im Moment des Kriegsausbruches gab es kaum offene Opposition. Vor allem deutsche Intellektuelle äußerten sich offen kriegshetzerisch (➔M3). Die Sozialdemokratie demonstrierte zwar Ende Juli 1914 für den Frieden, stellte sich dann aber fast geschlossen hinter die Regierung, die den „Burgfrieden" verkündete. Innenpolitische Konflikte sollten bis zum Ende des Krieges zurücktreten oder ganz aufhören. Vor allem die Gefahr, dass das verhasste autoritäre zaristische Russland den Krieg gewinnen könne und dass dann alle Vorteile verloren gehen würden, die die *Arbeiterbewegung* im Deutschen Reich mühsam erkämpft hatte, war für das Verhalten der Arbeiterschaft verantwortlich. Einige Historiker betonen neuerdings auch, dass vor 1914 Teile der Arbeiterschaft durchaus von nationalistischen Ideen erfasst worden seien. Zum Erstaunen der preußischen Behörden blieb es in den polnischsprachigen Gebieten des Reiches ruhig, und junge wehrpflichtige Polen ließen sich selbstverständlich und ohne Widerstand zur Armee einziehen.

In der zweiten Kriegshälfte zerfiel die deutsche Gesellschaft zunehmend in zwei Lager, die sich unversöhnlich gegenüberstanden. Einerseits wuchs vor allem in der

Internettipp
Ausführliche Informationen zum Ersten Weltkrieg von den Kriegsursachen bis hin zu den Friedensschlüssen finden Sie unter dem Code **32203-03**.

---

[1] Zur Weimarer Republik siehe ausführlich das Kapitel auf Seite 112 bis 143.

Arbeiterschaft seit dem Hungerwinter von 1916/17 die Kriegsmüdigkeit: Die britische Flotte blockierte seit 1914 alle Zufuhren über das Meer, und bei den Mittelmächten wurden Nahrungsmittel knapp. Seit 1916 tobten an der *Westfront* große Materialschlachten, in denen die Verluste sehr hoch waren. Zwar waren viele einfache Soldaten und Arbeiter immer noch bereit, ihr Land zu verteidigen, aber sie hofften zugleich auf einen bald kommenden Frieden, der in ihrer Sicht durchaus ein *Kompromissfrieden* ohne Annexionen (territoriale Gewinne) sein konnte. Dem stand eine andere gesellschaftliche Gruppe gegenüber, die vor allem aus dem Bürgertum stammte. Hier wurde ein bedingungsloser *Siegfrieden* proklamiert und die Hoffnung auf große territoriale Gewinne ausgedrückt. 1917 gründete dieses bürgerliche Lager die *Deutsche Vaterlandspartei*, in der sich zahlreiche rechte und rechtsradikale Gruppierungen zusammenfanden und die auch von Teilen der protestantischen Kirchen offen unterstützt wurde. Diese Partei trat in der Öffentlichkeit mit der Forderung nach einem Siegfrieden um fast jeden Preis und nach großen Annexionen in Ost und West auf. Alle, die für eine Verständigung oder für einen Kompromissfrieden eintraten, wurden pauschal als Verräter bezeichnet.

Der Kriegsverlauf im Osten 1914–1918 | Bei Ausbruch des Krieges griff die russische Armee mit starken Kräften im Norden Ostpreußens und im Süden Galizien in Österreich-Ungarn an. Während die Offensive gegen das Deutsche Reich schnell scheiterte und die Deutschen bei *Tannenberg* einen großen Sieg errangen,[2] gelang es den Russen, bis zum Winter 1914/15 fast ganz Galizien zu erobern. Im Frühjahr 1915 wendete sich das Blatt, und in einer mehrtägigen Schlacht bei Tarnów und Gorlice durchbrachen deutsche und österreichisch-ungarische Truppen die russischen Stellungen. Im Sommer eroberten sie Galizien zurück und besetzten das gesamte russisch-polnische Territorium. Damit entstand die Frage, was eigentlich mit diesen Gebieten geschehen solle.

Bei den Deutschen bestanden zunächst keine klaren Konzepte, während die Österreicher die Vorstellung entwickelten, die eroberten Gebiete mit dem polnischsprachigen Galizien unter ihrer Führung zu vereinen und insgesamt in ihr Imperium zu integrieren. Da die Führung der deutschen Armee verzweifelt nach neuen Soldaten suchte, verfiel sie auf die Idee, verstärkt polnische Freiwillige anzuwerben. Am 5. November 1916 proklamierten der deutsche und der österreichisch-ungarische Kaiser deshalb die Schaffung eines *Königreiches Polen*. Allerdings wurden den Polen fast keine konkreten Rechte zugestanden: Weder wurde eine polnische Regierung oder eine eigenständige Verwaltung aufgebaut, noch war klar, welche Territorien der neue „Staat" erhalten sollte.

Zu Beginn des Krieges rechneten selbst große Optimisten nicht damit, dass am Ende ein vereinigtes und unabhängiges Polen entstehen könnte. Als möglich wurde aber – je nach Kriegsverlauf – ein vereinigtes Polen mit begrenzter Autonomie innerhalb des Zarenreiches oder Österreich-Ungarns angesehen. Nur sehr wenige Polen wünschten sich wegen der preußischen Germanisierungspolitik eine Vereinigung unter preußischer Führung. Je länger der Krieg dauerte, desto klarer wurde für polnische Aktivisten, dass ein wirklich unabhängiger polnischer Staat nur bei einem Sieg der Entente möglich sein würde (→ M4). Diese Hoffnung erhielt weitere Nahrung, als im Januar 1918 der amerikanische Präsident Woodrow Wilson ein 14-Punkte-Programm verkündete (→ M5).

„Die Befreiung Polens vom russischen Joch."
Farbdruck, in: Der wahre Jacob, Nr. 761, 1915.

▶ Erklären Sie, wen die beiden Frauengestalten und der Bär (im Bildhintergrund) versinnbildlichen sollen.

▶ Ordnen Sie den Farbdruck in den historischen Kontext ein.

▶ Analysieren Sie, welche Wirkung der Zeichner beim zeitgenössischen Betrachter erzielen wollte. Durch welche Bild- und Gestaltungsmerkmale wird diese Wirkung erzeugt?

Entente: Kriegsbündnis, dem Frankreich, Großbritannien, Russland, Italien und zahlreiche weitere Staaten angehörten

---

[2] Zur Schlacht bei Tannenberg siehe das Kernmodul auf Seite 8 bis 13.

Mittelmächte: Kriegsbündnis aus dem Deutschen Reich, Österreich-Ungarn, dem Osmanischen Reich und Bulgarien

Zunächst schien sich das Blatt aber zugunsten der Mittelmächte zu wenden: Im Herbst 1917 brach in Russland die Revolution aus und die russische Armee zerfiel schnell. Im Friedensvertrag von Brest-Litowsk, der am 3. März 1918 unterzeichnet wurde, schied das sowjetische Russland aus dem Krieg aus und musste sehr harte Bedingungen der Deutschen und ihrer Verbündeten hinnehmen. Allerdings erwies sich im Sommer, dass diese Entlastung im Osten nicht ausreichte, weil inzwischen die USA ihre gesamte ökonomische und militärische Macht in die Waagschale geworfen hatten und ein deutscher Sieg im Westen damit unmöglich geworden war.

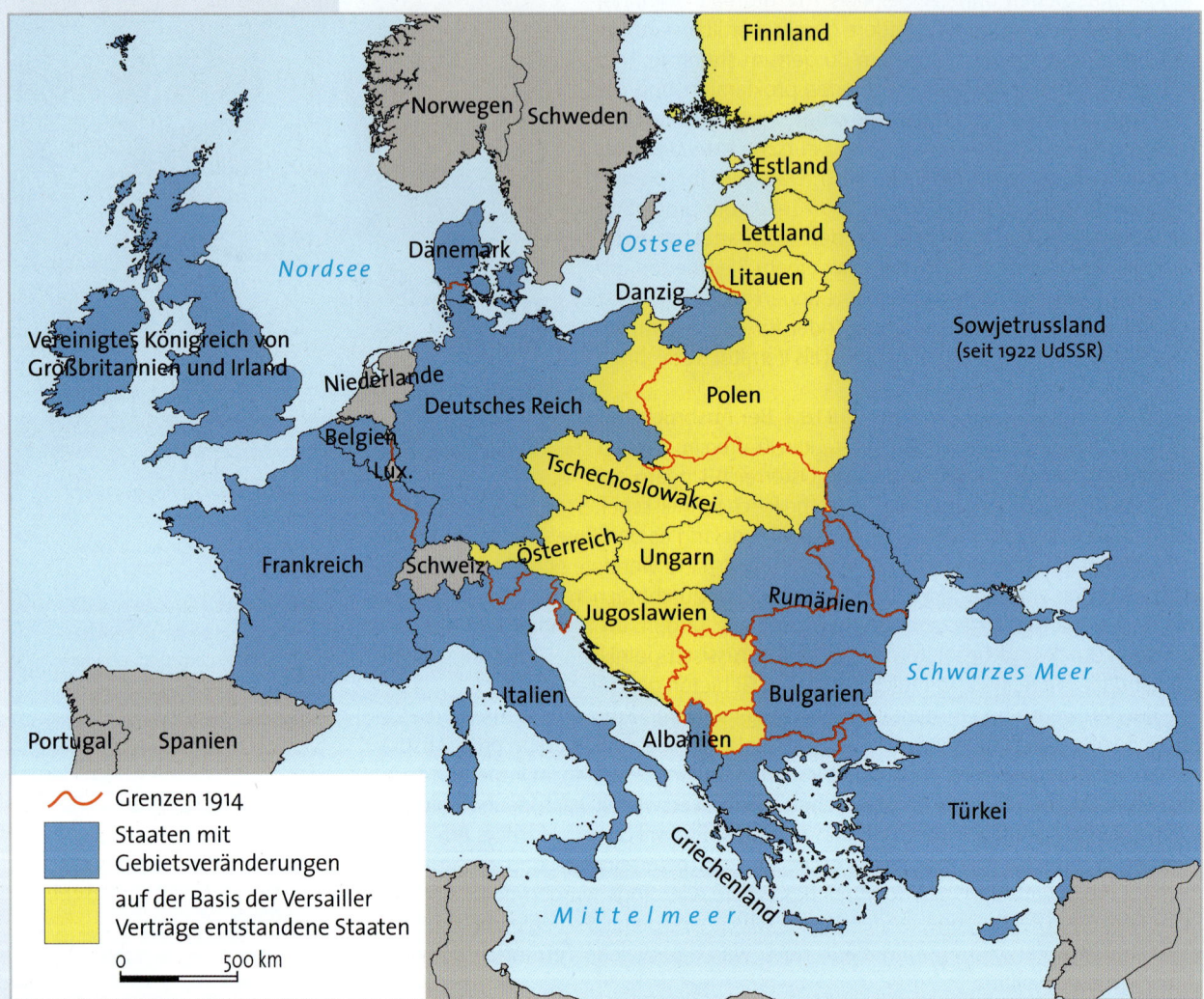

Legende:
- ～ Grenzen 1914
- Staaten mit Gebietsveränderungen
- auf der Basis der Versailler Verträge entstandene Staaten

0   500 km

Europa nach 1919.
Jugoslawien (Süd-Slawien) hieß bis 1929 „Königreich der Serben, Kroaten und Slowenen".

▶ Beschreiben Sie mithilfe der Karte die territorialen Veränderungen, die sich in Europa nach dem Ende des Ersten Weltkrieges ergaben.

Das Ende des Krieges und die deutsche Kapitulation | Nachdem die letzte große deutsche Offensive im Westen im Sommer 1918 fehlgeschlagen war, hatte sich in der Arbeiterschaft die Überzeugung verbreitet, dass der Krieg verloren war. Mit großer Schnelligkeit brach die öffentliche Ordnung in der Heimat zusammen, und an der Westfront desertierten während der Rückzüge Tausende von Soldaten. Das „vaterländische" Lager hingegen proklamierte weiterhin Durchhalteparolen und machte vergeblich Werbung für eine letzte Massenmobilisierung, die – auch aus heutiger Sicht – aussichtslos gewesen wäre. Anfang September 1918 musste der deutsche Oberbefehlshaber, General Erich Ludendorff, eingestehen, dass der Krieg verloren war. Die Militärs versuchten nun – um ihr eigenes Scheitern zu vertuschen –, die Schuld den Politikern in Berlin zuzuschieben, die sie angeblich nicht genug unterstützt hatten.

Die deutsche Revolution brach Anfang November 1918 in den Küstenstädten aus, weil die Flotte einen letzten Angriff plante, der selbstmörderisch gewesen wäre. Nach wie vor hätten die meisten Matrosen ihre Schiffe und Häfen wahrscheinlich gegen einen englischen Angriff verteidigt, sie waren aber nicht bereit, in dem Moment, als der Krieg schon fast vorbei war, für die „Ehre" zu sterben. Die Seeoffiziere fanden kein Mittel gegen die Meutereien, die sich wie ein Lauffeuer verbreiteten. Sehr schnell erfasste die revolutionäre Bewegung in den großen Städten auch die Arbeiter, die – von wenigen Ausnahmen abgesehen – keineswegs eine kommunistische Revolution, sondern ein Ende des Krieges und die Einführung eines parlamentarischen Regierungssystems anstrebten. Im Moment des Zusammenbruchs war niemand wirklich bereit, die Monarchie zu verteidigen. Kaiser Wilhelm II. war schon kurz vorher von Berlin in das Hauptquartier in Belgien gefahren und floh von dort ins holländische Exil.

Allerdings erwies es sich in der Folge als problematisch, dass – anders als im Zweiten Weltkrieg – viele Zivilisten an der „Heimatfront" die Niederlage nicht wirklich erlebt hatten. Zwar war die militärische Lage hoffnungslos, aber scheinbar hätte weiterer Widerstand geleistet werden können. Im Moment der Kapitulation waren große Teile Osteuropas noch von deutschen Truppen besetzt, und im Westen hatte die Front das Reichsgebiet noch nicht erreicht. Erst die Revolution schien weiteren Widerstand unmöglich zu machen. Für viele Nationalisten, vor allem aus dem bürgerlichen Lager, blieb die Frage bestehen, ob man nicht wenigstens noch einige Monate hätte weiter kämpfen sollen, um dann vielleicht doch noch bessere Friedensbedingungen zu erhalten. In diesen Kreisen fiel die *„Dolchstoßlegende"* auf fruchtbaren Boden. Sie besagte, dass im schwierigsten Moment des Krieges gewissenlose Vaterlandsverräter der kämpfenden Front mit der Revolution, die lange vorbereitet worden sei, in den Rücken gefallen seien.

Erinnerungen an den Ersten Weltkrieg in der Weimarer Republik | Das Deutsche
Reich blieb deshalb nach 1918 weiterhin eine politisch tief gespaltene Nation. Die meisten der ehemaligen Soldaten hatten genug vom Krieg, auch wenn dieser mit einer Niederlage geendet hatte. Sichtbar wird dieses Faktum, wenn man sich die Mitgliederzahlen in den Veteranenverbänden anschaut. Der größte Verband war das mehrheitlich sozialdemokratische *Reichsbanner Schwarz-Rot-Gold*, der in der Weimarer Republik zunächst Krieg und Gewalt ablehnte und sich an die Seite der Demokratie stellte. In der Öffentlichkeit wurde aber sehr viel mehr der kleinere Veteranenverband *Stahlhelm. Bund der Frontsoldaten* wahrgenommen, der offen militaristisch argumentierte, den Krieg verherrlichte, eine Revanche predigte und die Niederlage auf die „Dolchstoßlegende" zurückführte. Da ehemalige Eliten des Kaiserreiches wie hohe Offiziere, monarchistische Adlige oder rechte Nationalisten ihr eigenes Versagen vertuschen wollten, stellte die „Dolchstoßlegende" eine bequeme Rechtfertigung dar. Von ihr existierten anfangs mehrere Versionen: Einigkeit bestand nur darin, dass die Revolution für die Niederlage verantwortlich war. Meinungsverschiedenheiten bestanden aber darüber, wer diese ausgelöst hatte: Kommunisten, Juden und Sozialdemokraten schienen vielversprechende Kandidaten zu sein, aber auch über die Rolle von Katholiken, Freimaurern und Minderheiten wurde diskutiert. Maßgebliche Mitglieder der ehemaligen wilhelminischen Eliten pflegten auch ausgeprägte antipolnische Stereotype. *General Hans von Seeckt*, der Oberbefehlshaber der Reichswehr, äußerte sich am 11. September 1922 eindeutig: „Polens Existenz ist unerträglich, unvereinbar mit den Lebensbedingungen Deutschlands. Es muss verschwinden und wird verschwinden durch eigene innere Schwäche und durch Russland, mit unserer Hülfe".[1]

Erich Ludendorff (1865–1937): seit Herbst 1914 gemeinsam mit Paul von Hindenburg Oberbefehlshaber im Osten, seit Herbst 1916 Generalquartiermeister im Großen Generalstab (3. Oberste Heeresleitung), damit faktisch Oberbefehlshaber der gesamten deutschen Armee; 1924–1928 Abgeordneter im Reichstag

Freimaurer: internationale Bewegung, die bereits Anfang des 18. Jahrhunderts gegründet worden war. Ihre Ideale bestehen aus Freiheit, Gleichheit, Brüderlichkeit, Toleranz und Humanität. Sie praktizierten aber auch geheime Rituale, wurden deshalb häufig angefeindet und ihr Internationalismus stieß auf die Gegnerschaft von überzeugten Nationalisten.

---

[1] Nach: Heinrich August Winkler, Weimar 1918–1933. Die Geschichte der ersten deutschen Demokratie, München [2]1994, S. 169

Im Sommer 1924 veranstaltete die Regierung eine große Feier in Berlin, mit der auf würdige Weise an den Beginn des Krieges erinnert und der Gefallenen gedacht werden sollte. Symbolisch sollte eine Brücke zwischen dem untergegangenen Kaiserreich und der neuen demokratischen Republik geschlagen werden. Nicht Heroismus, sondern Trauer sollte die Menschen miteinander versöhnen. Beispielsweise wurden zwei Fahnen auf Halbmast gehisst: Unter der kaiserlichen schwarz-weiß-roten hatten die Soldaten gekämpft und die schwarz-rotgoldene Fahne stand für den neuen freien Staat. Der Versuch einer symbolischen Versöhnung mit der wilhelminischen Vergangenheit schlug allerdings fehl, weil sowohl kommunistische als auch rechte Gruppierungen die Veranstaltung störten. Danach gab es keine Anläufe mehr, die beiden verfeindeten Lager zusammenzubringen, weil die demokratischen Regierungen zu der Meinung gekommen waren, diese Versuche seien sinnlos.

Die Erinnerungskultur an den Ersten Weltkrieg wurde in den folgenden Jahren deshalb vor allem von privaten Verbänden und Vereinen gepflegt, und sie erhielt dadurch häufig eine offen revanchistische und antisemitische Ausrichtung. Gefeiert wurden die Jahrestage wirklicher oder vermeintlicher deutscher Siege. Die nationalsozialistische Bewegung, die 1930 ihre ersten großen Wahlerfolge erzielte, wandte sich gezielt an die jüngere Generation, die die Schrecken der Front nicht mehr erlebt hatte, aber empfänglich war für heroische Darstellungen.

Gedenken an den Ersten Weltkrieg in der zweiten Hälfte des 20. Jahrhunderts.
Foto vom 22. September 1984, Beinhaus von Douaumont.
Der französische Staatspräsident François Mitterrand und Bundeskanzler Helmut Kohl begehen den 68. Jahrestag der Schlacht von Verdun. Anders als in Deutschland ist die Schlacht in der französischen Erinnerungskultur zentral. Hier fand 1916 eine der größten und längsten Materialschlachten des Ersten Weltkrieges statt, an der die gesamte französische Armee teilnahm. Der deutsche Versuch eines Durchbruchs durch die französische Front scheiterte nach mehreren Monaten. Im Beinhaus von Douaumont sind die Knochen von etwa 130 000 deutschen und französischen Soldaten bestattet, die nicht mehr identifiziert werden konnten.

▶ Präsentation: Versetzen Sie sich in die Rolle eines deutschen Journalisten, der für eine Tageszeitung über die Gedenkfeier am 22. September 1984 berichtet. Recherchieren Sie im Vorfeld im Internet weitere Informationen über die Feierlichkeiten. Gehen Sie in Ihrem Artikel auch darauf ein, was die symbolische Geste zwischen Mitterrand und Kohl (Foto) über das deutsch-französische Verhältnis aussagt.

Erinnerungen an den Ersten Weltkrieg in Polen | Ganz anders als in der Weimarer Republik sah die Erinnerung an den Ersten Weltkrieg in Polen aus (→ M6). Polnische Soldaten hatten für alle Teilungsmächte gekämpft und waren auch für sie gefallen. Genaue Zahlen sind nicht verfügbar, aber es wird geschätzt, dass mehr als eine Million polnischer Soldaten in der russischen Armee kämpften und über zwei Millionen bei den Mittelmächten. Wahrscheinlich sind mehrere Hunderttausend Polen gefallen und die Zahl der Verletzten dürfte sehr viel höher gelegen haben. Wie viele Zivilisten ums Leben kamen, ist nicht bekannt, aber auch hier handelt es sich um eine hohe Zahl, weil schwere Kämpfe auf polnischem Territorium ausgetragen worden und zugleich in der zweiten Kriegshälfte die Nahrungsverhältnisse sehr schlecht gewesen waren. Hunger war bei den Mittelmächten an der Tagesordnung, und das besetzte ehemals russische Polen wurde zeitweise regelrecht ausgeplündert.

Die Erfahrungen der Soldaten bestanden darin, dass sie für die Teilungsmächte aufeinander geschossen hatten. Dennoch gelang es mit großer Mühe, eine nationale Erzählung, ein Narrativ, zu entwerfen, die den Erfahrungen der Menschen nicht völlig widersprach. Demnach hätten alle Polen nur gezwungenermaßen und widerwillig ihren Dienst als Soldaten verrichtet. Erst als 1918 der Krieg vorbei gewesen sei, hätten sie die Möglichkeit gehabt, ihre wahre Identität zu zeigen und als wirkliche Polen in den *Grenzkriegen* mit Begeisterung dem nationalen Gedanken zu folgen.[1] Damit ergab sich im Vergleich zu Deutschland eine ganz andere Chronologie: Entscheidend für den nationalen Gedanken in Polen war nicht die Periode von 1914 bis 1918, sondern diejenige der Grenzkriege von 1918 bis 1921.

Um diese Interpretation auch symbolisch für den neuen Staat nutzbar zu machen, wurde ein nicht mehr identifizierbarer Soldat, der während der Kämpfe um Lemberg im Grenzkrieg gegen die kurzlebige Westukrainische Republik gefallen war, exhumiert und in Warschau unter dem „Grabmal des unbekannten Soldaten" erneut bestattet. Dieser Kult des „unbekannten Soldaten", der ursprünglich in Frankreich und mit leichten Veränderungen in Großbritannien entwickelt worden war, wirkte auf viele Polen national integrierend. Allerdings war daran problematisch, dass gerade in Lemberg sehr viele Ukrainer lebten, die 1919 ebenfalls für einen eigenen Staat gekämpft hatten. Der polnische „unbekannte Soldat" war mit einiger Sicherheit von einem Ukrainer getötet worden. Für diese Menschen stellte der Kult des „unbekannten Soldaten" gerade kein integratives Moment dar – das Gegenteil war der Fall. Auch die Mitglieder der deutschen Minderheit in Polen konnten sich nicht mit diesem nationalen Symbol identifizieren.

Auch haben neuere historische Forschungen gezeigt, dass ein weiterer Aspekt dieser Darstellung auf einem Mythos basiert. Wenn die polnischen Soldaten in der deutschen Armee im Ersten Weltkrieg wirklich so unwillig ihren Dienst getan hätten, hätten sie zumindest an der *Ostfront* viele Möglichkeiten nutzen können, um zu desertieren. Die neueste Forschung hat aber eindeutig nachgewiesen, dass beispielsweise Polen in der deutschen Armee oder Tschechen in der österreichischen nicht öfter übergelaufen sind, als andere Deutsche. Man kann aber davon ausgehen, dass vor allem in der zweiten Kriegshälfte die Moral in der gesamten deutschen Armee schlecht war: Hier ergab sich dann doch auch für die polnischen Veteranen ein Anknüpfungspunkt für ihre Kriegserinnerungen.

Grabmal des unbekannten Soldaten: besonderes Soldatendenkmal, durch das an die nicht namentlich identifizierbaren Gefallenen und an die jeweiligen Kriege erinnert werden soll

[1] Diese Grenzkriege werden dargestellt auf Seite 78.

M1 Vorstellungen über die Zukunft Deutschlands

Der Historiker Michael Salewski (1938–2010) erklärt 2003:

Das französische Kriegsziel war ganz einfach: [...] – die Zerstörung des Deutschen Reiches. Falls das nicht gelingen sollte [...], sollte es wenigstens verkleinert werden: selbstverständlich Rückgabe von Elsass und Lothringen, Abtre-
5 tung des Saargebietes, die Rheingrenze für Frankreich, Russland, dem Verbündeten, wollte man territoriale Freiheit im Osten gestatten [...].

Es liegt auf der Hand, dass Englands Kriegsziele viel moderater erschienen [...]. Aber von Pappe waren sie keines-
10 wegs. Natürlich mussten Belgien voll wiederhergestellt, Elsass und Lothringen an Frankreich zurückgegeben werden. [...] Viel wichtiger erschienen England andere Forderungen: Deutschland sollte fortan keine Flotte mehr besitzen, keine Kolonien, es sollte die Meistbegünstigung[1] für
15 alle gewähren – ohne Gegenseitigkeit –, die Nordseeinseln waren abzurüsten, der Kaiser-Wilhelm-Kanal[2] zu internationalisieren. [...] Aber schon 1914 war England sich darüber im Klaren, dass die Schwächung Deutschlands über ein gewisses Maß hinaus nicht opportun sein würde – hier
20 schlug das Denken in den Kategorien der „balance of power" durch, und das permanente Misstrauen Englands Russland gegenüber. [...]

Die Diskussion [im Deutschen Reich] vollzog sich auf drei übereinanderliegenden Ebenen. Auf der untersten ging es
25 um die „Gleichberechtigung" des Reiches, also um den schon lange vor dem Krieg geforderten „Platz an der Sonne". Auf der zweiten um die „Hegemonie in Europa", auf der dritten um den „Griff nach der Weltmacht".

Michael Salewski, Der Erste Weltkrieg, Paderborn 2003, S. 144 f.

M2 Unterschiedliche Begehrlichkeiten

Wolfgang Justin Mommsen (1930–2004) äußert sich in einem 2003 erstmals veröffentlichten Beitrag über die „Kriegsziele":

Keine der europäischen Mächte verfocht vor Kriegsbeginn konkrete territoriale Annexionsziele, welche ihre Entscheidung, zu den Waffen zu greifen, maßgeblich beeinflusst haben. Doch schon bald nach Kriegsbeginn setzte in allen
5 Ländern eine zunächst überwiegend intern geführte Debatte über die Kriegsziele ein. Großbritannien forderte mit einigem Nachdruck die Wiederherstellung der Selbstständigkeit der kleineren europäischen Nationen, die durch den Angriff der Mittelmächte widerrechtlich zerstört worden

sei, insbesondere die Wiederherstellung Belgiens. Auch in
10 Frankreich [...] stand die Rückgewinnung des Elsass und Lothringens im Vordergrund. Erst im weiteren Verlauf des Weltkrieges wurde dann die Forderung der Annexion des Saarbeckens und der Rheingrenze laut [...].

Im Deutschen Reich kam es hingegen bereits unmittelbar
15 nach Kriegsausbruch zu einer massiven Kampagne für weitreichende Annexionen in Ost und West. [...]

Der deutschen Reichsleitung kam diese [...] Agitation [...] höchst ungelegen. [...] Dennoch wurden, ungeachtet des öffentlichen Bekenntnisses zu einem Verteidigungskrieg,
20 unverändert umfangreiche Planungen für territoriale Erwerbungen in Ost und West, insbesondere für die dauernde Kontrolle Belgiens, fortgeführt. Diese nahmen in der Folge immer uferlosere Formen an. [...] Im Übrigen verhandelten die alliierten Mächte auf der Interalliierten Wirtschaftskon-
25 ferenz in Paris vom 14.–17. Juni 1917 über eine Nachkriegsordnung, durch welche die deutsche Stellung im Welthandel auf Dauer niedergehalten werden sollte. [...]

Seit 1917 verhärteten sich in allen Lagern, insbesondere aber im Deutschen Reich, die Forderungen der Kriegsziele
30 immer stärker [...]. [...] Bedeutsamer war, dass mehr und mehr rassistische, insbesondere antisemitische, Gesichtspunkte in die Kriegszieldebatte eingebracht wurden. Auch die Idee ethnischer Säuberungen [...] tauchte nun vielfach in den Denkschriften auf, auch wenn sie einstweilen keinen
35 Eingang in die offiziellen Planungen fand.

Wolfgang J. Mommsen, Artikel „Kriegsziele", in: Enzyklopädie Erster Weltkrieg, herausgegeben von Gerhard Hirschfeld u.a., Paderborn, aktualisierte und erweiterte Studienausgabe 2014, S. 666 ff.

---

1. Fassen Sie alle Informationen aus M1 und M2 über die Kriegsziele der europäischen Mächte zusammen.

2. Präsentation: Salewski und Mommsen deuten die Kriegszieldiskussionen unterschiedlich. Arbeiten Sie die Urteile heraus und stellen Sie diese einander tabellarisch gegenüber.

3. Die publizistisch und vehement geführten Kriegszieldebatten weckten Hoffnungen und Befürchtungen und erzeugten Zwänge. Entwickeln Sie Vorstellungen von der Reaktion der Bevölkerung, der Soldaten, der Regierung sowie des jeweiligen Gegners.

4. Formulieren Sie eine Stellungnahme zu den beiden Texten, in der Sie begründen, wessen Argumentation Sie eher nachvollziehen können.

---

[1] **Meistbegünstigung**: liegt vor, wenn Handelsvorteile allen Vertragspartnern gewährt werden. Wem die Meistbegünstigung verweigert wird, der ist benachteiligt.

[2] **Kaiser-Wilhelm-Kanal**: der heutige Nord-Ostsee-Kanal

M3 „An die Kulturwelt!"

Kurz nach Kriegsausbruch veröffentlichen 93 deutsche Intellektuelle, darunter viele Professoren, einen Aufruf, der im In- und Ausland für erhebliches Aufsehen sorgt. Bis dahin hat die Propaganda in Großbritannien und Frankreich das Problem, dass zwar das Deutschland des Militarismus verachtet, das der Kultur in Literatur oder Musik aber oft hoch geschätzt wird. In dem Aufruf aus dem Jahre 1914 heißt es:

An die Kulturwelt!

Wir als Vertreter deutscher Wissenschaft und Kunst erheben vor der gesamten Kulturwelt Protest gegen die Lügen und Verleumdungen, mit denen unsere Feinde Deutsch-
5 lands reine Sache in dem ihm aufgezwungenen schweren Daseinskampf zu beschmutzen trachten. Der eherne Mund der Ereignisse hat die Ausstreuung erdichteter deutscher Niederlagen widerlegt. Umso eifriger arbeitet man jetzt mit Entstellungen und Verdächtigungen. [...]
10 Es ist nicht wahr, dass Deutschland diesen Krieg verschuldet hat. Weder das Volk hat ihn gewollt, noch die Regierung noch der Kaiser. Von deutscher Seite ist das Äußerste geschehen, ihn abzuwenden. [...] Erst als eine schon lange an den Grenzen lauernde Übermacht von drei Seiten über
15 unser Volk herfiel, hat es sich erhoben wie ein Mann.
Es ist nicht wahr, dass wir freventlich die Neutralität Belgiens verletzt haben. Nachweislich waren Frankreich und England zu ihrer Verletzung entschlossen. Nachweislich war Belgien damit einverstanden Selbstvernichtung wäre
20 es gewesen, ihnen nicht zuvorzukommen. [...]
Es ist nicht wahr, dass unsere Kriegführung die Gesetze des Völkerrechtes missachtet. Sie kennt keine zuchtlose Grausamkeit. Im Osten aber tränkt das Blut der von russischen Horden hingeschlachteten Frauen und Kinder die Erde, und
25 im Westen zerreißen Dumdumgeschosse unseren Kriegern die Brust. Sich als Verteidiger europäischer Zivilisation zu gebärden, haben die am wenigsten das Recht, die sich mit Russen und Serben verbünden und der Welt das schmachvolle Schauspiel bieten, Mongolen und Neger auf die weiße
30 Rasse zu hetzen.
Es ist nicht wahr, dass der Kampf gegen unseren sogenannten Militarismus kein Kampf gegen unsere Kultur ist, wie unsere Feinde heuchlerisch vorgeben. Ohne den deutschen Militarismus wäre die deutsche Kultur längst vom Erdbo-
35 den getilgt. Zu ihrem Schutze ist er aus ihr hervorgegangen in einem Lande, das jahrhundertelang von Raubzügen heimgesucht wurde wie kein zweites. Deutsches Heer und deutsches Volk sind eins. Dieses Bewusstsein verbrüdert heute 70 Millionen Deutsche ohne Unterschied der Bil-
40 dung, des Standes und der Partei. [...]
Glaubt uns! Glaubt dass wir diesen Kampf zu Ende kämpfen werden als ein Kulturvolk, dem das Vermächtnis eines Goethe, eines Beethoven, eines Kant ebenso heilig ist wie sein Herd und seine Scholle.

Nach: Jürgen von Ungern-Sternberg und Wolfgang von Ungern-Sternberg, Der Aufruf „An die Kulturwelt!". Das Manifest der 93 und die Anfänge der Kriegspropaganda im Ersten Weltkrieg, zweite, erweiterte Auflage mit einem Beitrag von Trude Maurer, Frankfurt am Main 2013, S. 209–212

1. Charakterisieren Sie die rhetorischen Mittel, die in diesem Aufruf verwendet werden.

2. Arbeiten Sie heraus, wer wahrscheinlich die Zielgruppe bzw. der Adressat dieses Aufrufes war, und was diese „Kulturwelt" eigentlich war.

3. Erörtern Sie, warum in Frankreich und England dieser Aufruf offene Empörung hervorrief und warum er der jeweiligen Propaganda der Entente direkt Material lieferte.

M4 Krieg als Chance für die polnische Nationalbewegung?

Der polnische Historiker Piotr Szlanta (*1971) schreibt über die Perspektive der Polen im Ersten Weltkrieg:

Die polnischen Eliten waren sich stets der Tatsache bewusst, dass die einzige Chance, ihre Unabhängigkeit wiederherzustellen, ein allgemeiner europäischer Krieg war. In der Mitte des 19. Jahrhunderts bat der große polnische Dichter Adam Mickiewicz, der auch politisch sehr aktiv 5 war, in einem seiner Gedichte: „Um einen allgemeinen Krieg im Namen der Völkerfreiheit flehen wir Dich an, Unser Herr." [...] Der Kriegsausbruch veränderte den Stellenwert der polnischen Frage in den internationalen Beziehungen radikal und unabwendbar. Endlich, so erschien es 10 vielen Polen, befanden sich die Teilungsmächte im Kampf gegeneinander. Ihre Solidarität war zerbrochen. [...] Seit Beginn des Krieges versuchten die Kriegsparteien, die Sympathie der Polen zu gewinnen, da die Ostfront hauptsächlich durch polnische Gebiete verlief. Sie mussten, zumal es 15 sich abzeichnete, dass der Krieg lange dauern würde, die politischen Aspirationen[1] der Polen zumindest teilweise anerkennen.
So wurde zum Beispiel am 14. August 1914 der Aufruf des russischen Oberbefehlshabers Großfürst Nikolai bekannt 20 gemacht. Er kündigte die Wiederbelebung „des Selbstständigen und Freien in Religion und Sprache" Polens an. [...] Zudem versprach er die Vereinigung aller polnischen Gebiete unter dem Zepter der Romanovs. Allerdings äußerte er sich nicht zu den genauen Grenzen dieses Gebietes. Die 25 Bedeutung dieser Erklärung war groß, denn sie beendete das Totschweigen der polnischen Frage und bedeutete gleichzeitig einen Schritt in Richtung ihrer Internationalisierung. Nun sahen sich auch die beiden anderen Teilungsmächte zumindest zu einer pro-polnischen Geste gezwun- 30 gen. [...] Die Polen allerdings nahmen den Deutschen ihre

_____
[1] **Aspirationen:** Bestrebungen

Zusicherung „wir bringen euch Freiheit und Unabhängigkeit" nicht ab. Diese Worte aus dem Munde der Deutschen, die in ihrem Teil Polens eine skrupellose Politik der Ger-
35 manisierung betrieben, mussten einfach unglaubhaft und ironisch klingen.

Piotr Szlanta, Der Erste Weltkrieg von 1914 bis 1915 als identitätsstiftender Faktor für die moderne polnische Nation, in: Gerhard P. Groß (Hrsg.), Die vergessene Front. Der Osten 1914/15, Paderborn 2006, S. 153–164, hier S. 153 und 155f.

1. Geben Sie die Kernaussagen des Textes in eigenen Worten wieder.
2. EAnalysieren Sie, welche Handlungsmöglichkeiten der Ausbruch des Ersten Weltkrieges polnischen Nationalisten eröffnete..

M5 Die US-amerikanischen Kriegsziele

Am 8. Januar 1918 entwirft der amerikanische Präsident Woodrow Wilson[1] in einer programmatischen Rede vor dem US-Kongress die Grundzüge einer Friedensordnung, die als das 14-Punkte-Programm bekannt wird:

1. Offene Friedensverträge, die offen zustande gekommen sind, und danach sollen keine geheimen internationalen Vereinbarungen irgendwelcher Art mehr getroffen werden, sondern die Diplomatie soll immer offen und vor aller Welt
5 arbeiten. [...]
6. Räumung des ganzen russischen Gebiets und eine solche Regelung aller Russland betreffenden Fragen, die ihm die beste und freieste Zusammenarbeit der anderen Nationen der Welt für die Erlangung einer unbeeinträchtigten und
10 unbehinderten Gelegenheit zur unabhängigen Bestimmung seiner eigenen politischen Entwicklung und nationalen Politik sicherstellt und es eines aufrichtigen Willkommens im Bunde der freien Nationen unter von ihm selbst gewählten Staatseinrichtungen versichert, und darüber hinaus die Ge-
15 währung von Beistand jeder Art, dessen es bedürfe und selbst wünschen sollte. [...]
10. Den Völkern Österreich-Ungarns, deren Platz unter den Völkern wir sichergestellt und zugesichert zu sehen wünschen, sollte die freieste Gelegenheit zu autonomer
20 Entwicklung gewährt werden.

11. Rumänien, Serbien und Montenegro sollten geräumt werden; besetzte Gebiete sollten wiederhergestellt werden; Serbien sollte freier und sicherer Zugang zum Meere gewährt werden; und die Beziehungen der verschiedenen Balkanstaaten zueinander sollten durch freundschaftliche 25 Verständigung gemäß den geschichtlich feststehenden Grundlinien von Zugehörigkeit und Nationalität bestimmt werden. Auch sollten internationale Bürgschaften für die politische und wirtschaftliche Unabhängigkeit sowie für die territoriale Unverletzlichkeit der verschiedenen Balkan- 30 staaten übernommen werden. [...]
13. Es sollte ein unabhängiger polnischer Staat errichtet werden, der die von unbestritten polnischen Bevölkerungen bewohnten Gebiete einschließen sollte, dem ein freier und sicherer Zugang zum Meere zugesichert werden sollte 35 und dessen politische und wirtschaftliche Unabhängigkeit und territoriale Unverletzlichkeit durch internationales Abkommen garantiert werden sollten.
14. Es muss zum Zwecke wechselseitiger Garantieleistung für politische Unabhängigkeit und territoriale Unverletz- 40 lichkeit der großen wie der kleinen Staaten unter Abschluss spezifischer Vereinbarungen eine allgemeine Gesellschaft von Nationen gebildet werden.

Der Waffenstillstand 1918–1919. Das Dokumenten-Material der Waffenstillstands-Verhandlungen von Compiègne, Spa, Trier und Brüssel, hrsg. im Auftrage der Deutschen Waffenstillstands-Kommission, Bd. 1, Berlin 1928, S. 3–6

1. Geben Sie mit eigenen Worten Wilsons Programm wieder.
2. An anderer Stelle hat Wilson das „Selbstbestimmungsrecht der Völker" proklamiert. Analysieren Sie, ob Bruchstellen zwischen den 14 Punkten und dem Selbstbestimmungsrecht bestanden.
3. In Punkt 11 werden „geschichtliche Richtlinien" erwähnt. Erörtern Sie möglichen Konfliktstoff, der sich aus dieser Formulierung ergeben haben könnte.
4. Erörtern Sie, warum dieses Programm, das eine friedliche neue Weltordnung anstrebte, bei vielen Völkern einen aggressiven Nationalismus schürte.

[1] **Woodrow Wilson** (1856–1924): Jurist, Historiker und Politiker; 1913–1921 Präsident der USA (Demokrat). Wilson verfolgte soziale Reformen, war im Ersten Weltkrieg um die Neutralität der USA bemüht, führte sie aber dennoch 1917 in den Krieg. Ab 1918 engagierte er sich für die Errichtung des Völkerbundes. 1920 erhielt Wilson den Friedensnobelpreis für das Jahr 1919.

M6 Piłsudski blickt zurück

Am 10. August 1924, dem zehnten Jahrestag der Gründung der Polnischen Legionen, hält Józef Piłsudski (siehe Abbildung), der zu dieser Zeit kein offizielles Amt bekleidet, in Lublin folgende Rede:

Polen und die überwältigende Mehrheit des polnischen Volkes wollte keinen Krieg und war sich darüber klar, dass nicht um Polen gekämpft wurde. Da sie nicht darauf vorbereitet waren, im Kriegsfalle eine selbstständige Rolle zu
5 spielen, taten die Polen bei Ausbruch der Weltkatastrophe das, was sie bereits ein gutes halbes Jahrhundert im täglichen Leben getan hatten: Sie fügten sich den Befehlen der Teilungsmächte und stärkten dadurch eine jede von ihnen. Ein kleines Häuflein Menschen, Legionäre genannt, ent-
10 schloss sich, anders zu handeln. Es wollte während des Krieges Polen eine Vertretung in Gestalt des polnischen Soldaten und polnischer Truppenführer geben. Angesichts der begreiflichen Abneigung und des Widerstandes aufseiten der Teilungsmächte und infolge des allgemeinen Miss-
15 trauens hinsichtlich der Durchführbarkeit einer solchen Absicht gelang der Versuch nur teilweise. Dieser Zustand musste zu starken Reibereien führen, in denen wir, die Legionäre, unablässig für unsere Ziele weiterkämpften und dadurch am schärfsten die Verteidigung der nationalen
20 Ehre und des nationalen Stolzes zum Ausdruck brachten, während die Kriegsmaschinerie aller drei Erobererstaaten uns systematisch in den Schmutz zu treiben suchte. Gerade darum trugen wir, wenn wir auch im Kampf unterlagen, die große Genugtuung davon, dass wir als die ersten in Polen
25 als polnisches Militär leben konnten, dass wir, während die Polen allgemein erniedrigt wurden, unsere Ehre hochhielten und häufig sogar die nationale Ehre und Würde zur Geltung brachten. [...]
Wir wollen versuchen, uns in aller Ruhe klarzumachen. Die
30 Sünden, die bei Kriegsausbruch von vielen Polen begangen wurden, die Dummheit, die sie einst an den Tag legten, verschönern vielleicht nicht die Geschichte unseres Vaterlandes – aber das geschah vor so langer Zeit, und wir selber haben so viele Wandlungen durchgemacht, dass es wahr-
35 haftig nicht lohnt, sich über diese Dinge viel vorzumachen.

Nach: Józef Piłsudski, Erinnerungen und Dokumente, Bd. 4, Essen 1936, S. 172 f. und 175 (übersetzt von Jean Paul d'Ardeschah)

1. Gliedern Sie die Rede in sinnvolle Abschnitte und versehen sie diese mit einer passenden Überschrift.

2. Charakterisieren Sie die Art, mit der Piłsudski versucht, seinen Hörern eine bestimmte Form der Erinnerung zu präsentieren.

3. Nehmen Sie aus heutiger Perspektive Stellung zur Rede.

Józef Piłsudski.
Foto vom 15. August 2015.
Zwei polnische Soldaten flankieren das Denkmal für Piłsudski in Warschau anlässlich der Feierlichkeiten zum Tag der Polnischen Armee (offizieller Nationalfeiertag in Polen).
Der Offizier Jósef Piłsudski (1867–1935) hatte auf österreichischer Seite eine etwa 7 000 Mann starke polnische Legion von Freiwilligen kommandiert, die bereits im August 1914 aufgestellt und gegen die Russen eingesetzt worden war. Er hoffte auf diese Weise, später als Gegenleistung nationale Zugeständnisse zu erhalten und gleichzeitig eine kampferfahrene Truppe als Kern einer späteren polnischen Armee aufzubauen. Im Juli 1917 weigerte er sich aber – wie die meisten seiner Soldaten – einen Eid auf die beiden Kaiser der Mittelmächte zu leisten oder an der Westfront für die Deutschen zu kämpfen. Daraufhin wurde Piłsudski für den Rest des Krieges zu Festungshaft in Magdeburg verurteilt. Mit dieser Inhaftierung begann sein Aufstieg zum polnischen Nationalhelden. Weitere Informationen finden Sie auf Seite 78 ff.

▶ Charakterisieren Sie die Symbolsprache, mit der dieses Denkmal Józef Piłsudski darstellt.

Fotografien als Quellen deuten

Fotografien prägen unser Bild von der jüngeren Geschichte mehr als jedes andere Medium. Sie halten politische und gesellschaftliche Ereignisse für die Nachwelt fest und geben uns eine Fülle von Informationen über den Lebensalltag. In der ersten Hälfte des 20. Jahrhunderts wurde Fotografieren für breite Bevölkerungskreise erschwinglich. Fotos wurden dadurch für den Historiker zu einer immer wichtigeren Quelle.

Fotografien haben eine sehr starke suggestive Kraft, weil sie scheinbar die Welt so wiedergeben, „wie sie ist", sie vermitteln den Eindruck von Authentizität. Mit dem Druck auf den Auslöser wird aber kein „objektives" Bild der Wirklichkeit hergestellt. Fotos sind **Momentaufnahmen** und zeigen immer nur einen ausgewählten und bearbeiteten Ausschnitt aus der Realität. Bereits durch die Wahl des Motivs, des Bildausschnitts und der Perspektive stellt der Fotograf ein subjektives, **„komponiertes" Bild der Wirklichkeit** her. Retuschen, Montagen und andere Manipulationen, etwa das Wegschneiden oder Vergrößern bestimmter Bildteile, machen die Fotografie zu einer schwer zu beurteilenden Quelle.

Bereits während des Amerikanischen Bürgerkrieges (1861–1865) wurden in amerikanischen Zeitungen Fotos von den Schlachtfeldern abgedruckt, die häufig als schockierend empfunden wurden. Erst später wurde aber bekannt, dass der Fotograf die Leichen „arrangiert" hatte, das heißt nach dem Ende der Schlacht neu und anders hingelegt hatte, sodass eine Wirkung entstand, die sonst nicht vorhanden gewesen wäre.

Fotos müssen deshalb als Quelle besonders **vorsichtig bewertet** werden. Sie müssen unter bestimmten Fragestellungen interpretiert und in einen historischen Gesamtzusammenhang eingeordnet werden.

Das Buch bietet verschiedene Anwendungsbeispiele. Hier eine Auswahl geeigneter Fotografien: Siehe Seite 68, 80, 90 und 105.

Arbeitsschritt	Leitfragen
1. beschreiben	• Wer hat das Foto gemacht, in Auftrag gegeben und veröffentlicht? • Wann, wo und aus welchem Anlass ist das Foto gemacht bzw. veröffentlicht worden? • Wer oder was ist auf dem Foto abgebildet? Was wird thematisiert? • Welche Darstellungsmittel werden verwendet (Schwarzweiß- oder Farbbild, Kameraperspektive, Aufbau, Schnappschuss oder gestellte Szene, Profi- oder Amateuraufnahme)? • Sind Hinweise auf Bildbearbeitung oder nachträgliche Veränderungen erkennbar (Retusche, Montage, Beschnitte bzw. Ausschnittvergrößerungen)?
2. erklären	• Auf welches Ereignis oder welche Person bezieht sich das Foto? • Wie lässt sich das Foto in den historischen Kontext einordnen? • Für wen und in welcher Absicht wurde das Foto gemacht bzw. veröffentlicht? • Welche Botschaft, welche Deutung vermittelt das Foto beabsichtigt oder unbeabsichtigt? • Welche Wirkung soll beim Betrachter erzielt werden?
3. beurteilen	• Wie lässt sich das Foto insgesamt einordnen und bewerten? • Welche Auffassung vertreten Sie zu dem Bild?

Ort und Zeitpunkt:

Berlin (Unter den Linden)
am 31. Juli 1914

Bildaufbau:

Die Bildmitte zeigt einen Offizier mit einem Stück Papier in der Hand. Um ihn herum ist ein kleiner Kreis freigelassen, weitere Soldaten oder Offiziere stehen bereit, um die herumstehenden Menschen eventuell zurückzuhalten. Dies scheint aber nicht notwendig zu sein, die Zuschauer verhalten sich sehr diszipliniert. Der Ausschnitt zeigt eine Menschenmenge, die weit größer ist, als das Bild zeigen kann. Erkennbar an den Hüten sind Männer eindeutig in der Mehrheit, links oben ist eine Frau zu sehen, die in einer Kutsche sitzt.

Perspektive und Wirkung:

Die Aufnahme von schräg oben vermittelt dem Betrachter eine Perspektive, die die Menschen auf dem Foto nicht hatten. Der Betrachter erhält dadurch den Eindruck, eine „objektive" Übersicht über den Moment zu haben.

Bekanntgabe des Zustandes der drohenden Kriegsgefahr in Berlin (Unter den Linden) durch einen Offizier.
Foto vom 31. Juli 1914, erschienen in: Berliner Illustrirte Zeitung, Nr. 32, 1914.

Ort und Zeitpunkt:

Pariser Platz in Berlin
am 1. August 1914

Perspektive und Wirkung:

Die Kamera ist fast exakt auf Augenhöhe mit den Männern. Durch diese offenbar bewusst gewählte Perspektive wird nicht klar, wie viele Personen hier jubeln. Es können etwa dreißig aber auch sehr viel mehr gewesen sein. Die kurze Distanz rückt die Männer ins Zentrum, sie scheinen auf den Betrachter zuzumarschieren. Es entsteht der Eindruck einer hohen Dynamik.

Bildaufbau:

Im Vordergrund des Fotos sind mehrere jubelnde junge Männer erkennbar. Der Bildhintergrund zeigt einen Straßenzug mit großen Gebäuden und Bäumen.

Kriegsbegeisterte Jugend auf dem Pariser Platz in Berlin.
Foto vom 1. August 1914.

▶ Analysieren Sie die beiden Fotos mithilfe der Arbeitsschritte auf Seite 74. Ihre Ergebnisse können Sie mit der Lösungsskizze auf Seite 192 vergleichen.

Demokratie und Diktatur in der Zwischenkriegszeit

Hinweis: In diesem Kapitel wird schwerpunktmäßig Polen behandelt, die Entwicklungen im Deutschen Reich finden Sie im Kapitel zur Weimarer Republik; siehe dazu Seite 112 bis 143.

Paramilitärische Verbände: Truppen, die nicht einer regulären Armeeführung unterstehen, sondern sich auf eigene Initiativen hin zusammengefunden haben und/oder privat aufgestellt und finanziert werden

Vormarsch antidemokratischer Kräfte | Als 1919 die Pariser Friedenskonferenzen begannen, hatte sich fast überall in Europa die demokratische Staatsform durchgesetzt, sieht man von Russland ab, wo der Bürgerkrieg tobte. Nur 20 Jahre später waren parlamentarische Systeme in Europa selten geworden: In Ost- und Ostmitteleuropa wurde nur noch die Tschechoslowakei demokratisch regiert und im Spanischen Bürgerkrieg griff 1936 der Faschismus auch nach Westeuropa über. Selbst in Frankreich bestand zu Beginn der 1930er-Jahre kurzzeitig eine Bedrohung durch rechtsradikale Bewegungen, doch reagierte die Republik kämpferisch. 1936 schlossen sich alle linken und linksliberalen Parteien in Frankreich in einer Volksfrontregierung zusammen, die von den Kommunisten toleriert wurde. Rechtsradikale und paramilitärische Verbände, die sogenannten Ligen, wurden verboten. Die neue Regierung ging trotz schlechter ökonomischer Lage umfangreiche Reformen an und baute den Sozialstaat aus.

Die Gründe, warum in den 1920er- und 30er-Jahren so viele autoritäre Systeme in Europa entstanden, sind vielfältig und können nicht auf eine einzige Ursache zurück-

Die Krise der europäischen Demokratie.

▶ Charakterisieren Sie die politischen Entwicklungen in Europa zwischen 1918 und 1938. Beziehen Sie in Ihren Ausführungen die Karte und die Datentabelle auf Seite 77 mit ein.

1918-1921	Bürgerkrieg in **Russland**, Sieg der Bolschewiki, Gründung der Sowjetunion am 30. Dezember 1922.
1920	Admiral Miklós Horthy etabliert eine rechtsgerichtete Diktatur in **Ungarn**, Liberalisierungstendenzen in den 1920er-Jahren.
1922	Machtübertragung auf Benito Mussolini nach dem mythisch verklärten „Marsch auf Rom", Abschaffung der Demokratie in **Italien**, ein faschistischer Staat entsteht.
1925	In **Albanien** wird ein autoritäres und nationalistisches Regime unter dem „warlord" und Präsidenten (seit 1928 König Zog) Achmed Zogu errichtet.
1926	Militärputsch in **Litauen** durch Präsident Antanas Smetona, in den 1930er-Jahren Entwicklung in Richtung Diktatur.
	Entmachtung des Parlaments in **Polen** zugunsten einer faktischen Diktatur von Marschall Józef Piłsudski, der aus dem Hintergrund agiert.
	Putsch in **Portugal**, 1932/33 wird die Militärdiktatur durch António de Oliveira Salazar abgelöst, er orientiert sich am faschistischen Ständestaat; bereits 1917/18 bestand eine Diktatur.
1929	Staatsstreich in **Jugoslawien** (bis dahin SHS Königreich), Einführung einer serbischen „Königsdiktatur" durch König Alexander.
1933	„Machtergreifung" des Nationalsozialismus im **Deutschen Reich** (Januar), die parlamentarische Demokratie wurde seit 1930 systematisch unterminiert und existierte seit dem Sommer 1932 nicht mehr.
	Staatsstreich durch Engelbert Dollfuß in **Österreich**, Einführung des austrofaschistischen Systems (März).
1934	Staatsstreich durch Karlis Ulmanis in **Lettland**, Einführung einer autoritären Diktatur.
	Staatsstreich und autoritäre Diktatur durch Konstantin Päts in **Estland**.
1934/35	Autoritäre Diktatur von Oberst Georgiev und Zar Boris III. in **Bulgarien**, auch wenn zeitweise noch eingeschränkt freie Wahlen zum Parlament stattfinden.
1936	Der Putsch einer Militärclique gegen die Republik eskaliert zum Bürgerkrieg in **Spanien**, 1939 Sieg der Francisten, bereits zwischen 1923 und 1930/31 bestand eine gemäßigte Militärdiktatur.
	Nach einem monarchischen Zwischenspiel wird in einem militärischen Staatsstreich in **Griechenland** eine Diktatur unter General Ioannis Metaxas etabliert, König Georg II. bleibt im Amt.
1938	Autoritäre Diktatur von König Carol II. in **Rumänien**.

Diktaturen in Europa.

Nach: Boris Barth, Europa nach dem Großen Krieg. Die Krise der Demokratie in der Zwischenkriegszeit, Frankfurt am Main 2016, S. 15

▶ Gruppenarbeit: Bilden Sie Arbeitsgruppen, die jeweils ein einzelnes Land auf die Frage hin untersuchen, warum die Demokratie dort scheiterte. Bedenken Sie dabei, dass es für einige Länder (zum Beispiel Italien, Deutschland oder Spanien) sehr viel Material gibt, während es schwierig sein dürfte, etwas zu Lettland oder Albanien zu finden.

Animierte Karten
Eine animierte Karte zum Thema „Europa in den 1920er-Jahren" können Sie unter dem Code **32203-04** abrufen.

geführt werden. Die Verhältnisse waren in jedem Land etwas anders gelagert. Einige Gemeinsamkeiten lassen sich aber bestimmen. Die Kriegs- und auch die Nachkriegszeit, in der häufig paramilitärische Gewalt angewendet worden war, hatten zu einer erheblichen Verrohung innerhalb der jeweiligen Gesellschaften geführt. Hinzu kam häufig eine ökonomische Nachkriegskrise, und 1929 zogen die *Weltwirtschaftskrise* und die folgende *Große Depression* in fast allen europäischen Ländern katastrophale ökonomische Folgen nach sich.[1] Daneben wurden viele Staaten dadurch destabilisiert, dass sie nach „ethnischer" Einheit strebten und Minderheiten teils verdeckt, teils offen diskriminierten.

_____

[1] Siehe zur Weltwirtschaftskrise Seite 126f.

Obwohl außerhalb Russlands nach 1919/20 in keinem Land die Kommunisten eine Chance hatten, an die Macht zu kommen, bestand dennoch weit über das Bürgertum hinaus in ganz Europa weiterhin eine oft übersteigerte Furcht vor eine Revolution oder einem gewaltsamen Umsturz. Diese Furcht machte viele Menschen empfänglicher als zuvor für autoritäre Alternativen. Zudem schien der Liberalismus an seinem Ende angekommen zu sein: Nach dem Ersten Weltkrieg, der überall zu einer Stärkung der Staatsorgane durch eine Flut von administrativen Regelungen geführt hatte, schien der friedliche und individualistische Bürger dem 19. und nicht dem 20. Jahrhundert anzugehören.

Die polnischen Grenzkriege | Als die Mittelmächte im November 1918 zusammenbrachen und das Deutsche Reich in aussichtsloser militärischer Lage kapitulierte, schien für polnische Nationalisten ein Traum wahr zu werden. In Frankreich war bereits unter kriegsgefangenen polnischsprachigen Soldaten und Freiwilligen aus Westeuropa und Amerika eine zunächst kleine, aber sehr gut ausgebildete und ausgerüstete Truppe aufgestellt worden. Sie bezeichnete sich nach ihrem Befehlshaber als die „Haller-Armee". Diese Truppe wurde nach Polen transportiert, sodass dem noch ungefestigten Staat eine schlagkräftige Einheit zur Verfügung stand. Józef Piłsudski[1] wurde aus deutscher Haft entlassen, reiste sofort nach Polen und stellte auf eigene Faust ebenfalls eine Armee von Freiwilligen auf. Allerdings war völlig unklar, wie und wo die Grenzen des neuen Staates gezogen werden sollten. Zwischen 1918 und 1921 führte Polen deshalb mehrere Kriege, die meistens siegreich verliefen. In diesen militärischen Auseinandersetzungen wurden zahlreiche Territorien erobert, die mehrheitlich nicht von polnischsprechenden Menschen bewohnt wurden.

Der polnischen Seite kam zugute, dass sie zudem von den Franzosen mit modernen Waffen ausgerüstet wurde. Ein kleiner Grenzkrieg zwischen verschiedenen paramilitärischen Formationen von Freiwilligen an der neuen Grenze zu Posen 1919 hatte militärisch keinerlei Bedeutung, verstärkte aber auf deutscher und polnischer Seite den gegenseitigen Hass. Die Westukrainische Republik, die nur einige Monate bestand, wurde Anfang 1919 einfach annektiert. Bei diesem Einmarsch fanden bei Lemberg, der Hauptstadt der Westukraine, mehrwöchige schwere Gefechte statt, die später in der polnischen Erinnerungskultur eine wichtige Rolle spielen sollten. Hinzu kamen drei nationalpolnische Aufstände im bis dahin noch deutschen Oberschlesien und ein Krieg gegen Litauen, bei dem die Stadt Vilnius, die von den Litauern eigentlich als ihre neue Hauptstadt vorgesehen war, erobert wurde. Auch ein großer und wechselvoller Krieg gegen die entstehende Sowjetunion konnte 1921 erfolgreich beendet werden. Parallel zu diesen Kriegen fanden in Paris die Verhandlungen um einen Friedensvertrag statt. Die polnische Delegation versuchte hier, aggressiv ihre Ziele durchzusetzen. Im Versailler Vertrag, der am 28. Juni 1919 unterzeichnet wurde, gewann Polen erhebliche Territorien hinzu (→M1 und M2).

Zwei unterschiedliche Staatskonzepte | Zwar waren 1920/21 die neuen polnischen Grenzen gesichert, aber es war unklar, welche Art von Staat errichtet werden sollte. Ein Problem bestand darin, dass innerhalb der neuen Territorien keineswegs nur Polen lebten, sondern sehr viele Minderheiten existierten. Piłsudski, der in diesen Jahren mehrere Ämter bekleidete und vor allem Oberbefehlshaber der polnischen Armee war, strebte deshalb eine Föderation an. Diese orientierte sich an dem ehemaligen frühneuzeitlichen Konzept, das heißt die sehr unterschiedlichen Landesteile sollten weitgehende regionale Rechte erhalten. Sein politischer Gegenspieler *Roman Dmowski*, der unumstrittene Führer der Nationaldemokraten, verfolgte ein ganz anderes Konzept. Er plädierte für eine Annäherung an Russland und wollte ein straff organisiertes zentralistisches Polen. Allerdings war Dmowski auch ein glühender Nationalist, der sich einen

---

[1] Zu Piłsudski siehe auch Seite 73.

kleinen polnischen Staat, der sich auf die rein polnischsprachigen Gebiete beschränkt hätte, nicht vorstellen konnte. Stattdessen wollte er so viele Territorien wie möglich – vor allem auf Kosten des Deutschen Reiches – annektieren. Problematisch war, dass sich nach dem Ende der Nachkriegskämpfe kein Konzept durchsetzte, sondern sich beide miteinander vermischten (→ M3). Polen in der Zwischenkriegszeit wurde zu einem Nationalstaat, in dem sehr viele Nationalitäten lebten, denen aber nur sehr wenige eigenständige Rechte zugestanden wurden. Von den drei Westmächten Großbritannien, USA und Frankreich gezwungen, musste die polnische Regierung zwar einen Vertrag über den Schutz von Minderheiten unterzeichnen, der aber in der Praxis häufig nicht eingehalten wurde.

Die Schwierigkeiten der Staatsgründung in Polen | Im Moment der Staatsgründung stand das neue Polen vor immensen weiteren Problemen. Die erheblichen Kriegszerstörungen erforderten ein finanzielles Engagement, das der Staat alleine nicht aufbringen konnte. Nur großzügige französische Hilfe ermöglichte den Aufbau staatlicher Strukturen. Dennoch kollabierte die Währung wie in Deutschland in einer Hyperinflation, und die Mittelschichten verarmten. Derartige Inflationen gab es in mehreren Staaten: Beispielsweise stiegen die Preise im Vergleich zur Vorkriegszeit in Österreich um das 14000-Fache, in Ungarn um das 23000-Fache, in Polen um das 2,5-Millionen-Fache und in Deutschland um eine Billion. Erst Anfang 1924 konnte in Polen eine neue und stabile Währung eingeführt werden. Doch erzwang diese Währungsreform einen harten Sparkurs, durch den die Arbeitslosigkeit drastisch anstieg. Sie blieb mehrere Jahre lang auf einem hohen Niveau.

In den ehemaligen drei Teilungsgebieten und in einigen der neu eroberten Territorien existierten völlig unterschiedliche gesetzliche Regelungen und ökonomische Voraussetzungen. Die Probleme begannen damit, dass drei bzw. vier ganz unterschiedliche Verwaltungs-, Verkehrs- und Rechtssysteme bestanden. Maße, Gewichte, Währungen, die Spurbreiten der Eisenbahnen und viele weitere Regeln des Alltags mussten vereinheitlicht werden. Das russische Teilungsgebiet war vor 1914 vollständig in den zaristischen Wirtschaftsraum integriert gewesen, aber nach dem Ende der Grenzkriege war der Handel fast vollständig zusammengebrochen – er betrug weniger als ein Prozent des polnischen Gesamthandels. Ferner mangelte es an Rohstoffen, der Lebensstandard war niedrig, sodass auch kaufkräftige Konsumenten fehlten, und große Teile der kleinbäuerlichen Landwirtschaft waren nicht weltmarktfähig.

Auch die Etablierung eines funktionierenden demokratischen Systems erwies sich als schwierig. Parteien und Parlament konnten in Polen, wie auch in anderen neuen Staaten im Baltikum oder im SHS-Staat (das spätere Jugoslawien), kaum auf bestehenden Traditionen aufbauen. Anders als etwa im Deutschen Reich oder in Österreich existierten keine entsprechenden Organisationen von Vorgängern und keine Strukturen, an die hätte angeknüpft werden können. 1926 bestanden 26 polnische Parteien und 33, die die Minderheiten vertraten. Viele dieser Parteien stützen sich nur auf einige regionale Wählergruppen. Oft traten sie auch nicht mit besonderen programmatischen Aussagen auf, sondern glichen Personenverbänden, die sich um prominente Politiker sammelten. Diese starke Zersplitterung schwächte häufig die Regierungen, die ständig versuchen mussten, sowohl zwischen Konfliktgruppen zu vermitteln als auch an der Regierung zu bleiben. Diese Instabilität erschwerte die Lösung von Problemen erheblich.

Der Aufbau eines demokratischen Staates verlief nach dem Ende der Grenzkriege 1921 deshalb nur schleppend. Viele polnische Verwaltungsbeamte haben – gemessen an den massiven Schwierigkeiten – ausgezeichnete Arbeit geleistet und waren pragmatisch mit den Problemen umgegangen. Zwischen 1921 und 1926 wurden zahlreiche Reformen angegangen: Schon im November 1918 wurde der gesetzliche Achtstundentag eingeführt, drei Monate später wurde in den ehemals russischen Gebieten die Schulpflicht verordnet, wo schätzungsweise bis zu einem Drittel der Erwachsenen Analphabeten waren. 1921 folgte eine Bodenreform, durch die viele zuvor landlose

Hyperinflation: eine völlig außer Kontrolle geratene Geldentwertung durch Ansteigen aller Preise

Bauern einen kleinen Hof erhielten. Allerdings waren die politischen und wirtschaftlichen Krisen nicht schnell zu lösen. Beispielsweise führte das Deutsche Reich 1925 hohe Zölle ein, die den Export der polnischen Landwirtschaft schädigten. Während der gesamten 1920er- und 30er-Jahre kam deshalb der wichtige polnische Agrarsektor nicht wirklich aus der Dauerkrise hinaus.

Der Putsch von 1926 | Marschall Józef Piłsudski war als unumstrittener Sieger aus den polnischen Grenzkriegen hervorgegangen und hatte sich danach ins private Leben zurückgezogen. Er war aber in vielen politischen Lagern populär, weil er als eine Person galt, die Probleme schnell und tatkräftig löste. Vor allem in Teilen der Armee genoss er einen untadeligen Ruf. Auch wenn er keinen offiziellen Posten bekleidete, knüpfte er seit 1923 Kontakte, die ihm im Falle eines Umsturzes nützlich sein konnten.

Straßenkämpfe in Warschau.
Foto vom Mai 1926.
Das Foto zeigt Kämpfe in den Straßen Warschaus während des Militärputsches durch Józef Piłsudski.

Angesichts der enormen Probleme entschloss sich Piłsudski im Mai 1926 zu putschen. Seine Machtübernahme verlief allerdings nicht friedlich: Bei dreitägigen schweren Kämpfen in Warschau gegen loyale Truppen kamen fast 400 Menschen ums Leben, nahezu 1 000 wurden verletzt (→M4). Piłsudski verzichtete in der Folge auf das Amt des Präsidenten und agierte lieber aus dem Hintergrund. Meistens war er „nur" Verteidigungsminister, aber jeder Pole wusste, dass die Armee treu hinter ihm stand. Deshalb kam sein „Rat" in gesellschaftlichen und politischen Fragen faktisch einem Befehl gleich. Zwar hielt er sich weitgehend aus der Tagespolitik heraus, im Hintergrund traf er aber weitreichende Entscheidungen. Theoretisch wurde in den folgenden Jahren zwar die Verfassung geachtet, in der Praxis wurden die Wahlen zum Parlament aber stets manipuliert. Anfang der 1930er-Jahre trat der autoritäre Regierungsstil immer stärker hervor, und der wachsende Widerstand der ukrainischen und weißrussischen Minderheiten gegen die gezielte Politik der *Polonisierung* wurde mit polizeilichen und militärischen Mitteln gebrochen. Vor allem Ukrainer wurden scharf unterdrückt – gelegentlich wurden sogar ukrainische Dörfer niedergebrannt, wenn Bauern sich gegen die polnische Herrschaft aufgelehnt hatten.

Identitäten nach 1918/19 | Im Versailler Vertrag und in den weiteren Friedensverträgen von Paris waren in zahlreichen Regionen, die sprachlich gemischt waren, *Volksabstimmungen* vorgesehen worden, in denen über die zukünftige Zugehörigkeit verschiedener Regionen entschieden werden sollte. Wenig überraschend versuchten schon im Vorfeld Nationalisten aller Art diese Abstimmungen zu beeinflussen: Im sprachlich gemischten Oberschlesien fanden drei polnische Aufstandsversuche statt, die von rechtsradikalen deutschen Freiwilligenverbänden niedergeschlagen wurden, weil die deutsche Regierung die reguläre Armee nicht einsetzen durfte. Auch an der neuen Grenze zwischen Österreich und dem SHS-Staat (dem späteren Jugoslawien) lieferten sich Verbände von Freiwilligen Gefechte. Nationale Demonstrationen sollten zudem die Vertreter der Entente beeindrucken, die die Abstimmungen organisierten bzw. beobachteten.

Gesamtbevölkerung	37,107 Mio.	= 100 Prozent
Polen	20,644 Mio.	= 64,66 Prozent
Ukrainer	5,114 Mio.	= 15,99 Prozent
Juden	3,114 Mio.	= 9,75 Prozent
Weißrussen	1,954 Mio.	= 6,01 Prozent
Deutsche	0,78 Mio.	= 2,44 Prozent

Minderheiten in Polen.
Nach der polnischen Volkszählung von 1931.
Bitte berücksichtigen Sie bei dieser Tabelle, dass diese offiziellen Zahlen nur ungefähre Anhaltspunkte bieten, eben weil die Bewohner nur eine einzige Angabe machen durften.

Im hier verfolgten Zusammenhang ist aber ein anderer Umstand wichtig, der erst seit wenigen Jahren intensiv von Historikern erforscht wird. Die Abstimmungen schufen einen Zwang zur Eindeutigkeit, das heißt, eine Person musste sich für einen bestimmten Staat entscheiden. Viele Menschen wollten genau diese Entscheidung aber gar nicht treffen. Dies zeigen einige Beispiele: Im Abstimmungsgebiet in Ostpreußen lebten viele polnische Muttersprachler, die sich selbst als „Staropruski" (dt: „alte Preußen") bezeichneten. Diese waren allerdings konservative und lutherische Protestanten, und sie wollten auf keinen Fall in einem katholischen polnischen Staat leben. Deshalb stimmten sie mit einer Mehrheit von 99 Prozent für den Verbleib bei Deutschland. Religion war für diese Menschen viel wichtiger als die Sprache oder als die Nationalität.

Bei den Gemeindewahlen in Oberschlesien 1919 hatten etwa 60 Prozent der Wähler für „polnische" Kandidaten gestimmt. Die polnische Seite war deshalb sicher, dass sie auch die Volksabstimmung für sich entscheiden würde, bei der es um die staatliche Zugehörigkeit der Provinz ging. Diese Rechnung ging allerdings 1921 nicht auf, hier stimmten etwa 60 Prozent (707 393 Stimmen) für Deutschland, 40 Prozent (479 365 Stimmen) für Polen. In der Folge wurde die Provinz geteilt: Die Entente teilte die östlichen Regionen, in denen die meisten Industriestädte lagen, Polen zu, während der Rest bei Deutschland blieb. Da die Abstimmung geheim war, kennen wir die genauen Gründe für das Abstimmungsverhalten nicht, aber offensichtlich war für viele polnischsprachige Personen – möglicherweise aus wirtschaftlichen Gründen – das Deutsche Reich attraktiver als der neue, aber noch ganz ungefestigte polnische Nationalstaat. Offensichtlich hatten bei der Gemeindewahl zwei Jahre zuvor regionale Gründe den Ausschlag für die Stimmabgabe gegeben, die nationale Frage hatte hierbei keine Rolle gespielt. Etwas wurde das Ergebnis auch zugunsten Deutschlands verzerrt, weil alle, die in Oberschlesien geboren waren, aber nicht mehr dort lebten, ebenfalls wahlberechtigt waren, aber dies hatte insgesamt nur eine untergeordnete Rolle gespielt.

Bei einer großen Volkszählung sollte 1931 in Polen die Nationalität aller Bewohner erfasst werden. Polesien (eine Region in Ostpolen) wurde von Polen, Litauern, Ukrainern, Weißrussen und Juden bewohnt. Allerdings weigerten sich hier bis zu 60 Prozent der Menschen, sich in eine sprachliche, nationale oder gar „ethnische" Schublade stecken zu lassen, und sie gaben ihre Nationalität mit dem Wort „hiesige" an. Diese Beispiele zeigen, dass Identitäten komplex konstruiert sind und sich keineswegs auf das rein „nationale" reduzieren lassen. Häufig verlief der Riss durch ganze Familien: Beispielsweise gab der Vater „polnisch" an, die Mutter „ukrainisch", während die (erwachsenen) Kinder sich anderen Nationalitäten zuordneten (→M5).

Die polnische Außenpolitik in den 1920er- und 30er-Jahren | Wenig überraschend orientierte sich die polnische Außenpolitik in der Zwischenkriegszeit nach Frankreich, das der wichtigste und zuverlässigste Verbündete war. Nach dem Ende der Grenzkriege war das neue Land zu einer aktiven Außenpolitik aber kaum in der Lage, weil die innere Konsolidierung Vorrang hatte. Zugleich war aber auch die außenpolitische Bedrohung in dieser Zeit nicht so hoch, weil Polen über ein gut ausgerüstetes und kriegserfahrenes Heer verfügte. Die deutsche Armee war demgegenüber im Versailler Vertrag erheblich verkleinert worden und zu einer militärischen Auseinandersetzung nicht in der Lage. 1921 war zwar der Bürgerkrieg in Russland mit dem Sieg der Sowjets beendet worden, aber das Land war sehr stark zerstört worden und benötigte ebenfalls dringend Frieden.

In den 1930er-Jahren begingen die polnischen Regierungen – aus heutiger Sicht – aber mehrere Fehler. Zunächst glaubten viele einflussreiche Nationalisten, dass Polen nun stark genug sei, um die Rolle einer dritten Großmacht zwischen der Sowjetunion und dem Deutschen Reich zu spielen, und dass eine Verständigung dieser beider Staaten untereinander aus ideologischen Gründen nicht möglich sei. Dies war eine gefährliche Fehleinschätzung, wie sich spätestens 1939 herausstellen sollte. Zweitens schloss Polen 1934 einen Nichtangriffspakt mit dem nationalsozialistischen Deutschland ab, nachdem einige Militärs und Politiker Anfang 1933 – nach Hitlers Machtübernahme – sogar noch mit der Idee eines Präventivkrieges gespielt hatten. Die deutsche Seite gewann mit diesem Abkommen Zeit, um die – zunächst noch geheime – Aufrüstung voranzutreiben. Die polnische Regierung hingegen glaubte, auf diese Weise ihre Westgrenze gegen deutsche Ansprüche endgültig zu sichern, und ferner bot sich als ein Nebenaspekt die Möglichkeit, den ungeliebten Minderheitenschutz loszuwerden.

M1 Aus einer Denkschrift von 1918

Roman Dmowski (1864–1939), Führer der polnischen Nationaldemokratischen Partei, versucht, während der Friedenskonferenz in Paris und Versailles als Leiter der polnischen Delegation Forderungen gegenüber den Alliierten durchzusetzen:

Das polnische Problem ist vor allem ein territoriales Problem. Gelegen zwischen Deutschland, der größten Nation des Kontinents, die immer die Eroberung und Verschlingung Polens angestrebt hat, und Russland, wo anscheinend
5 die zersetzenden Kräfte die Oberhand gewinnen und das wahrscheinlich nicht imstande sein wird, Polen wirksame Hilfe gegen einen deutschen Angriff zu leisten, muss Polen für sich selbst ein starker, vollkommen unabhängiger Staat sein [...]. Es muss eine große schöpferische Demokratie in
10 Osteuropa werden, eine Schanze gegen den deutschen Drang nach Osten, und gleichzeitig muss es sich gegen zersetzende Einflüsse wehren.
Damit Polen diesen Schwierigkeiten gewachsen sein kann [...], sind folgende Bedingungen unerlässlich:
15 1. Es muss ein umfangreiches Gebiet und eine zahlreiche Bevölkerung umfassen;
2. seine Bevölkerung muss hinreichend einheitlich sein, um ihm innere Geschlossenheit zu sichern;
3. seine Grenzen müssen geografischen Bedingungen ent-
20 sprechen, damit seine Unabhängigkeit von den Nachbarn gesichert wird [...].
Seit Kriegsbeginn suchten die Mittelmächte nach einer solchen Lösung der polnischen Frage, die ihre Interessen am besten sichern würde, und es unterliegt keinem Zwei-
25 fel, dass sie bis zum endgültigen Friedensschluss alle möglichen Mittel anwenden werden, um einer territorialen Lösung der polnischen Fragen vorzubeugen, die Polen die wirkliche Unabhängigkeit sichern und ihm seine historische Rolle zurückgeben würde, die Rolle eines
30 Schutzwalles gegen das Vordringen der Deutschen nach Osten. Ein solches Problem würde Deutschland mit Erfolg hindern, sich in die russischen Fragen einzumischen. Sein Bestehen würde die Lage der Deutschen an der Ostsee ändern, die sie völlig in Besitz zu nehmen sich bemühen.
35 Es würde ein organisatorischer Mittelpunkt für die kleineren Nationen werden, insbesondere für die Tschechoslowakei und Rumänien, deren Kräfte, verbunden mit den Kräften Polens, in diesem Teil Europas ein mächtiges Bollwerk für die Sache der Freiheit und der Demokratie bilden
40 würden [...].

Die Denkschrift fordert die Abtretung von Posen, Westpreußen, eines Teiles von Ostpreußen, von Oberschlesien und eines Teiles von Mittelschlesien. Über Danzig heißt es:

Die amtlichen Ziffern über Danzig stellen diese Stadt als eine rein deutsche hin. Indessen zeigen private Forschun-
gen, die von polnischer Seite betrieben worden sind, dass fast die Hälfte der Bevölkerung polnisch ist, wenn auch oberflächlich germanisiert [...]. 45

Nach: Enno Meyer (Hrsg.), Deutschland und Polen 1914–1970 (Quellen- und Arbeitshefte zur Geschichte und Gemeinschaftskunde), Stuttgart 1971, S. 10f.

---

1. Geben Sie mit eigenen Worten die Forderungen wieder.
2. Ordnen Sie Dmowskis Position in Ihre bisherigen Kenntnisse zum Thema Nationalismus ein. | F

M2 Das Ergebnis des Versailler Friedens für Polen

*Der polnische Historiker Wlodzimierz Borodziej (*1956) schreibt 2010:*

Nach langwierigen Verhandlungen, in denen die Unterstützung der polnischen Ansprüche nach und nach schmolz, einigte man sich schließlich auf die Übertragung Posens und großer Teile Westpreußens an Polen, auf die Bildung einer Freien Stadt Danzig (die zum polnischen 5 Zollgebiet gehören und einige andere Bindungen mit der Republik eingehen würde) unter Aufsicht des Völkerbundes, schließlich auf die Plebiszite, in Teilen von Ostpreußen und in Oberschlesien. Polen erhielt in Versailles etwas mehr als die Hälfte der ursprünglich geforderten West- 10 gebiete (fast 43 000 km²). Insofern ging Dmowski in seine eigene Falle [...]. Er hatte die Hoffnungen auf Wunder geweckt und „nur" bedeutende Gewinne eingefahren. Polen wurde im Westen wesentlich mehr zugestanden, als Ende 1918 allgemein für vorstellbar gehalten wurde, und 15 das angekündigte Plebiszit in Oberschlesien ließ einen noch größeren Gewinn erwarten. Deutschland war geschwächt und gedemütigt, Ostpreußen räumlich vom Reich abgetrennt, Danzig aus dem Reichsverband ausgegliedert. Ein deutscher Grenzrevisionismus war absehbar. 20 Daher konnten Deutschland und Polen im neuen Europa nur Feinde sein, die künftige Zugehörigkeit Oberschlesiens würde lediglich das Kräfteverhältnis zwischen diesen beiden Gegnern austarieren.

Wlodzimierz Borodziej, Geschichte Polens im 20. Jahrhundert, München 2010, S. 109f.

---

1. Erläutern Sie, warum viele Polen den Versailler Vertrag als unzureichend ansahen, obwohl das Land erhebliche territoriale Gewinne gemacht hatte.
2. Borodziej vertritt die Meinung, dass Deutschland und Polen nur Feinde sein konnten (siehe Zeile 17 bis 24). Erörtern Sie, ob es vielleicht doch Möglichkeiten der Versöhnung hätte geben können.

M3 Piłsudski versus Dmowski

Der polnische Journalist Adam Krzeminski (*1945) über die beiden wichtigsten polnischen Politikern der 1920er- und frühen 1930er-Jahre:

Piłsudski hatte seine Hausmacht im russischen und im österreichischen Teilgebiet. Im preußischen dagegen bildete sich unter dem Eindruck des „Kulturkampfes" und der nationalen Solidarität der Prototyp des katholischen Polen
5 heraus, eines pragmatisch denkenden Menschen, dem romantische Anwandlungen und Klassenutopien fremd waren und der stärker der Christ- und Nationaldemokratie zuneigte als der Sozialdemokratie. Hier hatte auch Roman Dmowski größeren Einfluss.
10 Roman Dmowski (1864–1939) war von ganz anderem Zuschnitt und Temperament als Piłsudski. Auch ihn hatte das russische Teilgebiet geprägt, aber nicht der Osten, sondern Zentralpolen, und nicht ein Landadelssitz, sondern eine arme Steinmetzfamilie in Warschau. Er war ein präzise
15 denkender Mensch, eher „Positivist" als „Romantiker". Schon in den Neunzigerjahren wurde er zum Spielmacher der nationaldemokratischen Partei, die aus einer sich seit rund zehn Jahren auf alle drei Teilgebiete ausweitenden bürgerlich-nationalen Bewegung hervorgegangen war. [...]
20 Diese Bewegung wurde vor allem von der neuen polnischen Mittelschicht getragen, und ihr Wortführer hielt – ganz unter dem Eindruck Darwins – den Kampf der Nationen ums Dasein für ein Gesetz der sozialen Evolution. Sicherlich war er auch von Hause aus nicht frei von Vor-
25 urteilen gegen die Juden, doch Dmowskis Antisemitismus entsprang ähnlichen Quellen wie seine antirussische oder antideutsche Einstellung, nämlich der Überzeugung, dass die Polen endlich beginnen müssten, sich ökonomisch und zivilisatorisch gegen die Dominanz tatkräftigerer Nationen
30 durchzusetzen.

Adam Krzeminski, Polen im 20. Jahrhundert. Ein historischer Essay, München ²1998, S. 38 f.

1. Präsentation: Recherchieren Sie weitere Informationen über die beiden Politiker und schreiben Sie anschließend einen kurzen Beitrag für eine Zeitung zum Thema „Piłsudski und Dmowski – zwei prägende Gestalten der polnischen Politik nach dem Ersten Weltkrieg".

2. Vergleichen Sie aufgrund von M3, Seite 78 f. und Ihren Rechercheergebnissen aus der ersten Aufgabe die politischen Konzepte der beiden Personen miteinander.

M4 Piłsudski als Diktator?

Der deutsche Historiker Gerhard Besier (*1947) beschäftigt sich mit dem Scheitern der Demokratie in Polen:

Nach der Etablierung des neuen Staates hatte sich Piłsudski zunächst von den Regierungeschäften zurückgezogen. Doch der Staatsnotstand zwischen 1923 und 1926 – in der Zeit der rein parlamentarischen Regierungsform – ließ ihn zu der Überzeugung kommen, das Land brauche wieder 5 eine starke Hand. Im Parlamentarismus, meinte er, würden Korruption und Misswirtschaft eher gefördert („Dirnen-Sejm"). Seine Sorge galt vor allem der Armee. Die Heeresführung erkannte die parlamentarische Aufsicht über die Armee als legitim an, aber Piłsudski wollte die Armee un- 10 abhängig vom Parlament halten. Auf seiner Seite standen die ehemaligen Legionsoffiziere und die Sozialistische Partei Polens (PPS). [...] Am 12. Mai 1926 besetzte Piłsudski an der Spitze von fünfzehn Regimentern Praga1 und eroberte bis zum 14. Mai gegen den erbitterten Widerstand 15 regierungstreuer Verbände Warschau. [...] Er ging nun an den Umbau von einer parlamentarischen zu einer autoritären Regierung. Die von ihm veranlassten Maßnahmen schlossen auch die Ermordung von Generälen und die Überwachung der von ihm eingesetzten Regierung ein. 20 Dies alles meinte er im Namen der „moralischen Gesundung" der polnischen Nation tun zu müssen. Gleichwohl verzichtete er auf die Errichtung einer totalitären Diktatur und legte Wert auf die äußere Fortführung des parlamentarischen Staatslebens. [...] 25 Im Frühjahr 1935 [...] hatte Piłsudski noch eine neue Verfassung unterzeichnet, die das Parlament endgültig marginalisierte. Die gesamte Exekutive lag fortan in den Händen des Präsidenten, der sich nur noch gegenüber „Gott und der Geschichte" verantwortlich wusste. Aus Protest boykot- 30 tierte die Opposition im selben Jahr die Wahlen, an denen sich lediglich 46 Prozent der Bevölkerung beteiligten. Auch die Wahlen von 1938, die ebenfalls von der Opposition boykottiert wurden, waren eine Farce. Außerhalb des Parlaments blieben die gegnerischen politischen Kräfte aktiv, 35 der Widerstand gegen eine Uniformierung der polnischen Gesellschaft hatte von seiner Lebendigkeit nichts verloren.

Gerhard Besier, Das Europa der Diktaturen. Eine neue Geschichte des 20. Jahrhunderts, München 2006, S. 154 und 159

1. Präsentation: Entwerfen Sie ein Schaubild oder einen Zeitstrahl, der Piłsudskis Weg zur Macht abbildet.

2. Interpretieren Sie Piłsudskis Terminus von der „moralischen Gesundung" (Zeile 21 f.).

M5 Sprachverteilung nach dem Ersten Weltkrieg

Sprachverteilung und Krisenherde nach dem Ersten Weltkrieg

Anhand dieser Karte lassen sich viele Schwierigkeiten, die schon die Zeitgenossen mit der Zuordnung zu Völkern und Nationen hatten, gut zeigen. Objektiv analysieren lassen sich Faktoren wie Sprache oder Religion, nicht aber Ethnie, also Abstammung. Die Karte gibt zwar einige Orientierung, kann aber nicht zeigen, dass Identitäten häufig nicht eindeutig festgelegt sind. Mehrsprachigkeit, die in Zentral- und Osteuropa häufig vorkam, kann auf diese Weise nicht abgebildet werden. Auch ist keineswegs eindeutig, dass jemand, der beispielsweise Polnisch oder Rumänisch als Muttersprache spricht, automatisch auch „polnisch" oder „rumänisch" denkt oder fühlt.

1. Arbeiten Sie anhand der Karte die Schwierigkeiten heraus, die die Staatsmänner auf den Pariser Friedenskonferenzen hatten.

2. Erörtern Sie die Frage, ob in Paris eine „gerechtere" Lösung des Nationalitätenproblems möglich gewesen wäre.

Der Zweite Weltkrieg und seine Folgen

Die Erweiterung des Deutschen Reiches zwischen 1933 und 1939.

▶ Beschreiben Sie die territoriale Entwicklung des Deutschen Reiches vor dem Zweiten Weltkrieg.

Adolf Hitler (1889–1945): seit 1921 Vorsitzender der NSDAP; 1933 Ernennung zum Reichskanzler; ausführliche biografische Informationen erhalten Sie auf Seite 122.

Der Hitler-Stalin Pakt und der Überfall auf Polen | Bis 1938 war Polen in den Planungen Adolf Hitlers untergeordnet. Zunächst hatte die Zerschlagung der Tschechoslowakei Vorrang. 1938 willigten die Westmächte nach massivem deutschen Druck im *Münchener Abkommen* ein, die deutschsprachigen Randgebiete, das Sudetenland, an das Deutsche Reich abzutreten. Die Regierung in Prag gab nach, um einen Krieg zu vermeiden. Im März 1939 marschierten schließlich deutsche Truppen völkerrechtswidrig in Prag ein. Hitler hatte bis dahin auch mit dem Gedanken gespielt, dass Polen einige Territorien an das Deutsche Reich abtreten und dann ein gemeinsames Bündnis gegen die Sowjetunion abschließen sollte. Auf einen derartigen Vorschlag wäre aber keine polnische Regierung eingegangen. Seit Anfang 1939 wurde deshalb ein Überfall auf Polen systematisch vorbereitet. Zwar sahen auch die Westmächte den Krieg kommen und begannen aufzurüsten; ihre Bemühungen, die Kontakte zur Sowjetunion zu verbessern, verliefen aber nur halbherzig.

Hitler hingegen erkannte die Chancen, die sich – trotz aller ideologischen Unterschiede – aus einem Bündnis mit der Sowjetunion ergeben würden. Er schickte nach schnellen Vorverhandlungen Außenminister *Joachim von Ribbentrop* nach Moskau, wo ebenfalls nach ganz kurzen Verhandlungen in der Nacht vom 23. auf den 24. August 1939 ein deutsch-sowjetischer Nichtangriffspakt unterschrieben wurde, der später auch als *„Hitler-Stalin Pakt"* bezeichnet wurde (→ M1). In einem geheimen Zusatzprotokoll wurde eine umfassende Neuverteilung Osteuropas zwischen den beiden Großmächten vereinbart. Ferner sicherte die Sowjetunion dem Deutschen Reich Rohstoff- und Nahrungsmittellieferungen zu, sodass eine britische Seeblockade wie im Ersten Weltkrieg wirkungslos werden würde. Erst durch diesen Vertrag wurde der Angriff auf Polen möglich. Die nationalsozialistische Führung glaubte allerdings, dass Großbritannien und Frankreich in diesem Krieg neutral bleiben würden.

Das ermordete Polen.
Karikatur von David Low, die am 20. September 1939 im „Evening Standard" erschien.
Hitler sagt zu Stalin: „The scum of the earth, I believe?" (dt.: „Der Abschaum der Erde, wie ich vermute?")
Und Stalin fragt: „The bloody assassin of the workers, I presume?" (dt.: „Der blutige Schlächter der Arbeiter, darf ich annehmen?").

▶ Beschreiben Sie die dargestellte Szene.

▶ Charakterisieren Sie, wie die britische Presse den Hitler-Stalin-Pakt kommentiert.

Am 1. September 1939 griff die deutsche Armee nach einem dürftigen Vorwand, den niemand glaubte, Polen an. Der Krieg war bereits nach wenigen Tagen entschieden: Die polnische Armee leistete zwar tapfer Widerstand, wurde aber von der deutschen Übermacht, die technisch viel besser ausgerüstet war, förmlich überrannt. Am 17. September überschritt auch die sowjetische Rote Armee die polnische Grenze, und am 6. Oktober kapitulierten die letzten polnischen Truppen

Das polykratische nationalsozialistische Herrschaftssystem | Die Eskalation der nationalsozialistischen Expansion und die mörderische Radikalität der Besatzungspolitik in den eroberten Territorien des Ostens sind nur verständlich, wenn man das NS-Herrschaftssystem analysiert. Fast alle Historiker bezeichnen dieses heute als *Polykratie* (dt.: Vielherrschaft). In der Propaganda war die Diktatur als Führerstaat wie eine Pyramide gegliedert, das heißt, der Führer gab von oben Befehle, die von den entsprechenden unteren Organen strikt umgesetzt wurden. Dieser Mythos wurde vom NS-Herrschaftssystem bewusst in der Propaganda eingesetzt. Er wurde aber auch in der Nachkriegszeit konstruiert, weil Kriegsverbrecher sich mit dem Hinweis auf einen „Befehlsnotstand" aus der Verantwortung stahlen.

Die Realität des Nationalsozialismus sah aber völlig anders aus. Hitler sicherte seine Machtstellung dadurch, dass er sehr weitgehende, aber unklar definierte Kompetenzen an einzelne Personen delegierte, zugleich aber eine politische Koordination der verschiedenen Dienststellen untereinander erschwerte. Zugleich versuchten zahlreiche kleine und große „Führer", Macht und Posten an sich zu ziehen, um Konkurrenten zu übertrumpfen. Hitler traf zwar die großen strategischen Entscheidungen, hielt sich aber in der Regel aus diesen kleinen und großen Querelen heraus, oft förderte er sie sogar.

Dieses chaotische Nebeneinander ständig wachsender Bürokratien mit unklaren Zuständigkeiten war auch im besetzten Polen deutlich zu beobachten. Theoretisch wurde das Generalgouvernement von dem Juristen *Hans Frank* verwaltet, der ein früher Weggenosse Hitlers war. Franks Machtbereich wurde aber durch Heinrich Himmler und die Schutzstaffel (SS) systematisch unterwandert. Himmler ließ beispielsweise zahlreiche Konzentrations- und Vernichtungslager im Generalgouvernement errichten, die seiner SS und nicht Frank unterstanden. In seiner Eigenschaft als „Reichskommissar für die Festigung des deutschen Volkstums" steuerte Himmler auch direkt die Rassenpolitik.[1] Als Generalbevollmächtigter für den Arbeitseinsatz agierte *Fritz Sauckel*, dessen

Generalgouvernement: Bezeichnung für die besetzten polnischen Gebiete, die nicht unmittelbar dem Reich angegliedert worden waren

Heinrich Himmler (1900–1945): „Reichsführer SS"; ab 1936 zudem Chef der Deutschen Polizei; einer der Hauptverantwortlichen für den Holocaust und die zahlreichen Verbrechen der Waffen-SS; 1945 Selbstmord

Schutzstaffel (SS): 1925 gegründete Parteiformation zum persönlichen Schutz Hitlers, ab 1934 „selbstständige Organisation" der NSDAP mit polizeilicher Machtbefugnis

_____
[1] Dies geschah über den „Lebensborn"; siehe hierzu Seite 89.

Behörden für die Deportation von Zwangsarbeitern in das Deutsche Reich zuständig waren. Ab 1942 regierte auch *Albert Speer*, der neue Rüstungsminister, in das Generalgouvernement hinein, indem er das Territorium in die laufenden wirtschaftlichen Produktionsprogramme eingliederte. Alle diese „Führer" versuchten sich anfangs gegenseitig an Radikalität zu übertreffen, um sich bei Hitler beliebt zu machen.

Die vierte Teilung Polens | Erneut wurde Polen in drei Territorien geteilt. Der östliche Teil fiel an Russland, der westliche an Deutschland, und das neu geschaffene Generalgouvernement sollte die neue „Heimat" des polnischen Volkes werden. Von Anfang an wurden deshalb im großen Stil Polen und Juden dorthin abgeschoben. Sie sollten dort als frei verfügbare Arbeitsreserve zur Verfügung stehen. Faktisch handelte es sich um eine moderne Form von Sklavenarbeit, weil die Polen keinerlei Rechte hatten und vor allem in der zweiten Hälfte des Krieges mit extremer Grausamkeit behandelt wurden. Regelmäßig wurden hunderttausende in das Deutsche Reich als Zwangsarbeiter verschleppt. Das Gebiet wurde ferner systematisch ent-industrialisiert. Fabriken, Maschinen, Eisenbahngleise und sogar Telefonkabel wurden abmontiert. Insgesamt wurde ein extrem brutales rassistisches System eingeführt (→M2). Allerdings traten von Anfang an erhebliche Meinungsverschiedenheiten auf, weil verschiedene Dienststellen unterschiedliche Ziele verfolgten. Die rassistisch motivierten Vertreibungen aus den annektierten Gebieten hatten die Folge, dass plötzlich keine ausgebildeten Arbeitskräfte mehr zur Verfügung standen. Auch konnten deutsche Fabriken häufig mit den beschlagnahmten Maschinen gar nichts anfangen, und im Frühjahr 1940 wurden die Plünderungen – mit Ausnahmen – eingestellt. Allerdings musste das Generalgouvernement und die anderen von Polen bewohnten Gebiete extrem hohe Mengen an landwirtschaftlichen Produkten abliefern, sodass den dortigen Polen kaum genug zu essen blieb. Nach dieser ersten Phase der Ausplünderung wurden im Generalgouvernement einige Industriekomplexe aufgebaut, die für die Rüstungsindustrie tätig waren und die sich fest in deutscher Hand befanden. Sehr häufig wurden hier KZ-Häftlinge eingesetzt.

Die Besatzungspolitik in Polen | Von Anfang an war die nationalsozialistische Besatzungspolitik in Polen sehr hart (→M3 und M4). Wahrscheinlich wären nach Kriegsende 1939 viele Polen bereit gewesen, sich in irgendeiner Form mit der Besatzungsmacht zu arrangieren, wie dies viele Generationen zuvor bereits gelernt hatten. Dies erwies sich aber als kaum möglich: Beispielsweise wurden in Krakau alle Professoren der international angesehenen Universität zu einem Treffen gebeten, dann verhaftet und in Konzentrationslager eingewiesen. Gezielt wurden polnische Intellektuelle ermordet, um die Führungsschicht zu schwächen. Fast alle Schulen wurden geschlossen, da Bildung für Polen als überflüssig angesehen wurde. Ein polnisches Schulwesen bestand fast nur noch im Untergrund.

Das Regime verfolgte eine in jeder Hinsicht verbrecherische Politik, die bewusst mit allen Regeln des Kriegsrechts brach. Mit der Gewinnung von „Lebensraum im Osten" sollte ein Rassenstaat errichtet werden (Lebensraumideologie). Im Winter 1942/43 begann die SS in mehreren Regionen in der Nähe von Lublin (in der Region von Zamość) eine weitere äußerst gewalttätige Umsiedlungsaktion: Alle Polen wurden ausgesiedelt oder in Konzentrationslager deportiert, ihren gesamten Besitz mussten sie zurücklassen. Danach sollten in den leeren Dörfern Deutsche angesiedelt werden. Diese Aktion schlug aber fehl und musste schließlich abgebrochen werden (→M5). Vielen Bauern gelang die Flucht, und ihre einzige Möglichkeit zu überleben bestand darin, sich Partisanen in den Wäldern anzuschließen. Aus der relativ friedlichen Gegend, die landwirtschaftliche Produkte aller Art geliefert hatte, entwickelte sich ein großer Unruheherd, in dem ständig Truppen stationiert werden mussten. Vom November 1942 bis zum Januar 1943 sank die Produktion zwischen 60 und 90 Prozent.

Die SS suchte in großem Stil nach „nordischem Blut". „Arisch" aussehende Kinder wurden ihren polnischen Eltern fortgenommen und in speziellen Einrichtungen des

Plakat zum Film „Defiance".
Der US-amerikanische Film aus dem Jahre 2008 erzählt die Geschichte der jüdischen Partisanengruppen um die Brüder Tuvia, Zus und Asael Bielski während des Zweiten Weltkrieges. Die Handlung spielt im östlichen Teil Polens (heute Weißrussland).

Lebensraumideologie: fester Bestandteil der NS-Außenpolitik zur Vergrößerung des deutschen „Lebensraumes im Osten" (Polen und Russland). Das Recht dazu wurde aus der Rassenideologie abgeleitet. Der aus der Biologie stammende Begriff „Rasse" wurde im 19. Jh. auf Menschen angewandt und zur weltanschaulichen Frage. Rassistisches Denken geht davon aus, dass die eigene Rasse einer fremden überlegen ist („Sozialdarwinismus").

Partisanen: bewaffnete Widerstandskämpfer im Hinterland

„Lebensborn", faktisch Waisenhäusern der SS, erzogen. Die Eltern wurden häufig in Konzentrationslagern ermordet. Da die Akten dieser Organisation vor dem Kriegsende vernichtet worden sind, wissen wir nur wenig über die Details. Man kann aber davon ausgehen, dass nach 1945 einige zehntausend Menschen in Deutschland lebten, die davon überzeugt waren, Deutsche zu sein, deren Eltern im Krieg ums Leben gekommen waren.

Anfangs war die innerdeutsche Opposition gegen diese harte Besatzungspolitik gering, nur einige Offiziere der Wehrmacht drückten ihr Unverständnis darüber aus, dass Einheiten der SS auch Frauen und Kinder ermordeten. Als sich aber im Winter 1942/43 mit der deutschen Niederlage in Stalingrad eine Wende des Krieges deutlich abzeichnete, häuften sich auch innerhalb der nationalsozialistischen Führung und besonders bei den örtlichen Behörden im Generalgouvernement die Forderungen, die Politik gegenüber den Polen zu ändern. Erst im allerletzten Moment wurden 1944 einige halbherzige Versuche gemacht, Polen für die deutsche Seite zu gewinnen, doch kam dieser Anlauf viel zu spät (➔M6). Die Rote Armee wurde durchweg als Befreier begrüßt.

Der Völkermord an den europäischen Juden | Die meisten Historiker vertreten heute die Meinung, dass der Völkermord (Genozid) an den europäischen Juden nicht schon vor dem Krieg geplant war, sondern dass er sich aus zahlreichen einzelnen Aktionen langsam zum Holocaust (Shoah) entwickelte. Hitler wirkte aber immer wieder als treibende Kraft im Hintergrund. Schon direkt nach dem Überfall auf die Sowjetunion am 22. Juni 1941 begannen Einsatzgruppen des Sicherheitsdienstes der SS systematisch damit, in den eroberten Gebieten mehrere hunderttausend Juden und andere unerwünschte Volksgruppen wie Sinti und Roma oder kommunistische Funktionäre in großem Stil mit Maschinengewehren zu erschießen (➔M7). Wahrscheinlich im Herbst 1941 fiel dann in der engeren NS-Führung der Entschluss, alle europäischen Juden zu ermorden, wobei die genauen Abläufe dieser Entscheidung aber bis heute immer noch nicht völlig geklärt sind.

Nachdem im Herbst und im Winter 1941 mit verschiedenen Tötungsarten experimentiert worden war, setzte sich die Technologie der Vergasung als „erfolgreichste" Methode durch. Mit wenigen Ausnahmen wurden die meisten Vernichtungslager auf dem Gebiet des ehemaligen Polen errichtet. Das größte von ihnen war der Lager- und Vernichtungskomplex in Auschwitz, der ein Multifunktionslager darstellte, weil hier auch große Rüstungsbetriebe angesiedelt wurden, die KZ-Häftlinge als Arbeitssklaven nutzten. Andere Lager wie *Treblinka, Sobibor* oder *Belzec* waren reine Vernichtungslager, die ausschließlich die Aufgabe hatten, in Gaskammern so schnell wie möglich Juden umzubringen.

Der Aufstand im Warschauer Ghetto 1943 | Ende 1940 wurden große Wohnbezirke vom restlichen Warschau durch eine Mauer abgetrennt, die 18 Kilometer lang und 3,5 Meter hoch war. Über 100 000 Polen wurden umgesiedelt und ihre Wohnungen an Juden gegeben. Allerdings war dieses Ghetto schon bald hoffnungslos überfüllt, weil auch Juden aus anderen Teilen des Landes hierhin deportiert wurden. Die Ernährung war völlig unzureichend, sodass durch Krankheiten und Unterernährung die Sterberate stark anstieg. Seit dem Juli 1942 wurden Juden von hier in großem Stil in die Vernichtungslager transportiert.

Trotz der Geheimhaltung sprach sich schnell herum, dass sie in den Lagern im Osten systematisch ermordet wurden. Verzweifelt organisierten Gruppen von meist jungen Menschen im *Warschauer Ghetto* eine Widerstandsbewegung, die aber kaum über Waffen verfügte. Dennoch wurden Bunker gebaut, mit primitivsten Mitteln Sprengstoff hergestellt und Kämpfer ausgebildet. Als die SS am 19. April 1943 in das Ghetto vorrückte, um die letzten Juden abzutransportieren, stieß sie unerwartet auf heftigen militärischen Widerstand. Obwohl die Deutschen auch schwere Waffen und Flammenwerfer einsetzten, konnte der letzte Widerstand erst am 16. Mai gebrochen

---

Völkermord (Genozid): Auslöschung willkürlich definierter Gruppen von Menschen unter zumeist extrem brutalen Begleitumständen; der englische Begriff für Völkermord, *genocide*, geht auf den poln.-jüd. Juristen Raffael Lemkin zurück, der ihn im Jahr 1944 prägte. Beispiele für Genozide in der Geschichte sind der Holocaust sowie der Völkermord an den Armeniern während des Ersten Weltkrieges.

Holocaust (Shoah) (griech. *holócaustos*: „völlig verbrannt" bzw. „Brandopfer"): wurde zunächst als Lehnwort ins Englische übernommen, gilt heute weltweit als Synonym für die systematische Ermordung von mindestens sechs Millionen europäischer Juden und anderer Opfergruppen. In der jüdischen Tradition wird für diesen Genozid der Begriff „Shoah" (hebr. „Großes Unheil, Katastrophe") verwendet, der sich jedoch ausschließlich auf die Judenvernichtung bezieht. In der NS-Terminologie wurde häufig auch der Begriff „Endlösung" verwendet.

Auschwitz: Das Lager Auschwitz wurde nahe der polnischen Stadt Oświęcim 1939 für die politischen Häftlinge aus Polen eingerichtet. Ab September 1941 begann der Ausbau zum größten Vernichtungslager im deutschen Machtbereich. Dort wurden ab Mai 1942 vornehmlich jüdische Häftlinge systematisch ermordet. Außerdem entstanden mehrere große Industriebetriebe (z. B. IG Farben in Monowitz), für die die Häftlinge Zwangsarbeit leisten mussten. Bis zur Befreiung von Auschwitz am 27. Januar 1945 starben dort etwa eine Million Menschen.

Ghetto: primär in Polen und den besetzten Gebieten der Sowjetunion eingerichtete abgesperrte Wohnbezirke, in denen die jüdische Bevölkerung unter unmenschlichen Bedingungen zusammengepfercht und häufig sich selbst überlassen wurde. Die Konzentrierung der Juden wurde gleichzeitig für die Ausbeutung ihrer Arbeitskraft genutzt. Katastrophale hygienische Verhältnisse, Unterversorgung und Epidemien führten zum Tod vieler zehntausend Menschen. Nach Auflösung der Ghettos wurde die jüdische Bevölkerung fast ausnahmslos in Vernichtungslager deportiert.

werden. SS-Brigadeführer (General) *Jürgen Stroop* meldete in einem Bericht: „Es gibt keinen jüdischen Wohnbezirk in Warschau mehr."

Für die jüdische und später für die israelische Identität hatte dieser Aufstand eine sehr wichtige Bedeutung. Auch wenn die Erhebung chancenlos war, hatten sich hier die Juden nicht einfach abtransportieren lassen, sondern waren ihren Mördern mit dem Mute der Verzweiflung entgegengetreten.

Überlebende des Warschauer Ghettoaufstandes werden von der SS abgeführt.
Foto (Ausschnitt) aus einem Bericht des SS-Gruppenführers und Generalmajors der Polizei, Jürgen Stroop, vom 16. Mai 1943. Der Originaluntertitel lautet: „Mit Gewalt aus Bunkern herausgeholt." Der Aufstand endete, nachdem die SS die Häuser im Ghetto in Brand gesetzt hatte. Von den 56 000 gefangengenommenen Juden erschoss die SS sofort 7 000. Die Überlebenden deportierte sie in Arbeits- und Vernichtungslager.

Internettipp
Für ein didaktisch aufbereitetes Dossier zu Filmmaterial vom Warschauer Ghetto siehe den Code **32203-05**.

Der polnische Aufstand vom Sommer 1944 | Ein weiterer großer Aufstand, der für die Identität Polens nach 1945 wichtig wurde, war der *Warschauer Aufstand* von 1944. Im Sommer waren die Westalliierten in Frankreich gelandet. Kurz danach durchbrach die Rote Armee in einer großen Offensive die deutsche Front, vernichtete einen großen Teil des deutschen Heeres und stieß bis zur Weichsel vor. Erst kurz vor Warschau kam der Vormarsch zum Stillstand. Im Untergrund war in den Jahren zuvor die polnische Heimatarmee aufgestellt worden, die alleine für einen Aufstand zu schlecht bewaffnet war. Als die Rote Armee vor Warschau stand, glaubte die Führung der *Heimatarmee*, die in Warschau immerhin über etwa 45 000 Soldaten verfügte, dass der Zeitpunkt für einen Aufstand günstig sei. Sie wollte Fakten schaffen, um dann später bei Friedensgesprächen mit am Verhandlungstisch zu sitzen.

Der Aufstand begann am 1. August 1944 und der letzte Widerstand wurde erst am 3. Oktober gebrochen. Zwar gelang es der Aufstandsbewegung zunächst, einen Teil von Warschau einzunehmen, doch blieb die erhoffte sowjetische Unterstützung aus. Die meisten Historiker nehmen an, dass Josef W. Stalin den Deutschen die Gelegenheit geben wollte, den Aufstand niederzuschlagen, damit er später nicht mit der lästigen

polnischen Unabhängigkeitsbewegung zu tun haben musste. Die nationalsozialistische Führung nutzte diese Gelegenheit. <mark>Hitler ordnete die völlige Zerstörung Warschaus an: Die Stadt solle nur noch ein geografischer Punkt auf der Landkarte sein. Dieser Befehl wurde konsequent durchgeführt:</mark> Deutsche <mark>Pioniere zogen mit Flammenwerfern durch ganze Stadtviertel und sprengten die niedergebrannten Ruinen,</mark> während am anderen Ufer der Weichsel die Rote Armee untätig zusah. Auch gingen Heer und SS einmal mehr rücksichtslos gegen die polnische Zivilbevölkerung vor und <mark>zettelten mehrfach große Massaker an.</mark> Obwohl der Aufstand fehlschlug, spielt er bis heute in der polnischen Erinnerungskultur eine wichtige Rolle, weil hier zumindest versucht worden war, das Land aus eigener Kraft zu befreien.

Denkmal der Helden des Warschauer Aufstandes.
Foto von 2013, Krasinski-Platz in Warschau.
Das Denkmal wurde 1989 eingeweiht.

▶ Beschreiben Sie die Form und Gestaltung des Denkmals.

▶ Erläutern Sie die Symbolsprache, die dieses Denkmal seinen Betrachtern vermitteln möchte. | **F**

M1 Der Nichtangriffspakt mit der UdSSR

Im August 1939 wird der Öffentlichkeit ein Abkommen präsentiert, das der sowjetische Außenminister Wjatscheslaw M. Molotow (1890–1986) mit dem deutschen Außenminister Joachim von Ribbentrop (1893–1946) ausgehandelt hat:

Art. 1 Die beiden vertragschließenden Teile verpflichten sich, sich jeden Gewaltakts, jeder aggressiven Handlung und jedes Angriffs gegeneinander, und zwar sowohl einzeln als auch gemeinsam mit anderen Mächten, zu enthalten.

5 Art. 2 Falls einer der vertragschließenden Teile Gegenstand kriegerischer Handlungen seitens einer dritten Macht werden sollte, wird der andere vertragschließende Teil in keiner Form diese dritte Macht unterstützen. [...]

Art. 4 Keiner der beiden vertragschließenden Teile wird 10 sich an irgendeiner Mächtegruppierung beteiligen, die sich mittelbar oder unmittelbar gegen den anderen Teil richtet. *Geheimes Zusatzprotokoll*[1]: Für den Fall einer territorial-politischen Umgestaltung der zum polnischen Staate gehörenden Gebiete werden die Interessensphären 15 Deutschlands und der UdSSR ungefähr durch die Linie der Flüsse Narew, Weichsel und San abgegrenzt.

Die Frage, ob die beiderseitigen Interessen die Erhaltung eines unabhängigen polnischen Staates erwünscht erscheinen lassen und wie dieser Staat abzugrenzen wäre, kann 20 endgültig erst im Laufe der weiteren politischen Entwicklung geklärt werden. In jedem Falle werden beide Regierungen diese Frage im Wege einer freundschaftlichen Verständigung lösen.

OSTEUROPA. Zeitschrift für Gegenwartsfragen des Ostens, 39. Jg. (1989), S. 417–419

> **1.** Erläutern Sie, was der Nichtangriffspakt über die außenpolitischen Planungen beider Länder aussagt.
>
> **2.** Beurteilen Sie die Bedeutung des geheimen Zusatzprotokolls.

M2 „Restlose Beseitigung des Polentums"

In der Denkschrift „Die Frage der Behandlung der ehemaligen polnischen Gebiete nach rassenpolitischen Gesichtspunkten" des Rassenpolitischen Amtes der NSDAP vom 25. November 1939 heißt es:

Das Problem Polen und der Behandlung der Bevölkerung des ehemaligen polnischen Staatsgebietes ist sowohl ein rassenpolitisches als auch ein völkisch-politisches Problem. [...] Das Ziel der deutschen Politik in den neuen Reichsge-

bieten muss die Schaffung einer rassisch und damit geistig- 5 seelisch wie völkisch-politisch einheitlichen deutschen Bevölkerung sein. Hieraus ergibt sich, dass alle nicht eindeutschbaren Elemente rücksichtslos beseitigt werden müssen.

Dieses Ziel umfasst drei einander verbundene Aufgaben: 10 Erstens die vollständige und endgültige Eindeutschung der hierzu geeigneten Schichten,

zweitens die Abschiebung aller nicht eindeutschbaren fremdvölkischen Kreise und

drittens die Neubesiedlung durch Deutsche. [...] 15 Ein erheblicher Teil der rassisch wertvollen, aber aus völkischen Gründen nicht eindeutschbaren Schichten des polnischen Volkes wird dagegen in das polnische Restgebiet abgeschoben werden müssen. Hier aber muss versucht werden, rassisch wertvolle Kinder von der Umsiedlung 20 auszunehmen und sie im Altreich in geeigneten Erziehungsanstalten etwa nach Art des früheren Potsdamer Militärwaisenhauses oder in deutscher Familienpflege zu erziehen. [...] Alle rassisch wertvollen Kinder, deren Eltern im Krieg oder später umgekommen sind, werden ohne 25 Weiteres in deutsche Waisenhäuser übernommen. Aus diesem Grund ist ein Verbot der Adoption solcher Kinder durch Polen zu erlassen. Jede Unterbringung von erbgesunden Kindern in kirchlich geleiteten Anstalten hat zu unterbleiben. Kinder in solchen Anstalten werden in deut- 30 sche Erziehungsanstalten überführt, soweit es sich um Kinder bis zu etwa 10 Jahren handelt. [...]

Wie bereits entwickelt, muss das Fernziel die restlose Beseitigung des Polentums sein. Was von den Polen nicht eingedeutscht werden kann, muss in das polnische Rest- 35 gebiet abgeschoben werden. Von den etwa 6,6 Millionen reinen Polen der neuen Reichsgebiete – die Wasserpolen[2] und Kaschuben sind hier abgerechnet – erscheinen ebenfalls 1–1,5 Millionen eindeutschungsfähig.

Nach: Werner Röhr (Hrsg.), Die faschistische Okkupationspolitik in Polen (1939–1945), Berlin 1989, S. 143f.

> **1.** Beschreiben Sie mit eigenen Worten das Programm des Rassenpolitischen Amtes.
>
> **2.** Analysieren Sie das Menschenbild, das sich in dieser Quelle zeigt.

---

[1] Das Zusatzprotokoll wurde im Westen 1948 bekannt. Die Sowjetunion bestritt bis 1989 die Existenz dieser Abmachung.

[2] Als Wasserpolen wurden diejenigen Polen in Oberschlesien bezeichnet, die zwar Polnisch als Muttersprache sprachen, sich aber schon im Kaiserreich als Deutsche definiert hatten.

M3 Ziele der Besatzungspolitik

Heinrich Himmler formuliert in seiner Denkschrift „Einige Gedanken über die Behandlung der Fremdvölkischen im Osten" vom 15. Mai 1940:

[...] [D]enn nur dadurch, dass wir diesen ganzen Völkerbrei des Generalgouvernements von 15 Millionen und die 8 Millionen der Ostprovinzen auflösen, wird es uns möglich sein, die rassische Siebung durchzuführen, die das Fundament
5 in unseren Erwägungen sein muss, die rassisch Wertvollen aus diesem Brei herauszufischen, nach Deutschland zu tun, um sie dort zu assimilieren. [...]

Eine grundsätzliche Frage bei der Lösung aller dieser Probleme ist die Schulfrage und damit die Frage der Sichtung
10 und Siebung der Jugend. Für die nichtdeutsche Bevölkerung des Ostens darf es keine höhere Schule geben als die vierklassige Volksschule. Das Ziel dieser Volksschule hat lediglich zu sein: Einfaches Rechnen bis höchstens 500, Schreiben des Namens, eine Lehre, dass es ein göttliches
15 Gebot ist, den Deutschen gehorsam zu sein und ehrlich, fleißig und brav zu sein. Lesen halte ich nicht für erforderlich. [...]

Die Bevölkerung des Generalgouvernements setzt sich dann zwangsläufig nach einer konsequenten Durchführung
20 dieser Maßnahmen im Laufe der nächsten 10 Jahre aus einer verbleibenden minderwertigen Bevölkerung, die noch durch abgeschobene Bevölkerung der Ostprovinzen sowie all der Teile des deutschen Reiches, die dieselbe rassische und menschliche Art haben [...], zusammen.
25 Diese Bevölkerung wird als führerloses Arbeitsvolk zur Verfügung stehen und Deutschland jährlich Wanderarbeiter und Arbeiter für besondere Arbeitsvorkommen (Straßen, Steinbrüche, Bauten) stellen; sie wird selbst dabei mehr zu essen und zu leben haben als unter der polnischen Herr-
30 schaft und bei eigener Kulturlosigkeit unter der strengen, konsequenten und gerechten Leitung des deutschen Volkes berufen sein, an dessen ewigen Kulturtaten und Bauwerken mitzuarbeiten und diese, was die Menge der groben Arbeit anlangt, vielleicht erst ermöglichen.

Nach: Reinhard Kühnl, Der deutsche Faschismus in Quellen und Dokumenten, Köln ³1978, S. 328 ff.

1. Fassen Sie Himmlers Ziele stichpunktartig zusammen.
2. Ordnen Sie diese Denkschrift in den Zusammenhang der nationalsozialistischen Expansion ein. Hinweis: Hitler hat der Denkschrift zugestimmt.
3. Vergleichen Sie M3 mit M2.
4. Überprüfen Sie die These, dass bereits innerhalb kurzer Zeit eine weitere Radikalisierung der Besatzungspolitik stattgefunden hat.

M4 Diskriminierung und Vertreibung

*Der britische Wirtschaftshistoriker Adam Tooze (*1967) schreibt über die deutsche Besatzungspolitik in Polen:*

[Die] Diskriminierung der Polen, die nun gezwungen waren, für das „Dritte Reich" zu arbeiten, war beispiellos „Erfunden" wurden diese Erniedrigungen hauptsächlich von den Beamten, die im Namen von Heinrich Himmler, dem Reichsführer SS und Chef der Deutschen Polizei, han- 5 delten. Denn was Polen betraf, verfolgte die SS ihre ganz eigenen ehrgeizigen Pläne. Kurz nach Kriegsausbruch war Himmler zum „Reichskommissar für die Festigung des deutschen Volkstums" (RKF) ernannt worden. In dieser Funktion war er auch für die „Germanisierung" der erober- 10 ten Gebiete im Osten zuständig, was hieß, dass er alle Juden und so viele Polen wie möglich aus den vom „Dritten Reich" annektierten polnischen Gebieten „entfernen" und gleichzeitig eine gewaltige Völkerumsiedlung in Gang setzen sollte. „Volksdeutsche" aus dem von Stalin annektierten 15 Baltikum und aus Südtirol sollten in die Gebiete umgesiedelt werden, die von Polen und Juden „gesäubert" worden waren. [Die] Forderung, gewaltige Massen an ausländischen Arbeitskräften ins Reich zu schaffen, war also gewissermaßen eine gute Ergänzung dieses Projektes, da sie 20 Himmler ja die perfekte Rechtfertigung für die Entwurzelung und Aussiedlung von Hunderttausenden Polen aus den vom Reich annektierten Gebieten bot. Ein grundlegendes Problem war jedoch, dass sich die „Hereinnahme" von „slawischen Untermenschen" in die „volksdeutsche" Ar- 25 beitskraft ganz und gar nicht mit Himmlers Vorstellungen von einem „rassisch überlegenen" Staat deckte. Es ist ein deutlicher Hinweis auf die Stimmung, die Anfang 1940 in Berlin herrschte, dass sich Himmler deshalb zu dem Kompromiss gezwungen sah, den Massendeportationsprozess 30 von Juden und Polen in das Generalgouvernement zu drosseln.

Adam Tooze, Ökonomie der Zerstörung. Die Geschichte der Wirtschaft im Nationalsozialismus, München 2007, S. 421 (übersetzt von Yvonne Badal)

1. Geben Sie mit eigenen Worten die rassischen Vorstellungen der NS-Führung wieder. Ziehen Sie dazu auch die Informationen aus M3 heran.
2. Erörtern Sie den Widerspruch zwischen den ökonomischen Erfordernissen der deutschen Kriegswirtschaft und dem offenen Rassismus des Regimes.

M5 Drei Stadien der Radikalisierung

*Der Historiker Vejas G. Liulevicius (*1966) schlägt den Bogen von den Erfahrungen des Ersten Weltkrieges zu den Vorstellungen des Nationalsozialismus:*

Beginnend mit dem Jahr 1914 kann man drei […] Stadien eines Radikalisierungsprozesses unterscheiden. Zuerst eröffnete die Praxis der Besatzung im Osten während des Ersten Weltkrieges neue Erwartungshorizonte und Hand-
5 lungsmöglichkeiten. Länder und Menschen erschienen den Militärs als Objekte moderner Bevölkerungspolitik. Neue Kontrollmöglichkeiten wurden denkbar, die sich aus der kolonialen Herrschaftspraxis der besetzten Gebiete ergaben. Das zweite Stadium wurde durch die Niederlage der
10 Mittelmächte 1918 eingeleitet, die bewirkte, dass deutsche Wahrnehmungen von Osteuropa radikalisiert wurden. Als Reaktion auf die verwirrenden ethnischen Gemengelagen reagierte und argumentierte man jetzt in eher rassistischen Kategorien. Das Versagen der Ostpolitik des Ersten Welt-
15 krieges wurde jetzt den „Völkerschaften", mit denen man arbeiten musste, zugeschrieben: Ganze Völker galten fortan als „schmutzig", „ungesund" und „gefährlich". Es wurde zunehmend statt von „Land und Leuten" in monolithischen Kategorien von „Raum und Volk" gesprochen. Hitler und
20 das nationalsozialistische Regime konnten auf diesen Wahrnehmungen gezielt aufbauen. Das Nazi-Regime bildet das dritte Stadium des Radikalisierungsprozesses: Ein virulenter, fanatischer Antisemitismus und ein radikaler biologischer Rassismus gingen mit der mörderischen Entschlos-
25 senheit einher, Osteuropa umzugestalten. Vermeintliche „Lektüre" oder Schlussfolgerungen aus den früheren Erlebnissen des Ersten Weltkrieges wurden zusammen mit rassistischen Imperativen vereint, in der Absicht, nicht nur einen Krieg zu gewinnen, sondern einen „Endsieg" herbei-
30 zuführen.

Nach: Vejas Gabriel Liulevicius, Von „Ober Ost" nach „Ostland"?, in: Gerhard P. Groß, Die vergessene Front. Der Osten 1914/15, Darmstadt 2006, S. 295–310, hier S. 295 f.

▶ Erörtern Sie ausgehend von der Quelle die Gründe, die zur Radikalisierung der deutschen Politik führten. | **F**

M6 Meinungsverschiedenheiten um die Besatzungspolitik

In einer Rede vor den politischen Leitern der NSDAP im Distrikt Krakau fordert Hans Frank (1900–1946), Generalgouverneur des besetzten Polen, am 14. Januar 1944 eine Änderung der Politik gegenüber der polnischen Bevölkerung:

Wenn wir den Krieg einmal gewonnen haben, dann kann meinetwegen aus den Polen und aus den Ukrainern und dem, was sich hier herumtreibt, Hackfleisch gemacht werden, es kann gemacht werden, was will. Aber in diesem Augenblick kommt es nur darauf an, ob es gelingt, fast 5 15 Millionen eines gegen uns sich organisierenden feindlichen Volkstums in Ruhe, Ordnung, Arbeit und Disziplin zu halten. Wenn es nicht gelingt, dann kann ich vielleicht triumphierend sagen: Ich habe zwei Millionen Polaken umgebracht. Ob dann aber die Züge an die Ostfront fahren, ob 10 die Monopolbetriebe arbeiten, […] ob die Ernährung und Landwirtschaft gesichert wird, von der wir allein 450 000 t Getreide ans Reich geliefert haben, das steht auf einem anderen Blatt.
Politik ist mehr als Gewalt. Die Gewalt ist eine lächerliche 15 ABC-Angelegenheit. Die Staatskunst beginnt jenseits der Gewalt. Wenn ich drei Polizeibataillone dieses Raumes dringendst zur Füllung von Lücken an der Front abgeben muss […], so bedeutet das, dass ich wiederum den Koeffizient dieses Raumes um drei Polizeibataillone reduziere. 20 Das kann ich nur, wenn ich sozusagen einigermaßen auf die Bevölkerung rechnen kann. Wenn ich heute den 150 000 Polen, die die Ostbahn betreiben, nichts mehr zu essen gebe, wenn ich sie nicht mehr kleide, ihnen keine Sicherheit des Lebens gewähre – die 5 000 Deutschen, die 25 ich bei der Ostbahn habe, bringen keinen Zug vorwärts. Von den Fabriken will ich ganz absehen. Wissen sie, dass wir für 1,5 Milliarden Zloty jährlich zusätzlich dem deutschen Reich wertvollste Rüstung und Munition fabrizieren?

Nach: Werner Röhr (Hrsg.), a. a. O., S. 292

1. Arbeiten Sie die Kernaussagen aus Franks Rede heraus.
2. Charakterisieren Sie die sprachlichen Mittel des Textes.
3. Überprüfen Sie die These, dass Franks Aufforderung, die Polenpolitik zu ändern, zu spät kam.

M7 „Posener Rede"

Am 4. Oktober 1943 hält Heinrich Himmler bei der SS-Gruppenführertagung im polnischen Posen eine Rede:

Ich will hier vor Ihnen in aller Offenheit auch ein ganz schweres Kapitel erwähnen. Unter uns soll es einmal ganz offen ausgesprochen sein, und trotzdem werden wir in der Öffentlichkeit nie darüber reden. [...]

5 Ich meine jetzt die Judenevakuierung, die Ausrottung des jüdischen Volkes. Es gehört zu den Dingen, die man leicht ausspricht. – „Das jüdische Volk wird ausgerottet", sagt ein jeder Parteigenosse, „ganz klar, steht in unserem Programm, Ausschaltung der Juden, Ausrottung, machen wir."

10 Und dann kommen sie alle an, die braven 80 Millionen Deutschen, und jeder hat seinen anständigen Juden. Es ist ja klar, die anderen sind Schweine, aber dieser eine ist ein prima Jude. Von allen, die so reden, hat keiner zugesehen, keiner hat es durchgestanden. Von Euch werden die meis-

15 ten wissen, was es heißt, wenn 100 Leichen beisammen liegen, wenn 500 daliegen oder wenn 1 000 daliegen. Dies durchgehalten zu haben, und dabei – abgesehen von Ausnahmen menschlicher Schwächen – anständig geblieben zu sein, das hat uns hart ge-

20 macht. Dies ist ein niemals geschriebenes und niemals zu schreibendes Ruhmesblatt unserer Geschichte, denn wir wissen, wie schwer wir uns

25 täten, wenn wir heute noch in jeder Stadt – bei den Bombenangriffen, bei den Lasten und bei den Entbehrungen des Krieges – noch die Juden

30 als Geheimsaboteure, Agitatoren und Hetzer hätten. [...] Die Reichtümer, die sie hatten, haben wir ihnen abgenommen. Ich habe einen

35 strikten Befehl gegeben, den SS-Obergruppenführer Pohl durchgeführt hat, dass diese Reichtümer selbstverständlich restlos an das Reich abgeführt wurden. Wir haben uns nichts davon genommen.

40 Einzelne, die sich verfehlt haben, werden gemäß einem von mir zu Anfang gegebenen Befehl bestraft, der androhte: Wer sich auch nur eine Mark davon nimmt, der ist des Todes. [...] Wir hatten das moralische Recht, wir hatten die Pflicht gegenüber unserem Volk, dieses Volk, das uns um-

45 bringen wollte, umzubringen. Wir haben aber nicht das Recht, uns auch nur mit einem Pelz, mit einer Uhr, mit einer Mark oder mit einer Zigarette oder mit sonst etwas zu bereichern. Wir wollen nicht am Schluss, weil wir einen Bazillus ausrotteten, an dem Bazillus krank werden und

50 sterben. Ich werde niemals zusehen, dass hier auch nur eine kleine Fäulnisstelle entsteht [...]. Insgesamt aber kön-

nen wir sagen, dass wir diese schwerste Aufgabe in Liebe zu unserem Volk erfüllt haben. Und wir haben keinen Schaden in unserem Innern, in unserer Seele, in unserem Charakter daran genommen. [...] Im Großen und Ganzen war 55 unsere Haltung gut. Manches ist auch in unseren Reihen noch zu bessern. Dieses auszusprechen, ist mit der Sinn dieses Appells der Kommandeure und der Gruppenführer. Ich möchte dieses Kapitel überschreiben mit der Überschrift „Wir selbst". 60

Zitiert nach: www.nationalsozialismus.de/dokumente/texte/heinrich-himmler-posener-rede-vom-04-10-1943-volltext.html (Zugriff: 15. Mai 2012)

1. Analysieren Sie Himmlers Menschenbild und seine moralischen Vorstellungen, die aus der Rede deutlich werden. Von welchem Bild des SS-Mannes geht er aus?

2. Erläutern Sie, was die Rede über die Öffentlichkeit der Verbrechen aussagt.

3. Beurteilen Sie, inwiefern die Rede als „Schlüsseldokument" für die „Endlösung der Judenfrage" und den Holocaust angesehen werden kann.

„Aussortierung."
Foto (Ausschnitt) vom Mai oder Juni 1944, Konzentrationslager Auschwitz-Birkenau.
Die sogenannte „Judenrampe", ein Gleis, das vom Bahnhof außerhalb direkt in das Lager führte, kam nach knapp einjähriger Bauzeit erst ab Mai 1944 zum Einsatz. Zu diesem Zeitpunkt erreichte die Massenvernichtung in Birkenau ihren Höhepunkt: Innerhalb von drei Monaten wurden etwa 450 000 Juden aus Ungarn nach Auschwitz deportiert. Auf der Rampe wurden die „noch einsatzfähigen" Männer und Frauen zunächst ins Lager aufgenommen und später zur Zwangsarbeit vornehmlich auf Reichsgebiet überstellt. Ein Teil, vor allem Zwillingskinder, fiel den KZ-Ärzten um Dr. Josef Mengele für „medizinische" Experimente zum Opfer. Die große Mehrzahl der Ankommenden, vor allem Alte, Kranke, schwangere Frauen und Mütter mit Kindern, wurde jedoch als „arbeitsunfähig" eingestuft und – unter dem Vorwand, sich duschen und desinfizieren zu müssen – unverzüglich in die Gaskammern geschickt.

Deutsche und polnische Geschichte nach 1945

Ausdehnung des sowjetischen Herrschaftsbereiches in Europa.

▶ Geben Sie mithilfe der Karteninformationen wieder, welche Staaten ab 1945 zum sowjetischen Machtbereich gehörten.

▶ Erläutern Sie den in der Karte verwendeten Begriff „Volksdemokratie". Dazu können Sie auch das Internet und/oder ein Lexikon heranziehen.

▶ Erklären Sie die polnische Westverschiebung anhand der Karte und den Informationen aus dem Verfassertext (Seite 96).

▶ Die Grenze zwischen Ost und West wurde häufig als „Eiserner Vorhang" bezeichnet (siehe dazu auch die Markierung in der Karte). Informieren Sie sich im Internet über diesen Begriff. Beurteilen Sie, ob und inwieweit er die Realität korrekt wiedergibt.

Die polnische Westverschiebung | Vom 17. Juli bis zum 2. August 1945 trafen sich die Staatsoberhäupter der USA, Großbritanniens und der Sowjetunion in Potsdam, um eine Nachkriegsordnung festzulegen. Auf dieser Konferenz einigten sich die Alliierten darauf, Polen als Staat innerhalb des Interessengebietes der Sowjetunion wiederherzustellen. Da Stalin territoriale Gewinne anstrebte, wurde vorgesehen, das polnische Staatsgebiet nach Westen zu verschieben. Die neuen Grenzen wurden zunächst provisorisch festgelegt, weil angenommen wurde, dass später noch ein separater Friedensvertrag unterzeichnet werden würde. Die ehemaligen östlichen polnischen Territorien gingen an die Sowjetunion. Das nördliche Ostpreußen fiel unter sowjetische Verwaltung, das südliche Ostpreußen unter polnische und die ehemals deutschen Gebiete östlich der Oder und der Neiße wurden polnischer Verwaltung übergeben (→M1).

Zwangsmigration von Deutschen und Polen | Die Vertreibungen und Umsiedlungen von Millionen Menschen verliefen in mehreren Phasen. In der ersten Periode 1944/45 flohen die Menschen vor der heranrückenden Roten Armee. Die Verluste unter der Zivilbevölkerung waren in einigen Gebieten hoch, weil die nationalsozialistische Führung bis zuletzt Durchhalteparolen ausgegeben und ein viel zu günstiges Bild der Lage gezeichnet hatte. Viele deutsche Zivilisten machten sich erst auf den Weg, als die Fluchtwege bereits versperrt waren. In der zweiten Phase direkt nach dem Ende des Krieges fanden zahlreiche „wilde" Vertreibungen statt, die oft gewalttätig waren, weil Rache für die nationalsozialistischen Verbrechen geübt wurde. In Potsdam legten die Alliierten fest, dass diese Vertreibungen in geordnete Bahnen gelenkt werden sollten.

Zwischen 1945 und 1947/48 wurden dann die meisten Deutschen, die in Ost- und in Ostmitteleuropa lebten, in die vier Besatzungszonen vertrieben. Die größte Gruppe unter ihnen waren die Deutschen aus Polen und die Sudentendeutschen, die in den Grenzregionen der Tschechoslowakei gelebt hatten. In dieser dritten Phase waren die Verluste relativ gering.

Insgesamt mussten über zwölf Millionen Deutsche, davon etwa 3,2 Millionen aus den nun polnischen Territorien, ihre Heimat verlassen und kamen in ein Land, das größtenteils zerstört war und in dem sie keineswegs willkommen waren. Aber auch Millionen von Polen wurden – teilweise mit Gewalt – aus den Ostgebieten nach Westen deportiert oder vertrieben. In der polnischen Öffentlichkeit wurde dieser Aspekt der Zwangsumsiedlungen vom kommunistischen Regime verdrängt. In den Diskussionen, die in der Bundesrepublik um die Vertreibungen stattfanden, wurde ebenfalls kaum darüber geredet, dass sehr viele Polen ähnliche Erfahrungen wie die Deutschen hatten machen müssen.

Anfangs bestanden bei den deutschen Vertriebenen, von denen sich in der Bundesrepublik viele in politisch aktiven Vereinen organisierten, die Hoffnung, dass irgendwann eine Rückkehr in die alte Heimat möglich sein würde. Schon in den 1950er-Jahren wurde aber immer klarer, dass die neue Oder-Neiße-Grenze als polnische Westgrenze endgültig sein würde. Diese Gewissheit war für viele Deutsche schwer zu ertragen und wurde nur langsam akzeptiert.

Görlitzer Abkommen | Das Görlitzer Abkommen, auch Görlitzer Vertrag genannt, wurde am 6. Juli 1950 zwischen der DDR und der Volksrepublik Polen abgeschlossen. Das Abkommen legte fest, dass die Oder-Neiße-Linie die „unantastbare Friedens- und Freundschaftsgrenze", d.h. die Staatsgrenze zwischen Deutschland und Polen, sein sollte. Eigentlich widersprach dieses Abkommen den Beschlüssen von Potsdam, in denen die deutschen Gebiete östlich der Oder-Neiße-Linie bis zum Abschluss eines Friedensvertrages lediglich der Verwaltung Polens unterstellt worden waren. Auch war es keiner deutschen Regierung und auch keiner einzelnen Siegermacht erlaubt, deutsche Grenzen festzulegen, weil diese Kompetenz völkerrechtlich noch ausschließlich bei den vier Siegermächten gemeinsam lag. Allerdings hatte die Sowjetunion im Vorfeld erheblichen Druck auf die 1949 gegründete DDR gemacht, ein derartiges Abkommen abzuschließen, weil sie die Grenze als endgültig ansah. Die Bundesregierung erkannte dieses Abkommen nicht an. Im Vorfeld der Verhandlungen, die zur deutschen Wiedervereinigung führten, unterstrich hingegen die frei gewählte DDR-Volkskammer im Frühjahr 1990 die Gültigkeit des Görlitzer Vertrages. Faktisch erkannte die Bundesregierung die Grenze seit den 1970er-Jahren an, völkerrechtlich wurde sie dann mit dem deutsch-polnischen Grenzvertrag vom November 1990 bestätigt.

Die Westintegration der Bundesrepublik Deutschland | Als die Bundesrepublik im Jahre 1949 gegründet wurde, war klar, dass das neue Land in irgendeiner Weise in internationale Organisationen eingebunden werden musste. Bundeskanzler Konrad Adenauer strebte in erster Linie eine Aussöhnung mit Frankreich an. Schon während des Krieges war innerhalb der westlichen Widerstandsbewegungen und in den Regierungen darüber diskutiert worden, wie man die Deutschen in ein neues Europa einfügen könnte. Auch war vielen Politikern bewusst, dass ganz neue Wege beschritten werden mussten, um eine Wiederholung der katastrophalen Ereignisse der Weltkriege zu vermeiden.

1951 wurde auf Initiative des französischen Außenministers *Robert Schuman* die *Europäische Gemeinschaft für Kohle und Stahl* (kurz *Montanunion*, Mitglieder: Frankreich, Italien, die Bundesrepublik, Belgien, Niederlande und Luxemburg) gegründet. Eine Idee bestand darin, die Zölle für diese Produkte untereinander abzubauen. Zugleich wurde jede geheime deutsche Wiederaufrüstung unmöglich, weil die Franzosen Einblick in die deutsche Schwerindustrie erhielten. Ein Versuch, 1952 mit der *Europäischen Verteidigungsgemeinschaft (EVG)* eine gemeinsame europäische Armee aufzustellen, scheiterte

Geschichte In Clips
Zur Flucht, Vertreibung und Umsiedlung im Umfeld des Zweiten Weltkrieges siehe Code 32203-06.

Konrad Adenauer (1876–1967): 1917–1933 katholischer Oberbürgermeister von Köln, 1948 Vorsitzender des Parlamentarischen Rates, 1950–1966 Mitbegründer und Bundesvorsitzender der CDU, 1949–1963 Bundeskanzler, 1951–1955 zugleich Bundesaußenminister

	Gründungsmitglieder:
1957	Frankreich, Bundes-republik Deutschland, Italien, Belgien, Niederlande, Luxemburg
1973	Großbritannien, Dänemark, Irland
1981	Griechenland
1986	Spanien, Portugal
1995	Finnland, Schweden, Österreich
2004	Estland, Lettland, Litauen, Polen, Tschechien, Slowenien, Slowakei, Ungarn, Malta, Zypern
2007	Rumänien, Bulgarien
2013	Kroatien

Beitrittsdaten zur EWG, EG und EU.

NATO (North Atlantic Treaty Organi-zation): 1949 gegründetes Militär-bündnis. Die Mitglieder sicherten sich gegenseitigen Beistand bei einem An-griff zu. Der NATO gehören 28 Staaten an (seit 2009). Zu den Gründungsmit-gliedern zählen die USA und Kanada sowie Belgien, Dänemark, Frankreich (1966 wieder ausgetreten), Großbri-tannien, Island, Italien, Luxemburg, Niederlande, Norwegen und Portugal.

„Vertrag über Freundschaft, Zusam-menarbeit und gegenseitigen Bei-stand" (meistens kurz als Warschauer Vertrag oder als Warschauer Pakt be-zeichnet): Militärbündnis, gegründet am 14. Mai 1955. Ihm gehörten die UdSSR, Albanien (bis 1968), Bulgarien, die Tschechoslowakei, die DDR (bis 1990), Polen, Rumänien und Ungarn an. Der Vertrag wurde am 1. April 1991 aufgelöst.

Kalter Krieg: Bezeichnung für den politischen, wirtschaftlichen und mili-tärischen Konkurrenzkampf zwischen den Supermächten USA und UdSSR und ihren Bündnissen (NATO und Warschauer Pakt). Frühe Höhepunkte waren die Blockade West-Berlins von 1948 und der Korea-Krieg (1950 – 1953). Die amerikanische „Politik der Stärke und des Dialogs" und die Refor-men Gorbatschows in der Sowjet-union (Glasnost und Perestroika) be-endeten 1989/90 den Kalten Krieg.

1954 am Veto des französischen Parlaments – die Idee war zu ehrgeizig und verfrüht gewesen. Deshalb wurde zunächst die wirtschaftliche Integration vorangetrieben. Diese Bemühungen gipfelten in der Gründung der *Europäischen Wirtschaftsgemeinschaft (EWG)*: 1957 wurden feierlich die *Römischen Verträge* unterzeichnet. In ihnen legten die sechs Länder der Montanunion eine enge wirtschaftliche Kooperation fest, bauten wei-tere Zollschranken ab und einigten sich über liberale Handelsregeln.

Die EWG erwies sich als sehr erfolgreich und legte den Grundstein zu einer vertief-ten Zusammenarbeit auch mit anderen europäischen Staaten. Zugleich wurde schon seit den 1960er-Jahren darüber diskutiert, ob die ökonomische Kooperation durch eine verstärkte politische Zusammenarbeit ergänzt werden sollte. Ein erster Schritt in diese Richtung war das *Europäische Parlament*, das zum ersten Mal 1979 gewählt wurde. Anfangs hatte dieses Gremium nur wenige Befugnisse, doch wurden dessen Rechte in den folgenden Jahrzehnten langsam erweitert. Nach dem *Schengener Abkommen* von 1985 wurden schrittweise die Pass- und Zollkontrollen an den innereuropäischen Grenzen abgeschafft. Der *Fall der Berliner Mauer* und die *Wiedervereinigung Deutsch-lands* erzwangen dann eine weitere Reform. Im Vertrag von Maastricht wurde 1992 die *Europäische Union (EU)* gegründet. Die Idee, neben der Wirtschaftspolitik auch eine gemeinsame Außen- und Sicherheitspolitik zu betreiben, kam in den folgenden Jahren aber nur sehr langsam voran.

Die NATO und der Warschauer Pakt im Kalten Krieg ❘ Da sich 1948 die Lage in Europa zuspitzte und die sowjetische Bedrohung wuchs, wurde im April 1949 die NATO gegründet, die sich unter der Führung der USA zu einem effektiven Militärbündnis entwickelte. Entscheidend waren die Bestimmungen in Artikel 5: Ein Angriff auf ein Mitgliedsland stellte einen Angriff auf alle dar und erforderte automatisch die sofortige militärische Reaktion aller Mitglieder. Schon bald nach der Gründung der Bundesre-publik waren die USA daran interessiert gewesen, eine kleine, aber erfahrene deutsche Armee aufzubauen, die schon gegen die Sowjets gekämpft hatte. Zugleich hätte diese den Vorteil geboten, dass die Amerikaner ihre eigene militärische Präsenz in Europa hätten reduzieren können. Zu diesem Zeitpunkt stieß diese Vorstellung aber auf den vehementen Widerstand Großbritanniens, Frankreichs und anderer Staaten, sodass die NATO zunächst ohne die Bundesrepublik zustande kam. Am 23. Oktober 1954 wurde mit den *Pariser Verträgen* das Besatzungsstatut in Westdeutschland beendet und damit die Voraussetzung für die Aufstellung einer eigenen westdeutschen Armee geschaffen.

Als Reaktion auf die bundesdeutsche Wiederbewaffnung beschlossen diejenigen Staaten, die unter sowjetischem Einfluss standen, ebenfalls ein Militärbündnis ins Leben zu rufen. Im Mai 1955 wurde der „Vertrag über Freundschaft, Zusammenarbeit und gegenseitigen Beistand" in Warschau unterzeichnet. Mit diesem Abkommen sicherte sich die Sowjetunion nicht nur erneut die militärische Vorherrschaft in Ost-europa, sondern band die Streitkräfte der „befreundeten" Staaten – darunter auch die der DDR – ein, weil diese unter das sowjetische Oberkommando gestellt wurden. Im Kalten Krieg (die Phase zwischen 1948/49 und 1989/91) hielten sich die beiden Supermächte USA und UdSSR mit Atomwaffen gegenseitig in Schach. Diese Periode war in Europa friedlich, weil beiden Seiten klar war, dass ein Angriff auch die schnelle eigene Vernichtung nach sich ziehen würde. Außerhalb Europas waren aber militäri-sche Konflikte an der Tagesordnung. Häufig handelte es sich um *Stellvertreterkriege*, bei denen nicht die Supermächte selbst gegeneinander kämpften. Sie unterstützten aber in Asien und in Afrika Regierungen oder Bürgerkriegsparteien, die in ihrem jeweiligen Lager standen, mit Geld, Waffen und Hilfsgütern. Diese Konflikte, die häu-fig langwierig und blutig waren, haben Millionen von Menschenleben gefordert.

Die Aktivitäten der katholischen Kirchen ❘ Von 1962 bis 1965 fand in Rom das *Zweite Vatikanische Konzil* statt, auf dem die maßgeblichen Würdenträger der katholischen Kirche über weitgehende Reformen berieten. Am Rande dieses Konzils kamen deutsche und polnische Geistliche ins Gespräch. Bei diesen Diskussionen wurde die deutsch-polnische Geschichte kontrovers debattiert, und beide Seiten tauschten am Ende des Konzils öffentliche Botschaften aus. Hierbei wurden sowohl das nationalsozialistische Terrorregime als auch die Vertreibungen von Millionen von Deutschen behandelt. Die polnische Seite kam den deutschen Bischöfen sehr entgegen und bot ihnen einen offenen Dialog an (→M2).

Die kommunistische polnische Regierung hingegen distanzierte sich scharf von den Aktivitäten ihrer Bischöfe. Diese hätten nicht im nationalen Interesse gehandelt, und die politische Aussage ihrer Erklärung sei schädlich für Polen. Die Thesen der Bischöfe würden dem westdeutschen Revisionismus direkt in die Hand arbeiten, sie hätten einen antisowjetischen Klang und richteten sich auch gegen die DDR, zu der ein ausgezeichnetes Verhältnis bestehe. Außerdem würden die deutschen Kriegsverbrechen heruntergespielt. Der polnischen Regierung war es sichtlich unangenehm, dass auch die Vertreibungen von Polen durch die Sowjetunion aus den ehemaligen polnischen Ostgebieten thematisiert wurden.

Der Warschauer Vertrag und die Ostverträge in den 1970er-Jahren |
Nach dem Wahlsieg der sozialliberalen Koalition in der Bundesrepublik nahm die neue Koalitionsregierung von SPD und FDP unter Bundeskanzler Willy Brandt seit 1969 eine neue Ostpolitik in Angriff. Dahinter stand die Einsicht, dass eine Rückgewinnung der ehemals deutschen Ostgebiete unmöglich war und dass eine Aussöhnung mit Polen und der Tschechoslowakei sowie eine Annäherung an die DDR sinnvoll sein würde. Die neue *Entspannungspolitik* sollte auch die Gefahr eines Krieges in Europa vermindern. Unter dem Schlagwort „Wandel durch Annäherung" hoffte die deutsche Regierung auch, langfristig zur Überwindung der Teilung Europas in zwei Machtblöcke beizutragen. Resultat dieser neuen Politik waren die *Ostverträge*.

Nach sehr schwierigen Verhandlungen schloss die Bundesregierung am 12. August 1970 zunächst in Moskau einen Vertrag mit der Sowjetunion ab. Im *Warschauer Vertrag* mit Polen vom 7. Dezember des gleichen Jahres erkannte die Bundesrepublik die polnische Westgrenze an (→M3).[1] Es folgten der *Grundlagenvertrag* und einige kleine Abkommen, in denen sich die Bundesrepublik und die DDR als gleichberechtigte Staaten anerkannten. Allerdings betonte die bundesdeutsche Regierung, dass das deutsche Volk nach wie vor das Recht habe, seine Einheit in freier Selbstbestimmung zu verwirklichen. Formell waren die diplomatischen Beziehungen eingeschränkt, weil keine Botschafter ausgetauscht wurden. Stattdessen wurden „Ständige Vertretungen" eröffnet, die aber faktisch die Aufgabe von Botschaften übernahmen. In einem *Transitabkommen* wurden Reisen von und nach West-Berlin erleichtert. Ergänzt wurde das Vertragswerk 1973 durch ein Abkommen mit der Tschechoslowakei.

In der Bundesrepublik stießen diese Verträge auf heftigen Widerstand vor allem bei den Vertriebenenverbänden. Aus heutiger Perspektive ist die Bewertung aber eindeutig positiv. Der „Eiserne Vorhang" wurde durchlässiger als zuvor, bundesdeutsche Bürger konnten nun Verwandte in der DDR besuchen und im Zuge der allgemeinen Entspannungspolitik sank vorübergehend die Gefahr eines Krieges in Europa.

Die Solidarność-Bewegung und die Opposition im „Ostblock" |
Von 1973 bis 1975 tagte in Helsinki die *Konferenz über Sicherheit und Zusammenarbeit in Europa (KSZE)*, an der die Staaten der NATO, des Warschauer Paktes und 13 neutrale Ländern teilnahmen. Auch hier bestand das Ziel darin, die Spannungen zwischen den Blöcken abzubauen. Zunächst schien die Konferenz ein Erfolg für den „Ostblock" zu werden, weil die DDR gleichberechtigt neben der Bundesrepublik teilnahm. In der *Schlussakte* verpflichteten sich die teilnehmenden Staaten, die Grenzen zu achten, Streitigkeiten friedlich zu lösen, sich nicht in die inneren Angelegenheiten anderer einzumischen sowie die Menschenrechte zu achten. Zu dieser Zeit wurde im „Ostblock" nicht erkannt, dass die

Willy Brandt (1913–1992): 1966–1969 Außenminister und Vizekanzler in der großen Koalition zwischen CDU/CSU und SPD, 1969–1974 Bundeskanzler der sozialliberalen Koalition. Erhielt 1971 den Friedensnobelpreis.

---

[1] Siehe hierzu auch „Geschichte kontrovers" auf Seite 108f.

„Helsinki und die Folgen."
Karikatur aus dem „Deutschen Allgemeinen Sonntagsblatt",
19. Oktober 1975.

▶ Erläutern Sie, wie der Zeichner die Folgen der KSZE-Konferenz in Helsinki deutet.

letzten beiden Punkte gefährlich für die kommunistischen Machthaber werden würden, weil sich Aktivisten hierauf berufen konnten. Seit dem Ende der 1970er-Jahre organisierte sich in mehreren Ländern des Warschauer Paktes eine neue Oppositionsbewegung, die sich auf die Schlussakte der KSZE bezog.

In der Tschechoslowakei schlossen sich 1977 zahlreiche Intellektuelle in der *„Charta 77"-Bewegung* zusammen, die mit Berufung auf das Abkommen von Helsinki die Einhaltung von Menschenrechten forderte. Diese Gruppe, deren prominentestes Mitglied Václav Havel war, wurde fast sofort verfolgt und mit Berufsverboten belegt, ihre Aktivitäten wurden aber im Westen sehr genau wahrgenommen. Auch die Bürgerrechtsbewegung in der DDR erhielt Auftrieb durch die Beschlüsse von Helsinki und verlangte Freiheiten und ein Ende der Zensur.

Václav Havel (1936–2011): tschechischer Schriftsteller und Bürgerrechtler, von 1993 bis 2003 Präsident der Tschechischen Republik

Etwas später entstand eine ähnliche Bewegung in Polen, die anfangs nicht so sehr von Intellektuellen, sondern von Arbeitern organisiert wurde. Ausgehend von den Werften in Gdánsk (Danzig) bildete sich die *Solidarność*, eine Gewerkschaftsbewegung, zu deren Führer und Sprecher Lech Wałęsa wurde. Anfangs protestierten die Werftarbeiter gegen die unzumutbaren Arbeitsbedingungen und gegen die schlechte Bezahlung, doch tauchten schnell auch politische Forderungen nach einer Reform des Kommunismus auf. Da die polnische Regierung diese Arbeiterorganisation nicht unter ihre Kontrolle bekam, sah sie sich gezwungen, diese Gewerkschaft zu legalisieren. Damit erreichte sie jedoch ihre Ziele auch nicht: Innerhalb einiger Monate traten fast zehn Millionen Polen der Gewerkschaft bei. Die Entstehung der Solidarność stellte auch die Führung der *Sozialistischen Einheitspartei Deutschlands (SED)* vor große Probleme. Trotz erheblicher Bemühungen konnte sie nicht verhindern, dass Nachrichten darüber die DDR erreichten. Deshalb reagierte sie mit einer massiven Kampagne der Verunglimpfung, die auf traditionelle antipolnische Stereotype zurückgriff (→M4).

Die Vorgänge in Polen erzeugten Befürchtungen in der Sowjetunion, die massiven Druck ausübte, die Bewegung zu verbieten. Auch wurde mit dem Einmarsch sowjetischer Truppen gedroht, doch ist bis heute umstritten, ob diese Alternative ernst gemeint war. In der Nacht vom 12. zum 13. Dezember 1981 übernahm die polnische Armee die Macht, verhängte das Kriegsrecht und verhaftete über 3 000 Personen, weitere Verhaftungen erfolgten in den nächsten Tagen. General *Wojciech Jaruzelski* übernahm die Regierung an der Spitze eines „Militärrates der Nationalen Rettung". Erst am 22. Juli 1983 fühlte sich die neue Regierung so sicher, dass sie das Kriegsrecht wieder aufhob. Die Opposition war damit aber nicht mundtot gemacht worden – die Bewegung blieb im Untergrund und im Ausland aktiv. Als der „Ostblock" zusammenbrach, gewann die Solidarność 1989 die ersten teilweise freien Wahlen mit einer überzeugenden Mehrheit (→M5).

Lech Wałęsa (*1943): polnischer Arbeiterführer und Bürgerrechtler, erhielt 1983 den Friedensnobelpreis, 1990 bis 1995 Staatspräsident Polens

Nationalismus in Deutschland nach dem Zweiten Weltkrieg | Nach dem Zweiten Weltkrieg verschwand der Nationalismus nicht einfach aus den Köpfen der Menschen. Dennoch entstanden mehrere neue Tendenzen. Erstens trug die erfolgreiche Entwicklung der neuartigen europäischen Institutionen dazu bei, dass allzu engstirniges nationalistisches Denken abnahm. Zweitens hatten die Erfahrungen des Zweiten Weltkrieges gezeigt, welche grauenhaften Formen hypernationalistische Ideen nach sich ziehen konnten. Deshalb fand schon in den 1950er-Jahren in der Bundesrepublik extremer Nationalismus keine Massenbasis mehr. Drittens hatte die Verbindung dieses Nationalismus mit dem ebenso extremem Antisemitismus und Rassismus direkt zu den Vernichtungslagern des Nationalsozialismus geführt: Rassistische Positionen konnten danach kaum noch in der deutschen Öffentlichkeit gerechtfertigt werden, auch wenn sie niemals völlig verschwanden.

In der Bundesrepublik der 1960er- und 70er-Jahre bestand dennoch eine erhebliche Unsicherheit, auf welche Weise man mit der Idee der „Nation" umgehen solle. Patriotismus, das heißt der Stolz auf das eigene Land oder die Heimat, ist keineswegs grundsätzlich negativ. In den 1970er- und 80er-Jahren haben einige Intellektuelle deshalb vorgeschlagen, den Begriff des *Verfassungspatriotismus* einzuführen. Dieser Terminus besagte, dass der Stolz auf gemeinsame politische Werte wie Freiheit, Demokratie und Verfassung gefördert werden sollte. Zugleich hatte dieses Konzept den Vorteil, dass sich auch Einwanderer mit dem parlamentarischen Staat identifizieren konnten. Allerdings hat sich die Vorstellung, über die Verfassung ein neues Verständnis der Nation zu finden, bisher nur teilweise durchgesetzt.

Nach der Wiedervereinigung Deutschlands 1990 entstanden zwei sich widersprechende Entwicklungen. Einerseits befand sich der Nationalismus weiterhin auf dem Rückzug. Allen demokratischen Politikern in der Bundesrepublik war klar, dass der neue Staat unbedingt eng in europäische Strukturen eingebunden bleiben musste, weil in der Öffentlichkeit vieler Nachbarstaaten Befürchtungen vor der Macht des neuen, nun viel größeren Deutschland bestanden. Der Regierung von Helmut Kohl war vor allem das gute Verhältnis zu Frankreich wichtig.[1] Zugleich fanden sich aber auch skeptische Stimmen, die vor der zunehmenden Macht einer Bürokratie der EU in Brüssel gewarnt haben. In der Tat ist es manchmal für viele Deutsche schwierig, sich mit den unpersönlichen EU-Institutionen zu identifizieren. Entscheidungen erscheinen als wenig transparent oder nachvollziehbar, während die nationalen Parlamente scheinbar immer weniger zu sagen haben. Diese Kritik ist keine deutsche Besonderheit, sondern findet sich in allen europäischen Staaten in unterschiedlicher Intensität.

Helmut Kohl (1930 – 2017): 1969 – 1976 Ministerpräsident von Rheinland-Pfalz, 1973 – 1998 Bundesvorsitzender der CDU, 1982 – 1998 Bundeskanzler

Die deutsch-polnische Schulbuchkommission | Viele weitere kleine Initiativen, die meistens privat organisiert wurden, zielten bereits seit dem Ende des Zweiten Weltkrieges darauf ab, das deutsch-polnische Verhältnis zu verbessern. Der Historiker und Politiker *Georg Eckert* hatte beispielsweise internationale Konferenzen mit den deutschen ehemaligen Kriegsgegnern organisiert, auf denen systematisch Schulbücher analysiert wurden, um Vorurteile und Feindbilder abzubauen. Nach seinem Tod wurde mithilfe des Landes Niedersachsen 1975 in Braunschweig das *Georg-Eckert-Institut* gegründet, das weiterhin Schulbücher bewerten sollte. Ferner veranstaltete das Institut Konferenzen, auf denen Wissenschaftler und Historiker zusammenkamen, um den jeweiligen Forschungsstand zu diskutieren. Von Anfang an hatte hier die gemeinsame deutsche und polnische Geschichte ein erhebliches Gewicht. Regelmäßig wurden Empfehlungen abgegeben, ob die Darstellungen in den Schulbüchern noch dem historischen Kenntnisstand entsprachen oder ob bestimmte Passagen, Abbildungen, Karikaturen oder Quellen geändert werden sollten.

Diese Empfehlungen waren nicht bindend, das heißt, die jeweiligen Kultusministerien oder Schulbuchverlage mussten sie nicht umsetzen. Auch gab es häufig gravierende

---

[1] Zum deutsch-französischen Verhältnis siehe auch die Abbildung auf Seite 68.

Meinungsverschiedenheiten zwischen polnischen und deutschen Historikern über bestimmte Themen, zum Beispiel über die Revolution von 1848, den Aufstand von 1863, über die preußische Germanisierungspolitik, die nationalsozialistische Besatzung und vor allem über die Vertreibungen nach 1945. Diese unterschiedlichen Interpretationen waren aber nicht entscheidend. Viel wichtiger war, dass man die Auffassungen der anderen Seite kennenlernte, ein Verständnis füreinander entwickelte und nach Kompromissen suchte. Aus heutiger Sicht hat die Tätigkeit dieses Institutes viel dazu beigetragen, die jeweiligen Schulbücher im anderen Land zu verbessern, Vorurteile abzubauen und die Perspektiven der „Anderen" kennenzulernen. 1985 erhielt das Institut deshalb den UNESCO-Preis für Friedenserziehung.

Der deutsch-polnische Nachbarschaftsvertrag | Am 17. Juni 1991 wurde der „Vertrag zwischen der Bundesrepublik Deutschland und der Republik Polen über gute Nachbarschaft und freundschaftliche Zusammenarbeit" in Bonn unterzeichnet. Er trat am 16. Januar 1992 in Kraft. Diesem gingen in beiden Ländern schwierige Kontroversen voraus, bei denen es beispielsweise um Minderheitenrechte, Entschädigungen und geraubte Kulturgüter ging. Auch waren viele ältere Polen skeptisch, weil sie sich noch gut an die Schrecken der nationalsozialistischen Besatzungszeit erinnern konnten. Auch in einigen deutschen Landsmannschaften, in denen sich die Vertriebenen zusammengeschlossen hatten, regte sich Widerstand. Die deutsche Regierung hatte an diesem Vertrag aber ein großes Interesse, weil sie an der neuen Ostgrenze Stabilität schaffen und außerdem Polen auf dem Weg zu Demokratie und Marktwirtschaft unterstützen wollte.

Ausdrücklich wurde in dem Vertrag erklärt, sein oberstes Ziel sei es, den Frieden zu wahren. Gleichzeitig wurden Totalitarismus, Rassenhass, Antisemitismus und die Verfolgung von Menschen aus religiösen oder ideologischen Gründen verurteilt. Beide Staaten bekannten sich zu den Menschenrechten, zu Demokratie und zur Rechtsstaatlichkeit. Die jeweiligen deutschen bzw. polnischen Minderheiten erhielten besondere Schutzrechte. Für die deutsch-polnischen Beziehungen wurde der Vertrag in den folgenden Jahren zu einem Meilenstein, und die jeweiligen Bestimmungen wurden mit konkretem Leben erfüllt. Wichtig wurden der Jugendaustausch, die Städtepartnerschaften und die Bestimmungen über eine wissenschaftliche und wirtschaftliche Kooperation. Ferner vereinbarte man regelmäßige bilaterale Regierungskontakte, und die deutsche Regierung sicherte zu, dass sie einen Beitritt Polens zur Europäischen Union unterstützen würde.

Die deutsche Wirtschaft profitierte erheblich von dem Vertrag, weil nun im Osten ein großer Markt zur Verfügung stand, auf dem deutsche Waren einen reißenden Absatz fanden. Eine wirkliche Erfolgsgeschichte war auch der deutsch-polnische Jugendaustausch. Fast drei Millionen Jugendliche nahmen an den zahlreichen Projekten teil, und zwischen Städten und Gemeinden wurden viele Hundert Städtepartnerschaften geschlossen.

Deutschland und Polen heute | Betrachtet man das deutsch-polnische Verhältnis heute, so bestehen sicherlich nach wie vor viele große und kleine Probleme und Meinungsverschiedenheiten. Gemessen an der Geschichte der letzten 200 Jahre war das Verhältnis aber noch nie so gut wie in der Zeit nach 1989/90. Die Integration Polens in die Europäische Union und in die NATO hat gute Fortschritte gemacht. 2015 fand das 50-jährige Jubiläum des polnischen Hirtenbriefes statt, und 2016 jährte sich der deutsch-polnische Nachbarschaftsvertrag zum 25. Mal. Zahlreiche große und kleine Initiativen sorgen dafür, dass diese Verträge mit Leben gefüllt werden. Das Bundesland Niedersachsen pflegt eine enge Zusammenarbeit mit Polen in verschiedenen Bereichen wie Kultur, Justiz, Wirtschaft, Wissenschaft und Umwelt. Im Jahre 2013 wurde das 20-jährige Bestehen der Partnerschaft zu Großpolen und Niederschlesien gefeiert. Abgesehen von einer kleinen Zahl nationalistischer Fanatiker denkt derzeit niemand mehr daran, die bestehenden Grenzen ändern zu wollen.

Schüler begrüßen den polnischen Ministerpräsidenten Donald Tusk im Landkreis Osnabrück.
Foto vom September 2008. Anlässlich des Besuches des polnischen Ministerpräsidenten halten zwei Schüler vor dem Gymnasium Bersenbrück Tafeln in Form der Länder Deutschland und Polen sowie die Flagge der europäischen Union in ihren Händen.

▶ Präsentation: Informieren Sie sich im Internet über kleine oder große Initiativen in Deutschland und Polen, die darauf abzielen, das Verhältnis der beiden Länder zu verbessern. Vergleichen Sie diese in Form einer Tabelle hinsichtlich Aufgaben, Zielen und Einflussbereich miteinander.

▶ Recherchieren Sie im Internet nach aktuellen Problemen im deutschpolnischen Verhältnis und entwickeln Sie mögliche Kompromisslösungen.

TROUBLE WITH SOME OF THE PIECES.

„Trouble with some of the pieces."
Karikatur, 7. Februar 1945

▶ Beschreiben Sie die dargestellte Szene.

▶ Ordnen Sie die Karikatur in den historischen Kontext ein.

▶ Analysieren Sie, welche Aussageabsicht der Zeichner mit seiner Karikatur verfolgte.

M1 Ein gelungener Kompromiss?

Der deutsche Historiker Karl Drechsler (*1932) befasst sich mit den Folgen des Zweiten Weltkrieges und mit der Potsdamer Konferenz von 1945:

Das jahrhundertelang von Europa geprägte internationale Staatensystem bestand nicht mehr. Deutschland, über Jahrzehnte hinweg eine der Hegemonialmächte des alten Kontinents, hatte bedingungslos kapituliert und zunächst
5 aufgehört, als selbstständiger Staat zu existieren. Großbritannien und Frankreich, die Zentren riesiger Kolonialreiche, in denen, wie es hieß, die Sonne nie unterging, waren extrem geschwächt und erreichten ihre frühere Macht nie wieder. In Asien, Afrika und im mittleren Osten begannen sich antikoloniale Bewegungen zu for- 10 mieren, die nach Unabhängigkeit, nationaler Selbstbestimmung und souveräner Wirtschaft strebten. [...] Die Sowjetunion wurde neben den USA zur zweiten Weltmacht, allerdings primär 15 aufgrund militärischer, nicht wirtschaftlicher Stärke. Sie beanspruchte für sich, einzige Alternative zum Kapitalismus und Zentrum einer weltweiten revolutionären Bewegung zu sein, der 20 die Zukunft gehöre. [...]
Die Vereinbarungen der Potsdamer Konferenz waren ein Kompromiss, der den internationalen Macht- und Kräfteverhältnissen am Ende des Zweiten 25 Weltkrieges entsprach. Sie bedeuteten einen Sieg der Vernunft im Interesse der Menschheit, für deren größten Teil nach den gerade zu Ende gegangenen Opfern und Leiden ein neuer Krieg un- 30 denkbar und unvorstellbar war. Das insgesamt positive Ergebnis des Treffens wurde ermöglicht, weil die Großen Drei mit der festen Absicht nach Potsdam gekommen waren, trotz aller sich 35 abzeichnenden neuen Konflikte mit dem Aufbau einer friedlichen Nachkriegsordnung zu beginnen. In Washington herrschte noch die Ansicht vor, dass ein solches internationales System die 40 günstigsten Rahmenbedingungen für die Wahrung der amerikanischen Interessen bot [...].

Karl Drechsler, Die USA des Jahres 1945 und die Potsdamer Konferenz, in: Heiner Timmermann (Hrsg.), Potsdam 1945. Konzept, Taktik, Irrtum?, Berlin 1997, S. 29–43, hier S. 31 und 40

1. Geben Sie auf Grundlage des Textes die Entwicklungen nach dem Zweiten Weltkrieg stichpunktartig wieder.

2. Recherchieren Sie im Internet zu den Beschlüssen der Potsdamer Konferenz und arbeiten Sie die wesentlichen Bestimmungen heraus. Versehen Sie diese mit passenden Überschriften/Oberbegriffen

3. Nehmen Sie Stellung zu der These, dass es sich bei den Vereinbarungen von Potsdam um einen weitgehend gelungenen Kompromiss gehandelt hat (siehe Zeile 22 bis 26). Beziehen Sie dazu auch Ihre Ergebnisse aus der zweiten Aufgabe mit ein.

„Wir vergeben und bitten um Vergebung."
Foto vom 4. November 2015, Breslau (Polen).
Das Denkmal des Kardinals Bolesław Kominek,
Verfasser des Hirtenbriefes, wurde in Breslau
im Dezember 2005 neben der Kirche Maria am
Sande eingeweiht. Die 4,35 Meter hohe Figur
des Geistlichen wiegt zwei Tonnen. Sie hält in
den Händen eine Taube, die symbolisch für den
Frieden und für das Versöhnungsschreiben der
polnischen Bischöfe an ihre deutschen Amts-
brüder steht.
Am 29. Januar 2016 besuchte der deutsche
Bundeswirtschaftsminister Sigmar Gabriel das
Denkmal und legte dort gemeinsam mit dem
Stadtpräsidenten von Breslau, Rafał Dutkiewicz,
Blumen nieder.

M2 Eine Geste der Versöhnung

In der „Botschaft der polnischen Bischöfe an ihre deut-
schen Brüder in Christi Hirtenamt" vom 18. November
1965 heißt es:

Hochwürdige Konzilsbrüder!
Es sei uns gestattet, Ehrwürdige Brüder, ehe das [Zweite
Vatikanische] Konzil sich verabschiedet, Ihnen, unseren
nächsten westlichen Nachbarn, die freudige Botschaft mit-
5 zuteilen, dass im nächsten Jahre im Jahre des Herrn 1966
die Kirche Christi in Polen und mit ihr zusammen das gesamte polnische Volk das Millennium seiner Taufe und
damit auch die Tausendjahrfeier seines nationalen und
staatlichen Bestehens begehen wird. [...]
10 Nach alledem, was in der Vergangenheit geschehen ist –
leider erst in der allerneuesten Vergangenheit –, ist es nicht
zu verwundern, dass das ganze polnische Volk unter dem
schweren Druck eines elementaren Sicherheitsbedürfnisses
steht und seinen nächsten Nachbarn im Westen immer
15 noch mit Misstrauen betrachtet. Diese geistige Haltung ist
sozusagen unser Generationsproblem, das, Gott gebe es, bei
gutem Willen schwinden wird und schwinden muss. [...]
Die Belastung der beiderseitigen Verhältnisse ist immer
noch groß und wird vermehrt durch das sogenannte „heiße
20 Eisen" dieser Nachbarschaft; die polnische Westgrenze an
Oder und Neiße ist, wie wir wohl verstehen, für Deutschland eine äußerst bittere Frucht des letzten Massenvernich-
tungskrieges zusammen mit dem Leid der Millionen von
Flüchtlingen und vertriebenen Deutschen (auf interalliier-
25 ten Befehl der Siegermächte – Potsdam 1945! – geschehen).

[...] Für unser Vaterland, das aus dem Massenmorden nicht
als Siegerstaat, sondern bis zum Äußersten geschwächt
hervorging, ist es eine Existenzfrage [...]; es sei denn, dass
man ein über 30-Millionen-Volk in den engen Korridor eines „Generalgouvernements" von 1939 bis 1945 hinein- 30
pressen wollte – ohne Westgebiete; aber auch ohne Ostgebiete, aus denen seit 1945 Millionen von polnischen
Menschen in die „Potsdamer Westgebiete" hinüberströmen
mussten. [...]
In diesem allerchristlichsten und zugleich sehr menschli- 35
chen Geist strecken wir unsere Hände zu Ihnen hin in den
Bänken des zu Ende gehenden Konzils, gewähren Vergebung und bitten um Vergebung. Und wenn Sie, deutsche
Bischöfe und Konzilsväter, unsere ausgestreckten Hände
brüderlich erfassen, dann erst können wir wohl mit ruhi- 40
gem Gewissen in Polen auf ganz christliche Art unser Millennium feiern. Wir laden Sie dazu herzlich nach Polen ein.

Nach: Oskar Golombek (Hrsg.), Die katholische Kirche und die Völker-
Vertreibung, Köln ²1968, S. 153 ff.

1. Diese Erklärung stieß auf sehr scharfen Widerstand bei
der polnischen Regierung. Erörtern Sie, warum dieses
Angebot der Versöhnung für die kommunistische Führung nicht akzeptabel war.

2. Präsentation: Entwerfen Sie aus Sicht der deutschen
Bischöfe eine Antwort auf diese Erklärung. Vergleichen
Sie anschließend Ihr Ergebnis mit dem tatsächlichen
Antwortschreiben der Bischöfe vom 5. Dezember 1965
(siehe dazu den Code 32203-07).

M3 Ein Bundeskanzler kniet nieder

Bei seinem Besuch am 7. Dezember 1970 in Warschau legt Bundeskanzler Willy Brandt am Denkmal des Warschauer Ghettoaufstandes einen Kranz nieder und kniet – für die Betrachter und Journalisten völlig überraschend – fast eine Minute lang vor dem Denkmal. Diese für einen hochrangigen Politiker sehr ungewöhnliche Geste erregt weltweit erhebliches Aufsehen und trägt dazu bei, dass Willy Brandt 1971 den Friedensnobelpreis erhält.

1. Analysieren Sie, warum Brandts Kniefall als sensationell empfunden worden ist. | F
2. Vergleichen Sie die beiden Perspektiven der Fotos und stellen Sie dar, ob und inwieweit sich die Wirkung auf den Betrachter unterscheidet.
3. Brandts Geste löste in der Bundesrepublik heftige Reaktionen aus. Eine Zeitung fragte auf der Titelseite: „Durfte Brandt knien?" Nehmen Sie dazu Stellung.

M4 Die DDR und die polnische Bürgerrechtsbewegung

Der polnische Historiker Dariusz Wojtaszyn befasst sich mit den Reaktionen des DDR-Regimes auf die Entstehung der Solidarność:

In der DDR verfolgte man die politischen Ereignisse im Polen der Jahre 1980–1981 mit Unruhe und Argwohn. Die politische Krise beim Nachbarn gefährdete – wie man annahm – die Stabilität und Festigkeit des sozialistischen La-
5 gers und somit der DDR. Die Staatsmacht der DDR fürchtete den „Virus der Solidarność" im eigenen Lande. Deswegen betrieb die SED-Führung eine Isolierungspolitik gegenüber Polen; auch die DDR-Bürger wurden von den Informationen aus und über Polen abgeschnitten. Die Regierung schloss
10 die Grenze nach Polen und verwehrte ihren Bürgern streng die Einreise in das Nachbarland. [...]
In einem Artikel vom 4. November 1980 [...] wurden Lech Wałęsa, der Anführer der polnischen unabhängigen Gewerkschaft, und sein „Berater" Jacek Kuroń dargestellt. Sie
15 wurden als primitive, unsympathische und inkompetente Personen beschrieben. An einer anderen Stelle hatte man über die Verbindungen Wałęsas zur italienischen faschistischen Jugendorganisation MSI und über seine Sympathien für westdeutsche Organisationen berichtet, die angeblich
20 die Solidarność finanziell unterstützten, sowie für Alexander Solschenizyn, der zu den größten Kritikern der kommunistischen Ideologie gehörte. Die Verleumdung der polnischen Opposition auf diese Art gehörte von diesem Moment an zu den wichtigen Mitteln, mit denen die DDR-Zeitungen
25 die Lage in der Volksrepublik Polen darstellten. Diese Schilderungen sollten den Lesern eindeutig zeigen, mit welchen Personen sie hier zu tun hätten, also mit inkompetenten, primitiven, gewalttätigen Personen, die bereit gewesen wären, mit Gewalt und Unrecht gegen die polnische Partei
30 und Regierung zu kämpfen. Gleichzeitig verfolgten sie das Ziel, die Abneigung gegen die Polen selbst in der ostdeutschen Gesellschaft zu erregen, was insofern leicht fiel, als dass die alten antipolnischen Stereotype immer noch die deutschen Vorstellungen über die östlichen Nachbarn be-
35 setzten. [...]
[Der DDR-Berichterstattung zufolge] „streiken die Polen, weil sie nicht arbeiten wollen" oder „die Polen streiken, weil sie faul sind", was auf eine direkte Verwandtschaft mit der Stereotypie der „polnischen Wirtschaft" hinweist. Die
40 Journalisten der ostdeutschen Zeitungen versuchten damit die ganze polnische Gesellschaft mit der polnischen „konterrevolutionären" Opposition gleichzusetzen.

Dariusz Wojtaszyn, Der öffentliche Polen-Diskurs in der DDR während der Solidarność-Ära, in: Izabela Surynt und Marek Zybura (Hrsg.), Narrative des Nationalen. Deutsche und polnische Nationaldiskurse im 19. und 20. Jahrhundert, Osnabrück 2010, S. 339–359, hier S. 339, 344f. und 351

1. Arbeiten Sie heraus, mit welchen Stereotypen die Führung der DDR versucht, ihrem Volk die Unruhen in Polen zu erklären.

2. Analysieren Sie, warum nach der Meinung von Wojtaszyn die „alten antipolnischen Stereotype" in der ostdeutschen Gesellschaft immer noch vorhanden waren.

M5 „Der Fall der Mauer begann in Danzig"

*Im Interview mit der „taz" am 5. Februar 2009 spricht Henryk Wujec (*1940), einer der bedeutendsten Solidarność-Aktivisten, über die Ereignisse in Polen 1989:*

taz: *Sie haben für Solidarność 1989 am Runden Tisch in Warschau mit den Kommunisten verhandelt. Haben Sie erwartet, dass sie zwanzig Jahre später in einer Demokratie leben würden?*
Henryk Wujec: Wir hatten nicht die geringste Ahnung. 5 Schließlich lebten wir seit 1945 im kommunistischen Block. Wir wussten, dass alle Versuche, sich von diesen Fesseln zu befreien, mit dem Einmarsch der sowjetischen Armee enden würden. So wie 1956 in Ungarn oder 1968 in der Tschechoslowakei. Unsere Hauptforderung war nur 10 die Wiederzulassung der unabhängigen Gewerkschaft Solidarność.
taz: *Wie wirkten Glasnost und Perestroika?*
Henryk Wujec: Uns war klar, es war viel möglich. Sehr viel. Aber dass in Polen innerhalb von ein paar Monaten eine 15 demokratische Regierung entstehen könnte und sich später sogar die sowjetische Armee freiwillig aus Polen zurückziehen könnte, das hatten wir in unseren kühnsten Träumen nicht erwartet.
taz: *Am Gebäude der ehemaligen polnischen Botschaft in* 20 *Berlin hängt ein Banner mit der Aufschrift „Es begann in Gdańsk". Warum ist das so wichtig?*
Henryk Wujec: Weil eben wirklich alles in Danzig begann, das freie Polen, der Fall der Mauer, die samtene Revolution, das Ende des Kommunismus. Es begann mit den Streiks auf 25 der Lenin-Werft, wo die Arbeiter die erste unabhängige Gewerkschaft im ehemaligen Ostblock erkämpften. Die Solidarność machte dann allen anderen vor, dass es möglich ist, das scheinbar Unmögliche zu erreichen. Der Fall der Mauer begann in Danzig. Daran sollten sich die Deut- 30 schen erinnern.
taz: *Denken Sie, dass die Montagsdemonstrationen in Leipzig, Berlin und anderen Städten die Solidarność-Streiks zum Vorbild hatten?*
Henryk Wujec: Die Polen waren schon frei. Sie hatten sich 35 selbst befreit. Das gab allen anderen Mut, auch den Deut-

schen. Sie würden es allein schaffen. Der Ruf „Wir sind ein Volk!" zeigt das doch. Hilfe von außen war nicht notwendig, keine amerikanischen Panzer und keine waffenstarrenden
40 Armeen.

© Tageszeitung (taz), 5. Februar 2009, Das Interview führte Gabriele Lesser

1. Nehmen Sie Stellung zur Aussage von Henryk Wujec: „Der Fall der Mauer begann in Danzig" (Zeile 29 f.).
2. Erörtern Sie die Bedeutung des Einflusses der Solidarność-Bewegung auf die politische Wende von 1989.

Solidarność.
Plakat von Tomasz Sarnecki anlässlich der Wahlen in Polen am 4. Juni 1989.

▶ Beschreiben Sie, was auf dem Wahlplakat dargestellt ist.

▶ Recherchieren Sie im Internet zu dem Wahlplakat und erklären Sie anschließend auf der Grundlage Ihrer Ergebnisse, welche Person gezeigt wird und wofür das Papier in ihrer rechten Hand steht.

▶ Das Plakat gilt als eine Ikone der friedlichen Revolution in Polen. Erklären Sie warum.

Der Warschauer Vertrag von 1970

Als sich die 1969 neu gewählte deutsche Regierung entschloss, Verträge mit den Staaten des Ostblocks abzuschließen, rechnete sie mit starkem Widerstand in Teilen der deutschen Bevölkerung. Bundeskanzler Willy Brandt und Außenminister Walter Scheel waren aber überzeugt, dass es zu einer Entspannungspolitik keine sinnvolle Alternative gab. Am 7. Dezember 1970 wurde in Warschau der „Vertrag über die Grundlagen der Normalisierung der gegenseitigen Beziehungen zwischen der Bundesrepublik Deutschland und der Volksrepublik Polen" – kurz „Warschauer Vertrag" – unterschrieben. Unmittelbar vor der Vertragsunterzeichnung kam es zum berühmten Kniefall Brandts vor dem Denkmal des Warschauer Ghettoaufstandes.[1]

M1 „Widerstand wird jetzt erste Bürgerpflicht"

Der Historiker Matthias Müller schreibt über die Reaktion des Bundes der Vertriebenen (BdV) auf den deutsch-polnischen Vertrag:

[Das] BdV-Präsidium ging gegen die Offerte Brandts auf die Barrikaden und verabschiedete auf einer eigens für den 26. April [1970] einberufenen Sondersitzung eine scharf formulierte Protestnote. So widerspreche die Anerkennung
5 der Oder-Neiße-Linie dem bislang vertretenen Standpunkt, dass Grenzen nur von einer gesamtdeutschen Regierung in einem Friedensvertrag festgelegt werden dürfen. Die von Brandt in Warschau dargelegte Haltung verstoße „gegen die Zusage, dass keine Entscheidung hinter dem Rücken
10 der Vertriebenen getroffen werden wird. Eine vertragliche Festschreibung des Status quo an Oder und Neiße werde von den Vertriebenen als Verrat am Selbstbestimmungsrecht und am Recht auf die Heimat empfunden." Der Bundesvorstand des BdV beschloss daher, „in besonderen Ak-
15 tionen der Landsmannschaften und Landesverbände über die Gefährlichkeit dieser Politik aufzuklären." Als Auftakt einer Aktionswelle plante der BdV deshalb für den 30. Mai 1970 eine Großkundgebung auf dem Bonner Marktplatz. Der Kundgebung wurde im Vorfeld eine ganz besondere
20 Bedeutung beigemessen. So druckte der DOD[2] seinen an die Bevölkerung und die Vertriebenen gerichteten Aufruf unter der beschwörenden Überschrift „Unsere Heimat in Gefahr!" auch auf die Titelseite seiner Ausgabe vom 15. Mai 1970. In dem Aufruf heißt es: „Entgegen der Verpflichtung
25 des Grundgesetzes, Deutschlands Einheit zu vollenden …, bedrohen uns jetzt Vereinbarungen, durch die von der Bundesrepublik die Oder-Neiße-Linie als Westgrenze Polens und Mitteldeutschland als zweiter souveräner Staat anerkannt werden. Mitbürger, Vertriebene, Flüchtlinge! Ein
30 solches Verhalten verletzt aufs Schwerste das Selbstbestimmungsrecht und die Menschenrechte, insbesondere das Recht auf Freizügigkeit. Leistungen von Jahrhunderten und erarbeitetes Eigentum der Vertriebenen sollen hier verschenkt, große Teile des Staatsgebietes des deutschen Vol-

kes ohne Not preisgegeben werden. … Der Abschluss von 35 Grenzverträgen, die durch brutale Gewalt geschaffene Zustände sanktionieren, verletzt gültiges Völkerrecht und droht die unmenschlichen Vertreibungsverbrechen zu legalisieren. Wer Gewalt anerkennt, verliert den Frieden! Einer solchen Entwicklung dürfen wir nicht tatenlos zuse- 40 hen. In dieser Stunde ist jeder mitverantwortlich. Widerstand wird jetzt erste Bürgerpflicht."

Matthias Müller, Die SPD und die Vertriebenenverbände 1949-1977. Eintracht, Entfremdung, Zwietracht, Berlin 2012, S. 441 f.

M2 „[K]ein Anlass zu nationaler Entrüstung"

Der Journalist Jürgen Tern äußert sich 1970 in der Zeitschrift „Moderne Welt" anlässlich der Unterzeichnung des Vertrages in Warschau:

Die polnische Westgrenze, wie sie ist, hat Deutschland nun ein für alle Mal akzeptiert. Damit hat *Willy Brandt* nicht weggegeben, was nicht *Adolf Hitler*, von der Mehrheit der Deutschen, auch der Ostdeutschen, in die Entscheidungszentrale der Nation gebracht, nicht längst vertan und ver- 5 schleudert hätte. Es gibt noch Deutsche (ich möchte sie nicht zählen), denen es einen Stich versetzt, sich Breslau und Danzig, Kolberg und Stettin ganz konkret als polnische Städte voll polnischen Lebens vorzustellen. Bei den jüngsten Unruhen an der Ostsee hat aber schon manche politi- 10 sche Zeitungs- und Rundfunkredaktion die von den Protesten erfasste Stadt Elblag nicht mehr in das alte Elbing umzusetzen gewusst, eine lübische[3] Gründung mit über siebenhundertjährigem Bestand. Das ist kein Anlass zu nationaler Entrüstung, vielleicht zu ein wenig Trauer: 15 Es geht die Zeit dahin. Nach zehn, zwanzig Jahren werden es noch weniger sein, die die alten Bilder mit sich tragen. Das Heimatrecht, was immer man sich darunter an völkerrechtlicher Substanz vorzustellen hat, wird mit jedem Jahr mehr für die polnischen Einwohner, geborene Schlesier 20 und Pommeranern sprechen. […]
Deutschland (also vor allem die Bundesrepublik) hat nur eine Chance: den Verlust an Boden, an Raum, an histori-

---

[1] Zum Kniefall Willy Brandts siehe M3 auf Seite 105.
[2] **DOD**: „Deutscher Ostdienst", Mitgliederzeitschrift des BdV

[3] eine Gründung der Stadt Lübeck

schem Gefäß wettzumachen durch moralische „Eroberun-
25 gen", durch ein bei seinen Nachbarn in partnerschaftlicher
Zusammenarbeit zu begründendes oder zu befestigendes
Vertrauen, durch Teilnahme an einer von Verständigkeit
durchzogenen europäischen „Friedensordnung". Die große
Bedeutung des Warschauer Vertrages besteht darin, dass
30 er mit der irreversiblen Grenzanerkennung den Weg zu
solcher auf Vertrauen gegründeten Kooperation weist und
bahnt, nicht allein im Verhältnis zu Polen.

Jürgen Tern, Der 7. Dezember 1970. Unterschrift in Warschau, in: Moderne
Welt 11, 1970, zitiert nach: Deutsches Institut für Fernstudien an der Universität
Tübingen, Nachkriegsjahre und Bundesrepublik Deutschland. Deutsche
Geschichte nach 1945, Teil 1, Band 7, Hemsbach 1988, S. 110

1. Fassen Sie beide Texte mit eigenen Worten zusammen.
2. Analysieren Sie die Haltung der Vertriebenenverbände und die Positionen, die Matthias Müller und Jürgen Tern ihnen gegenüber einnehmen.
3. Beurteilen Sie mögliche polnische Reaktionen auf die beiden Texte.

Der Warschauer Vertrag wird unterzeichnet.
Foto vom 7. Dezember 1970.
Bundeskanzler Willy Brandt (links) und der polnische Ministerpräsident Józef Cyrankiewicz (rechts) unterzeichnen im Palais des Ministerrates den Warschauer Vertrag.

Das deutsch-polnische Verhältnis

Umbrüche

- 1772, 1793 und 1795: polnische Teilungen durch Russland, Preußen und Österreich → Folge: ein polnischer Staat existiert nicht mehr

Nationalbewegung und Konflikte

- 1815: Wiener Kongress → Folge: Teilungen Polens werden mit etwas anderen Grenzziehungen wiederhergestellt
- 1848: Preußen unterdrückt Aufstände in der mehrheitlich polnischsprachigen Provinz Posen, „Polendebatte" in der Paulskirche: Mehrheit gegen eine Wiederherstellung Polens
- seit den 1860er-Jahren: Germanisierungspolitik Preußens in Polen → Folgen: Vertreibung oder vollständige Assimilation der Polen, Ansiedlung von Deutschen (Ansiedlungsgesetz), passiver Widerstand und Erstarken des Nationalismus in Polen
- seit den 1870er-Jahren: zahlreiche Polen auch in Deutschland („Ruhrpolen")

Zeit der Weltkriege

- 1914-1918: polnische Soldaten kämpfen für die Teilungsmächte im Ersten Weltkrieg → Folge: im Versailler Vertrag gewinnt Polen Gebiete hinzu
- 1916: das Königreich Polen wird gegründet, ist aber fast ohne Rechte
- 1918-1921: polnische Grenzkriege → Folge: Polen erobert zahlreiche Territorien
- 1918: die Republik Polen wird ausgerufen, der Nationalstaat hat aber nur wenige Rechte
- 1934: Polen schließt einen Nichtangriffspakt mit dem nationalsozialistischen Deutschland
- 1939: die deutsche Armee greift Polen an, die polnischen Truppen kapitulieren → Folgen: vierte Teilung Polens, Errichtung eines Generalgouvernements, harte Besatzungspolitik, Entstehung von Konzentrationslagern
- 1943: der jüdische Aufstand im Warschauer Ghetto wird niedergeschlagen
- 1944: der Warschauer Aufstand der polnischen Heimatarmee scheitert

seit 1945

- nach 1945: Polen wird als Staat innerhalb des Interessengebietes der Sowjetunion wiederhergestellt, polnische Westverschiebung, Zwangsmigration von Deutschen und Polen
- 1950: im Görlitzer Abkommen erkennt die DDR die Oder-Neiße-Linie als Grenze an
- 1965: Versöhnungsschreiben polnischer Bischöfe an ihre deutschen Amtsbrüder („Hirtenbrief")
- seit 1969: neue Ostpolitik unter Willy Brandt („Wandel durch Annäherung")
- 1970: im Warschauer Vertrag erkennt die Bundesrepublik die polnische Westgrenze an
- 1991: deutsch-polnischer Vertrag über gute Nachbarschaft und freundschaftliche Zusammenarbeit

M Verbesserung der Beziehungen

Am 7. Dezember 1970 trifft Bundeskanzler Willy Brandt erstmals mit dem Ersten Sekretär des polnischen Zentralkomitees, Władysław Gomułka, zu einem Gespräch in Warschau zusammen. Im Vorfeld bemühen sich beide Seiten, den Entspannungsprozess voranzutreiben, obwohl die Probleme als sehr groß und die Widerstände in den jeweiligen Bevölkerungen als massiv angesehen werden. Über das Treffen von Brandt und Gomułka heißt es:

Herr Gomułka dankte dem Bundeskanzler einleitend dafür, dass er nach Warschau gekommen sei, obwohl doch noch keine diplomatischen Beziehungen zwischen den beiden Ländern bestünden. Die Entscheidung des Bundeskanzlers,
5 nach Warschau zu kommen, zeuge von den besten Absichten der Bundesregierung, die Normalisierung der Beziehungen ernsthaft in Angriff zu nehmen. [...] Mit der Unterzeichnung des Vertrages[1] sei nunmehr der Weg frei für den Beginn des Normalisierungsprozesses. Nun gelte es, die
10 nächsten Schritte zu tun, wobei er die Ratifizierung des Vertrages und direkt danach die Aufnahme diplomatischer Beziehungen [...] meine.
Herr Gomułka kam [...] auf das Verhältnis zwischen Polen und der Bundesrepublik zu sprechen. Für die beiden Regie-
15 rungen stellten sich nunmehr zwei Aufgaben: einmal die Vorbereitung der Vertragsratifizierung, [...] und zum anderen Schritte im Zuge des Normalisierungsprozesses, der durch die Vertragsunterzeichnung eingeleitet worden sei. Was nun den zweiten Punkt anbelange, nämlich die Nor-
20 malisierung bzw. Verbesserung der bilateralen Beziehungen, so sei er mit dem Bundeskanzler dahingehend einig, dass dies natürlich ein längerer Prozess sein werde. Auf beiden Seiten habe es in der Vergangenheit schwere Belastungen gegeben, die erst allmählich abgebaut werden
25 könnten. Auch menschliche Gefühle gelte es bei diesem Vorgang zu berücksichtigen, was keineswegs zu unterschätzen sei; nicht nur in Polen, sonders gewiss auch in der Bundesrepublik. Beide Regierungen müssten in den kommenden Monaten und Jahren noch viel Arbeit leisten, um
30 die Auffassungen der beiden Völker im Sinne einer Annäherung zwischen Deutschen und Polen zu beeinflussen. [...]

Die Schwierigkeiten, die mit einer Umformung der Ansichten der polnischen bzw. der westdeutschen Bevölkerung verbunden seien, unterschätze er keineswegs. Ihm sei auch durchaus bewusst, dass es nicht nur in der Bundesrepublik, 35 sondern auch in Polen Bevölkerungsgruppen gebe, welche eine Annäherung zwischen den beiden Staaten auf der Grundlage des nun unterzeichneten Vertrags ablehnten. Schließlich wolle er auch offen zugeben, dass es für die Bundesregierung schwieriger sei, mit ihren politischen 40 Gegnern umzugehen, als für die polnische Regierung mit oppositionellen Kreisen im eigenen Lande. Der polnischen Regierung stünden dafür aufgrund der Lage der Dinge andere Möglichkeiten zur Verfügung. [...]
Man könne nicht in kurzer Zeit die Geschehnisse in der 45 Vergangenheit in den Herzen der beiden Völker auslöschen. Man könne aber durch Formen der Zusammenarbeit die Völker einander näherbringen. Und hier wiederum biete sich vor allem die wirtschaftliche Zusammenarbeit an. [...] Er habe den Eindruck, dass es in westdeutschen Industrie- 50 kreisen und auch bei den in der BRD zuständigen amtlichen Stellen vielfach an einer entsprechenden Kenntnis der wirtschaftlichen Möglichkeiten fehle, über die Polen verfüge.

Daniel Hofmann (Bearb. u. a.), Dokumente zur Deutschlandpolitik, VI. Reihe/ Band 1, München 2002, S. 948 f. und 953 f.

1. Gliedern Sie den Text in sinnvolle Abschnitte und versehen Sie diese mit passenden Oberbegriffen.

2. Arbeiten Sie ausgehend vom Text die langfristigen Gründe für das schlechte deutsch-polnischen Verhältnis im Jahre 1970 heraus.

3. Analysieren Sie – aufbauend auf Ihren Ergebnissen aus Aufgabe 2 – die Gründe für die Widerstände gegen den Vertrag, die Gomułka sowohl in der Bundesrepublik als auch in Polen erwartete.

4. Beurteilen Sie die Chancen zur Verbesserung der Zusammenarbeit mit wirtschaftlichen Methoden. Gehen Sie dabei auch auf weitere Möglichkeiten – zum Beispiel auf kultureller Ebene – ein, die sich aus Ihrer Sicht für eine bilaterale Entspannung ergeben könnten.

---

[1] Hier ist der Warschauer Vertrag gemeint. Siehe dazu Seite 108 f.

1.5 Wahlmodul: Die Gesellschaft der Weimarer Republik

Die Weimarer Republik als erste deutsche Demokratie wurde nicht von einer starken republikanischen Bewegung erstritten. Sie entstand vielmehr als improvisierte Lösung, um die Folgen des vom Kaiserreich verlorenen Ersten Weltkrieges erträglich zu gestalten. Der von großen Teilen der Bevölkerung als ungerecht empfundene Versailler Friedensvertrag belastete von Beginn an die neue Staatsform. Trotz innerer Unruhen, Inflation und späterer hoher Arbeitslosigkeit entwickelte sich in den Jahren zwischen 1918 und 1933 ein faszinierendes kulturelles Leben. Erst um 1930 schlugen die latenten Vorbehalte gegen die Demokratie in offene Demokratiefeindschaft um. Die Ernennung Adolf Hitlers zum Reichskanzler am 30. Januar 1933 bedeutete schließlich das Ende der Weimarer Republik und führte Deutschland in eine unheilvolle Diktatur.

Das Kapitel beschäftigt sich inhaltlich mit …

den konkurrierenden politischen Ideen der Gründungsphase

den Belastungen der Republik durch den Versailler Vertrag und politischer Gewalt von rechts und links

dem „Krisenjahr" 1923 und dessen Bewältigung

den „Goldenen Zwanzigern" als Zeitalter von Modernisierung und Technisierung

den Ursachen und Auswirkungen der Weltwirtschaftskrise

der Frage nach dem Scheitern der Weimarer Republik

Wahlplakat und Flugblatt von 1919.
Das Wahlplakat (links) stammt von der SPD,
das Flugblatt (rechts) von der DNVP (Deutschnationale Volkspartei).
Auf dem Flugblatt sind u. a. Otto Landsberg (Reichsjustizminister von 1919 bis 1920 (SPD); erste Zeile, fünftes Porträt), Walther Rathenau (Reichsaußenminister 1922 (DDP); dritte Zeile, drittes Porträt) und Oscar Cohn (Jurist und Politiker (USPD); vierte Zeile, erstes Porträt) dargestellt.

▶ Beschreiben Sie beide Abbildungen unter folgenden Gesichtspunkten:
   a) Wen oder was zeigen sie? Was wird thematisiert?
   b) Wie sind Plakat und Flugblatt aufgebaut? Welche Gestaltungsmittel werden verwendet?

▶ Ordnen Sie beide Abbildungen in den historischen Kontext ein.

9. 11. 1918 — Die Revolution stürzt die Monarchie; Deutschland wird Republik. **Entstehung der Republik**

11. 11. 1918 — Der Erste Weltkrieg endet mit der deutschen Kapitulation.

5. - 12. 1. 1919 — Der „Spartakus-Aufstand" in Berlin wird niedergeschlagen. **Krisenjahre**

19. 1. 1919 — Männer und erstmals Frauen wählen die Verfassunggebende National-versammlung. Sie tagt in Weimar.

11. 2. 1919 — Friedrich Ebert wird zum Reichspräsidenten gewählt.

7. 5. 1919 — Der deutschen Delegation wird der Versailler Vertrag vorgelegt. Er regelt die Nachkriegsordnung in Europa. Artikel 231 legt die Alleinschuld Deutschlands und seiner Verbündeten am Krieg fest.

11. 8. 1919 — Die Reichsverfassung tritt in Kraft: Deutschland ist parlamentarische Demokratie.

18. 11. 1919 — Die Generäle Paul von Hindenburg und Erich Ludendorff bekräftigen die „Dolchstoßlegende".

13. - 17. 3. 1920 — Der konterrevolutionäre Kapp-Putsch schlägt fehl.

1921 / 1922 — Attentate auf die „Erfüllungspolitiker" häufen sich.

8. / 9. 11. 1923 — Der rechtsradikale Hitler-Putsch in München scheitert.

15. 11. 1923 — Die Regierung beendet die Hyperinflation mit einer Währungsreform.

26. 4. 1925 — Nach dem Tod Friedrich Eberts (28. 2.) wird Paul von Hindenburg neuer Reichspräsident. **Gefährdete Stabilität**

1926 — Deutschland wird als Folge einer Außenpolitik der Verständigung unter Gustav Stresemann in den Völkerbund aufgenommen.

24. / 29. 10. 1929 — Der Zusammenbruch der New Yorker Börse löst eine Weltwirtschaftskrise aus.

1930 — Die Große Koalition aus SPD, Zentrum und bürgerlich-liberalen Parteien zerbricht als letzte Regierung mit einer Mehrheit im Parlament. Ab 29. März regiert Heinrich Brüning als Kanzler des ersten Präsidialkabinetts dauerhaft mit Notverordnungen. **Verfall der Demokratie**

14. 9. 1930 — In den Reichtagswahlen erhalten die radikalen Parteien einen deutlichen Stimmenzuwachs.

1932 — Mit 6,13 Millionen erreicht die Zahl der Arbeitslosen ihren Höchststand.

31. 7. 1932 — Bei den Reichstagswahlen wird die NSDAP stärkste Partei.

6. 11. 1932 — Bei den Reichstagswahlen muss die NSDAP Verluste hinnehmen, bleibt aber stärkste Partei.

28. 1. 1933 — Kurt von Schleicher tritt als Reichskanzler zurück, nachdem Reichspräsident Hindenburg ihm das Vertrauen entzogen hat.

30. 1. 1933 — Reichspräsident Hindenburg ernennt Adolf Hitler zum Reichskanzler.

Paul von Hindenburg (1847–1934):
Als Sohn eines adligen Offiziers und
Gutsbesitzers durchlief Hindenburg
ab 1866 eine militärische Karriere.
Er wurde 1914 zum Oberbefehlshaber
der Truppen an der Ostfront berufen
und stieg im Ersten Weltkrieg zum
Generalfeldmarschall auf. Von 1925
bis 1934 war er Reichspräsident, als
welcher er am 30. Januar 1933 Adolf
Hitler zum Reichskanzler ernannte.

Friedrich Ebert (1871–1925):
Er arbeitete als Sattler, Redakteur und
Gastwirt. Ebert engagierte sich früh in
Partei und Gewerkschaft, war ab 1913
SPD-Vorsitzender, übernahm nach
Ausrufung der Republik 1918 die Regie-
rungsgeschäfte und wurde 1919 erster
Reichspräsident der Weimarer Republik.

Räterepublik: Herrschaftsform der
direkten Demokratie. Räte sind gewählte Ausschüsse von Bewohnern
eines Bezirks, Arbeitern und Soldaten.
Sie sind an die Weisungen der Wähler
gebunden und vereinen gesetzgebende, ausführende und rechtsprechende Gewalt auf sich.

Kriegsende und Revolution | Im Herbst 1918 konnten das Deutsche Reich und seine Verbündeten (vor allem Österreich-Ungarn) den Krieg gegen die militärisch überlegenen Alliierten Frankreich, Großbritannien, Italien, die USA und ihre Verbündeten nicht mehr fortsetzen. Die *Oberste Heeresleitung (OHL)* gestand im September 1918 der Reichsregierung die Niederlage ein. Der Chef der OHL, Paul von Hindenburg, und sein Generalstabschef *Erich Ludendorff*, waren entschiedene Gegner jeglicher demokratischer Reformen. Jetzt versprachen sie sich von der Umwandlung der konstitutionellen Monarchie in eine parlamentarische Regierungsform[1] günstige Auswirkungen auf künftige Friedensverhandlungen. Die neue von den Mehrheitsparteien im Reichstag getragene Regierung sollte die Waffenstillstandsverhandlungen führen und damit auch die Verantwortung für den Zusammenbruch übernehmen, um so die militärische Führung vom Makel der Niederlage zu befreien. Anfang Oktober 1918 bildete Reichskanzler Prinz *Max von Baden* eine neue Regierung aus Vertretern der *Sozialdemokratischen Partei Deutschlands (SPD)*, des *Zentrums* und der liberalen *Fortschrittspartei*.

Als Ende Oktober 1918 die Seekriegsleitung ohne Wissen der Regierung die Flotte gegen England auslaufen lassen wollte, meuterten Matrosen in Wilhelmshaven und Kiel. Ein Aufstand brach aus, der zur Keimzelle der sich rasch ausbreitenden *Novemberrevolution* wurde. Spontan und ohne festes Konzept gebildete *Arbeiter- und Soldatenräte* übernahmen in vielen Städten die politische Gewalt. Sie forderten ein Ende des Krieges, die Abdankung des Kaisers und eine Demokratisierung von Wirtschaft, Gesellschaft und Militär.

Anfang November stürzten die ersten Monarchien, in allen deutschen Staaten traten die Fürsten zurück. Um einen Bürgerkrieg zu verhindern, verkündete Prinz Max von Baden eigenmächtig die Abdankung Kaiser *Wilhelms II.* Zugleich übergab er ohne verfassungsrechtliche Legitimation Friedrich Ebert, dem Vorsitzenden der SPD, das Amt des Reichskanzlers. Als Vorsitzender der größten Fraktion im Reichstag sollte er eine neue Regierung bilden.

Unruhen und Kompromisse | Während Ebert die Entscheidung über die künftige Staatsform einer rasch zu wählenden *Nationalversammlung* überlassen wollte, rief sein Parteifreund *Philipp Scheidemann am 9. November 1918* in Berlin die „Deutsche Republik" aus. Damit kam er *Karl Liebknecht*, dem Führer des von radikalen Sozialisten gebildeten *Spartakusbundes*, zuvor, der zwei Stunden später die „Sozialistische Republik Deutschland" verkündete. Aus dem Spartakusbund ging am 1. Januar 1919 die *Kommunistische Partei Deutschlands (KPD)* hervor. Aus Angst vor einer sozialistischen Räterepublik, in der die Macht nach russischem Vorbild auf Arbeiter- und Soldatenräte übergehen sollte, einigten sich SPD und *Unabhängige Sozialdemokratische Partei Deutschlands (USPD)* am 10. November auf eine Übergangsregierung, den *„Rat der Volksbeauftragten"*. Einen Tag später, am 11. November, unterzeichnete eine noch von der kaiserlichen Regierung entsandte Delegation mit Billigung der Obersten Heersleitung die deutsche Kapitulation. Ab 11 Uhr morgens schwiegen die Waffen. Etwa 9,5 Millionen Soldaten hatten in dem bis dahin blutigsten weltweiten Krieg ihr Leben verloren.

Um die geordnete Rückführung der deutschen Truppen zu gewährleisten und einen Bürgerkrieg zu verhindern, entschloss sich Ebert zu einer Zusammenarbeit mit dem Reichswehrgeneral *Wilhelm Groener*, der den Rückzug der deutschen Truppen leitete. Im Namen der Obersten Heeresleitung bekundete Groener seine Loyalität gegenüber der Regierung und versprach militärische Unterstützung bei Unruhen (*Ebert-Groener-Pakt*). Als Gegenleistung erwartete er den gemeinsamen „Kampf gegen den Radikalismus und Bolschewismus[2]".

---

[1] In der konstitutionellen Monarchie ist der Regent an die Verfassung gebunden. In der parlamentarischen Monarchie wird darüber hinaus die Regierung nicht vom Monarchen, sondern von der Mehrheit im Parlament gewählt.

[2] Die Bolschewisten bildeten den radikalen Flügel innerhalb der Russischen Arbeiterpartei, die unter der Führung Lenins in der Oktoberrevolution 1917 in Russland die Macht übernahmen.

Geschichte In Clips
Zur Ausrufung der Republik
siehe den Code **32203-08**.

Feuergefechte in Berlin.
Foto vom März 1919.
Auf dem Foto ist der damalige Bülowplatz in Berlin zu sehen. Regierungstruppen gehen mit Gewehren und Kanonen gegen streikende Arbeiter vor und suchen Deckung hinter einem Panzer. Die Straßen-kämpfe im März kosteten hunderte Menschen das Leben.

Daneben beschloss der „Rat der Volksbeauftragten" bei Unruhen den Einsatz privat gegründeter Selbstschutzverbände, sogenannter *Freikorps*. Sie bestanden aus ehemaligen Berufssoldaten, Abenteurern, Studenten oder Schülern – meist Männer, die nach dem Krieg keine Heimat und keine Arbeit hatten und nicht in ein ziviles Leben zurückgefunden hatten. Die meisten waren extrem antirepublikanisch und antikommunistisch eingestellt.

Bereits am 28. Dezember 1918 traten die USPD-Vertreter wegen grundsätzlicher Meinungsverschiedenheiten mit den Mehrheitssozialdemokraten aus dem „Rat der Volksbeauftragten" wieder aus. Kurz darauf entfesselte die radikale Linke in Berlin einen Aufstand, weil sie die Wahlen zur Nationalversammlung unbedingt verhindern wollte (*Spartakus-Aufstand* vom 5. bis 12. Januar 1919) (→M1). Tausende Anhänger des Spartakusbundes um Karl Liebknecht und Rosa Luxemburg lieferten sich Straßenschlachten mit Regierungstruppen und Freikorps. Der Aufstand wurde blutig niedergeschlagen, Rosa Luxemburg und Karl Liebknecht wurden nach ihrer Verhaftung von Offizieren ermordet. Das brutale Vorgehen der Truppen und Freikorps löste in Berlin und anderen Städten weitere Streiks und bewaffnete Aufstände aus. Erst im Mai 1919 gelang es der Regierung, die letzten Unruhen zu beenden. Tausende hatten ihr Leben verloren.

Rosa Luxemburg (1871–1919): einflussreiche Vertreterin der europäischen Arbeiterbewegung und Mitgründerin des „Spartakusbundes" sowie der „Kommunistischen Partei Deutschlands"

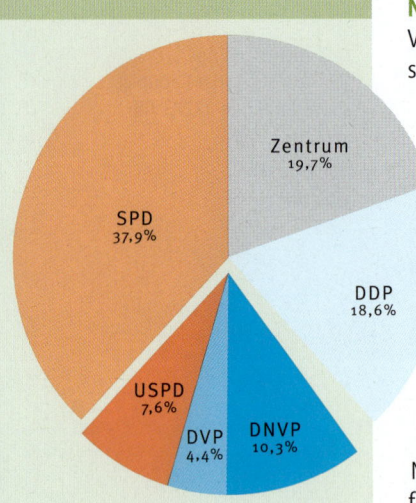

Ergebnis der Wahlen zur Nationalversammlung 1919.

Internettipp
Zur Entstehung der Weimarer Verfassung siehe den Code **32203-09**.

Internettipp
Ein Fazit zur Verfassung bietet das Video unter dem Code **32203-10**.

Nationalversammlung und neue Verfassung | Am 19. Januar 1919 fand die Wahl zur Verfassunggebenden Nationalversammlung statt. Die drei größten Fraktionen, die schon während des Krieges im Reichstag kooperiert hatten – SPD, Zentrum und *Deutsche Demokratische Partei (DDP)*, als Nachfolgerin der liberalen Fortschrittspartei – bildeten die sogenannte „*Weimarer Koalition*". Diese vereinigte mit 76,1 Prozent der Stimmen die deutliche Mehrheit des Volkes auf sich (331 von insgesamt 423 Mandaten). Die Opposition war gespalten: Links stand die radikal-sozialistische USPD und rechts die nationalbürgerlich ausgerichtete *Deutsche Volkspartei (DVP)* sowie die völkische, konservativ-monarchistische *Deutschnationale Volkspartei (DNVP)*. Die KPD hatte die Wahlen zur Nationalversammlung boykottiert und sich gar nicht erst aufstellen lassen.

Um sich den politischen Unruhen in Berlin zu entziehen, trat die Nationalversammlung am 6. Februar 1919 in Weimar zusammen. Sie sollte bis zur ersten Reichstagswahl im Juni 1920 eine vorläufige Regierung bilden und eine Verfassung erarbeiten. Ebert wurde am 11. Februar zum ersten Reichspräsidenten gewählt. Noch am selben Tag beauftragte er Scheidemann, eine Regierung zu bilden. Nach über fünfmonatiger Beratung nahm die Weimarer Nationalversammlung die neue Verfassung an. Das Deutsche Reich war nun eine *parlamentarische Republik*.

„Die demokratischste Demokratie der Welt"[1] | Am 11. August 1919 trat die neue Verfassung in Kraft. Erstmals in Deutschland musste das monarchische Prinzip dem Grundsatz der Volkssouveränität weichen. Dem Reichstag oblag nun neben dem Recht auf Gesetzgebung auch die Kontrolle der Regierung, d.h., Kanzler und Minister benötigten für ihre Amtsführung sein Vertrauen. Jeder von ihnen konnte durch ein Misstrauensvotum zum Rücktritt gezwungen werden. Allerdings konnte der Reichstag den Kanzler nicht wählen.

Der Reichspräsident war mit weitreichenden Vollmachten ausgestattet. Er allein ernannte und entließ den Kanzler und konnte den Reichstag auflösen. Außerdem war er Oberbefehlshaber der Reichswehr. Von besonderer Bedeutung war Artikel 48 der Verfassung. Dieser gab dem Reichspräsidenten das Recht, bei Störung der öffentlichen Sicherheit und Ordnung die nötigen Maßnahmen zu ihrer Wiederherstellung zu treffen und notfalls die Reichswehr einzusetzen. Friedrich Ebert setzte das Notverordnungsrecht vor allem zur Lösung wirtschaftlicher und sozialer Probleme ein, wenn im Parlament keine Mehrheiten hergestellt werden konnten. Die Rolle des Reichspräsidenten als „Ersatzgesetzgeber" sollte den Parteien zunehmend die Flucht aus der Verantwortung erleichtern. Als Gegengewicht zum Reichstag führte die Weimarer Verfassung Elemente der direkten Demokratie ein: *Volksbegehren* (Gesetzesinitiative durch das Volk) und *Volksentscheid* (Mehrheitsentscheidungen über Gesetze durch das Volk). In der Praxis wurden diese Volksabstimmungen von den Gegnern der Republik häufig zur Manipulation der Massen missbraucht.

Zu den demokratischen Errungenschaften der Weimarer Republik gehört die verfassungsrechtliche Gleichstellung von Mann und Frau. Bei der Wahl zur Nationalversammlung wurde eine alte sozialdemokratische Forderung verwirklicht: das aktive und passive *Wahlrecht für Frauen*. Mit einer Wahlbeteiligung von fast 90 Prozent machten die Frauen von ihrem Stimmrecht regen Gebrauch, 41 von 310 Kandidatinnen zogen 1919 in die Weimarer Nationalversammlung ein (→M2). Die verfassungsrechtliche Gleichstellung der Frauen bedeutete freilich nicht, dass sie im Familienrecht gleichberechtigt waren. Für Tätigkeiten, die über die Hausarbeit hinausgingen, brauchten Frauen die Erlaubnis des Ehemannes. So bestimmte es das Bürgerliche Gesetzbuch noch bis 1977. Das Frauenwahlrecht und die steigende Zahl weiblicher Mitglieder in Parteien und Gewerkschaften änderten nichts daran, dass führende Positionen in der Politik und im öffentlichen Leben weiterhin nur von Männern besetzt blieben.

---

[1] Zitiert nach Eduard David, SPD-Abgeordneter und 1919 kurzzeitig Reichsinnenminister.

Demonstration für das Frauenwahlrecht.
Foto vom Mai 1912, digital koloriert.
Das Foto zeigt Demonstrantinnen, die sich auf dem Weg zu einem Versammlungsort in Berlin begeben. Am 19. Januar 1919 durften zum ersten Mal Frauen in Deutschland zur Wahl gehen.

Internettipp
Wie sich die Errungenschaften der Frauenbewegung auf die Gesetzgebung auswirkten, zeigt eine Übersicht unter dem Code **32203-11**.

Männer und Frauen über 20 Jahren erhielten nach der neuen Verfassung das Recht, alle vier Jahre die Abgeordneten des Reichstages und alle sieben Jahre den Reichspräsidenten zu wählen. Um jede einzelne Stimme zur Geltung zu bringen, galt das Verhältniswahlrecht: Jede Partei erhielt für 60 000 gültige Stimmen ein Mandat. Eine Sperrklausel, die den kleinen arteien – auch „Splitterparteien" genannt – den Zutritt zum Reichstag hätte verwehren können, gab es nicht. Dies galt als besonders gerecht und demokratisch. Allerdings erschwerte die Parteivielfalt häufig die Bildung regierungsfähiger Mehrheiten im Reichstag, zumal die größeren Parteien zunehmend weniger Bereitschaft zu Kompromissen erkennen ließen.

Internettipp
Über die Geschichte des Frauenwahlrechts informiert folgender Code **32203-12**.

Der zweite Hauptteil der Weimarer Verfassung enthielt einen Katalog an Grundrechten und Grundpflichten (Art. 109–165): Rechtsgleichheit, Freizügigkeit, Recht der freien Meinungsäußerung, Freiheit der Person, Glaubens- und Gewissensfreiheit sowie soziale Grundrechte, darunter der Schutz und die Förderung von Ehe und Familie, das Recht auf Arbeit, den Schutz der Jugend, die Förderung des Mittelstandes und vieles mehr. Allerdings konnten viele Grundrechte in Krisenzeiten durch Notverordnungen gemäß Artikel 48 außer Kraft gesetzt werden. Vor allem aber waren die Grundrechte nicht justiziabel, d.h., der Bürger konnte ihre Verletzung durch die Staatsgewalt vor Gericht nicht geltend machen, sodass sie letztlich unverbindlich blieben.

Gesellschaftspolitisch traf die Verfassung keine Entscheidung, die Entwicklung sollte dem freien Spiel der Kräfte vorbehalten bleiben. Mit der Zeit wurden aber auch die Grenzen des Rechts deutlich in einer Gesellschaft, in der nicht mehr die pragmatische Mitte vorherrschte, sondern antidemokratische Ideen von links und rechts die Richtung vorgaben (→M3).

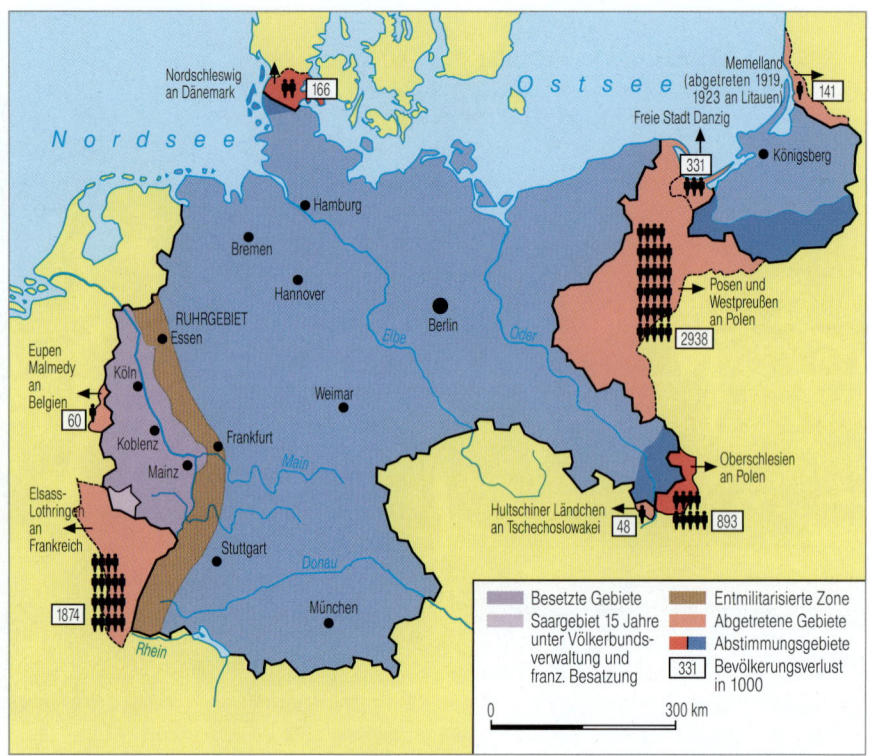

Nordschleswig an Dänemark [166]
O s t s e e
Memelland (abgetreten 1919, 1923 an Litauen) [141]
Freie Stadt Danzig
N o r d s e e
[331]
Königsberg
Hamburg
Bremen
Hannover
Posen und Westpreußen an Polen [2938]
RUHRGEBIET Essen
Elbe
Berlin
Oder
Eupen Malmedy an Belgien [60]
Köln
Weimar
Koblenz
Mainz
Frankfurt
Main
Oberschlesien an Polen
Elsass-Lothringen an Frankreich
Stuttgart
Donau
Hultschiner Ländchen an Tschechoslowakei [48] [893]
München
[1874]
Rhein

Besetzte Gebiete | Entmilitarisierte Zone
Saargebiet 15 Jahre unter Völkerbundsverwaltung und franz. Besatzung | Abgetretene Gebiete
| Abstimmungsgebiete
[331] Bevölkerungsverlust in 1000

0 _____ 300 km

Deutsche Gebiets- und Bevölkerungsverluste nach dem Friedensvertrag von Versailles.

▶ Arbeiten Sie die Ergebnisse des Vertrages heraus und diskutieren Sie, welche Festlegungen für die deutsche Bevölkerung besonders schwer zu akzeptieren waren.

Animierte Karten
Eine animierte Karte zum Thema „Deutschland und der Vertrag von Versailles" können Sie unter dem Code 32203-13 aufrufen.

„Wilson-Frieden": Der US-amerikanische Präsident Woodrow Wilson hatte am 8. Januar 1918 einen „14-Punkte-Plan" vorgelegt, in dem er seine Vorstellungen von den Grundlagen einer zukünftigen Friedensordnung in Europa formulierte. Diese sollte auf dem Selbstbestimmungsrecht der Völker und dem Autonomie- und Nationalitätenprinzip basieren.

Der überforderte Frieden | Am 18. Januar 1919 wurde in Paris ohne Beteiligung der Besiegten die Friedenskonferenz eröffnet. Auf ihr sollte die Nachkriegsordnung in Europa festgelegt werden. Am 7. Mai 1919 wurde der deutschen Delegation der fertige Vertrag mit 440 Artikeln vorgelegt: Deutschland verlor im Westen, Osten und Norden des Reiches 13 Prozent des Staatsgebietes sowie rund zehn Prozent der Bevölkerung. Außerdem musste es alle seine Kolonien aufgeben. Die Reichswehr wurde auf ein Berufsheer von maximal 100 000 Soldaten reduziert, die Flotte musste ausgeliefert werden und eine Luftwaffe wurde verboten. Ferner sollten für die Kriegsschäden der anderen Mächte Ausgleichszahlungen (*Reparationen*) in noch festzulegender Höhe erbracht werden.

Die Bestimmungen lösten in der deutschen Öffentlichkeit, in der man auf einen milden „Wilson-Frieden" gehofft hatte, Empörung und Proteststürme aus. Vor allem Artikel 231 des Vertrages, der sogenannte *Kriegsschuldartikel*, der die juristische Anspruchsgrundlage für die Reparationen war, wurde in Deutschland als moralische Ächtung des ganzen Volkes empfunden. Auf der anderen Seite erwarteten die Menschen in den Siegerstaaten, mobilisiert durch die Presse, eine angemessene Bestrafung des Gegners.

Als die deutschen Einsprüche erfolglos blieben, trat die Regierung Scheidemann zurück. Um das Ultimatum der Alliierten zu erfüllen, wurde die neue Regierung von der Nationalversammlung beauftragt, den Vertrag in Versailles zu unterschreiben. Den Politikern, die sich unter dem Druck der Verhältnisse dazu bereit erklärt hatten, gestanden anfänglich alle Parteien ehrenhafte Motive zu. Doch schon bald wurde der *Versailler Vertrag* von der äußersten Rechten bis hin zur Sozialdemokratie wegen des Kriegsschuldartikels und der umfangreichen Reparationen als ein „Diktat"- und „Schandfriede" geschmäht. Republikfeindliche Kräfte hetzten gegen die „Erfüllungspolitiker". „Versailles" wurde zur Diffamierungsparole schlechthin, die Republik für die Belastungen des Friedensvertrages verantwortlich gemacht.

Enttäuschung herrschte aber nicht nur in Deutschland. Die Alliierten hatten auch in der arabischen Welt und in Fernost der Bevölkerung Zusagen gegeben, um sie zum Kampf gegen die Mittelmächte zu bewegen. *Woodrow Wilson* hatte neue universelle Werte formuliert, die der Westen nun nicht einlösen konnte. Dass die Eliten in den kolonisierten Ländern sich künftig vielfach an der kommunistischen Sowjetunion orientierten, war nicht zuletzt eine Folge der Enttäuschungen von 1919.

„Dolchstoßlegende" | Neben dem vom Reichstag erzwungenermaßen angenommenen Versailler Vertrag, schuf die *„Dolchstoßlegende"* einen verheerenden Propagandamythos, der das politische Klima der Weimarer Republik von Anfang an vergiften sollte (→ M4). Schon im November 1918 verbreiteten rechtsradikale Zeitungen die angebliche Bemerkung eines britischen Generals, die deutsche Armee sei „von hinten erdolcht" worden: Streiks und politische Unruhen in der Heimat hätten sie zur Kapitulation gezwungen. Die beiden Generäle Paul von Hindenburg und Erich Ludendorff machten sich diese Version zu eigen und verbreiteten Ende 1919 eine Verschwörungstheorie, mit der sie die eigene Schuld an der militärischen Niederlage von sich ablenken und vor allem auf die Sozialdemokratie abwälzen wollten: Das deutsche Heer sei im Weltkrieg „im Felde unbesiegt" geblieben und habe erst durch oppositionelle „vaterlandslose" Zivilisten aus der Heimat einen „Dolchstoß von hinten" erhalten.

Weil ein Großteil der Bevölkerung die erlittene Niederlage nicht anerkennen wollte, wirkte die Dolchstoßlegende selbst wie ein Dolchstoß „in den Rücken des neuen Staates" (*Albert Schwarz*).

Die Weimarer Regierungsparteien | Von Anfang an waren im Reichstag nicht nur staatstragende, demokratisch gesinnte Politiker vertreten. Nur drei der zahlreichen Parteien bekannten sich ausdrücklich zur parlamentarisch-demokratischen Republik und hatten maßgeblich an der Weimarer Verfassung mitgearbeitet: die SPD, die DDP und das Zentrum – die Parteien der „Weimarer Koalition".

Die SPD ging bei den Wahlen zur Nationalversammlung 1919 und bei den Reichstagswahlen bis 1930 jeweils als stärkste Kraft hervor, erreichte jedoch nie die absolute Mehrheit. Bis zum Ende der Republik blieb sie auf Reichsebene mit wenigen Ausnahmen in der Opposition.

Die linksliberale DDP vertrat vor allem das Bildungsbürgertum, Kaufleute und Angestellte. Neben der SPD war sie die Partei, die sich am entschiedensten zur Weimarer Republik bekannte. Mit **Walther Rathenau** stellte die DDP 1922 den Außenminister. Schon ab 1920 verlor sie jedoch in großem Maß Stimmen an die nationalliberale Deutsche Volkspartei (DVP). Diese vertrat vor allem die Interessen der Großindustrie. Obwohl an vielen Regierungen beteiligt, hielt sie noch lange an der Wiederrichtung der Monarchie fest.

Das Zentrum war die Partei des politischen Katholizismus. Ihr kam eine bedeutende Stellung zu, da sie sich für alle sozialen Schichten einsetzte und sie mit fast allen Parteien koalitionsfähig war. Von 1919 bis 1932 war sie in nahezu jeder Reichsregierung vertreten. 1920 entstand mit der *Bayerischen Volkspartei (BVP)* die bayerische Variante des Zentrums. Die Parteien der Weimarer Koalition verloren bereits bei den ersten Reichstagswahlen am 6. Juni 1920 ihre Mehrheit und erreichten sie danach nicht mehr.

Wahlplakat der DNVP von 1924.

▶ Erläutern Sie den Plakattext.

▶ Interpretieren Sie die Zielsetzung des Plakats und beurteilen Sie die Wirkung von Text und Bild.

Walther Rathenau (1867–1922): Industrieller und Schriftsteller; 1919 Mitbegründer der DDP; 1922 von Rechtsradikalen ermordet

Wahlplakat der KPD von 1924.
Als „Geschmeiß" bezeichnet die KPD hier ihre politischen Gegner, die Parteien unterschiedlichster politischer Ausrichtung umfassen. Bei den dargestellten Personen handelt es sich unter anderem um den Reichspräsidenten Friedrich Ebert (SPD), Außenminister Gustav Stresemann (DVP) sowie Adolf Hitler (NSDAP).

Gegner der Republik | Links- und rechtsradikale Gruppierungen und Parteien bekämpften den Parlamentarismus von Anfang an mit allen Mitteln. Mit ihrer Kompromisslosigkeit stellten sie die Arbeit des Parlaments infrage und gefährdeten die politische Stabilität der Republik.

Die kommunistische KPD und die linkssozialistische USPD lehnten die Republik ab, weil ihnen die Revolution von 1918/19 nicht weit genug gegangen war. Sie betrachteten alle Gegner des Rätesystems, besonders die SPD, als „Handlanger des Kapitalismus", da deren Zusammenarbeit mit den alten Eliten die notwendige revolutionäre Umgestaltung Deutschlands verhindert habe. Die USPD schloss sich zwar 1922 wieder der SPD an, ihre radikalen Mitglieder traten jedoch der KPD bei.

Die rechtskonservative DNVP war ein Sammelbecken völkisch-nationalistischer, konservativer Kreise. Ihr gehörten vor allem die alten Eliten aus Adel, Militär, Großgrundbesitz und Großbürgertum an. Nach 1928 rückte die Partei stark nach rechts und kooperierte mit der *Nationalsozialistischen Deutschen Arbeiterpartei (NSDAP)*, an die sie seit 1930 viele Wähler verlor.

Republik ohne Republikaner? | Viele Deutsche, die dem pompös-militärischen Auftreten der Führungsschichten des Kaiserreiches nachtrauerten, vermochten die neue Staatsform innerlich nicht zu akzeptieren, fanden sich aber aus Vernunftsgründen mit ihr ab. Die zahlreichen politischen und wirtschaftlichen Krisen erzeugten im Bürgertum Angst. Der Theologe und liberale Politiker *Ernst Troeltsch* stellte bereits im Dezember 1919 fest, Hauptträger der „Welle von rechts" seien neben den protestantischen Kirchen die „Elemente städtischer und akademischer Bildung": „Sprach man vor einem Jahr vor Studenten, so musste man sich auf wilde pazifistische, revolutionäre, ja idealistisch-bolschewistische Widersprüche gefasst machen; heute muss man auf antisemitische, nationalistische, antirevolutionäre Einsprüche sich einrichten."

Auch in der Beamtenschaft besaß die Republik keine Stütze. Wegen des Mangels an qualifizierten Fachleuten wurde der alte obrigkeitsstaatliche Verwaltungsapparat aus dem Kaiserreich ohne nennenswerte personelle Veränderungen übernommen. In ihrer großen Mehrzahl blieben die Beamten konservativ-monarchisch gesinnt. Dies zeigte sich besonders in der Justiz. Richter waren geschützt durch das Privileg der Unabsetzbarkeit und konnten so ihre Abneigung gegen die neue Staatsform ungehindert ausleben. Attentäter von rechts konnten mit milden Strafen für ihre „nationale Tat" rechnen, während Anschläge von links mit der vollen Härte des Gesetzes geahndet wurden.

Eine besondere Rolle spielte die Reichswehr. Ihre Offiziere hingen der alten Ordnung an und wollten „ihre" Armee als „Staat im Staat" bewahren. Forderungen nach einer stärkeren parlamentarischen Kontrolle lehnte General *Hans von Seeckt*, der Chef der Heeresleitung, als unzulässige Politisierung ab.

Aber auch auf der anderen Seite des politischen Spektrums wuchs die Unzufriedenheit. Viele Sozialdemokraten und Sozialisten waren der Meinung, dass die SPD den bürgerlichen Parteien zu weit entgegengekommen war, und radikalisierten sich zunehmend. Das Bündnis von 1919 zwischen dem gemäßigten Flügel der Arbeiterbewegung und dem demokratischen Teil des Bürgertums war schon früh einer Zerreißprobe ausgesetzt.

Der Beginn der Weimarer Republik war offen für den verheißungsvollen Gedanken der Demokratie. Aber von Anfang an konkurrierten autoritäre Ordnungsmodelle von rechts und links.

Putschbewegungen und politische Morde | Im März 1920 marschierte eine als rechtsextrem eingestufte Marinebrigade in Berlin ein, um unter Führung von *Wolfgang Kapp* und dem Weltkriegsgeneral Erich Ludendorff die Regierungsgewalt zu übernehmen (*Kapp-Putsch*). Die Reichswehr griff nicht zum Schutz der demokratischen Regierung ein: „Reichswehr schießt nicht auf Reichswehr". Der Putsch scheiterte, weil die Gewerkschaften den Generalstreik ausriefen, der allgemein befolgt wurde.

Im Ruhrgebiet formierten KPD und USPD eine Rote Armee von 50 000 Mann, die den eingesetzten Regierungstruppen wochenlange blutige Kämpfe lieferte. In Sachsen und Thüringen bekämpften sich Selbstschutzeinheiten der Arbeiterschaft und Freikorpsverbände. Ab Ende 1920 setzte eine Serie von Mordanschlägen gegen führende Repräsentanten der Demokratie ein, die als „Erfüllungspolitiker" und „Novemberverbrecher" von rechts geächtet wurden. Am 26. August 1921 brachten Angehörige der rechtsextremen *Organisation Consul (O.C.)* den Zentrumspolitiker *Matthias Erzberger* um. Drei Wochen nach einem missglückten Anschlag auf Philipp Scheidemann wurde Außenminister Walther Rathenau wiederum von Angehörigen der O.C. am 24. Juni 1922 ermordet (→M5).

Reparationsverpflichtungen und Besetzung des Ruhrgebietes | In Versailles war noch keine Entscheidung über die Höhe der Reparationszahlungen getroffen worden, mit denen Deutschland die Kriegsschäden der Alliierten begleichen sollte. Im Jahr 1921 wurden schließlich 132 Milliarden Goldmark festgelegt, zahlbar innerhalb von 42 Jahren. Die Reichsregierung wollte bis an die Grenzen der Leistungsfähigkeit versuchen, die Reparationen zu erfüllen, um gerade dadurch ihre Unerfüllbarkeit deutlich zu machen. Als Deutschland mit seinen Lieferungen geringfügig in Rückstand geriet, benutzte der französische Ministerpräsident *Raymond Poincaré* dies als Vorwand, um französische Soldaten ins Ruhrgebiet einmarschieren zu lassen (11. Januar 1923). So hoffte er, die Territorialansprüche, die Frankreich in Versailles nicht durchsetzen konnte, nachträglich zu befriedigen. Die Reichsregierung rief die Bevölkerung zum „passiven Widerstand" auf, der bald täglich 40 Millionen Goldmark kosten sollte und der eigenen Wirtschaft schweren Schaden zufügte.

Inflation | Der Weltkrieg hatte das Deutsche Reich gewaltige Summen gekostet, die die kaiserliche Regierung durch verzinste Anleihen bei der Bevölkerung und eine enorme Papiergeldvermehrung finanziert hatte. Da die Güterproduktion mit der Geldmengenvermehrung nicht Schritt hielt, war das Ergebnis ein rasches Ansteigen der Preise, also eine *Inflation*.

Zusätzlich zu den 154 Milliarden Mark Staatsschulden musste die junge Republik weitere Aufgaben schultern, wie Kriegsopferversorgung und Lebensmittelimporte. Die Weimarer Regierungen setzten die Inflationspolitik fort, um damit die hohen Reparationsforderungen zu unterlaufen. Als nun die Ausgaben für den „Ruhrkampf" hinzukamen, mussten die Notenpressen Tag und Nacht Papiergeld drucken. Lag der Dollarkurs im April 1923 noch bei 20 000 Mark, so notierte man im November 4,2 Billionen Mark. Löhne und Gehälter wurden stellenweise täglich ausbezahlt. Noch am Zahltag gaben die Menschen das Geld aus, bevor es durch die nächste Preiserhöhung wertlos wurde. Ein Kilogramm Butter kostete am 23. Juli in Hamburg 128 000 Mark, am 24. September 120 Millionen Mark. Der Währungs-

Zweitverwertung.
Foto vom Herbst 1923.
Kinder lassen Flugdrachen steigen, gebastelt aus wertlos gewordenen Banknoten.

Reichsbanknote vom 1. November 1923.

Reichsexekution: (militärisches) Mittel eines Bundesstaates oder Staatenbundes gegenüber seinen Gliedstaaten

Adolf Hitler (1889–1945):
Hitler stammte aus dem österreichischen Braunau (Inn), kam 1913 nach München, wo er sich erfolglos als Künstler durchschlug. 1914 freiwillige Teilnahme am Ersten Weltkrieg in bayerischem Regiment, Verwundung und Auszeichnung, 1919 Propagandist der DAP, seit 1920 NSDAP; 1921 Vorsitzender der Partei, 1923 Hitler-Putsch und Festungshaft, 1925 Neugründung der NSDAP und Aufstieg zur Massenpartei, 1933 Ernennung zum Reichskanzler, ab 1934 „Führer und Reichskanzler".

Benito Mussolini (1883–1945):
Begründer des italienischen Faschismus, einer nationalistischen, antidemokratischen Bewegung. Nach einem „Marsch auf Rom" übernahm er die Regierung. Seine Diktatur war lange Zeit Vorbild für die deutschen Nationalsozialisten.

zusammenbruch traf alle, die ihre Ersparnisse auf Konten angelegt hatten, vor allem Angestellte und Rentner (→M6). Die Besitzer von Sachwerten erlitten kaum Verluste, im Gegenteil, oft konnten sie aufgenommene Kredite mit entwertetem Geld abbezahlen. Der größte Gewinner der Inflation war der Staat. Die gesamten Kriegsschulden von 154 Milliarden Mark hatten am 15. November 1923 nur noch den Wert von 15,4 Pfennigen.

Die neue Reichsregierung unter *Gustav Stresemann*[1] legte Ende 1923 den Wechselkurs zwischen Mark und Dollar neu fest (1 Dollar = 4,20 Mark) und statt durch Goldreserven der Reichsbank wurde die „*Rentenmark*" durch eine Hypothek auf Grundbesitz industrieller Sachwerte gedeckt. Die Bevölkerung schenkte dem neuen Zahlungsmittel sofort Vertrauen – Anfang 1924 war die Inflation überwunden. Den sinnlos gewordenen passiven Widerstand im Ruhrgebiet hatte Stresemann zuvor schon abgebrochen.

Aufstände gegen die Republik | Die von Aufständen, „Ruhrkampf" und Inflation geprägte Krise des Jahres 1923 suchten unterschiedlichste Oppositionsbewegungen für ihre Zwecke zu nutzen. Im Rheinland und in der Pfalz besetzten unter wohlwollender Duldung der französischen Besatzungstruppen separatistische Gruppen die Rathäuser. Sie riefen die Rheinische Republik und die Autonome Pfalz aus, doch bereitete die Mehrheit der Bevölkerung dem Spuk bald ein Ende. In Sachsen und Thüringen bildeten Sozialdemokraten und Kommunisten gemeinsam die Landesregierungen. Sie ließen proletarische Hundertschaften aufstellen. Damit wollte die KPD einen revolutionären Aufruhr nach dem Muster der russischen Oktoberrevolution vorbereiten. Die Reichsregierung verhängte unter Anwendung des Artikels 48 der Verfassung die **Reichsexekution** über Sachsen und ließ Reichswehreinheiten einmarschieren. Die KPD nahm daraufhin Abstand von ihren geplanten Aktionen.

Der Hitler-Putsch in München | In Bayern war besonders München zu einem Sammelbecken der rechten Kräfte geworden. Ehemalige Freikorps-Führer und rechtsradikale Prominenz, wie Ludendorff und weitere Akteure des gescheiterten Kapp-Putsches, fanden dort ein neues Betätigungsfeld. Unter dem Einfluss rechtskonservativer und republikfeindlicher Kräfte betrieb die bayerische Regierung eine gegen Berlin gerichtete Politik. So wurde die noch unbedeutende NSDAP unter ihrem Vorsitzenden **Adolf Hitler** geduldet, obwohl sie in Preußen, Sachsen, Thüringen und Hamburg, 1923 dann auch in Hessen und Braunschweig verboten wurde.

1919 war Adolf Hitler der kurz zuvor in München gegründeten *Deutschen Arbeiterpartei (DAP)* beigetreten, die sich 1920 in NSDAP umbenannte. Mit gehässigen Reden gegen die Republik und maßloser Hetze gegen die Juden machte er die Partei bald zum Tagesgespräch in München. Im Herbst 1923 wollte Hitler nach dem Vorbild des italienischen Faschistenführers **Benito Mussolini** einen „Marsch auf Berlin" durchführen. Am 8. November 1923 erklärte er auf einer Veranstaltung im Münchner Bürgerbräukeller den Ausbruch der „nationalen Revolution" und die Absetzung der Reichsregierung. Am folgenden Tag unternahm er mit General Ludendorff einen Demonstrationszug zur Feldherrnhalle, um die Bevölkerung für seine Umsturzpläne zu gewinnen (*Hitler-Putsch*). Doch die Landespolizei stoppte den Zug mit Waffengewalt. Putschisten wurden getötet, die Anführer verhaftet. Obwohl Hitler als österreichischer Staatsbürger hätte ausgewiesen werden können, erhielt er fünf Jahre Festungshaft in Landsberg am Lech, wurde jedoch bereits nach neun Monaten wieder entlassen (→M7). Ludendorff wurde freigesprochen. In den milden Strafen zeigte sich die Sympathie, die die Putschisten in den führenden Justiz- und Regierungskreisen genossen.

Trotz aller Aufstandsbewegungen: Am Ende des Krisenjahres 1923 hatte sich die Republik behauptet. Würde sie sich angesichts des anhaltenden Widerstands extremer Kräfte von rechts und links dauerhaft konsolidieren?

---

[1] Zu Gustav Stresemann finden Sie ausführliche Informationen auf Seite 125 f.

Die „Goldenen Zwanziger": das Wirtschaftsleben | Die Jahre nach der Sanierung der Währung werden häufig als die „Goldenen Zwanziger" bezeichnet. Vor allem amerikanische Kredite förderten die Investitions- und Innovationsbereitschaft der deutschen Industrie, die in einigen Bereichen (Maschinenbau, Chemie, optische Geräte, Elektrobranche, Feinmechanik) bald eine internationale Spitzenstellung einnahm. Das Produktionsvolumen stieg zwischen 1924 und 1929 um 50 Prozent. Trotzdem verhärtete sich das soziale Klima zwischen den Tarifparteien im Laufe der Jahre, da die Löhne und Sozialleistungen stärker stiegen als der Produktivitätsfortschritt.

Die großindustriellen Unternehmensverbände versuchten zudem seit 1923, die sozialpolitischen Einigungen von Ende 1918 zu korrigieren. Streiks und Aussperrungen eskalierten um die Frage der Erhaltung des Achtstundentages und der Tarifautonomie der Gewerkschaften – Positionen, die für die Arbeitnehmerverbände zu den politischen Grundlagen der Republik zählten. Immerhin wurde aber 1927 mit der einvernehmlichen Einführung der *Arbeitslosenversicherung*, deren Mittel je zur Hälfte von Arbeitgebern und Arbeitnehmern aufzubringen waren, ein wesentlicher sozialpolitischer Fortschritt erzielt.

Kleine Unternehmen und Handwerker machten für ihre niedrig bleibenden Gewinne die industrielle Modernisierung und die Konzentration der Großbetriebe verantwortlich. Die antimodernistische und antikapitalistische Gesinnung wuchs in diesen Kreisen ebenso wie bei den Bauern, die unter einer immer größer werdenden Verschuldung litten.

Die „Goldenen Zwanziger": das kulturelle Leben | Wenn wir heute von den „Goldenen Zwanzigern" sprechen, so meinen wir vor allem das freie, ungewöhnlich produktive, ja teilweise ungezügelte Kulturleben. Anknüpfend an die geistigen Strömungen im Kaiserreich, entfaltete sich in Deutschland, und vor allem in der Metropole Berlin, für mehr als ein Jahrzehnt eine einzigartige künstlerische und intellektuelle Blüte. Eigenartigerweise verharrten aber die meisten Exponenten der „Weimarer Kultur" in einer tiefen Ablehnung gegenüber der Republik. Was waren die Gründe?

Der verlorene Krieg und die Revolution hatten das Weltbild und die Ordnung der wilhelminischen Zeit von Grund auf verändert. Politische, wirtschaftliche, technologische und gesellschaftliche Brüche machten eine neue Orientierung notwendig. In dieser Aufbruchsstimmung entstand ein Zeitgeist, der gleichermaßen überschwänglich wie radikal war. Demgegenüber erschien der politische Alltag grau, langweilig und voller Kompromisse. Intellektuelle von rechts und links waren sich deshalb einig in der Ablehnung der Republik und ihrer führenden Repräsentanten.

In den *bildenden Künsten* und in der *Literatur* beeinflusste schon seit Beginn des Jahrhunderts der **Expressionismus** das Schaffen von Malern, Dramatikern und Lyrikern. Sie alle lehnten die überkommene bürgerliche Gesellschaft ab und postulierten das Ideal eines „neuen Menschen". Um geistige und seelische Empfindungen intensiv darzustellen, trat in der Malerei die Gegenständlichkeit hinter die Farbe zurück, die Wirklichkeit wurde abstrahiert.

Geschichte In Clips
Zum Hitler-Putsch
siehe Code 32203-14.

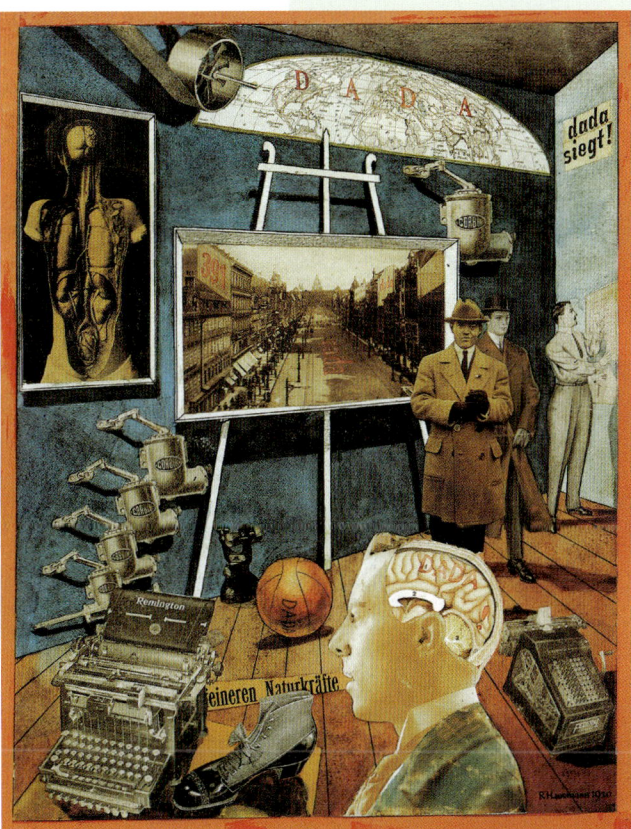

„Dada siegt."
Collage von Raoul Hausmann, 1920. Im Jahr 1919 schlossen sich einige Künstler zusammen und propagierten ihren neuen Kunststil „Dada". Er war die Absage an überkommene autoritäre Strukturen in Kunst und Politik, ein Stück „praktizierter Anarchie". Die Künstler bedienten sich alltäglicher Gegenstände und nutzten das relativ neue Medium der Fotografie für ihre Collagen.

▶ Hausmann wollte den Zeitgeist abbilden. Erläutern Sie anhand der Collage, was für ihn dazu gehörte.

Expressionismus (von lat. *expressio*: Ausdruck): vom Ende des 19. Jahrhunderts bis ca. 1925 bestehende Kunstrichtung in Europa, die Erlebtes expressiv ausdrückt

Seit Mitte der Zwanzigerjahre dominierte die Richtung der *Neuen Sachlichkeit*. In der bildenden Kunst entstanden jetzt objektive, nüchtern-distanzierte Werke ohne die bisherige ekstatische Grellheit. Auch in der Literatur wurde ein verhaltener Ton angeschlagen. Erfolgsromane wie „Berlin Alexanderplatz" (1929) von *Alfred Döblin* und „Kleiner Mann, was nun?" (1932) von *Hans Fallada* verzichteten auf jegliches revolutionäre Pathos und schilderten eindrucksvoll das Leben der „kleinen Leute".

Weltgeltung erzielte in den Zwanzigerjahren das *Theater* in Deutschland. Die Erfolge des „epischen Theaters" sind eng mit den Namen des Schriftstellers *Bertolt Brecht* und des Regisseurs *Erwin Piscator* verbunden. Anhand der Geschicke seiner Hauptfiguren wollte Brechts episches Theater die sozialen Gesetze herausarbeiten, die das Verhalten von Menschen bestimmen. Das Drama wurde zum Lehrstück. Die Uraufführung von Brechts „Dreigroschenoper" geriet 1928 zum Höhepunkt des Berliner Theaterlebens.

Das Theater schlitterte in eine Krise, als die Konkurrenz des *Kinos* übermächtig wurde. Die Zahl der Lichtspieltheater verdoppelte sich zwischen 1918 und 1930. Die deutsche Filmindustrie produzierte in Europa die meisten Filme, und ihre künstlerisch hochwertigen Stummfilme genossen weltweit hohes Ansehen. Der erste Tonfilm wurde 1922 in Berlin aufgeführt, und ab 1927 feierte der Tonfilm seinen kommerziellen Durchbruch. Bahnbrechend wurde 1930 „Der blaue Engel" mit *Marlene Dietrich* und *Emil Jannings* in den Hauptrollen.

„Großstadt" von Otto Dix.
Triptychon (Dreitafelbild) von 1927/28.
Otto Dix lebte von 1925 bis 1927 als freier Künstler in Berlin.

▶ Beschreiben Sie das Gemälde.

▶ Erörtern Sie, inwiefern es ein angemessenes Bild der Weimarer Republik zeichnet.

Die „Goldenen Zwanziger": Massenkultur und Medien ❙ Zur neuen „Massenkultur" der Zwanzigerjahre gehörte neben dem Kino der stürmische Aufschwung, den *Presse* und *Rundfunk* nahmen. Neben den florierenden Tageszeitungen eroberten sich Illustrierte und Boulevardblätter ihre Leser. Noch stärker in die Lebensgewohnheiten der Bürger griffen die neuen Rundfunksender ein. Seit der ersten Radiosendung am 29. Oktober 1923 stieg die Zahl der Empfänger unentwegt an. Neun Jahre später besaß bereits jeder vierte Haushalt einen Rundfunkapparat. In der *Musik* dominierte mit dem Jazz und dem Charleston Musik aus den USA. Populär gemacht wurden die neuen Hits in ausverkauften Kabaretts und Revuen und bald auch durch Schallplatten.

Große internationale Anerkennung fand die *Architektur*, verkörpert durch das „*Bauhaus*" in Weimar, später Dessau. Unter der Leitung von *Walter Gropius* war das Bauhaus eine gemeinsame Ausbildungsstätte für Handwerker und Künstler. Durch das Herausarbeiten der Funktionalität in der Architektur oder bei Gegenständen des täglichen Gebrauchs versuchte man, Formschönheit mit den Erfordernissen der Technik zu verbinden.

Die „Goldenen Zwanziger": Sport – ein neues Phänomen | Überall in der Welt wurden nach dem Weltkrieg Sportveranstaltungen zu einem bisher unbekannten Phänomen, das die Massen begeisterte. Der *Deutsche Fußballbund (DFB)* hatte 1914 rund 190 000 Mitglieder, 1931 waren es bereits mehr als eine Million. Neue Sportarten wie Handball entstanden, und erstmals machten auch Frauen als Leistungssportlerinnen auf sich aufmerksam. Nicht nur die Tageszeitungen und der Rundfunk berichteten, allein über 500 Sportzeitungen konkurrierten beim Aufbau von Stars um die Gunst ihrer Leser. Nicht mehr Militärführer, sondern Leichtathleten, Schwimmer oder Boxer genossen die Verehrung des Publikums. Beliebte Sportler wurden von Wirtschaftsunternehmen als Werbeikonen inszeniert. *Rudolf Caracciola*, der mit einem Mercedes-Rennwagen mehrfach den Großen Preis von Deutschland auf dem Nürburgring gewann, personifizierte wie kein Zweiter die „roaring Twenties" in Deutschland. Nach der Niederlage im Weltkrieg gab der Sport Gelegenheit, mit anderen Nationen wieder auf Augenhöhe zu konkurrieren.

Lina Radke läuft zu Gold.
Foto von 1928.
Im 800-Meter-Lauf siegt die Karlsruherin Lina Radke (1903–1983) bei den Olympischen Spielen in Amsterdam mit einer neuen Weltrekordzeit von 2:16,8 Minuten.

Die „Goldenen Zwanziger": Wissenschaft und Technik | Vergleichbares galt für deutsche Wissenschaftler, die nach 1918 von ihren ausländischen Kollegen zunächst meist boykottiert wurden. Doch angetrieben von staatlichen Förderprogrammen konnten sie alsbald verlorenes Prestige zurückgewinnen. Von den naturwissenschaftlichen Nobelpreisen zwischen 1919 und 1933 wurde jeder dritte an deutsche Chemiker, Physiker oder Mediziner verliehen. *Albert Einstein* (1879–1955) erhielt 1921 den Preis in Physik für seine Entdeckung des Gesetzes des photoelektrischen Effekts – und nicht etwa für die Relativitätstheorie.

Von der bahnbrechenden Grundlagenforschung profitierten deutsche Unternehmen mit weltweit anerkannten Spitzenleistungen. Das Luftschiff „Graf Zeppelin" umrundete 1929 erstmals die Erde. Ein von Pulverraketen angetriebenes Fahrzug der Firma *Opel* beschleunigte in acht Sekunden von 0 auf 100 km/h. Neben einem solchen Weltrekord konnte Opel aber auch durch Fließbandproduktion den Preis für seinen Kleinwagen „*Laubfrosch*" von 45 000 Reichsmark auf 1 930 Reichsmark senken; damit wurde er für größere Käuferschichten erschwinglich. Andere Neuerungen hielten zunächst nur in die einkommensstärkeren Haushalte Einzug: Die Firma *Miele* stellte die erste elektrische Geschirrspülmaschine her, Musik konnte man erstmals zu Hause auf eigenem Plattenspieler hören, und der Kommunikation diente das erste Selbstwähltelefon (1926), mit dem man nicht mehr auf die Vermittlung „des Fräuleins vom Amt" angewiesen war.

„Laubfrosch."
Foto von 2009.
Besucher können sich im Verkehrszentrum des Deutschen Museums in München das Modell Opel 4/12 PS „Laubfrosch" aus dem Jahre 1924 ansehen.

So bleibt von den hoffnungsvollen „Goldenen Zwanzigern" alles in allem ein ambivalentes Bild. Technische Neuerungen, die Nutzung von Medien und von bis dahin unbekannten Formen einer Massenkultur wurden allgemein begrüßt. Doch was die einen als Aufbruch in einen neuen Lebensstil feierten, war für andere Anlass zu kulturpessimistischen Stimmungen. Wille zur Modernität und Angst vor der Modernität waren zwei Seiten derselben Medaille – sowohl in der Gefühlslage einzelner Personen als auch innerhalb gesellschaftlicher Gruppen.

Gustav Stresemann, ein Repräsentant seiner Zeit | 1923 war das Jahr, in dem die drängendsten Probleme der Republik (Abbruch des passiven Widerstands im Rheinland und Beendigung der Hyperinflation) unter Reichskanzler Gustav Stresemann einer Lösung zugeführt werden konnten. Doch wer war Gustav Stresemann?

1878 in Berlin geboren, hatte Stresemann nach dem Studium in Industrieverbänden Karriere gemacht und wurde 1907 für die Nationalliberale Partei erstmals Abgeordneter im kaiserlichen Reichstag. Während des Weltkrieges gehörte er zum engeren Führungskreis seiner Fraktion, deren Vorsitzender er 1917 wurde. Gemeinsam mit seiner Partei trat er während des Krieges zunächst für umfangreiche Annexionen im Osten und Westen ein. Doch bereits im September 1917 erklärte er, „dass wir nicht beabsichtigen, den Krieg um weiterer Eroberungen halber weiterzuführen".

Gustav Stresemann (1878–1929): Wirtschaftswissenschaftler und Politiker, 1923 Reichskanzler, 1923–1929 Außenminister. Er prägte die Weimarer Republik und erwirkte die Aufnahme Deutschlands in den Völkerbund.

Jahr	Industrieaktien	Eisenbahnaktien	Aktien der Versorgungs-unternehmen	Aktien insgesamt
1926	100,0	100,0	100,0	100,0
1927	118,4	119,1	116,0	118,3
1928	154,3	128,5	148,9	149,9
1929	189,4	147,3	234,6	190,3
1930	140,6	124,9	214,6	149,8
1931	86,9	72,1	147,9	94,2
1932	46,3	26,2	78,8	48,4
1933	66,2	38,0	78,0	63,4

Aktienkurse an der New Yorker Börse.

Friedrich-Wilhelm Henning, Deutsche Wirtschafts- und Sozialgeschichte in der ersten Hälfte des 20. Jahrhunderts, Teil I: Deutsche Wirtschafts- und Sozialgeschichte im Ersten Weltkrieg und in der Weimarer Republik 1914 bis 1932, Paderborn/München/Wien/Zürich 2003, S. 453

▶ Präsentation: Veranschaulichen Sie die Unterschiede der Aktienverläufe in einem Diagramm.

In den ersten Nachkriegsjahren wandelte sich Stresemann vom Monarchisten zum „Vernunftsrepublikaner": „Erst kommt das Reich und dann die Monarchie." Stresemann, der führende Politiker der bürgerlichen Parteien, wurde am 12. August 1923 Reichskanzler. Zwar musste er bereits nach 100 Tagen als Kanzler zurücktreten, doch prägte er als Außenminister die deutsche Politik bis zu seinem Tod am 3. Oktober 1929 nachhaltig.

Die Außenpolitik Stresemanns | Vorrangiges Ziel der deutschen Politik war seit 1919 die Revision des Versailler Vertrages. Dabei setzte Stresemann als Vertreter einer bürgerlichen Politik auf den friedlichen Ausgleich unterschiedlicher Interessen. Insbesondere war er bereit, das Sicherheitsbedürfnis Frankreichs vor dem wirtschaftlich starken Nachbarn im Osten zu berücksichtigen. Das Ergebnis waren die *Verträge von Locarno* (1926): Deutschland, Frankreich und England verpflichteten sich, keine Veränderung der bestehenden Grenzen vorzunehmen. Im Osten verzichtete Stresemann in einem Schiedsvertrag mit Polen lediglich auf eine gewaltsame Revision der Grenzen. Mit den Locarnoverträgen konnte Deutschland seine außenpolitische Isolierung durchbrechen und wurde in den *Völkerbund* aufgenommen. Stresemann hoffte, so wieder in den Status einer europäischen Großmacht zurückzukehren.

Eine weitere grundlegende Frage betraf die endgültige Festlegung der Reparationszahlungen. Eine Kommission unter Vorsitz des Amerikaners *Owen Young* legte 1929 die Gesamtsumme schließlich auf 114 Milliarden Goldmark fest, die 59 Jahre lang in Teilzahlungen erbracht werden sollten. Im Gegenzug entfielen ausländische Wirtschaftskontrollen in Deutschland und die Besatzungstruppen wurden fünf Jahre vor dem festgesetzten Termin abgezogen.

1926 erhielten Stresemann und sein französischer Amtskollege *Aristide Briand* den Friedensnobelpreis. Doch in Deutschland rief die nationale Rechte weiterhin zur Revision des „Diktatfriedens" auf und bekämpfte die Politik ihres Außenministers bis über seinen Tod hinaus als „ehrlose Erfüllungspolitik" (→M8).

Ursachen der Weltwirtschaftskrise | Der wirtschaftliche Aufschwung der Zwanzigerjahre fand 1929 ein unerwartet jähes Ende. Es folgte – ausgehend von den USA – die schwerste Krise, die die Weltwirtschaft bis dahin erlebt hatte.

Die Hochkonjunktur in den Jahren nach dem Ersten Weltkrieg schürte bei weiten Teilen der amerikanischen Bevölkerung ein wahres Spekulationsfieber mit der Hoffnung auf schnellen Reichtum. Man kaufte Aktien auf Kredit, um sie nach dem Kursanstieg wieder gewinnbringend veräußern zu können. Vom 24. auf den 25. Oktober 1929 („*Schwarzer Freitag*") und noch einmal am 29. Oktober sanken an der New Yorker Börse plötzlich die überhöhten Aktienkurse dramatisch, bei manchen Papieren um bis zu 90 Prozent. Die Menschen stürmten aus Angst um ihre Ersparnisse die Geldinstitute und brachten diese dadurch in Liquiditätsschwierigkeiten. Um wieder flüssig zu werden, zogen die amerikanischen Banken kurzfristig Kredite aus Europa zurück. Außerdem erhöhte die Regierung der Vereinigten Staaten zum Schutz der eigenen Wirtschaft die Importzölle. Diese Maßnahmen rissen die europäischen Staaten mit in die Krise.

Die Auswirkungen der Krise auf Deutschland | Noch 1928 hatten die Reichstagswahlen einen Sieg der republikanischen Parteien gebracht. Es regierte eine „Große Koalition" unter Führung der SPD, von Anfang an verunsichert durch gravierende programmatische Spannungen. Nach Stresemanns Tod glaubten die Parteien, eine „Politik schädlicher Kompromisse" nicht länger vor den eigenen Anhängern vertreten zu können.

Im Streit über eine geringfügige Erhöhung der Arbeitslosenversicherung zerbrach schließlich die Koalition. Die „Frankfurter Zeitung" sprach von einem „schwarzen Tag..., doppelt unheilvoll, weil der Gegenstand des Streits mit seiner Kleinheit in einem so grotesken Missverhältnis zu den verhängnisvollen Folgen steht, die daraus erwachsen können."

Im Gefolge der amerikanischen Wirtschaftskrise senkten steigende Arbeitslosenzahlen die Kaufkraft der Bevölkerung und die Steuereinnahmen des Staates erheblich.

Geschichte In Clips
Zum New Yorker Börsencrash und der Wirtschaftskrise im Deutschen Reich siehe die Codes 32203-15 und 32203-16.

Die verhängnisvolle Spirale von Produktionsdrosselungen und Entlassungen drehte sich immer weiter.

In ihrem vollen Ausmaß traf die Depression Deutschland 1931, als das Ausland verstärkt seine kurzfristigen Kredite zurückzog. Viele deutsche Banken kamen in Zahlungsschwierigkeiten oder brachen zusammen (Bankenkrach).

1932 erreichte die Krise ihren Höhepunkt. Die industrielle Produktion ging auf die Hälfte des Standes von 1928 zurück. Im Februar meldeten sich 6,12 Millionen Beschäftigte arbeitslos. Wahrscheinlich lag die tatsächliche Zahl höher, sodass wohl in Deutschland nahezu jede zweite Familie unter der Wirtschaftskrise zu leiden hatte. Viele kleine und mittlere Unternehmen verloren ihre Betriebe durch Konkurs (→M9). Angestellte und Arbeiter brachte die Arbeitslosigkeit in große Not. Die Unterstützung für Arbeitslose bewegte sich bereits am Rande des Existenzminimums. Trotzdem wurde sie ab Juni 1932 von der Regierung noch einmal gekürzt. Wer dann nach einem Jahr keine Unterstützung mehr erhielt, konnte lediglich auf die örtlichen Wohlfahrtsverbände hoffen. Ein Gefühl der Unsicherheit machte sich breit, das über die unmittelbar Betroffenen hinaus die gesamte Bevölkerung erfasste. Die existenzbedrohende Not und allgemeine Krisenstimmung erhöhten die Anfälligkeit für radikale Ideen von rechts und links.

Arbeitslose im Hof des Arbeitsamtes in Hannover.
Foto von Walter Ballhause, 1930.

Regieren ohne Mehrheit | Nach dem Bruch der Großen Koalition war der Weg frei für eine Regierungsbildung neuen Stils, die die alten Eliten wieder an die Macht bringen sollte. Treibende Kraft war General *Kurt von Schleicher*, Chef des Ministeramtes im Reichswehrministerium. Er schlug Hindenburg vor, eine nach rechts orientierte bürgerliche Regierung zu ernennen, die nur dem Reichspräsidenten verantwortlich sein sollte (*Präsidialkabinett*). Das zukünftige Kabinett, dessen Handlungsfähigkeit der Präsident durch Einsatz der Artikel 48 (Notverordnungsrecht) und 25 (Reichstagsauflösung) sicherzustellen hatte, sollte „antimarxistisch", also ohne sozialdemokratischen Einfluss, und „antiparlamentarisch", also ohne an eine Koalition gebunden zu sein, gebildet werden. Hindenburg, der vielen Regierungskrisen müde, stimmte zu und ernannte Heinrich Brüning, den konservativ-nationalen Fraktionsvorsitzenden des Zentrums, am 29. März 1930 zum Reichskanzler.

Brüning nahm mit einer rigiden Sparpolitik die anhaltend hohe Arbeitslosigkeit und das Elend großer Bevölkerungsteile in Kauf, um den Alliierten die Unerfüllbarkeit ihrer Reparationsforderungen vor Augen zu führen. Gehaltskürzungen im öffentlichen Dienst, Leistungsabbau im sozialen Bereich und Steuererhöhungen ließen allerdings die Kaufkraft der Bevölkerung und die Einnahmen des Staates weiter zurückgehen.

Als sich der Reichstag im Juli 1930 weigerte, einem Bündel einschneidender sozialpolitischer Maßnahmen der Regierung zuzustimmen, löste ihn der Reichspräsident auf und setzte für den 14. September Neuwahlen fest. In der Zwischenzeit regierte Brüning mit Notverordnungen.

Die radikalen Parteien führten einen Wahlkampf, wie man ihn bisher in Deutschland noch nicht erlebt hatte. NSDAP und KPD schürten die Angst der Menschen vor einem sozialen Abstieg und versprachen „Arbeit und Brot". Die NSDAP verbreitete ihre nationalistisch-antisemitischen Parolen lautstark mit organisierten Massenaufmärschen, mit Uniformen, Marschmusik, Fahnen, Plakaten, Flugblättern und geschulten Rednern. Ihre Stimmenzahl wuchs von 800 000 (1928) auf nun 6,4 Millionen – ein in der Geschichte des deutschen Parlamentarismus beispielloser Aufschwung. Die NSDAP stellte jetzt nach der SPD die zweitstärkste Fraktion im Reichstag. Der Verfall der bürgerlichen Mitte setzte sich rapide fort. In den Augen der Öffentlichkeit hatten Demokratie und Parlamentarismus versagt (→M10).

Heinrich Brüning (1885–1970): 1930 bis 1932 Reichskanzler; 1934 Emigration in die USA

„Notverordnung."
Karikatur von Erich Schilling aus dem „Simplicissimus" vom 16. Februar 1931.
Sie trägt folgende Unterschrift: „Nach den Erfahrungen der letzten Wochen ist verfügt worden, dass jeder Demonstrationszug seinen eigenen Leichenwagen mitzuführen hat."

▶ Beschreiben Sie, auf welches Problem die Karikatur anspielt.

▶ Erläutern Sie die Gefahren für ein demokratisches Staatswesen, wenn das Gewaltmonopol nicht mehr ausschließlich beim Staat liegt.

Der Aufstieg der NSDAP | Als sich die NSDAP 1920 ihr Parteiprogramm gegeben hatte, war sie eine unter zahllosen radikalen Splitterparteien. Bis zum Januar 1933 wuchs die Zahl ihrer Mitglieder auf 849 000 an, die NSDAP wurde zur Massenpartei. Was machte die Partei für so viele Menschen attraktiv?

Der Schock der Kriegsniederlage, der als nationale Demütigung empfundene Versailler Vertrag, die Revolution mit ihren blutigen Auseinandersetzungen, schließlich die negativen psychologischen Folgen von Inflation und Massenarbeitslosigkeit ließen die antiliberalen, antimarxistischen und antisemitischen Parolen Adolf Hitlers auf fruchtbaren Boden fallen. Die Zeitgenossen wollten in ihm den starken Mann sehen, einen Führer und „Erlöser", der die Nation vor dem drohenden Untergang retten und sie wieder zu politischer Größe führen würde. Tatkraft und Durchsetzungsvermögen der NSDAP zogen Mitglieder und Wähler an, in protestantischen Regionen mehr als in katholischen, in Kleinstädten bzw. ländlichen Regionen eher als in Großstädten.

Emotionale Appelle an „Ehre, Größe, Heroismus, Opferbereitschaft, Hingabe", führten der „Bewegung" ihre Wähler und Sympathisanten zu. Viele von ihnen wollten mit ihrem Wahlverhalten nur die Unzufriedenheit mit den gegenwärtigen Verhältnissen ausdrücken. Dies erklärt auch die starken Schwankungen der NSDAP in der Gunst der Wähler.

Es gelang den Nationalsozialisten, in die obere Mittelschicht und sogar Oberschicht einzudringen. Auch bei der Arbeiterschaft konnten sie bedeutend mehr Stimmen gewinnen als bisher vermutet worden war. Die NSDAP wurde eine „Integrationspartei" für alle sozialen Schichten, eine Bewegung mit „Volksparteicharakter". Auffällig blieb der große Zustrom junger Menschen, die sich von nationalistischen Ideen begeistern ließen. Von den rund 720 000 zwischen 1930 und 1933 neu in die Partei eingetretenen Mitgliedern gehörten 43 Prozent der Altersgruppe zwischen 18 und 30 Jahren an.

Der Weg in die Diktatur | Nach den „Erbitterungswahlen" von 1930 war im Reichstag eine parlamentarische Mehrheitsbildung nahezu unmöglich geworden (→M10). Der Verfall des Parlamentarismus setzte sich rapide fort. Während der Reichstag 1930 immerhin noch 94 Sitzungen abhielt, sank die Zahl bis 1932 auf lediglich 13. Waren es 1930 noch 98 Gesetze, die der Reichstag verabschiedete, so blieben 1932 gerade fünf. Im Gegenzug dazu steigerte sich die Anzahl der Notverordnungen von fünf (1930) auf 66 (1932). Der Reichstag musste tatenlos zusehen, wie die politische Macht in die Hände der Regierung und der Bürokratie überging. Trotz fehlender Mehrheit im Parlament konnte Reichskanzler Brüning nach der Wahl seine Notverordnungspraxis fortsetzen. Denn die SPD tolerierte seinen Kurs, aus Gründen der Staatsraison und aus Furcht vor einer weiteren Radikalisierung bei Neuwahlen, die zu einem Kabinett unter Beteiligung der Nationalsozialisten führen konnten. Nachdem Brüning das Vertrauen von Reichspräsident Hindenburg verloren hatte, der die Regierung nicht länger mithilfe der Notverordnungen stützen wollte, trat er zurück. Sein Nachfolger wurde **Franz von Papen**.

Franz von Papen (1879–1969): 1932 Reichskanzler; im Nürnberger Prozess gegen die Hauptkriegsverbrecher 1946 freigesprochen

Brüning hatte sich als Chef des ersten Präsidialregimes bemüht, mit dem Reichstag zusammenzuarbeiten, auch wenn er sich nicht an parlamentarische Entscheidungen gebunden fühlte. Seine Nachfolger dagegen suchten, gestützt auf eine breite antiparlamentarische, republikfeindliche Allianz, die offene Auseinandersetzung mit dem Reichstag. Franz von Papen bildete ein neues Kabinett, in dem von elf Ministern sieben adlig waren („*Kabinett der Barone*"). Hitler verweigerte auch dieser Regierung die Zusammenarbeit und attackierte sie schonungslos. Der Reichstag wurde deshalb am 4. Juni aufgelöst.

Die Neuwahlen am 31. Juli 1932 brachten der NSDAP einen sensationellen Erfolg. Sie verdoppelte ihre Mandatszahl und wurde stärkste Fraktion. Nach diesem Wahlerfolg forderte Hitler für sich das Amt des Reichskanzlers. Hindenburg lehnte ab. Gleich in der ersten Sitzung des neu gewählten Reichstages am 30. August sprach eine deutliche Mehrheit dem Reichskanzler das Misstrauen aus (512 gegen 42). Dennoch blieb Papen im Amt. Er begann eine antizyklische Konjunkturpolitik einzuleiten, und tatsächlich gab es erste Anzeichen für eine Besserung der Wirtschaftslage. Nach einer neuerlichen Auflösung des Reichstages fanden am 6. November abermals Neuwahlen statt. Die NSDAP verlor überraschend zwei Millionen Wähler. Hitler sah, dass ihm nicht mehr viel Zeit blieb, sein Ziel zu erreichen. Papen beabsichtigte, zur Überwindung der parlamentarischen Blockade den Staatsnotstand auszurufen. Mit Zustimmung des Reichspräsidenten sollten dabei einige Bestimmungen der Verfassung außer Kraft gesetzt werden. Hindenburg verweigerte diesen Plänen die Zustimmung und entließ Papen am 3. Dezember.

Dessen Nachfolger, General Kurt von Schleicher, scheiterte mit seinem Versuch, für seine Wirtschafts- und Beschäftigungspolitik einen Teil der NSDAP, die Gewerkschaften und die SPD zu gewinnen. Reichspräsident Hindenburg wurde nun von seinen engsten Beratern, führenden Unternehmern aus Wirtschaft und Industrie sowie vor allem durch Papen bedrängt, Hitler zum Reichskanzler zu ernennen. Papen winkte der Vizekanzlerposten. Zusammen mit den anderen konservativen Ministern glaubte er, die Nationalsozialisten ausreichend unter Kontrolle zu haben. Am 28. Januar 1933 trat Schleicher zurück. Zwei Tage später ernannte Hindenburg Hitler zum Reichskanzler (→M11).

M1 Nationalversammlung oder Rätesystem?

Die Linke ist zerrissen in der Frage, ob die neue Staatsform eine parlamentarische Demokratie oder eine Räterepublik sein soll. Auf dem Kongress der Arbeiter- und Soldatenräte Deutschlands vom 16. bis 20. Dezember 1918 in Berlin prallen die Meinungen aufeinander. Max Cohen-Reuß (1876–1963) gehört als Reichstagsabgeordneter dem Mehrheitsflügel der SPD an. Er sagt:

In jedem Falle drücken die Arbeiter- und Soldatenräte nur einen Teilwillen, niemals aber den Willen des ganzen Volkes aus. Diesen festzustellen, darauf kommt es an. [...] Ich glaube, dass wir eine geregelte Verwaltung in Deutschland
5 nur durch die Nationalversammlung herstellen können, die uns die demokratische Verfassung gibt und das Deutsche Reich wieder aufbaut und seine auseinanderstrebenden Teile zusammenhält. [...]
Die Genossen sagen: Wenn eine baldige Nationalversamm-
10 lung zusammentritt, bekommen wir keine sozialistische Mehrheit, wir müssen deshalb die Sozialisierung vorher so schnell wie möglich beschließen. Parteigenossen, ich bin direkt der gegenteiligen Auffassung. Wenn wir eine *sozialistische Mehrheit* bekommen wollen, müssen wir die Nati-
15 onalversammlung so schnell wie möglich einberufen. [...]
Lassen Sie mich bei der Gelegenheit noch eines sagen! Es ist selbstverständlich, dass wir alle so viel Sozialismus wollen, wie durchführbar ist. Aber persönlich habe ich die Überzeugung, *es wird nicht mehr Sozialismus durchführ-*
20 *bar sein, als die Mehrheit des Volkes will.* [...]
Parteigenossen, schätzen Sie wirklich bei ganz ruhiger, nüchterner Überlegung den *Widerstand der bürgerlichen Kreise* und der Intelligenz so gering ein, dass wir, wenn wir sie politisch entrechten, gegen ihren Willen die Wirtschaft
25 führen können? [...]
Nehmen wir einmal an, wir hätten ein Rätesystem in Deutschland. Dieses Rätesystem würde [...] *auf der Friedenskonferenz auf die äußersten Schwierigkeiten* stoßen; denn man hat es auf der Friedenskonferenz mit Ländern zu
30 tun, die seit Jahrhunderten die Demokratie im Innersten in sich aufgenommen haben, und die nicht so leicht mit einem Rätesystem verhandeln würden. [...]
Im Interesse des deutschen Volkes und besonders der Arbeiterschaft und im Interesse der neu aufzubauenden
35 Menschheitsorganisation vom Standpunkt der Demokratie und des Sozialismus aus *brauchen wir* die Nationalversammlung, die den Willen des deutschen Volkes feststellt.

Ernst Däumig (1866–1922) ist Redakteur des SPD-Parteiorgans „Vorwärts". 1918 tritt er zur USPD über, ist zeitweise Parteivorsitzender, bevor er 1920 zur KPD wechselt. Er äußert sich wie folgt:

Die alte bürgerliche Demokratie mit ihrem Stimmzettel und ihren Parlamenten ist keine Ewigkeitserscheinung; sie hat ihre historische Bedingtheit, und wie der Sozialismus als
40 neues Grundprinzip der Welt aufzieht, so ist selbstverständlich damit auch verbunden, dass dieser bürgerlichen Demokratie die proletarische Demokratie folgen muss: wie sie ihren organisatorischen Ausdruck in dem Rätesystem findet. [...]
45 Man spricht in Bezug auf das Rätesystem von der Diktatur, und jeder Spießer malt sich darunter etwas Gruseliges vor; er denkt an Browningpistolen, an Maschinengewehre und andere Dinge. [...]
Die Diktatur ist zweifellos mit dem Rätesystem verbunden.
50 Aber was sich in Russland durch die historischen Gesetze aufzwang, braucht noch lange nicht in Deutschland der Fall zu sein. Ich gehöre nicht zu denen, die mechanisch und sklavisch das *russische Beispiel* nachzuahmen versuchen. Ich bin Deutscher und ich bin stolz darauf, Deutscher zu
55 sein. [...]
Das ist eine Frage der Technik, das Rätesystem so zu vervollkommnen, dass wir für ganz Deutschland ein einheitliches *Wahlsystem*, durchführen können, in erster Linie natürlich *für die Arbeiterschaft* und, soweit es notwendig,
60 für die Soldatenräte, die ja mehr und mehr in den großen proletarischen Kreis aufgenommen werden, und auch für die Bauernräte, wo es erforderlich ist. Wenn ein solches einheitliches Wahlsystem durchgeführt wird, dann kann auch eine Nationalversammlung zusammentreten, und die
65 ist, soweit die Reichseinheit in Betracht kommt, ein viel stärkerer Kitt als die Nationalversammlung, die aus den bürgerlichen Elementen heraus zusammenkommt.

Erster und zweiter Text: Gerhard A. Ritter und Susanne Miller (Hrsg.), Die deutsche Revolution 1918–1919. Dokumente, Frankfurt am Main ²1983, S. 372 ff. und 379 ff.

1. Stellen Sie die wesentlichen Argumente von Cohen-Reuß und Däumig zusammen und erörtern Sie dann deren Gewichtigkeit für und wider demokratischen Parlamentarismus bzw. Rätesystem. | **F**

2. Erläutern Sie mögliche Gründe, aus denen die Befürworter einer Räterepublik so entschieden gegen die Einberufung einer Nationalversammlung auftreten.

M2 Die erste Frau spricht im Parlament

Marie Juchacz (1879–1956), gelernte Schnei-
derin, Frauenrechtlerin und Reichstagsabge-
ordnete, in ihrer Rede vom 19. Februar 1919:

Meine Herren und Damen! (*Heiterkeit*) Es ist
das erste Mal, dass in Deutschland die Frau
als Freie und Gleiche im Parlament zum Volke
sprechen darf, und ich möchte hier feststel-
5 len, und zwar ganz objektiv, dass es die Revolution gewesen ist, die auch in Deutschland
die alten Vorurteile überwunden hat. Die
Frauen besitzen heute das ihnen zustehende
Recht der Staatsbürgerinnen. Gemäß ihrer
10 Weltanschauung konnte und durfte eine vom
Staate beauftragte Regierung nicht anders
handeln, wie sie gehandelt hat. Sie hat getan,
was sie musste, als sie bei der Vorbereitung
dieser Versammlung die Frauen als gleichbe-
15 rechtigte Staatsbürgerinnen anerkannte. […]
Die Männer, die dem weiblichen Teile der Bevölkerung das bisher zu Unrecht vorenthaltene Recht gegeben haben, haben damit eine für jeden Demokraten
selbstverständliche Pflicht erfüllt. […] Mit Recht wird man
20 erst jetzt von einem Deutschland sprechen können und von
der Souveränität des ganzen Volkes. Unsere neue Macht,
diese Demokratie müssen wir nutzen – als Frauen und
Männer!

Zitiert nach: www.reichstagsprotokolle.de (Zugriff: 14. Januar 2019)

1. Geben Sie die zentrale Aussage der Rede wieder.
2. Präsentation: Recherchieren Sie die Genese der Frauen-
   rechte im Deutschland des 20. Jahrhunderts und präsentieren Sie Ihre Ergebnisse in Form eines Kurzreferates.

**Eröffnung der Verfassungsgebenden Deutschen National-
versammlung.**
Foto vom 6. Februar 1919, Nationaltheater in Weimar.
Friedrich Ebert ist in der Bildmitte zu sehen.

M3 Lehren aus Weimar

Der Publizist Sebastian Haffner (1907–1999) untersucht,
welche Konsequenzen die Gestalter des Grundgesetzes aus
den Erfahrungen mit der Weimarer Verfassung gezogen
haben:

Von 1945 bis 1949 lagen reichlich drei Jahre zwischen
dem demokratischen Neuanfang und der nationalsozialistischen Niederlage – und was für einer Niederlage, und was
für Jahre! Diesmal war kein Raum für eine Dolchstoß-
5 legende. […]
Auf die Frage, wodurch sich eigentlich die Bonner Demokratie von der Weimarer unterscheidet, haben die meisten
Leute nur ein Achselzucken. Für sie ist Demokratie Demokratie. Aber die Unterschiede sind gewaltig.

Der einfachste und grundlegendste Unterschied ist wohl 10
dieser: Die Weimarer Verfassungsarchitekten waren Optimisten, die Väter des Grundgesetzes eher Pessimisten. […]
Die Weimarer Verfassung zeigt in ihren wesentlichen Einrichtungen – Volksbegehren und Volksentscheid, Volks-
wahl des Reichspräsidenten, leichte Auflösbarkeit des 15
Reichstages – ein fast unbegrenztes Vertrauen in die demokratische Vernunft und staatsbürgerliche Verantwortung
des Wählers. Das Bonner Grundgesetz ist eher von Misstrauen geprägt, seine Verfasser waren gebrannte Kinder:
Sie hatten erlebt, wie verführbar und schwankend in seinen 20
Stimmungen der Wähler sein kann, wie leicht eine Demokratie gerade durch zu schrankenlose Demokratie sich
selbst zugrunde richten kann, und sie wollten es nicht noch
einmal erleben. Die Weimarer Verfassung setzte ein Volk
von unbeirrbaren Demokraten und musterhaften Staats- 25
bürgern voraus. Das Bonner Grundgesetz will eine demokratische Verfassung sein, die auch unter fehlbaren und
verführbaren, unvollkommenen Menschen funktionieren
kann, es will die Demokratie auch vor sich selber schützen.
[…]   30
Die Weimarer Republik hat in den vierzehn Jahren ihres
Bestehens dreizehn Reichskanzler verbraucht. […]
Das Bonner Grundgesetz macht es schwer, einen einmal
gewählten Bundeskanzler zu stürzen: Der Bundespräsident
kann es überhaupt nicht, der Bundestag nur, indem er ei- 35
nen anderen Kanzler wählt. […]

Mindestens ebenso wichtig sind die vielen Hindernisse, die das Grundgesetz einer vorzeitigen Auflösung des Bundestages in den Weg legt: Denn eine neue Bundestagswahl
40 bedeutet ja auch eine neue Kanzlerwahl, und die will das Grundgesetz eben nicht so leicht machen. Nicht jede Schwankung in der Wählerstimmung soll sofort auf Parlament und Regierung durchschlagen. [...]
Gewiss hat zum Untergang der Weimarer Demokratie die
45 Instabilität der Regierungen, die übermäßige Häufigkeit der Wahlen, die allzu starke Machtposition des Reichspräsidenten und ihr Missbrauch beigetragen. Aber nicht zu leugnen ist, dass schließlich der deutsche Wähler selbst der Weimarer Republik den Todesstreich versetzt hat. [...] Der
50 Wähler ist der demokratische Souverän. Die Wählermehrheit entscheidet: Das ist die Quintessenz jeder demokratischen Verfassung. Wie aber, wenn die Wählermehrheit gegen die Demokratie entscheidet? Ist es dann die Pflicht der Demokratie, im Namen der Demokratie Selbstmord zu
55 begehen? Umgekehrt: Begeht nicht eine Demokratie auch dann Selbstmord, wenn sie – im Namen der Demokratie – die Entscheidung der Wählermehrheit missachtet? Gehört es zum Wesen demokratischer Freiheit, dass sie auch sich selbst zur Disposition des Wählers stellen muss? Oder darf
60 sie sagen: Keine Freiheit für die Feinde der Freiheit? [...]
Die Weimarer Verfassung liest sich wie eine Aufforderung an den Wähler, sich recht viel einfallen zu lassen und sich politisch jederzeit so recht auszutoben. Vom Grundgesetz kann man das nicht sagen. [...]
65 Sodann ist die Gesetzgebung an die verfassungsmäßige Ordnung gebunden, und darüber wacht das Bundesverfassungsgericht – eine sehr mächtige Institution, die keine frühere deutsche Verfassung kannte. [...] Dem Bundesverfassungsgericht hat das Grundgesetz eine sehr wirksame
70 Waffe in die Hand gegeben in der Gestalt der Grundrechte, die, wiederum anders als in Weimar, nicht nur Programm künftiger Gesetzgebung, sondern unmittelbar geltendes Recht sind und nur mit verfassungsändernden Mehrheiten – zum Teil sogar überhaupt nicht – abgeändert oder einge-
75 schränkt werden können.

Sebastian Haffner, Im Schatten der Geschichte, Stuttgart 1985, S. 191 ff.

---

1. Geben Sie die Unterschiede zwischen der Weimarer Verfassung und unserem Grundgesetz unter Berücksichtigung beider Entstehungsgeschichten wieder. | F
2. Arbeiten Sie die Lehren heraus, die die Väter und Mütter des Grundgesetzes aus der Weimarer Verfassung gezogen haben.
3. Weisen Sie die starke Stellung des Bundesverfassungsgerichts in unserer heutigen Rechtsordnung nach. Informieren Sie sich über Gerichtsverfahren, in denen das Gericht den gesetzgebenden Körperschaften Schranken gesetzt hat.

M4 „Dolchstoßlegende"

Ein Untersuchungsausschuss der Nationalversammlung soll nach dem Krieg die Ursachen der deutschen Niederlage ergründen. Generalfeldmarschall Paul von Hindenburg erklärt am 18. November 1919:

Trotz der ungeheuren Ansprüche an Truppen und Führung, trotz der zahlenmäßigen Überlegenheit des Feindes konnten wir den ungleichen Kampf zu einem günstigen Ende führen, wenn die geschlossene und einheitliche Zusammenwirkung von Heer und Heimat eingetreten wäre. 5 [...]
Doch was geschah nun? Während sich beim Feinde trotz seiner Überlegenheit an lebendem und totem Material alle Parteien, alle Schichten der Bevölkerung in dem Willen zum Siege immer fester zusammenschlossen, und zwar 10 umso mehr, je schwieriger ihre Lage wurde, machten sich bei uns, wo dieser Zusammenschluss bei unserer Unterlegenheit viel notwendiger war, Parteiinteressen breit, und diese Umstände führten sehr bald zu einer Spaltung und Lockerung des Siegeswillens. Die Geschichte wird über das, 15 was ich hier nicht weiter ausführen darf, das endgültige Urteil sprechen. Damals hofften wir noch, dass der Wille zum Siege alles andere beherrschen würde. Als wir unser Amt übernahmen, stellten wir bei der Reichsleitung eine Reihe von Anträgen, die den Zweck hatten, alle nationalen 20 Kräfte zur schnellen und günstigen Kriegsentscheidung zusammenzufassen [...].
Was aber schließlich, zum Teil wieder durch Einwirkung der Parteien, aus unseren Anträgen geworden ist, ist bekannt. Ich wollte kraftvolle und freudige Mitarbeit und 25 bekam Versagen und Schwäche. [...] In dieser Zeit setzte die heimliche planmäßige Zersetzung von Flotte und Heer als Fortsetzung ähnlicher Erscheinungen im Frieden ein. Die Wirkungen dieser Bestrebungen waren der Obersten Heeresleitung während des letzten Kriegsjahres nicht ver- 30 borgen geblieben. Die braven Truppen, die sich von der revolutionären Zermürbung freihielten, hatten unter dem pflichtwidrigen Verhalten der revolutionären Kameraden schwer zu leiden; sie mussten die ganze Last des Kampfes tragen. Die Absichten der Führung konnten nicht mehr zur 35 Ausführung gebracht werden. Unsere wiederholten Anträge auf strenge Zucht und strenge Gesetzgebung wurden nicht erfüllt. So mussten unsere Operationen misslingen, es musste der Zusammenbruch kommen; die Revolution bildete nur den Schlussstein. Ein englischer General sagte 40 mit Recht: „Die deutsche Armee ist von hinten erdolcht worden." Den guten Kern des Heeres trifft keine Schuld. Seine Leistung ist ebenso bewunderungswürdig wie die des Offizierkorps. Wo die Schuld liegt, ist klar erwiesen.

Herbert Michaelis und Ernst Schraepler (Hrsg.), Ursachen und Folgen. Vom deutschen Zusammenbruch 1918 und 1945 bis zur staatlichen Neuordnung Deutschlands in der Gegenwart. Eine Urkunden- und Dokumentensammlung zur Zeitgeschichte, Bd. 4, Berlin o. J., S. 7 f.

1. Arbeiten Sie heraus, worin nach Ansicht Hindenburgs die Gründe für die Niederlage Deutschlands lagen. Wem lastet er die Schuld an?
2. Nehmen Sie Stellung zu seinen Vorwürfen. | H
3. Beurteilen Sie das Bild, das Hindenburg von Heer und Kriegsende zeichnet. | H

M5 Mordhetze gegen demokratische Politiker

Die Hasstiraden von rechts und links gegen demokratische Politiker nehmen zwischen 1919 und 1922 besorgniserregende Formen an. In rechtsradikalen, deutsch-völkischen Kreisen wird eine Unmenge Verse folgender Art kolportiert:

Haut immer feste auf den Wirth[1],
Haut seinen Schädel, dass es klirrt.
Auch Rathenau, der Walther,
Erreicht kein hohes Alter.
5 Knallt ab den Walther Rathenau,
Die gottverfluchte Judensau.

In der deutschnationalen Täglichen Rundschau von 1919 heißt es:

Erzberger setzt den Ausverkauf Deutschlands fort, hat uns noch stets hereingelegt, hat einen förmlichen Hass gegen alles Aufrechte, verscharrt das deutsche Volk eiligst wie
10 eine Pestleiche, ist Fronvogt der Entente, [...] Erzverderber des Reiches, der den Sieg sabotiert hat. [...] Ganze Generationen können in harter Fron nicht wieder erarbeiten, was Erzberger verschleudert hat. [...] Wen dann die Menge als Urheber des namenlosen Elends ansieht, der wird einst
15 totgeschlagen wie ein toller Hund. Das wissen Erzberger, Scheidemann und Genossen, diese Siegverderber, Kriegsverlängerer, Friedensvernichter. Sie kämpfen um ihr Leben, die Wahrheit muss von ihnen totgeschlagen werden, sonst ist ihr Leben keinen Pfifferling mehr wert.

Wilhelm Hoegner, Die verratene Republik, Deutsche Geschichte 1919–1933, München 1979, S. 57

1. Arbeiten Sie die Vorwürfe gegen Erzberger heraus.
2. Nehmen Sie zu den Vorwürfen Stellung. | F
3. Erörtern Sie die tieferen Gründe für die Hetze der „nationalen" Rechten gegen demokratischen Politiker.

M6 Menschen in Not

Die Existenzsorgen der Menschen in Deutschland erreichen stellenweise unvorstellbare Ausmaße. Aus einer Broschüre des Berliner Oberbürgermeisters Böß:

Erschütternde Berichte des Jugendamtes und der Haupt fürsorgestellen für Kriegsbeschädigte und Hinterbliebene beleuchten das herrschende Elend der Kinder.
Zahlreiche Kinder, auch im zartesten Alter, erhalten nie einen Tropfen Milch, kommen ohne warmes Frühstück zur 5 Schule. Als Schulfrühstück erhalten sie trockenes Brot oder als Aufstrich gequetschte Kartoffeln. Die Kinder gehen vielfach ohne Hemd und warme Kleidungsstücke zur Schule oder werden aus Mangel an Leib- und Unterwäsche ganz vom Schulbesuch zurückgehalten. Die Not erstickt allmäh- 10 lich jedes Gefühl für Ordnung, Sauberkeit und Sitte und lässt nur noch dem Gedanken an Kampf gegen Hunger und Kälte Raum.

Aus einer Schilderung des Historikers Karlheinz Dederke:

Die Preise liefen den Löhnen und Gehältern geradezu davon. Es kam schließlich so weit, dass der Lohn z.B. eines 15 Facharbeiters für eine volle Arbeitswoche gerade ausreichte, um einen Zentner Kartoffeln zu kaufen. Für ein Pfund Butter hätte der Arbeiter zwei volle Tage arbeiten müssen. Ein Paar einfache Stiefel erforderten den Lohn von sechs Wochen. Den Arbeitslosen und Rentnern ging es 20 noch viel schlimmer. Aber auch die Bemittelten wurden schwer getroffen, alle, die Ersparnisse zurückgelegt hatten und die von ihrem Vermögen lebten. Kapital, das einzelne und Generationen mit ihrer Lebensarbeit angesammelt hatten, wurde in kürzester Zeit „aufgegessen". 25
Die Folge solcher Zustände war ein größeres Elend als in den schlimmsten Zeiten des Krieges. Als sich immer mehr Verkäufer, vor allem Bauern, weigerten, Papiermark entgegenzunehmen, standen die Städter vor der Gefahr der Lebensmittelblockade durch das Land. In diesem Spätsommer 30 1923 war die Bevölkerung an der Grenze der Leidensfähigkeit angelangt. Es kam nun in einer Reihe von Städten zum Sturm auf Lebensmittelgeschäfte.

Erster Text: Arthur Rosenberg, Entstehung und Geschichte der Weimarer Republik, Frankfurt am Main 1955, S. 400; zweiter Text: Karlheinz Dederke, Reich und Republik. Deutschland 1917–1933, Stuttgart ⁸1996, S. 68 f.

1. Erklären Sie, welche Bevölkerungsgruppen von der wirtschaftlichen Not besonders betroffen sind.
2. Erörtern Sie mögliche Folgen sozialer Not für eine junge Demokratie.

_____
[1] **Joseph Wirth** (1879–1956): Zentrumspolitiker, mehrfacher Reichsminister und Reichskanzler

M7 Hitlers Auftritt vor dem Bayerischen Volksgerichtshof

Adolf Hitler nutzt den Prozess, in dem er wegen seines gescheiterten Putsches angeklagt gewesen ist, um seine Gedanken einer breiten Öffentlichkeit vorzustellen:

Die Revolution gilt als Hochverrat. Hochverrat wird nur dann bestraft, wenn er misslingt. Hochverrat wird nicht bestraft, wenn er gelingt, wenn er dem Volk eine neue Verfassung bringt. Die Tat vom 8. und 9. November 1918
5 war nicht Hochverrat, sondern Landesverrat. Landesverrat kann niemals legalisiert werden. Wenn die Gefallenen aufstehen würden und man sie fragte, ob sie den Zustand anerkennen, so würden sie schreien: „Niemals". Für die neue Bewegung durfte es keine Versöhnung für die Tat des
10 8. und 9. November geben. Für uns ist diese Tat ein gemeines Verbrechen, ein Dolchstoß gegen das Volk gewesen. Die nationalsozialistische Bewegung hat als ersten Grundsatz aufgenommen die Erkenntnis, dass die marxistische Bewegung bekämpft werden muss bis zu den letzten Kon-
15 sequenzen. Dass zweitens die Revolution als Ausfluss eines unerhörten Verbrechens niemals gültig sein kann. Die nationalsozialistische Bewegung hat drittens erkannt, dass das Problem heißt, das deutsche arbeitende Volk, die breite Masse wieder national zu machen. Dies konnte nicht ge-
20 schehen durch eine negative Erziehung, sondern durch einen positiven Kampf gegen die Verderber. [...]
Ich trage die Verantwortung ganz allein, erkläre aber eines: Verbrecher bin ich deshalb nicht, und als Verbrecher fühle ich mich nicht. Ich kann mich nicht schuldig bekennen,
25 aber ich bekenne mich zur Tat. Es gibt keinen Hochverrat gegen die Landesverräter von 1918.

Wolfgang Elben, Die Weimarer Republik, Frankfurt am Main ⁶1975, S. 58f.

---

1. Beschreiben Sie die Argumentationskette des Angeklagten Hitler.
2. Charakterisieren Sie das Verhalten Hitlers zur rechtsstaatlichen Ordnung.

M8 Grundzüge der Außenpolitik Stresemann

Vier Wochen vor der Konferenz in Locarno beschreibt Gustav Stresemann in einem Antwortbrief an den ehemaligen Kronprinzen Wilhelm die Grundpositionen seiner Außenpolitik am 7. September 1925:

Die deutsche Außenpolitik hat nach meiner Auffassung für die nächste, absehbare Zeit drei große Aufgaben:
Einmal die Lösung der Reparationsfrage in einem für Deutschland erträglichen Sinne und die Sicherung des Frie-
5 dens, die die Voraussetzung für eine Wiedererstarkung Deutschlands ist.

Zweitens rechne ich dazu den Schutz der Auslandsdeutschen, jener zehn bis zwölf Millionen Stammesgenossen, die jetzt unter fremdem Joch in fremden Ländern leben. Die dritte große Aufgabe ist die Korrektur der Ostgrenzen: 10 die Wiedergewinnung von Danzig, vom polnischen Korridor und eine Korrektur der Grenzen in Oberschlesien. Im Hintergrund steht der Anschluss von Deutsch-Österreich. [...]
Wollen wir diese Ziele erreichen, so müssen wir uns aber 15 auch auf diese Aufgaben konzentrieren. Daher der Sicherheitspakt, der uns einmal den Frieden garantieren und England sowie [...] Italien als Garanten der deutschen Westgrenzen festlegen soll. Der Sicherheitspakt birgt andererseits in sich den Verzicht auf eine kriegerische Ausei- 20 nandersetzung mit Frankreich wegen der Rückgewinnung Elsass-Lothringens, einen deutschen Verzicht, der aber insoweit nur theoretischen Charakter hat, als keine Möglichkeit eines Krieges gegen Frankreich besteht. [...]
Ich warne vor einer Utopie, mit dem Bolschewismus zu 25 kokettieren. Wenn die Russen in Berlin sind, weht zunächst die Rote Fahne vom Schloss, und man wird in Russland, wo man die Weltrevolution wünscht, sehr zufrieden sein, Europa bis zur Elbe bolschewisiert zu haben, und wird das übrige Deutschland den Franzosen zum Fraß geben. Dass 30 wir im Übrigen durchaus bereit sind, mit dem russischen Staat, an dessen evolutionäre Entwicklung ich glaube, uns auf anderer Basis zu verständigen, und uns durch unseren Eintritt in den Völkerbund durchaus nicht nach dem Westen verkaufen, ist eine Tatsache, über die ich [...] gern ge- 35 legentlich mündlich Näheres sagen würde. [...] Das Wichtigste ist für die unter 1) berührte Frage der deutschen Politik das Freiwerden deutschen Landes von fremder Besatzung. Wir müssen den Würger erst vom Halse haben. Deshalb wird die deutsche Politik [...] in dieser Beziehung 40 zunächst darin bestehen müssen, zu finassieren¹ und den großen Entscheidungen auszuweichen.

Herbert Michaelis und Ernst Schraepler (Hrsg.), a.a.O., Bd. 6, Berlin o. J., S. 487 ff.

---

1. Arbeiten sie die Argumente heraus, mit denen Stresemann versucht, den Kronprinzen von seinen Ansichten zu überzeugen. | H
2. Der britische Botschafter Lord d´Albernon bemerkte nach der Reichstagsabstimmung über die Locarno-Verträge über die Deutschen: „Sobald ihnen irgend etwas gewährt wird, stellen sie nicht nur weitere Forderungen, sondern versuchen, das ihnen einmal Gegebene als eine höchst unvollkommene Erfüllung ihrer unbestreitbaren Rechtsansprüche darzustellen. Die einzige Ausnahme, die ich in Deutschland fand, war Stresemann." Entwickeln Sie vor diesem Hintergrund eine Bewertung der politischen Lebensleistung des Außenministers.

---

¹ **finassieren**: Tricks anwenden

M9 Arbeitslosigkeit und Konkurse in Deutschland

Die Entwicklung der Arbeitslosigkeit			Jahres-durch-schnitt	Konkurse
1929	Januar	2 850 214	1 898 604	13 180
	Juli	1 251 452		
1930	Januar	3 217 608	3 075 580	15 486
	Juli	2 765 258		
1931	Januar	4 886 925	4 519 704	19 254
	Juli	3 989 686		
1932	Januar	6 041 910	5 577 942	14 138
	Juli	5 392 248		
1933	Januar	6 013 612	4 804 428	7 954
	Juli	4 463 841		
1934	Januar	3 772 792	2 718 309	6 219
	Juli	2 426 014		
1935	Januar	2 973 544	2 151 039	5 955
	Juli	1 754 117		
1936	Januar	2 520 499	1 592 655	5 266
	Juli	1 169 860		

Statistisches Jahrbuch für das Deutsche Reich, 56. Jahrgang, Berlin 1937, S. 350 und 406

1. **Präsentation:** Stellen Sie die Tabellen in einer Grafik dar (Kurven- oder Säulendiagramm) und erläutern Sie aus dem Vergleich die Wechselwirkung zwischen Arbeitslosigkeit und Konkursen.
2. Charakterisieren Sie die wirtschaftlichen, gesellschaftlichen und politischen Probleme, die sich aus der hohen Zahl von Arbeitslosen und Konkursen ergaben.
3. Diskutieren Sie: Musste Weimar deshalb scheitern?

M10 Der Reichstag ist ohmächtig

Der sozialdemokratische Reichstagspräsident Paul Löbe (1875–1967) berichtet in seinen Lebenserinnerungen von der parlamentarischen Arbeit nach den Reichstagswahlen von 1930:

Einige Jahre konnte der Reichstag wieder ordnungsgemäß arbeiten. Als aber 1930 das deutsche Volk 107 Nationalsozialisten neben 77 Kommunisten […] entsandte und 40 deutschnationale Hugenbergianer[1] ihre schützende Hand über die Nazis hielten, brach der Sturm aufs Neue los. Äu- 5 ßerste Rechte und äußerste Linke warfen sich die Bälle zu, unterstützten gegenseitig ihre Obstruktionsanträge, begleiteten die jeweiligen Schimpfkonzerte ihrer Antipoden mit tosendem Beifall und versuchten durch unsinnige und demagogische Anträge, die Arbeit des Parlaments und der 10 Regierung lahmzulegen. […]
Bei einer Reichshaushaltsberatung stellten die Kommunisten eine Reihe von Anträgen, unsympathische Steuern und Abgaben aufzuheben oder herabzusetzen, sodass bei Annahme dieser Anträge die Reichseinnahmen von zehn Mil- 15 liarden auf sechs vermindert worden wären. Bei dem Ausgabenetat kamen dann so viel populäre Anträge auf Rentenerhöhungen, Wohnhausbauten, Erweiterung des Kreises der Versorgungsberechtigten, dass die Ausgaben des Etats von zehn auf 14 Milliarden steigen mussten. Als 20 ich den kommunistischen Wortführer fragte, woher die Mittel für eine solche Wirtschaft kommen, wie das Defizit von acht Milliarden gedeckt werden sollte, erwiderte er kaltschnäuzig, darüber könne sich ja die Regierung den Kopf zerbrechen, „es ist ja nicht unser Staat, sondern der 25 eure". Genauso unehrlich war die Taktik der nationalsozialistischen Fraktion. Sie beantragte, dass niemand im Reich mehr als tausend Mark Monatseinkommen beziehen sollte, dachte aber gar nicht daran, selbst diesen Grundsatz zu befolgen, sondern wollte mit solch demagogischen Anträ- 30 gen nur die anderen Parteien in Verlegenheit bringen.

Joseph Goebbels (1897–1945) wird 1928 Abgeordneter für die NSDAP. Von 1933 bis 1945 ist Goebbels Reichsminister für Volksaufklärung und Propaganda. Er sagt:

Wir gehen in den Reichstag hinein, um uns im Waffenarsenal der Demokratie mit deren eigenen Waffen zu versorgen. Wir werden Reichstagsabgeordnete, um die Weimarer Gesinnung mit ihrer eigenen Unterstützung lahmzulegen. Wenn die De- 35 mokratie so dumm ist, uns für diesen Bärendienst Freifahrkarten und Diäten zu geben, so ist das ihre eigene Sache. […] Uns ist jedes gesetzliche Mittel recht, den Zustand von heute zu revolutionieren. Wenn es uns gelingt, bei diesen Wahlen [1928] sechzig bis siebzig Agitatoren unserer Partei in die 40

---
[1] **Alfred Hugenberg** (1865–1951): Medienunternehmer, von 1928 bis 1933 Vorsitzender der DNVP

verschiedenen Parlamente hineinzustecken, so wird der Staat selbst in Zukunft unseren Kampfapparat ausstatten und besolden. [...]

45 Wir kommen als Feinde! Wie der Wolf in die Schafherde einbricht, so kommen wir. Jetzt seid ihr nicht mehr unter euch! Ich bin kein Mitglied des Reichstags. Ich bin ein IdI.

50 Ein IdF. Ein Inhaber der Immunität, ein Inhaber der Freifahrkarte. [...] Wir sind gegen den Reichstag gewählt worden, und wir werden auch unser Mandat im Sinne unserer Auf

55 traggeber ausüben. [...] Ein IdI hat freien Eintritt zum Reichstag, ohne Vergnügungssteuer zahlen zu müssen. Er kann, wenn Herr Stresemann von Genf erzählt, unsachgemäße

60 Zwischenfragen stellen, zum Beispiel, ob es den Tatsachen entspricht, dass besagter Stresemann Freimaurer und mit einer Jüdin verheiratet ist.

Erster Text: Günter Schönbrunn, Weltkriege und Revolutionen, München 1995, S. 249; zweiter Text: „Der Angriff" Nr. 18 vom 30.4.1928

1. Erläutern Sie, wie Radikale von links und rechts die parlamentarische Arbeit beeinflussten.

2. Analysieren Sie, welche Wirkung dies auf die Öffentlichkeit haben musste.

3. Recherchieren Sie die verfassungsrechtlichen Möglichkeiten, Feinden der Demokratie in der Bundesrepublik entgegenzutreten. Diskutieren Sie anschließend Ihre Ergebnisse.

„Der Reichstag wird eingesargt."
Collage von John Heartfield zum 30. August 1932.

▶ Erläutern Sie, wofür bei John Heartfield der Reichstag steht. | H

▶ Analysieren Sie, warum der Künstler die SPD ins Blickfeld rückt.

▶ Erörtern Sie, inwiefern die Collage Heartfields Haltung gegenüber der politischen Entwicklung ausdrückt.

M11   Woran scheiterte Weimar?

Der Historiker Eberhard Kolb (*1933) untersucht, welche Faktoren zum „Scheitern" Weimars beigetragen haben:

Wie wurde Hitler möglich? War die „Machtergreifung" der Nationalsozialisten unter den gegebenen Bedingungen unvermeidlich? Diese Frage, um die alle Erörterungen über das Scheitern Weimars kreisen, wird von der bisherigen

5 Forschung auf recht unterschiedliche Weise beantwortet. Allerdings sind die in der wissenschaftlichen Diskussion zunächst dominierenden monokausalen Erklärungsversuche, in denen der Aufstieg des Nationalsozialismus und die Machtübertragung an Hitler auf eine einzige oder eine allein ausschlaggebende Ursache zurückgeführt wurden,

10 inzwischen ad acta gelegt worden, denn alle derartigen einlinigen Deutungen haben sich als untauglich erwiesen. Die Historiker sind sich heute zumindest darin einig, dass das Scheitern der Republik und die nationalsozialistische „Machtergreifung" nur plausibel erklärt werden können

15 durch die Aufhellung eines sehr komplexen Ursachengeflechts. Dabei sind vor allem folgende Determinanten zu berücksichtigen: institutionelle Rahmenbedingungen, etwa

die verfassungsmäßigen Rechte und Möglichkeiten des
20 Reichspräsidenten, zumal beim Fehlen klarer parlamentarischer Mehrheiten; die ökonomische Entwicklung mit ihren Auswirkungen auf die politischen und gesellschaftlichen Machtverhältnisse; Besonderheiten der politischen
Kultur in Deutschland (mitverantwortlich z. B. für die Repu-
25 blikferne der Eliten, die überwiegend der pluralistisch-
parteienstaatlichen Demokratie ablehnend gegenüberstanden); Veränderungen im sozialen Gefüge, beispielsweise
Umschichtungen im „Mittelstand" mit Konsequenzen u. a.
für politische Orientierung und Wahlverhalten mittelstän-
30 discher Kreise; ideologische Faktoren (autoritäre Traditionen in Deutschland; extremer Nationalismus, verstärkt
durch   Kriegsniederlage,   Dolchstoßlegende   und
Kriegsunschuldspropaganda; „Führererwartung" und Hoffnung auf den „starken Mann", wodurch einem charismati-
35 schen Führertum wie dem Hitlers der Boden bereitet
wurde); massenpsychologische Momente, z. B. Erfolgschan-
cen einer massensuggestiven Propaganda infolge kollekti-
ver Entwurzelung und politischer Labilität breiter Bevölke-
rungssegmente;   schließlich   die   Rolle   einzelner
40 Persönlichkeiten an verantwortlicher Stelle, in erster Linie
zu nennen sind hier Hindenburg, Schleicher, Papen.
Die Antwort, die auf die Frage nach dem Scheitern der
Weimarer Demokratie und der Ermöglichung Hitlers gegeben wird, hängt in ihrer Nuancierung wesentlich davon
45 ab, wie die verschiedenen Komponenten gewichtet und
dann zu einem konsistenten Gesamtbild zusammengefügt
werden, denn Gewichtung und Verknüpfung sind nicht
durch das Quellenmaterial in einer schlechthin zwingen-
den Weise vorgegeben, sie bilden die eigentliche Interpre-
50 tationsleistung des Historikers.

Eberhard Kolb, Die Weimarer Republik, München ⁷2009, S. 215 f.

1. Geben Sie die Ursachen für das Scheitern der Weimarer
   Republik wieder.
2. Präsentation: Erarbeiten Sie ein Schaubild, in dem
   Sie Ursachen, Zusammenhänge und Wirkungen der
   Faktoren berücksichtigen. | F
3. „Das Scheitern der Weimarer Republik war vermeidbar."
   Nehmen Sie Stellung zu dieser These.

„Stützen der Gesellschaft."
Ölgemälde (200 x 108 cm) von George Grosz, 1926.
Das Gemälde wurde von dem Kunsthistoriker Hans Hess als eine
„große Allegorie des deutschen Staates in der Weimarer Republik"
bezeichnet.

▶ Beschreiben Sie die abgebildeten Figuren und ordnen Sie sie auf-
  grund ihrer Attribute bestimmten Gesellschaftsschichten zu. | H

▶ Analysieren Sie die Aussageabsicht des Künstlers. Gehen Sie dazu
  auch erläuternd auf den Bildtitel und die oben zitierte Aussage
  von Hans Hess ein.

Methode

Politische Plakate auswerten

Plakate sind öffentliche Aushänge, die meist an stark frequentierten Standorten platziert werden, um möglichst viele Menschen zu erreichen. Plakate können
• informieren (sachlich)
• werben (tendenziös)
• zu Aktionen aufrufen (appellativ).
Ihr Ziel ist es immer, auf den ersten Blick zu wirken und in Erinnerung zu bleiben. Deshalb werden oft auffällig gestaltete Mittel, **wiederkehrende Symbole** und kurze **Slogans** verwendet. Eine Form des Plakats ist das politische Plakat, das es in Deutschland seit Anfang des 19. Jahrhunderts gibt. Verwendungszwecke des politischen Plakats sind unter anderem Bekanntmachungen der Regierung, Protest (z. B. soziale Missstände) oder (Anti-)Kriegspropaganda.
Seine Bedeutung als **Massenmedium** erreichte das Plakat erst in der Weimarer Republik mit der demokratischen Parteienvielfalt. In dem Maße, wie sich die politischen Auseinandersetzungen der Republik zuspitzten, wurden auch die Texte und Bilder der Parteien radikaler. Politische Gegner wurden diffamiert, Feindbilder aufgebaut und Bedrohungsszenarien heraufbeschworen. Hierbei wurden auch **Allegorien und Übertreibungen** eingesetzt.
Plakate geben keinerlei Auskunft über das Wahlverhalten einer gewissen Epoche, sehr wohl jedoch über die Auseinandersetzungen der Parteien, den Alltag der Menschen, die Probleme und die Grundhaltungen einer Zeit.

Weitere Anwendungsbeispiele finden Sie auf den Seiten 112, 119 und 120.

Arbeitsschritt	Leitfragen
1. beschreiben	• Um welche Art von Plakat handelt es sich? • Wer hat das Plakat in Auftrag gegeben? • Wann und wo ist es veröffentlicht worden? • Wen oder was zeigt das Plakat? • Was wird thematisiert?
2. erklären	• Auf welche Weise geschieht dies (überdimensioniert, naturgetreu, welche Größenverhältnisse etc.)? • Wie ist das Plakat aufgebaut? • Welche Gestaltungsmittel werden verwendet (Verhältnis von Text und Bild, Perspektive, Farben, Haltung und Position der Figuren, Schriftgröße und -art, Symbole, Verwendung bestimmter Stilmittel)? • Wie sind die Allegorien zu entschlüsseln? Wer steckt hinter den dargestellten Personen / Dingen? • Welche Hauptaussage wird demnach getroffen?
3. beurteilen	• Wie ist das Plakat in seinen historischen Kontext einzuordnen? • An wen wendet sich das Plakat? • Ist es gegen jemanden gerichtet? Werden Feindbilder dargestellt? • Welche Wirkung soll das Plakat beim zeitgenössischen Betrachter erzielen? • Welche Aussageabsichten werden verfolgt? • Inwiefern ist die Gestaltung des Plakats gelungen?

zentrale Figur: (SA-)Mann mit Schirmmütze und Hakenkreuz ≙ personifizierter „Feind der Demokratie" von rechts

Schriftzug: Verweis auf politische Gegner („Feinde der Demokratie!") und eigenes demokratisches Selbstverständnis

Kommunist mit rotem Stern auf der Kappe ≙ personifizierter „Feind der Demokratie" von links; Symbol für Gefahr des Bolschewismus

Farbgebung: Schwarz-Rot-Gold als National-farben und Bekennt-nis zur Demokratie

Totenkopf mit Reichs-wehrhelm: Allegorie auf Gefahr des Militarismus der alten Eliten

Dolch: Symbol für Gewalt und Hinter-hältigkeit; Verweis auf „Dolchstoßlegende"

Wahlaufruf: Ausschalten politischer Gegner (durch demokratische Mittel ≙ Wahl) als Ziel formuliert

wichtige Infos zu Listenplatz und Auftraggeber

Wahlplakat der SPD von 1930.

Rot als Farbe der Sozialdemokratie

▶ Analysieren Sie das Plakat mithilfe der Arbeitsschritte auf Seite 138. Ihre Ergeb-nisse können Sie mit der Beispiellösung auf Seite 193 vergleichen.

Rollenspiele durchführen

Das **Rollenspiel** ist, anders als der Name es vermuten lässt, kein Spiel, sondern eine anspruchs-volle Methode des historischen Lernens und Verstehens. Beim Rollenspiel geht es nur in einem ersten Schritt um die Auswertung von Quellen, da dies die Basis des späteren Handelns dar-stellt. Auch und vor allem aber geht es um einen **Perspektivwechsel**. Will man in die Rolle einer anderen, z. B. historischen Person schlüpfen, bedarf es entsprechender Kenntnis ihrer Lebens-umstände und -ansichten. Ein erfolgreiches Rollenspiel bewegt sich innerhalb eines Themas, das deutlich macht, welche Aspekte im Besonderen beleuchtet und dargestellt werden sollen. Es muss im Vorfeld klar sein, welche und wie viele Rollen auszufüllen sind, damit die Interaktion während des Spiels gelingen kann. Es gilt, auf der **Basis diverser Quellen** ein möglichst genaues Rollenprofil zu erstellen. Der Rollenwechsel impliziert nicht nur ein Sich-Einfühlen sondern auch ein ganzheitliches Ausfüllen der Rolle. Interessant kann es auch sein, bewusst eine konträre Position einzunehmen. So erschließen sich bislang unbekannte **Verhaltensoptionen**, und **Fremdverstehen** wird ermöglicht. Die besondere Herausforderung besteht darin, die histori-sche Szenerie bei der Darstellung von der eigenen Wirklichkeit abzugrenzen, diese aber im Anschluss, etwa in Form einer Diskussion, sehr wohl beurteilen zu können.

Arbeitsschritt	Was ist zu tun?
1. Vorbereitung (in Einzel-, Partner- oder Gruppenarbeit)	• Sichten Sie das Quellenmaterial und beziehen Sie sowohl Schrift- als auch Bildquellen ein, die Auskunft über Gedanken und Ansich-ten der darzustellenden Person oder der sozialen Gruppe, der sie zugehörig ist, geben (Tagebuch, Biografie, Reden, Briefe, Karikatu-ren, Statistiken …). • Informieren Sie sich über den historischen Kontext und das soziale Milieu Ihres Rollencharakters. Beziehen Sie auch Ihr Vorwissen mit ein.
2. role-taking und role-making	• Erstellen Sie ein Rollenprofil: Notieren Sie persönliche Informationen der darzustellenden Person (Geschlecht, Herkunft, Beruf, soziale Schicht, Bildung – daraus resultierende politische Ansichten …). • Überlegen Sie sich auf Basis der Quellenanalyse Argumente und Beispiele, die die Ansichten Ihrer Rolle untermauern. • Setzen Sie Ihre Rolle in Beziehung zu anderen – welche ist konträr zu der Ihren, mit welcher bestehen Gemeinsamkeiten? Wie kann sich dies auf Ihre Interaktion, Mimik, Gestik und Position im Raum auswirken? • Formulieren Sie Fragen, Vorwürfe oder bewusste Provokationen für die Interaktion mit anderen Rollen. • Trennen Sie streng eigene Ansichten von denen Ihres Rollen-charakters.
3. Reflexion	• Überprüfen Sie, inwiefern Sie der Rolle gerecht geworden sind: Wurden alle wesentlichen Aspekte bedacht? Kam es zu Konflikten? Konnten diese gelöst werden? • Reflektieren Sie die Interaktion und bewerten Sie die Nachhaltigkeit des Rollenspiels.

Wahlabend in Salzgitter, 1930.

Im Wahllokal kommen Sie ins Gespräch über die aktuelle politische Lage ...

Sie sind ein **ehemaliger rang-hoher Offizier**, der seine Karriere dem Krieg und dem Militär zu verdanken hat. Ihre Familie genoss seit jeher Privilegien. Durch die Revolution und die neue Staatsform hat sich einiges für Sie verändert ...

Sie sind eine **junge Frau und Mutter**, die mit ihrem Mann zusammen einen kleinen selbst-ständigen Kaufladen führt. Sie haben sich die Selbstständigkeit hart erwirtschaftet und genießen einen Lebensstandard ohne schwere körperliche Arbeit. Durch die Revolution und die neue Staatsform haben sich für Sie als Frau neue Möglichkeiten ergeben ...

Sie sind ein **Beamter im mittleren Dienst** im örtlichen Finanzamt und mussten durch die politischen Wirren und die staatliche Sparpolitik Gehaltssenkungen hinnehmen. Ihre Ausbildung haben Sie im Kaiserreich absolviert, aber durch die Revolution und die neue Staatsform hat sich für Sie einiges verändert ...

Sie sind ein **Arbeitsloser**, der früher als Fabrikarbeiter in der Stahlindustrie tätig war. Sie wurden vom Fabrikbesitzer aufgrund allgemeiner Sparmaßnahmen entlassen, da durch das Kriegsende die Rüstungsindustrie nicht mehr gefragt ist. Sie sind mit Ihrer Situation sehr unzufrieden. Die Villa des Fabrikbesitzers sehen Sie jeden Tag aus der Ferne, wenn Sie auf dem Weg zur Suppen-küche sind ...

1. Arbeiten Sie für eine der genannten Rollen ein Rollenprofil mithilfe des Leitfadens auf Seite 140 heraus. Sie können anschließend Ihre Ideen mit den Rollenprofilen auf Seite 194 vergleichen.
2. Interagieren Sie in Ihrer Rolle: Machen Sie Ihre Position deutlich und erklären Sie, inwiefern Sie mit der aktuellen Politik und Staatsform (un)zufrieden sind.

Die Weimarer Republik (1918–1933)

1918–1923/24: Frühe Krisenjahre

1918/1919: Kriegstrauma der Deutschen und Ablehnung des Versailler Vertrags
→ Alte Eliten und monarchische Anhänger: Sehnsucht nach „alter Größe Deutschlands"
→ Arbeiter und Sozialdemokraten: Diffamierung durch „Dolchstoßlegende"
→ Novemberrevolution der Arbeiter und Soldaten (1918): Sturz der deutschen Monarchien, Philipp Scheidemann ruft am 9. November in Berlin die Republik aus
→ Spartakusaufstand gegen Regierungstruppen wird gewaltsam niedergeschlagen (1919)

11. August 1919: neue Verfassung zugunsten der Volkssouveränität
→ mehr Demokratie: u. a. Frauenwahlrecht und zahlreiche Grundrechte
→ aber: die alten Eliten bleiben bestehen und sind mehrheitlich gegen die Republik: Reichswehr („Staat im Staate"), Justiz, Beamtenapparat und Wirtschaftsführer

November 1923: Staatsverschuldung, Inflation
→ erfolgreiche Währungsreform
→ aber: Verlust der Ersparnisse, wirtschaftliche Instabilität und Angst → Anfälligkeit für radikale Parolen

1924–1929: „Goldene Zwanziger"

Friedliche, weitgehend positive Zeit: sinkende Arbeitslosigkeit, zunehmende Produktion, steigender Konsum, aufblühende Kultur, Erfolge in Wissenschaft und Technik

1929–1933

1929: Weltwirtschaftskrise
Aufstieg der NSDAP
Gründe: • Massenarbeitslosigkeit
 • Inflation
 • Angst der Menschen vor dem sozialen Abstieg
 • Suche nach einem „starken Mann", der die Lage wieder in den Griff bekommt
 • dazu die Traumata von 1918–1923

30. Januar 1933: Paul von Hindenburg ernennt Adolf Hitler zum Reichskanzler

PARTEIENSYSTEM

Befürworter der Republik
SPD, DDP, Zentrum
(= Weimarer Koalition 1919)

Gegner der Republik
KPD, USPD (links);
DVP, DNVP (alte Eliten), NSDAP (rechts, stark antisemitisch)

REICHSPRÄSIDENTEN DER REPUBLIK

Friedrich Ebert (1919–1925, SPD)
Vertreter der neuen parlamentarischen Ordnung

Paul von Hindenburg (1925–1934, parteilos)
Vertreter der alten monarchischen Ordnung

M „Es lebe die deutsche Republik!"

Frank-Walter Steinmeier (*1956) ist seit dem 19. März 2017 der zwölfte Bundespräsident der Bundesrepublik Deutschland. Bei einer Gedenkstunde des Deutschen Bundestages zum 9. November 2018 hält er anlässlich des 100. Jahrestags der Revolution folgende Rede:

Die Revolution, so ungeplant und improvisiert sie auch war, steht für eine tiefgreifende Zäsur in der deutschen Geschichte, für einen Aufbruch in die Moderne.

Viele ihrer Errungenschaften prägen heute unser Land, auch wenn uns das nicht jeden Tag bewusst ist. Die Revo-
5 lution brachte allen deutschen Parlamenten das allgemeine und gleiche Wahlrecht – endlich, zum ersten Mal auch für die Frauen! Sie bahnte den Weg zur Weimarer Nationalversammlung, zu einer republikanischen Verfassung, zur par-
10 lamentarischen Demokratie, der ersten in der Geschichte unseres Landes. Auch Grundsteine des modernen Sozialstaats legte diese Revolution: Achtstundentag, Tarifpartnerschaft, Mitbestimmung durch Betriebsräte – all das steht für den sozialen Fortschritt, der damals inmitten der Nach-
15 kriegswirren begann.

Aber trotz alledem hat die Revolution bis heute kaum Spuren im Gedächtnis unserer Nation hinterlassen. [...]

Manchmal scheint mir, als sei jene Zeitenwende auf ewig überschattet vom Scheitern der Republik, als sei der 9. No-
20 vember 1918 diskreditiert und entwürdigt durch den 30. Januar 1933. Ja, das Ende der Weimarer Republik führte hinab ins furchtbarste Kapitel der deutschen Geschichte. Aber: Historisch gescheitert ist nicht die Demokratie – historisch gescheitert sind die Feinde der Demo-
25 kratie. [...]

Ja, diese Revolution war auch eine Revolution mit Irrwegen und enttäuschten Hoffnungen. Aber es bleibt das große Verdienst der gemäßigten Arbeiterbewegung, das sie – in einem Klima der Gewalt, inmitten von Not und Hunger –
30 den Kompromiss mit den gemäßigten Kräften des Bürgertums suchte, dass sie der parlamentarischen Demokratie den Vorrang gab.

In der Weimarer Republik hat der 9. November nie die symbolische Kraft eines Gründungsmythos gewinnen kön-
35 nen. [...] Statt Einheit zu stiften, verschärfte die Erinnerung an den 9. November sogar die ideologische Spaltung der Gesellschaft: Für Teile der radikalen Linken stand das Datum für den vermeintlichen Verrat an der Arbeiterklasse, für die Republikfeinde von rechts für ihre Lüge vom „Dolch-
40 stoß", den angeblichen Verrat an den Frontkämpfern.

Es war kein Zufall, dass Adolf Hitler ausgerechnet am 9. November 1923 in München den ersten Anlauf zum Sturz der Republik unternahm, jenes „undeutschen Sys-
45 tems", dessen Repräsentanten die völkische Rechte mit mörderischem Hass überzog. [...]

Und es war vor allem die lange Tradition antiliberalen Denkens, die die politische Kultur der Republik vergiftete: Intellektuelle wie Carl Schmitt zogen gegen den Interes-
50 senpluralismus der „modernen Massengesellschaft" zu Felde und schmähten die „taktischen Kompromisse und Koalitionen" einer so genannten politischen „Klasse". Vertreter der radikalen Linken geißelten Parlamente und Regierungen als Herrschaftsinstrumente der „bürgerlichen
55 Klasse". [...]

Das Denken und Handeln der Weimarer Demokraten wirkte über die erste Republik hinaus. Die Mütter und Väter der Bundesrepublik, von denen viele in der Weimarer Zeit geprägt worden waren, konnten nach 1945 auf deren
60 Kenntnissen aufbauen und auch aus ihren Irrtümern lernen. In den Worten von Heinrich August Winkler: „Dass Bonn nicht Weimar wurde, verdankt es auch der Tatsache, dass es Weimar gegeben hat." [...]

So wenig der Demokratie am 9. November 1918 ihr Schei-
65 tern schon vorherbestimmt war, so wenig ist heute, einhundert Jahre später, ihr Gelingen garantiert. Wir beobachten ein wachsendes Unbehagen an der Parteiendemokratie, bis hinein in die Mitte unserer Gesellschaft. Wir erleben, wie manche die Parlamente gar nicht mehr als Orte für politi-
70 sche Lösungen ansehen wollen. Nicht alle diese Menschen sind Gegner der Demokratie – aber sie fehlen der Demokratie. Gerade die Geschichte der Weimarer Republik zeigt doch, wie sehr wir Bürgerinnen und Bürger brauchen, die bereit sind, Verantwortung zu übernehmen, die sich den
75 Mühen demokratischer Politik aussetzen – weil sie an ihren Wert glauben. [...]

Trauen wir uns, die Hoffnung, die republikanische Leidenschaft jener Novembertage auch in unserer Zeit zu zeigen. Trauen wir uns, den Anspruch zu erneuern: Es lebe die deutsche Republik! Es lebe unsere Demokratie!
80

www.bundespraesident.de/SharedDocs/Reden/DE/Frank-Walter-Steinmeier/
Reden/2018/11/181109-Gedenkstunde-Bundestag.html (Zugriff: 21. Juni 2019)

---

1. Fassen Sie die Leistungen zusammen, die wir nach Steinmeier der Revolution von 1918 verdanken.

2. Charakterisieren Sie den Zwiespalt, mit dem in Deutschland seit jeher auf die Ergebnisse von 1918 geblickt wird.

3. Diskutieren Sie, inwiefern sich der 9. November als nationaler Gedenktag eignen würde.

Orientierung

1.6 Wahlmodul: Deutsches und europäisches Selbstverständnis nach 1945

Das deutsche Selbstverständnis nach 1945 hatte sich zunächst an den Ereignissen der jüngsten Vergangenheit abzuarbeiten. Durch die Teilung der Welt in ideologische Blöcke, deren Grenze mitten durch Deutschland verlief, entwickelten sich in der DDR und in der Bundesrepublik jeweils völlig unterschiedliche politische Systeme und damit auch unterschiedliche „Aufarbeitungskulturen". Einig waren sich beide Staaten in der historischen Bewertung des NS-Staates als furchtbares Unrechtssystem. Unterschiedlich fielen jedoch die Antworten auf die beiden Fragen aus, wie es zu diesem im Holocaust gipfelnden Zivilisationsbruch kommen konnte und welche Lehren ein Staat daraus ziehen muss. Die Art und Weise, wie beide Staaten die Vergangenheit „bewältigten", ist ein Spiegel der beiden politischen Systeme und diente jeweils zu deren Legitimation.

Die Systemkonkurrenz erleichterte es der Bundesrepublik bzw. der DDR zunächst, sich in die jeweiligen militärischen und wirtschaftlichen Bündnisse (NATO, OEEC/OECD bzw. Warschauer Pakt, RGW) zu integrieren. Im Westen wurde man Teil der europäischen Integration, die nach 1990 mit der Ausweitung um Staaten in Osteuropa vertieft wurde. In den beiden deutschen Staaten entfalteten sich auch sehr unterschiedliche historische Anknüpfungspunkte und Wertesysteme. Diese trugen neben den Leistungen in Wirtschaft, Sport und Kultur zum jeweiligen Selbstverständnis bei und wirken bis heute nach. Die Wiedervereinigung 1990 und der Wandel zur „Berliner Republik" stellte daher nicht nur eine gewaltige wirtschaftliche Herausforderung dar, sondern auch eine gesellschaftliche. Sie ging einher mit einer gewandelten ökonomischen, europäischen und zum Teil auch militärischen Rolle der Bundesrepublik.

Aktuell zeigen die politischen Entwicklungen in Ost- und Westdeutschland, dass ein gemeinsames Selbstverständnis noch lange nicht vorhanden ist. Die Krise des Euro und der EU, aber auch die Flüchtlingskrise, haben Verlustängste in wirtschaftlicher wie kultureller Hinsicht hervorgerufen. Als Reaktion darauf ziehen sich viele Menschen auf die eigene nationale und kulturelle Identität zurück, was eine gemeinsame europäische Erinnerungskultur erschwert.

Das Kapitel beschäftigt sich inhaltlich mit…

der Auseinandersetzung mit der NS-Vergangenheit in beiden deutschen Staaten

dem Selbstverständnis der Bundesrepublik und der DDR in der bipolaren Welt

dem Selbstverständnis und der kulturellen Identität des wiedervereinigten Deutschlands im europäischen Kontext

den Versuchen der Herausbildung einer europaweiten Erinnerungsgemeinschaft

---

Installation „Die Tore der Deutschen" von Horst Hoheisel.
Foto vom 27. Januar 1997.
In der Nacht vom 26. auf den 27. Januar 1997, dem Tag der Befreiung des KZ Auschwitz und Tag des Gedenkens an die Opfer des Nationalsozialismus, projizierte Hoheisel Fotos des geschlossenen und geöffneten Auschwitz-Tores mit der Inschrift „Arbeit macht frei" auf das Brandenburger Tor in Berlin.

▶ Das Brandenburger Tor gilt als Symbol nationaler Identität. Mit seinem „Denkbild" wollte Hoheisel zum Nachdenken über die symbolische und erinnerungskulturelle Funktion des Tores anregen. Erläutern und beurteilen Sie Aussage und beabsichtigte Wirkung der Installation.

5. 6. 1945 — Die Siegermächte des Zweiten Weltkrieges übernehmen die Regierungs-gewalt in Deutschland, das in vier Besatzungszonen geteilt ist.

1945/46 — Im Nürnberger Prozess werden die Hauptkriegsverbrecher verurteilt.

1945 - 1950 — Die Alliierten führen eine Entnazifizierung durch (in der SBZ nur bis 1948).

1949 — Mit der Unterzeichnung des Grundgesetzes am 23. Mai wird die Bundesre-publik gegründet; am 7. Oktober folgt die Gründung der DDR. Die Westdeut-sche Regierung erkennt sie nicht als Staat an (Alleinvertretungsanspruch).

seit 1950 — In der DDR ist der 8. Mai als „Tag der Befreiung" bis 1966 gesetzlicher Feiertag; in ganz Deutschland wird das Datum bis heute mit besonderen Gedenkveran-staltungen begangen.

10. 9. 1952 — Im Luxemburger Abkommen verpflichtet sich die Bundesrepublik zu „Wiedergutmachungszahlungen" an Israel und den verfolgten Juden.

17. 6. 1953 — Der Volksaufstand in der DDR gegen das SED-Regime wird von sowjetischen Militärs niedergeschlagen. In Westdeutschland wird der 17. Juni zum Natio-nalfeiertag.

6. 11. 1958 — In Ludwigsburg wird die Zentralstelle zur Aufklärung von NS-Gewaltver-brechen eingerichtet.

1961 — Die SED lässt in Berlin eine Mauer errichten.

1963 - 1965 — In Frankfurt am Main finden die Auschwitz-Prozesse statt.

26. 6. 1969 — Der Bundestag hebt die Verjährungsfrist für Völkermord auf.

21. 12. 1972 — Im Rahmen der sozial-liberalen Ostpolitik von Bundeskanzler Willy Brandt erkennt die Bundesrepublik die DDR als gleichberechtigten Staat an (Grundlagenvertrag).

18. 9. 1973 — Beide deutsche Staaten werden Mitglieder der Vereinten Nationen (UN).

Deutschland nach 1945

---

9. 11. 1989 — Die Mauer fällt; die innerdeutschen Grenzen sind offen

3. 10. 1990 — Die Wiedervereinigung wird vollzogen: „Tag der deutschen Einheit".

Deutschlands Wiedervereinigung

1992 - 1999 — Führende DDR-Funktionäre werden wegen ihrer Verantwortung für die Tötungen an der innerdeutschen Grenze angeklagt und verurteilt.

1996 — Der 27. Januar wird zum Tag des Gedenkens an die Opfer des National-sozialismus erklärt; 2005 erhebt ihn die UNO zum Internationalen Holocaust-gedenktag.

2. 8. 2000 — Die Stiftung „Erinnerung, Verantwortung und Zukunft" zur Entschädigung von NS-Zwangsarbeitern wird gegründet.

10. 5. 2005 — In Berlin wird das Denkmal für die ermordeten Juden Europas eingeweiht.

2008 — Die EU beschließt den „Europäischen Tag des Gedenkens an die Opfer von Stalinismus und Nationalsozialismus" (23. August).

Aufarbeitung nach 1990

Schuld und Sprachlosigkeit | Nach dem Ende des „Dritten Reiches" hätten sich Millionen Deutsche die bittere Frage stellen können, welchen Anteil sie selbst an der jüngsten Vergangenheit hatten. In den ersten Nachkriegsjahren schien sich in der deutschen Bevölkerung jedoch eine Verweigerungshaltung durchzusetzen. Nur eine Minderheit war dazu bereit, über die persönliche oder kollektive Mitverantwortung nachzudenken (→M1). Für Scham und Trauer über das schuldhafte Verhalten und die Massenverbrechen fehlte es vielfach an Einsicht, aber auch an Kraft. Nach Krieg, Flucht und Vertreibung waren die Menschen bemüht, das eigene Schicksal und den Alltag zu bewältigen. Zudem war der zeitliche Abstand für eine selbstkritische Betrachtung oder Infragestellung zu gering (→ M2 und M3). Viele Menschen täuschten Unkenntnis vor. Sie hätten nichts von den Verbrechen in den Konzentrationslagern gewusst. Die meisten sahen sich selbst als Opfer der nationalsozialistischen Ideologie und der bis zuletzt funktionierenden Propaganda. Andererseits gab es aber auch einige Intellektuelle und Politiker, die ein Eingeständnis der Schuld und eine „Wiedergutmachung" forderten. Im August und Oktober 1945 bekannten sich die beiden großen Kirchen in offenen Briefen zu ihrer Verantwortung.

In Nürnberg und anderswo

„Er hat mir's doch befohlen!"
Karikatur von 1946.

▶ Interpretieren Sie die Aussage der Karikatur. | H

Entspannungspolitik: Der Begriff beschreibt eine Phase des Kalten Krieges von Ende der 1960er- bis Anfang der 1980er-Jahre. In diesem Zeitraum versuchten die USA und die UdSSR sowie ihre jeweiligen Verbündeten Konflikte vorwiegend auf diplomatischem Weg zu lösen und gegenseitiges Vertrauen aufzubauen.

Zwei Staaten – zwei Haltungen | Mit der doppelten Staatsgründung im Jahr 1949 zeigten sich bereits grundsätzliche Unterschiede in der Auseinandersetzung der Bundesrepublik und der *Deutschen Demokratischen Republik* (DDR) mit der NS-Zeit.

Die Bundesrepublik Deutschland verstand sich als Gegenmodell zum nationalsozialistischen Regime. Die freiheitlich-demokratischen und rechtsstaatlichen Prinzipien des Grundgesetzes untermauerten dies. Andererseits sah sich der westdeutsche Teilstaat aber auch als Rechtsnachfolger des Deutschen Reiches, dessen Erblast er nun tragen musste.

Gegenüber dem Ausland beanspruchte Bundeskanzler *Konrad Adenauer* (CDU) einen *Alleinvertretungsanspruch* der demokratischen Bundesrepublik für ganz Deutschland. Die DDR erkannte er nicht als eigenständigen Staat an. Sein Staatssekretär im Auswärtigen Amt, *Walter Hallstein*, entwickelte daraus folgende Doktrin (*Hallstein-Doktrin*): Erkannte ein Land die DDR als selbstständigen Staat an, drohte die Bundesrepublik, die diplomatischen Beziehungen zu ihm abzubrechen. Davon war nur die Sowjetunion ausgenommen, die ja zu den vier Siegermächten zählte. Doch die DDR ließ sich auf Dauer nicht vollständig isolieren. Im Zuge der **Entspannungspolitik** der 1960er-Jahre wurde die Hallstein-Doktrin schließlich aufgegeben.

Von Anfang an grenzte sich die DDR gegenüber der Bundesrepublik ab und begriff sich als der „bessere" der beiden deutschen Staaten. Die herrschende Staatspartei – die *Sozialistische Einheitspartei Deutschlands* (SED) – verstand die DDR als „antifaschistisches Bollwerk", als Friedensstaat und als sozialistischen Staat, der damit in besonderem Maße als Wohlfahrtsstaat den Menschen diente. In der kommunistischen Weltanschauung galt der „Faschismus" als letzte Stufe einer kranken kapitalistischen Gesellschaft. Das SED-Regime übernahm dieses Geschichtsbild. Der Sozialismus würde demnach den Kapitalismus und somit auch den Faschismus überwinden. Damit konnte auch die im Zuge der Bodenreform durchgeführte Enteignung von rund 7 000 Großgrundbesitzern gerechtfertigt werden, indem diese zu Wegbereitern des Faschismus deklariert wurden. Mit dem Abschluss der „antifaschistisch-demokratischen Umwälzung" und der Gründung der DDR sah man die strukturellen und ideologischen Wurzeln des Nationalsozialismus „ein für alle Mal ausgerissen" (→M4). Die DDR lehnte daher jede Verantwortung für die NS-Verbrechen ab. Sie überließ es der Bundesrepublik, die deutsche Vergangenheit aufzuarbeiten.

Außenpolitisch rang die DDR jahrzehntelang um internationale Anerkennung. Erst 1955 wurde sie von der Sowjetunion für souverän erklärt und Anfang 1956 als „gleichberechtigtes" Mitglied in den *Warschauer Pakt* aufgenommen. Mit ihrer zweiten Verfassung von 1968, in der die führende Rolle der Partei festgeschrieben wurde, schloss die DDR den Aufbau der sozialistischen „Volksdemokratie" auch rechtlich ab. Aber erst der *Grundlagenvertrag* von 1972, mit dem sich Bundesrepublik und DDR als gleichberechtigte Staaten anerkannten, sowie die Aufnahme beider deutscher Staaten in die Vereinten Nationen (18. September 1973) brachte der DDR breitere internationale Anerkennung.

Amnestie und Integration | In den westlichen Besatzungszonen hatten trotz aller Entnazifizierungsbemühungen der Alliierten große Teile der führenden Elite des NS-Staates neben den vielen Mitläufern im großen Vergessen untertauchen, ihre Karrieren in der Bundesrepublik fortsetzen und erneut in Schlüsselpositionen aufsteigen können. In der bundesdeutschen Öffentlichkeit regte sich zunächst kaum Kritik. Mehr noch: 1949 und 1954 verabschiedete der Deutsche Bundestag – ihm gehörten in der zweiten Legislaturperiode 129 ehemalige NSDAP-Mitglieder an – einstimmig „Straffreiheitsgesetze", die viele verurteilte NS-Täter begnadigten. Seit 1951 durften aus politischen Gründen entlassene Beamte und Berufssoldaten in den öffentlichen Dienst zurückkehren. Beim Aufbau des Wiesbadener Bundeskriminalamtes seit 1945 waren NS-Beamte maßgeblich beteiligt. Damit wurden nahezu alle, die von alliierten Militärgerichten verurteilt worden waren, wieder frei.

Die westdeutsche „Vergangenheitspolitik" entsprach der in der Gesellschaft der 1950er-Jahre weit verbreiteten „Schlussstrich"-Mentalität. Die „Gnadenwelle" sollte der Stabilisierung der jungen Bundesrepublik dienen. Integration und Aufbau schienen wichtiger als Gerechtigkeit. Auf diese Weise konnten sich auch die Millionen „Mitläufer" des NS-Systems entlastet fühlen. Es gab jedoch auch Politiker, die gegen diesen Hang zur Schuldabwehr auftraten.

Die Sowjets führten die *Entnazifizierung* sehr viel konsequenter als die Westalliierten durch. Aber auch in der SBZ wurden bereits frühzeitig ehemalige NS-Parteigenossen von einer Bestrafung ausgenommen, um ihnen eine Brücke in den neuen sozialistischen Staat zu bauen. Wer sich aktiv am Aufbau des Sozialismus beteiligte, dem winkte eine rasche politische und soziale Integration. Das am 9. November 1949 verabschiedete „Gleichberechtigungsgesetz" der Volkskammer rehabilitierte alle, die allein wegen der Mitgliedschaft in der NSDAP bestraft worden waren. 1952 wurden schließlich auch geringfügig Belastete integriert. Der Bereich der Justiz und der Exekutive blieb ihnen jedoch verschlossen. Die NS-Opferverbände liefen gegen diese Politik Sturm. Weil sich vor allem die Vereinigung der Verfolgten des Naziregimes nicht mit der Politik der Staatsführung abfinden wollte, musste sie 1953 ihre Auflösung bekannt geben.

Entschädigung für NS-Opfer | 1950 entstand in Deutschland der Zentralrat der Juden. Er setzte sich für die Rechte der Juden ein und forderte Wiedergutmachung für das erlittene Unrecht. Bundeskanzler Konrad Adenauer ging, nicht zuletzt auf Druck der Amerikaner, auf die jüdischen Forderungen ein. Ende September 1951 bot er im Bundestag dem 1948 in Palästina gegründeten Staat Israel Wiedergutmachungsverhandlungen an. Am 10. September 1952 wurde in Luxemburg mit Israel und jüdischen

Propaganda für den Volksentscheid in Sachsen zum „Gesetz über die Übergabe von Betrieben von Kriegs- und Naziverbrechern in das Eigentum des Volkes". Foto aus Leipzig, 1946.
1946 wurden die Bürger in Sachsen zu einem Volksentscheid über die Enteignung wichtiger Industrie- und Gewerbebetriebe aufgerufen. Zwei Drittel der Bevölkerung stimmten zu. Dies genügte der SED, um die Enteignung auch in allen übrigen Gebieten Ostdeutschlands durchzuführen.

Leistungen der Bundesrepublik für NS-Opfer (in Mrd. Euro)	
Bundesentschädigungsgesetz (BEG)*	44,54
Weitere gesetzliche Regelungen	1,94
Härtefallregelungen	2,78
Leistungen an den Staat Israel	1,76
Globalverträge mit Staaten u.a. (z.B. Claims Conference**)	1,46
Rückerstattung geraubten Vermögens	2,02
Sonderfonds der Bundesländer außerhalb des BEG	1,53
Sonstige Leistungen	4,63
Stiftung „Erinnerung, Verantwortung und Zukunft"	12,56
Gesamt:	63,22

Süddeutsche Zeitung vom 15. Juli 2008, S. 6

* Das Gesetz von 1956 entschädigte alle Verfolgten, die bis zum 31. Dezember 1952 in der Bundesrepublik oder in West-Berlin wohnten bzw. vor ihrer Auswanderung dort gelebt hatten.

** Jewish Claims Conference: 1951 gegründeter Zusammenschluss von Verbänden, die jüdische Opfer des Nationalsozialismus in Entschädigungsfragen vertreten

▶ Erläutern Sie, wen das Bundesentschädigungsgesetz ausschloss.

▶ Nehmen Sie Stellung zu der Frage, ob es gerechtfertigt ist, dass die Bundesrepublik heute noch Entschädigungsleistungen aufbringt.

Bundeskanzler Konrad Adenauer (rechts) und der israelische Ministerpräsident David Ben Gurion in New York.
Foto vom 14. März 1960.
Es war das erste deutsch-israelische Treffen führender Politiker nach 1945.

Organisationen ein Wiedergutmachungsabkommen geschlossen (*Luxemburger Abkommen*). Es stellte unter anderem drei Milliarden DM (1,53 Mrd. Euro) für die Eingliederung von etwa einer halben Million Holocaust-Überlebender in Aussicht. Im Bundestag konnte Adenauer die Ratifizierung des Vertrages nur mithilfe der Opposition durchsetzen, da er in den eigenen Reihen keine Mehrheit für das Abkommen fand.

Auch anderen NS-Opfern stellte die Bundesrepublik Entschädigungen in Aussicht. Über zwei Millionen Anträge zur Wiedergutmachung wurden anerkannt. Allerdings waren die Leistungen für den Einzelnen eher bescheiden: Für einen Monat KZ-Haft gab es einen einmaligen Betrag von 150 DM, für nachgewiesene Gesundheitsschäden waren Renten vorgesehen. Andere Opfergruppen gingen lange Zeit leer aus, etwa die Zwangsarbeiter aus Osteuropa, die erst ab dem Jahr 2000 durch die Stiftung „Erinnerung, Verantwortung und Zukunft" entschädigt wurden.

Vergleichbare Wiedergutmachungen leistete die DDR nicht. Entsprechende Forderungen Israels wies die SED-Führung rigoros zurück, zumal sie den jungen Staat Israel als Teil des kapitalistischen Weltsystems begriff.

Antitotalitärer Basiskonsens in der Bundesrepublik | Die Bundesregierung bekämpfte sowohl rechts- als auch linksextreme Parteien. Politik und Bürger in der Bundesrepublik fühlten sich jedoch vor allem von „links" bedroht, vom Kommunismus der DDR und der Sowjetunion. Der Kalte Krieg verschaffte dem Antikommunismus immer neue Nahrung. Eine Neigung zur Schwarz-Weiß-Malerei in der bundesdeutschen Gesellschaft – hier die heile Welt des Westens, dort die böse kommunistische Welt des Ostens – war weit verbreitet. In der Bundesrepublik etablierte sich ein „antitotalitärer" Basiskonsens, in den frühere nationalsozialistische, antibolschewistische Kräfte integriert werden konnten (→M5). In der immer wieder verwendeten Formel von der „Verteidigung der Freiheit gegen den Bolschewismus" trafen sich Konservative, Liberale und Sozialdemokraten ungeachtet ihrer sonstigen parteipolitischen Gegensätze. So wurde der Antikommunismus zur tragfähigen Integrationsideologie für die noch ungefestigte Demokratie in Westdeutschland.

In der frühen Nachkriegszeit galt in Westdeutschland die Formel „Rechtsradikalismus = Linksradikalismus". Auf diese Weise konnte nicht nur die DDR-Diktatur mit der NS-Diktatur gleichgesetzt, sondern auch manche kritische Frage zur eigenen Geschichte abgewehrt werden. So blieben in der westdeutschen Öffentlichkeit lange Zeit die Verbrechen der Wehrmacht in Polen oder in der Sowjetunion ebenso unbeachtet wie das Schicksal der Millionen ausgebeuteten osteuropäischen Zwangs- oder Fremdarbeiter.

Verordneter Antifaschismus in der DDR | Die DDR beanspruchte für sich den absoluten Bruch zum „Dritten Reich" und zu allen anderen vorangegangenen „Klassen Herr schaften". Daher musste sie eine vollkommen neue Traditionslinie erfinden. Auf der Suche nach Legitimität machte die Parteiführung den kommunistischen Widerstand gegen den Nationalsozialismus, in dessen Nachfolge sie den SED-Staat stellte, zum „Gründungsmythos". Der *Antifaschismus* wurde zur Staatsideologie. Aus ehemals kommunistischen Verfolgten und Widerstandskämpfern wurden moralisch unangreifbare politische Führer. Die von diesen verordnete antifaschistische Geschichtsdeutung besagte, dass „der Aufbau des Sozialismus die einzig richtige Konsequenz aus dem Faschismus" sei, denn nur mit der Abschaffung des Kapitalismus sei auch die Grundlage für den Faschismus für immer beseitigt. Somit konnten sich alle, die sich mit dem Sozialismus identifizieren, auch als „Sieger der Geschichte" verstehen. Gerade junge Menschen und Intellektuelle befürworteten den Staat, weil sie so deutlich Abstand zur NS-Vergangenheit wahren konnten. Auch außenpolitisch versuchte sich die DDR mit ihrer antifaschistischen Staatsdoktrin zu legitimieren.

Nicht zuletzt nutzte die DDR den Verweis auf die nationalsozialistische Vergangenheit aus, um den Konkurrenten im Westen, dessen Elite und Beamtenschaft eine kaum gebrochene personelle Kontinuität zum „Dritten Reich" aufwiesen, als „braunes System" darzustellen. Die aufwändigste und folgenreichste Kampagne hierzu startete im Mai 1957 in Ost-Berlin. Während der internationalen Pressekonferenz „Gestern Hitlers Blutrichter – Heute Bonner Justizelite" wurde die NS-Vergangenheit von 118 bundesdeutschen Richtern und Staatsanwälten enthüllt. Im Laufe der folgenden drei Jahre identifizierte die DDR etwa alle sechs Monate weitere 200 Juristen des „Dritten Reiches". Das erregte auch im Ausland Aufmerksamkeit, sodass die bundesdeutsche Politik unter Handlungsdruck geriet. Letztlich beschloss die Ende 1958 tagende Konferenz der Justizminister, die Zentrale Stelle der Landesjustizverwaltungen zur Aufklärung nationalsozialistischer Verbrechen zu gründen. Sie trug zwar nicht die Hypothek der NS-belasteten Juristen ab, ließ jedoch die systematische Ermittlung gegen Nazi-Täter, die Anfang der 1950er-Jahre nahezu zum Erliegen gekommen war, wieder Fahrt aufnehmen. Eine vergleichbare Institution gab es in der DDR nicht.

Umgang mit Widerstand und Opfern | Die Antifaschismus-Ideologie verlieh den kommunistischen Widerstandskämpfern Heldenstatus, darunter vor allem dem ehemaligen KPD-Vorsitzenden *Ernst Thälmann*, den die Nationalsozialisten 1944 im KZ Buchenwald ermordet hatten. Andere Widerstandsgruppen, etwa aus den Kirchen, dem Bürgertum oder dem Militär, fanden in der DDR ebenso wenig Beachtung wie die vielen Millionen Menschen, die der NS-Rassenideologie zum Opfer fielen (→M6). Nicht Antisemitismus und Rassismus, sondern der Kampf gegen „die Arbeiterklasse" und gegen die Sowjetunion sei das wesentliche Element des „Hitler-Faschismus" gewesen, lautete die immer wieder propagierte Doktrin der SED-Führung. Eine eingehende Auseinandersetzung mit

Wahlplakat der CDU zur Bundestagswahl 1953.

Plakat der Nationalen Front von 1960.
Im Vordergrund: die Skulpturengruppe an der 1958 eingeweihten Mahn- und Gedenkstätte des ehemaligen Konzentrationslagers Buchenwald. Das Denkmal fand erst die Zustimmung der Partei, als der Künstler Fritz Cremer Figuren mit Parteibanner und Waffen hinzufügte.

▶ Analysieren Sie Aussage und Wirkung des Plakats.

Ehrenmal im Innenhof der Gedenkstätte Deutscher Widerstand in Berlin.
Foto (Ausschnitt) von 2011.
Die von dem Bildhauer Richard Scheibe geschaffene Bronzefigur wurde am 20. Juli 1953 eingeweiht.

17. Juni 1953: Nachdem die SED-Führung die Arbeitsnormen heraufgesetzt hatte, kam es in Ost-Berlin und 700 weiteren Städten der DDR zu Aufständen. Diese wurden mithilfe sowjetischer Truppen blutig niedergeschlagen.

dem Holocaust, wie sie in der Bundesrepublik in den 1970er-Jahren einsetzte, gab es in der DDR nicht. Die Juden, die Sinti und Roma und andere Verfolgte erfuhren daher auch keine besondere Anerkennung als Opfer.

Erst Ende der 1980er-Jahre rückte die politische Führung der DDR den Holocaust stärker in den Fokus. Den Feierlichkeiten zum Gedenken an den 50. Jahrestag der „Reichspogromnacht" 1988 kam daher eine nie dagewesene Bedeutung zu. So stieg die DDR, resümiert der Historiker *Peter Bender*, erst kurz vor ihrem Ende herunter „vom hohen Ross des ‚Siegers der Geschichte' und wurde, was die Bundesrepublik war: ein Nachfolgestaat des Nazi-Reiches".

In der späteren Bundesrepublik galt die Haltung zum Widerstand gegen das NS-Regime, vor allem die Erinnerung an das Hitler-Attentat vom 20. Juli 1944, als entscheidendes Kriterium dafür, wie die deutsche Bevölkerung ihre Vergangenheit „bewältigte". Die Verschwörer des 20. Juli bezeugten stellvertretend für die vielen anderen mutigen Frauen und Männer des deutschen Widerstandes, dass es auch in der NS-Zeit ein anderes, besseres Deutschland gegeben hatte. Dies sah jedoch in den ersten Nachkriegsjahren anders aus: Bei vielen Menschen stieß das Thema „20. Juli" auf Ablehnung, denn es erinnerte an eigene Versäumnisse und die persönliche Schuld. Manche verurteilten die Männer des 20. Juli sogar als Verräter. Im offiziellen Gedenken hatte der 20. Juli jedoch bereits seit 1946 seinen Platz. Nach außen diente er dazu, die Kollektivschuldthese zu widerlegen, nach innen sollte er eine neue Identität in einer freiheitlichen Tradition stiften. Je größer der zeitliche Abstand, desto positiver wurde das Datum bewertet. Zum 60. Jahrestag 2004 erfuhren die Protagonisten des gescheiterten Attentats eine intensive Würdigung durch Politik, Medien und Öffentlichkeit.

Geschichts- und Gedenkkultur | Die große Bedeutung der geschichtskulturellen Beglaubigung im Staats- und Gesellschaftssystem der DDR zeigt sich auch in der „gründungsmythischen Dreieinigkeit" der DDR-Gedenk- und Feiertage: So wurde am 15. Januar der Ermordung von *Karl Liebknecht* und *Rosa Luxemburg* gedacht[1], 1950 der 8. Mai als arbeitsfreier Feiertag („Tag der Befreiung des deutschen Volkes vom Hitlerfaschismus", ab 1967 nicht mehr arbeitsfrei) und der 7. Oktober, der Gründungstag der DDR („Tag der Republik"), als Staatsfeiertag eingeführt. Der 8. Mai galt auch als „Tag des Dankes an die Sowjetunion" und der 7. Oktober als „Tag des Stolzes auf die eigene Leistung". Damit fügten sich die Feiertage zu einer Erzählung, in der auf den Kampf und die Opfer, die Erlösung und der Dank an die Befreier sowie schließlich die stolze Feier des Bestehenden folgte.

Völlig anders ging die Bundesrepublik mit ihrer symbolischen Repräsentation und geschichtskulturellen Selbstdeutung um. Hier herrschte nach 1945 in dieser Hinsicht eine große Verunsicherung. In erster Linie wollte sich die Bundesrepublik sowohl gegen das „Dritte Reich" als auch gegen die DDR abgrenzen. In der westdeutschen Bevölkerung wurde der 8. Mai lange eher als „Tag des Zusammenbruchs" als ein Tag der Befreiung angesehen. Er fand erst nach Jahren Eingang in die offizielle *Gedenkkultur*. Auch ein Gründungsdatum, an dem die Bundesrepublik sich hätte feiern können, gab es nicht. Die Bundesrepublik verstand sich als „Provisorium", welches – wie das Grundgesetz – nur so lange Bestand haben sollte, bis sich alle Deutschen in freier Selbstbestimmung eine Verfassung geben und einen Staat bilden würden.

Einen wichtigen Schub für die westdeutsche Identitätsbildung brachte der ostdeutsche Volksaufstand vom **17. Juni 1953**. Kurz darauf erklärte der Bundestag den 17. Juni als „Tag der deutschen Einheit" zum ersten und einzigen Staatsfeiertag der alten Bundesrepublik. Der Aufstand habe ein für alle Mal die Behauptung widerlegt, „dass das deutsche Volk nicht die innere Kraft aufbringe, sich gegen Diktatur und Will-

_____
[1] Vgl. im Wahlmodul „Die Gesellschaft der Weimarer Republik" Seite 115.

kür zur Wehr zu setzen". Der 17. Juni wurde damit zum Bestandteil der Nach-Geschichte des Nationalsozialismus und der *Aufarbeitung*. Noch weiter geht der Historiker *Edgar Wolfrum* in seiner Bewertung: „Pointiert ausgedrückt war das Datum der eigentliche Gründungsakt der Bundesrepublik – und durfte es zugleich offiziell gar nicht sein."

Lebensstandard als Legitimation: das „Wirtschaftswunder" |

Nicht nur die gegensätzlichen politischen Kurse, die beide deutsche Staaten einschlugen, auch der Wohlstand der Bevölkerung entwickelte sich unterschiedlich.

In Westdeutschland förderten die Alliierten den raschen wirtschaftlichen Wiederaufbau. Zunächst musste die durch den Krieg verursachte Inflation beseitigt werden. Am 20. Juni 1948 wurde in den Westzonen eine *Währungsreform* durchgeführt und die Deutsche Mark als neues Zahlungsmittel eingesetzt. Was sich anschließend ereignete, grub sich als Gründungsmythos der Bundesrepublik tief ins Bewusstsein der Menschen ein (→ M8): Über Nacht füllten sich die Geschäfte mit Waren, die bislang nur mit Mühe auf dem Schwarzmarkt erhältlich gewesen waren. Die Händler hatten ihre Güter bis zur Einführung einer stabilen Währung zurückgehalten.

Feier für den einmillionsten „Käfer" im Wolfsburger Volkswagenwerk.
Foto vom 5. August 1955.
Der VW-Käfer wurde zum Symbol des deutschen Wirtschaftsaufstiegs. Er wurde insgesamt 21,5 Millionen Mal gebaut.

Die Währungsreform und die 1948 von dem späteren Wirtschaftsminister *Ludwig Erhard* mit Unterstützung der Amerikaner durchgesetzte Einführung der Sozialen Marktwirtschaft schufen die Grundlagen für einen beispiellosen Wirtschaftsaufschwung, der für die Zeitgenossen einem „Wirtschaftswunder" gleichkam. Die internationale Nachfrage nach deutschen Produkten wuchs, die Industrieproduktion, die Kaufkraft der Bevölkerung und die Einkommen stiegen an, bereits Ende der 1950er-Jahre herrschte Vollbeschäftigung. Ein spezifisches Lebensgefühl bildete sich aus: das Streben nach bürgerlicher Normalität, Erfolg und materiellem Wohlstand. Auf die „Fresswelle" der frühen 1950er-Jahre folgte eine „Kaufwelle", eine „Reisewelle", die viele Deutsche in ihr Traumland Italien führte, und schließlich die „Motorisierungswelle". Trotz bleibender sozialer Ungleichheit prägte kaum etwas anderes das *Selbstverständnis* der Westdeutschen so sehr wie der wirtschaftliche Erfolg in den ersten beiden Jahrzehnten nach der Gründung der Bundesrepublik.

Soziale Marktwirtschaft: Wirtschaftsordnung der Bundesrepublik Deutschland, in der sich der Staat, anders als in der reinen freien Marktwirtschaft, durch gesetzliche Rahmenbedingungen um einen möglichst gerechten Ausgleich zwischen wirtschaftlich stärkeren und schwächeren Gruppen der Gesellschaft bemüht.

„Von der Wiege bis zur Bahre" |

Die sowjetische Besatzungsmacht verzichtete nicht auf Reparationen und Demontage. Hunderte Industrieanlagen wurden in Ostdeutschland abgebaut. Die Einführung der sozialen Planwirtschaft, die Verstaatlichung der Industrie, die Kollektivierung der Landwirtschaft und Enteignung vieler kleiner Handels- und Handwerksbetriebe sowie die zentral von der Regierung geplante Güterproduktion – all diese von Moskau verordneten Maßnahmen lähmten die Wirtschaft. Das starre System führte zu ständigen Engpässen in der Industrie und der Versorgung der Bevölkerung mit Gütern des täglichen Lebens. Trotz hoher Arbeitsleistungen blieb der Lebensstandard deutlich niedriger als in der Bundesrepublik. Gerade junge, gut ausgebildete DDR-Bürger zog es in den kapitalistischen Westen. Erst die Abriegelung durch den Bau von Mauer und Selbstschussanlagen 1961 setzte der Massenflucht ein Ende. Die Grenze war jedoch nicht ganz undurchlässig. Von 1961 bis 1988 flohen über 40 000 Personen – teilweise unter spektakulären Umständen – in den Westen.

Planwirtschaft: Wirtschaftsordnung, in der die Produktion von Gütern sowie deren Verteilung nach staatlich festgelegten Plänen vorgenommen wird.

Käuferschlange in Ost-Berlin.
Foto aus den 1970er-Jahren.
Weil es an so vielem fehlte, bekamen die DDR-Bürger selten das, was sie kaufen wollten, sondern sie kauften das, was es gerade gab. Schlange-stehen gehörte zum Alltag.

In den folgenden Jahren verbesserte sich der Lebensstandard. Trotz aller Propaganda blieb die Bundesrepublik aber der einzige von den Bürgern akzeptierte Maßstab. Mit sozialen Vergünstigungen versuchte die SED-Führung, die Bevölkerung positiv zu stimmen und ihre Herrschaft zu sichern. Letztlich akzeptierten die meisten Bürger den „Sozialstaat DDR", der sie „von der Wiege bis zur Bahre" begleitete. Die staatliche Subventionierung von Konsum und Sozialleistungen bei geringer Arbeitsproduktivität der staatlichen Betriebe und dem im Vergleich zum Export wesentlich höheren Import von Waren führte die DDR jedoch in den Bankrott, den die Parteiführung bis zum Schluss zu verheimlichen suchte.

Amerikanisierung im Westen – Zensur im Osten | Die von der Bundesregierung verfolgte Westorientierung fand ihre Entsprechung in der persönlichen Lebenswelt der Bürger (→M9). Amerikanische Kultur und Lebensart hielten in der Bundesrepublik Einzug, besonders geprägt durch Coca-Cola, Kaugummi und Burger, Jeans, Rock'n'Roll, Hollywood-Filme und Massenmotorisierung. Gleichzeitig machte die von den USA ausgehende Massenkultur die Werte der amerikanischen Demokratie populär: Liberalismus, Pluralismus und Rechtsstaatlichkeit stellten obrigkeitliches Denken und patriarchalische Strukturen infrage. Überall in Westeuropa ging dies mit dem Protest und einem veränderten Lebensgefühl vieler Jugendlicher einher, die nach Freiräumen von Arbeitsethos und Bürgerlichkeit verlangten. Viele der älteren Generation sahen diese Entwicklung als Anzeichen des kulturellen Verfalls, andere wiederum begriffen die Amerikanisierung als historisch längst überfälligen Prozess der kulturellen Demokratisierung und Emanzipation.

Durch diese Entwicklung vollzog sich die deutsche Teilung auch im kulturellen Bereich. Die DDR bot ihren Bürgern keine vergleichbaren Konsummöglichkeiten. Die für den „Westen" stehenden Wertvorstellungen wie Individualismus und Freiheitsdrang standen den Idealen des „real existierenden Sozialismus" entgegen und wurden unterdrückt. Da die westliche Kultur vom „Klassenfeind" propagiert und gelebt wurde, musste sie in der DDR umso negativer bewertet und streng sanktioniert werden. Die Partei versuchte, alle westlichen Einflüsse zu verhindern, Beat-Musik und Jeans wurden viele Jahre verboten.

Demgegenüber erhob die DDR den Anspruch, eine „Kulturgesellschaft" zu sein. Die Staatsführung war stolz, ihren Bürgern kostenlosen Zugang zu Bibliotheken, Theatern und Museen zu bieten. Viele zeitgenössische Autoren wurden von Ost- und Westdeutschen gelesen. Zahlreiche Schriftsteller übten in ihren Werken Kritik an der deutschen Vergangenheit und Gegenwart, die sich oft gegen beide deutsche Staaten richtete. Obwohl Zensur und Publikationsverbot drohten – beides stritt die DDR-Führung offiziell ab –, entstand seit den späten 1960er-Jahren ein Milieu regimekritischer Schriftsteller. Manche von ihnen verließen die DDR, wie etwa *Sarah Kirsch, Jurek Becker* oder *Monika Maron*. Der ostdeutsche Schriftsteller und Liedermacher *Wolf Biermann* wurde wegen kritischer Veröffentlichungen 1976 ausgebürgert (→M10). Bis in die 1980er-Jahre blieben Künstler und Autoren der Willkür des SED-Regimes ausgesetzt, das entweder über Kritik hinwegsah oder mit harten Maßnahmen reagierte.

Wettstreit der Systeme im Sport | Die materiellen Anreize, welche die DDR ihren Bürgern bieten konnte, waren gemessen an westlichen Standards gering. Sie musste daher auf andere Felder ausweichen, auf denen sie die Loyalität der Bevölkerung gewinnen und zugleich der kapitalistischen Konkurrenz erfolgreich Paroli bieten konnte. Sportliche Glanzleistungen sollten die Bürger mit nationalem Stolz erfüllen und dem Land die zunächst verwehrte internationale Anerkennung bringen.

Im Kalten Krieg wurden internationale Sportveranstaltungen zu Arenen im Wettstreit der Systeme (→M11). In diesem Sinne sah die DDR ihre Spitzensportler als „Diplomaten im Trainingsanzug". Kein anderes Land der Welt gab anteilsmäßig so viel Geld für die Förderung des Sports aus. Bereits in den Kindergärten und Grundschulen wurden begabte Kinder gefördert. Zudem wurde systematisch gedopt. Die internationalen Erfolge der ostdeutschen Spitzensportler trugen zur Identifikation der Bürger mit ihrem Land bei.

Bedeutend für das Selbstverständnis der westdeutschen Nachkriegsgesellschaft war der Sieg bei der Fußballweltmeisterschaft 1954 in Bern. Durch das „Wunder von Bern" konnten die Deutschen wieder stolz auf ihre Nation sein. Als die DDR bei den Olympischen Spielen von 1968 erstmals mit eigener – und nicht mehr in einer gesamtdeutschen – Mannschaft antrat und von da an im Medaillenspiegel jeweils vor der Bundesrepublik lag, sah sich diese genötigt, die staatliche Sportförderung ihrerseits zu forcieren. Auch im Westen war Doping nicht unbekannt. Im Jahr vor den Olympischen Spielen 1972 in München erklärte Bundesinnenminister *Hans-Dietrich Genscher* in einer Beratung: „Von ihnen als Sportmediziner will ich nur eines: Medaillen für München."

Deutsches Turn- und Sportfest. Foto vom 15. August 1959, Leipzig. „Jedermann an jedem Ort – einmal in der Woche Sport", so die Losung von DDR-Staatschef Walter Ulbricht. In diesem Sinne betätigte er sich wie hier auf dem III. Turn- und Sportfest in Leipzig als begeisterter Vorturner.

Skandal und Wandel in der Bundesrepublik | In den 1960er-Jahren spitzte sich in der Bundesrepublik die Auseinandersetzung um die Vergangenheit zu. Die jüngere Generation kritisierte die Selbstverständlichkeit, mit der ehemalige Mitläufer nach 1945 die Entwicklung der Bundesrepublik bestimmten, und forderte dazu auf, das Schweigen zu brechen. Die meist sehr persönlich geführte Auseinandersetzung der Jugend mit der Vergangenheit ihrer Eltern, Lehrer und Professoren führte oftmals zu einer pauschalen Verurteilung der älteren Generation und ging mit einem inflationären Gebrauch des Faschismus-Vorwurfs einher.

Im Mai 1968 erklärte der Bundestag „Beihilfe zum Mord aus niederen Beweggründen" rückwirkend seit 1960 als straffrei. Da im bundesdeutschen Rechtsverständnis als Haupttäter immer Hitler, Himmler, Heydrich u. a. galten, wurde die Masse der Schreibtisch-Täter stets nur wegen Beihilfe zum Mord angeklagt. Aufgrund der Novelle mussten viele Prozesse und Ermittlungsverfahren gegen NS-Täter eingestellt werden. Was in der offiziellen Sprachregelung als „Panne des Gesetzgebers" galt, nannte die kritische Öffentlichkeit „kalte Amnestie".

Frankfurter Auschwitz-Prozess: Mit 22 Angeklagten und 183 Verhandlungstagen handelte es sich um einen der größten und meistbeachteten Prozesse in der Geschichte der deutschen Justiz. Durch die Aussagen der mehreren hundert Zeugen – größtenteils KZ-Überlebende – sahen sich viele Deutsche gezwungen, sich mit der eigenen Rolle während der NS-Zeit und der mangelnden Aufarbeitung nach 1945 auseinanderzusetzen.

Der von 1963 bis 1965 dauernde Frankfurter Auschwitz-Prozess hatte das Ausmaß des NS-Völkermordes, aber auch die Schwierigkeit gezeigt, den Verantwortlichen ihre individuellen Mordtaten nachzuweisen. Mord und Beihilfe zum Mord verjährten bis dahin nach 20 Jahren – so wäre in absehbarer Zeit eine Strafverfolgung von NS-Tötungsverbrechen nicht mehr möglich gewesen. Schließlich handelte der Gesetzgeber: Der Deutsche Bundestag verschob zunächst die Verjährungsfrist, nach weiteren intensiven Debatten im Jahr 1979 entschied er, die Verjährung von Völkermord und Mord ganz aufzuheben. So konnten in den 1960er-Jahren noch zahlreiche Prozesse gegen NS-Täter durchgeführt werden.

Auf politischer Ebene belebte sich vor allem im Zuge der Neuen Ostpolitik unter Bundeskanzler *Willy Brandt* der Diskurs über die NS-Vergangenheit von Neuem. Die Bundesrepublik bemühte sich erfolgreich um eine Verbesserung der deutsch-deutschen Beziehungen und der Verhältnisse zu den Staaten, die die DDR anerkannt hatten. Dazu gehörten auch Bemühungen um eine Aussöhnung mit den Opfern im Osten, die der berühmte Kniefall Brandts vor dem Mahnmal für die Opfer des Warschauer Ghettos symbolisch ausdrücken sollte.[1]

Stillstand und Ritualisierung in der DDR | Eine solche auf den Nationalsozialismus zentrierte Auseinandersetzung der jungen Generation mit der älteren blieb in der DDR aus. Der ritualisierte antifaschistische Bezug auf den Nationalsozialismus wandelte sich nur in Nuancen. Öffentliche Kontroversen waren ohnehin nicht möglich. Neben der diktatorischen Verfasstheit des Staates war das einerseits durch die „antifaschistische Herkunft" der Herrschenden bedingt. „Wir fühlten eine starke Hemmung, gegen Menschen Widerstand zu leisten, die in der Nazi-Zeit im KZ gesessen hatten", kommentierte die Schriftstellerin *Christa Wolf* rückblickend. Andererseits war in der DDR die Auseinandersetzung mit dem „Hitler-Faschismus" ein Dauerthema in Politik, Bildung und Medien. Seit Gründung des Landes war die Bevölkerung durch dutzende Romane, Fernseh- und Kinoproduktionen, die zum Teil auch zum zentral vorgegebenen Schulstoff gehörten, „antifaschistisch" beeinflusst (z. B. *Bruno Apitz* „Nackt unter Wölfen").

Begegnung mit Zeitzeugen.
Foto vom 16. April 2005.
Ein früherer Häftling erläutert Schülern in der Gedenkstätte des ehemaligen KZ Sachsenhausen bei Berlin Fotos und Dokumente.

Nach 1990: Die Aufarbeitung geht weiter | Die Wiedervereinigung löste bei den deutschen Nachbarstaaten zunächst altes Misstrauen gegenüber einem politisch wie militärisch starken Deutschland aus. Durch das Bekenntnis zur NATO-Mitgliedschaft und die Zustimmung zur weiteren Vertiefung der europäischen Integration konnte Bundeskanzler *Helmut Kohl* diese Befürchtungen aber letztlich zerstreuen. (➜M12).

_____
[1] Siehe dazu auch M3 auf Seite 105.

Seit der Deutschen Einheit hat sich Deutschland auch einer „doppelten Vergangenheit" zu stellen. Die Fehler, die bei der ersten „Diktaturbewältigung" gemacht wurden – vor allem bei der strafrechtlichen Verfolgung der NS-Verbrechen – sollten sich bei der zweiten nicht wiederholen. Das vereinte Deutschland wandte sich, anders als nach 1945, unverzüglich der Aufarbeitung der Vergangenheit zu. Die Verbrechen der DDR-Diktatur wurden öffentlich gemacht, den Opfern wurde materiell und symbolisch Genugtuung verschafft, die Täter wurden bestraft. Für die Geschichtswissenschaft gilt das Thema DDR inzwischen als „überforscht". Geschichtskulturell aber hat das Thema, vor allem in den Facetten „Repression und Mangel", weiter Konjunktur.

Seit 1990 gibt es auch eine gesamtdeutsche Erinnerung an den Nationalsozialismus. Befürchtungen, das Thema könnte zu den Akten gelegt werden, erwiesen sich als falsch. Das Bekenntnis zur Verantwortung für die deutschen Gewalttaten steht unverändert. In Wissenschaft, Medien und Kunst ist das Interesse an der NS-Zeit größer denn je. Das Bild jener Epoche wird immer differenzierter. Unternehmensgeschichten etwa klären den Beitrag der deutschen Wirtschaft an der Judenverfolgung sowie an der Ausbeutung von Zwangsarbeitern während des Krieges. Mit der im Jahr 2000 gegründeten Stiftung „Erinnerung, Verantwortung und Zukunft" wurden die vielen Millionen ehemaliger Zwangsarbeiter entschädigt und endlich als Opfer anerkannt.

Darüber hinaus widmet sich die Geschichtswissenschaft verstärkt dem Thema „Aufarbeitung der Aufarbeitung" und damit der Frage, wie in Deutschland, aber auch in anderen europäischen Staaten, mit der NS-Vergangenheit von 1945 bis heute umgegangen worden ist.

Alles neu in der „Berliner Republik"? | Im politischen Sprachgebrauch ist seit der deutschen Einheit von der „Berliner Republik" die Rede (→ M13). Diese Bezeichnung bezieht sich nicht nur auf die neue, modernisierte Hauptstadt, sondern vielmehr auf ein verändertes deutsches Selbstverständnis im europäischen und internationalen Kontext.

Hat sich die deutsche Politik nach 1990 verändert? Dafür sprechen einige Indizien: Die Bundesrepublik drängt auf einen Sitz im Weltsicherheitsrat der UNO. Sie beteiligt sich an internationalen militärischen Kriegseinsätzen im Rahmen der NATO und der UNO, wobei sie sich vehement gegen den Kriegseinsatz im Irak und gegen Libyen aussprach. Sie richtet „Gipfelkonferenzen" zur Klärung internationaler Konflikte aus. Und auch bei der Bewältigung der Euro- und Schuldenkrise seit dem Jahr 2008 spielt die Bundesrepublik eine dominierende Rolle.

Der Wandel von der Bonner zur in „neuer alter Größe" gewachsenen Berliner Republik hat im In- und Ausland auch Unbehagen ausgelöst. Um das Ansehen Deutschlands in der Welt und das Vertrauen des Auslands zu bewahren, knüpft die Berliner Republik an die antirituellen Traditionen der Bundesrepublik an. Dies betrifft auch die alljährliche Ausrichtung der Feier zum „Tag der deutschen Einheit" am 3. Oktober. Bremens Oberbürgermeister *Klaus Wedemeyer* empfahl 1994 auf der zentralen Einheitsfeier: „Rücksichtnahme und Aufrichtigkeit, Behutsamkeit und Realitätssinn nach innen und nach außen sollten uns auch leiten, wenn wir über die deutsche Nation und die kollektive Identität der Deutschen diskutieren."

Volksfest am Brandenburger Tor zum Tag der deutschen Einheit in Berlin.
Foto vom 3. Oktober 2011.

Innenpolitisch hat sich die Situation von einem Dreiparteiensystem (CDU/CSU, SPD, FDP) zu einem Sechsparteiensystem (CDU/CSU, SPD, Grüne, Linke, FDP, AfD) entwickelt, das vielfältigere politische Konstellationen ermöglicht. Von allen Parteien wird heute eine größere ideologische Beweglichkeit und Kompromissfähigkeit eingefordert. Nicht zuletzt sorgen die vielfältigen internationalen Anforderungen – Globalisierung, Terrorismus, Ökologie, Demografie – dafür, dass sich die deutsche Politik stets neu definieren muss.

Ob sich die Orientierung der deutschen Politik am „Zivilisationsbruch Nationalsozialismus" mit wachsendem zeitlichen Abstand halten wird, oder ob dieser historische Bezugspunkt allmählich verblasst, wird sich zeigen. Die politische Auseinandersetzung mit den NS-Verbrechen sollte jedoch nicht beendet werden, weil bis heute Rassismus, Antisemitismus, Ausländerfeindlichkeit und andere rechtsextremistische Auswüchse vielfach auf nationalsozialistischen Vorstellungen gründen. Außerdem hat sich nach 1945 mehrfach gezeigt, dass sich Zivilisationsbrüche in allen Teilen der Welt wiederholen können (z. B. die Massenmorde in Kambodscha oder die Kriegsverbrechen in Jugoslawien und Ruanda).

Ein Land – eine Identität? | Seit der „Wiedervereinigung" nähert sich die politische Kultur in den beiden Teilen Deutschlands allmählich einander an. Obwohl Löhne und Gehälter inzwischen weitgehend angeglichen wurden, fühlte sich ein Teil der Ostdeutschen jedoch durch die radikale politische und wirtschaftliche Umstellung ungerecht behandelt. Orientierungslosigkeit, Rechtsradikalismus und eine nostalgische Verklärung des Sozialismus machten sich breit. Insgesamt sind die Menschen in den neuen Bundesländern mit Demokratie, pluralistischer Gesellschaft und Marktwirtschaft weniger zufrieden als die im Westen. Die überwiegende Mehrheit der Bevölkerung steht aber positiv zum wiedervereinigten Deutschland.

Die Unterschiede in der Lebenserfahrung und im Lebensgefühl zwischen den Deutschen in Ost und West waren doch größer, als man das in den aufregenden Monaten der friedlichen Revolution erwartet hatte. Dies betrifft auch das kollektive Gedächtnis und traditionelle Werthaltungen. Trotz aller wirtschaftlichen und sozialen Probleme: Der Stolz auf die friedliche Revolution in der DDR und die daraufhin erfolgte Deutsche Einheit hat wesentlich zu einem gemeinsamen Selbstverständnis und zur „inneren Einheit" Deutschlands beigetragen.

„Daran müssen wir noch arbeiten."
Karikatur von Rainer Schwalme, 1992.

▶ Erklären Sie die Haltung des Zeichners zur deutschen Einheit. Diskutieren Sie, ob die Aussage der Karikatur auch heute noch Gültigkeit hat.

„Stolpersteine".
Seit 1997 verlegt der Kölner Künstler Gunter Demnig „Stolpersteine". Das sind kleine Betonwürfel mit Messingplatten, auf denen die Namen von NS-Opfern (Juden, Sinti und Roma, politisch und religiös Verfolgte, Homosexuelle, Opfer der „Euthanasie") stehen. Sie werden vor den früheren Wohnhäusern der Opfer in den Gehweg eingelassen. Bis 2012 wurden etwa 35 000 Steine an rund 750 Orten in zehn europäischen Ländern verlegt. Siehe hierzu auch den Code **32203-17**.

Eine neue Geschichtskultur | Mit dem Ende der DDR verschwand auch ihre *Geschichtskultur*. Die Symbole des vereinigten Deutschland, die Flagge und Hymne, waren jene der Bundesrepublik. Namen der ostdeutschen Straßen, Plätze und Institutionen, die Denkmäler und symbolträchtigen Gebäude verschwanden, während sich Benennungen, die sich an der Geschichtskultur der alten Bundesländer orientieren, allmählich auch im Beitrittsgebiet verbreiten.

In der Bundesrepublik war die politische Kultur seit Ende der 1970er-Jahre pluraler geworden. Es gab immer mehr bürgergesellschaftliche Initiativen. Das beeinflusste auch die westdeutsche Geschichtskultur. Die (Um-)Benennung von Straßen, Plätzen, Institutionen und Kasernen, die Errichtung, Entfernung oder Umwidmung von Gedenkorten verstand man nun nicht mehr als alleinige Angelegenheit des Staates, sondern als Resultat eines Selbstverständigungsprozesses der Gesellschaft. Auch das 2005 fertiggestellte *Denkmal für die ermordeten Juden Europas* sowie das 2007 vom Bundestag beschlossene *Freiheits- und Einheitsdenkmal* im Zentrum Berlins hatten bürgergesellschaftliche Ursprünge (→M14). Heute gibt es in Deutschland eine Vielzahl von Gedenkstätten, die vom Bund, den Ländern, Kommunen oder von bürgergesellschaftlichen Akteuren errichtet wurden und betrieben werden.

Andererseits versteht es der Staat zunehmend als seine Aufgabe, die Vergangenheit mit einem offiziellen Gedenkwesen zielgerichtet lebendig zu halten. Dagegen erheben sich auch kritische Stimmen, die diese staatlich „verordnete" Gedenkkultur eher als Hindernis für eine wirkliche Auseinandersetzung und ein lebendiges Geschichtsbewusstsein begreifen.

Gleichzeitig wird die Gedenk- und Erinnerungskultur an Nationalsozialismus und Holocaust immer internationaler, was sich heute vor allem an Museen wie dem *United States Holocaust Memorial Museum* in Washington, D.C., oder dem *Jüdischen Museum* in Berlin zeigt. Auch die Entwicklung des 27. Januar von einem nationalen Gedenktag der Deutschen zum „Internationalen Tag des Gedenkens an die Opfer des Holocaust" verweist auf die Tatsache, dass der Holocaust heute Teil einer *transnationalen Erinnerungskultur* geworden ist.

Etwa seit Beginn des neuen Jahrhunderts haben die Themen Nationalsozialismus und Zweiter Weltkrieg auch in Kino- und TV-Produktionen Konjunktur. Eine neue Generation von Autoren und Regisseuren entwickelt hier eine eigene Sichtweise auf die Vergangenheit, welche in der Geschichtswissenschaft, aber auch in den Medien immer wieder kontrovers diskutiert wird.

Gemeinsames europäisches Erinnern | Nach dem Zusammenbruch des Kommunismus und im Zuge der EU-Osterweiterung sahen viele eine politische und wirtschaftliche Vereinigung Europas unter westlichen Vorzeichen in greifbarer Nähe. Damit verbunden war der Wunsch nach Überwindung der Nationalstaaten im Rahmen einer gemeinsamen europäischen Identität. Doch erwies sich dieses Ziel als äußerst schwer zu verwirk-

Befürworter der katalanischen Unabhängigkeit demonstrieren in Barcelona.
Foto vom 27. Oktober 2017.
Bereits 1640 kam es in Katalonien zu einem Aufstand gegen Zentralisierungsbestrebungen des Königs Philipp IV. und seines Beraters Olivares: Alle spanischen Teilreiche sollten sich an den Kriegskosten der Krone beteiligen und Soldaten verpflegen und beherbergen. Erst 1652 konnten königliche Truppen die Macht in Katalonien zurückerobern. Bis heute lebt das Bewusstsein der katalanischen Eigenständigkeit weiter, obwohl die Provinz formell zu Spanien gehört. Nach einem von der Zentralregierung in Madrid für verfassungswidrig erklärten Unabhängigkeitsreferendum in Katalonien stimmte das dortige Parlament im Oktober 2017 für die Loslösung vom spanischen Staat. Daraufhin eskalierte der Konflikt: Die Regionalregierung wurde für abgesetzt erklärt, es erfolgten Anklagen wegen Rebellion gegen führende Separatisten, von denen einige ins Ausland flohen wie der damalige Ministerpräsident Puigdemont, andere wurden inhaftiert. Katalonien wurde zwischenzeitlich unter die Zwangsverwaltung der Zentralregierung gestellt. Der Konflikt schwelt weiter und zeigt, welchen Zündstoff historisch gewachsene Konflikte um Autonomie und kulturelle Identität in einer zunehmend globalen Welt weiterhin liefern.

lichen. Welche gemeinsamen Merkmale und Ziele kann man von Portugal bis Griechenland, von Skandinavien bis Sizilien als gemeinschaftsstiftend erkennen? Zeichnete sich Europa nicht seit dem Mittelalter durch seine Vielfalt der Staatswesen und der Kulturen aus, ja ergab sich daraus nicht sogar die Konkurrenz und Dynamik, die Fortschritt und Expansion ermöglichten (→M7)? Für die westliche Wertegemeinschaft, zu der freilich auch die USA und Kanada zählen, kann man Demokratie und Menschenrechte, Säkularisierung, Technologisierung und Kapitalismus als Leitideen festmachen. Gerade in Deutschland sahen viele in einer „europäischen Identität Deutschlands" die Möglichkeit, das kontaminierte deutsche Erbe nach 1945 in einem europäischen Rahmen aufzulösen. Ein Vertreter einer „europäischen Leitkultur" ist der Politikwissenschaftler *Bassam Tibi*, der sie wie folgt definiert: „Primat der Vernunft vor religiöser Offenbarung, d.h. vor der Geltung absoluter religiöser Wahrheiten, individuelle Menschenrechte (also nicht Gruppenrechte), säkulare, auf der Trennung von Religion und Politik basierende Demokratie, allseitig anerkannter Pluralismus sowie ebenso gegenseitig zu geltende Toleranz."

Im Jahr 2008 hat das Europäische Parlament den *„Europäischen Tag des Gedenkens an die Opfer von Stalinismus und Nationalsozialismus"* beschlossen. Er findet am 23. August statt, dem Tag der Unterzeichnung des Hitler-Stalin-Paktes. In Zeiten der Globalisierung suchen allerdings viele Menschen zunehmend Halt in regionalen und nationalen Strukturen. Nationale Opfermythen sind zudem langlebig und können nur durch historische Forschung überwunden werden. Verschiedene Opfergruppen konkurrieren um Anerkennung, und eine ehrliche Auseinandersetzung mit der eigenen Geschichte jenseits der Opfersicht fällt immer noch schwer, wie die Diskussionen in Polen, Ungarn, Tschechien oder Russland zeigen. „Erinnerung erweist sich damit letztlich rückgekoppelt an die Machtfrage. ‚Souverän' ist nicht nur, wer über den Ausnahmezustand entscheidet, sondern auch, wer selbstgenügsam über seine Erinnerungen und nationalen Mythen entscheidet" (*Aleida Assmann*) (→M15).

Doch auch in Deutschland gerät im Zuge der Übernahme der Opferperspektive die Täterperspektive zunehmend verloren. Erst wenn die Erinnerung an eigene Schuld und die Anerkennung der Leiden anderer zugleich möglich sind, kann eine gemeinsame europäische Erinnerungsgemeinschaft entstehen. Und auch die jeweiligen regionalen und nationalen Identitäten müssten in die überstaatlichen Gemeinschaften integriert werden. Ansonsten kommt es zu Separationsbestrebungen wie etwa in Katalonien, Norditalien oder Schottland. Die Finanz- und Eurokrise, der Ruf nach autoritären Regierungen, der Brexit und die Angst vor Migration haben nicht nur die EU in eine tiefe Krise gestürzt, sondern auch den Weg zu einer europäischen Erinnerungskultur auf einem gemeinsamen Wertefundament erschwert.

Internettipp
Die Bundeszentrale für politische Bildung hat ein Dossier zum Thema „Geschichte und Erinnerung" veröffentlicht, das noch einmal viele Aspekte dieses Wahlmoduls zusammenfasst. Sie finden es unter dem Code **32203-18**.

M1 „Es ist zum Übelwerden"

Der Schriftsteller und Nobelpreisträger Hermann Hesse (1877–1962) lebt seit 1919 in der Schweiz im Tessin. Während der Zeit des Nationalsozialismus ist sein Haus eine Anlaufstelle für etliche Emigranten aus Deutschland auf ihrem Weg ins Exil. Hesse schreibt einen „Offenen Brief" an die Schriftstellerin Luise Rinser, der am 26. April 1946 unter dem Titel „Ein Brief nach Deutschland" in der National-Zeitung (Basel) veröffentlicht wird. Darin heißt es:

Merkwürdig ist das mit den Briefen aus Ihrem Lande! Viele Monate bedeutete für mich ein Brief aus Deutschland ein überaus seltenes und beinahe immer ein freudiges Ereignis. […]

5 Dann wurden die Briefe häufiger und länger und unter diesen Briefen waren schon viele, die mir keine Freude machten und die zu beantworten mir bald die Lust verging […].
Ein Gefangener in Frankreich, kein Kind mehr, sondern ein Industrieller und Familienvater, mit Doktortitel und guter

10 Bildung, stellte mir die Frage, was denn nach meiner Meinung ein gut gesinnter anständiger Deutscher in den Hitlerjahren hätte tun sollen? Nichts habe er verhindern, nichts gegen Hitler tun können, denn das wäre Wahnsinn gewesen, es hätte ihn Brot und Freiheit gekostet, und am

15 Ende noch das Leben. […]
Da sind nun zum Beispiel alle jene alten Bekannten, die mir früher jahrelang geschrieben, damit aber in dem Augenblick aufgehört haben, als sie merkten, dass man sich durch Briefwechsel mit mir, dem Wohlüberwachten, recht Unan-

20 genehmes zuziehen könne. Jetzt teilten sie mir mit, dass sie noch leben, dass sie stets warm an mich gedacht und mich um mein Glück, im Paradies der Schweiz zu leben, beneidet hätten, und dass sie, wie ich mir ja denken könne, niemals mit diesen verfluchten Nazis sympathisiert hätten. Es sind

25 aber viele dieser Bekenner jahrelang Mitglieder der Partei gewesen. Jetzt erzählen sie ausführlich, dass sie in all diesen Jahren stets mit einem Fuß im Konzentrationslager gewesen seien, und ich muss ihnen antworten, dass ich nur jene Hitlergegner ganz ernst nehmen könne, die mit beiden

30 Füßen in jenen Lagern waren, nicht mit dem einen im Lager, mit dem anderen in der Partei […].
Dann gibt es treuherzige alte Wandervögel, die schreiben mir, sie seien damals, so etwa um 1934, nach schwerem inneren Ringen in die Partei eingetreten, einzig, um dort

35 ein heilsames Gegengewicht gegen die allzu wilden und brutalen Elemente zu bilden und so weiter.
Andere wieder haben mehr private Komplexe und finden, während sie im tiefen Elend leben und von wichtigeren Sorgen umgeben sind, Papier und Tinte und Zeit und Tem-

40 perament im Überfluss, um mir in sehr langen Briefen ihre tiefe Verachtung für Thomas Mann[1] auszusprechen und ihr Bedauern oder ihre Entrüstung darüber, dass ich mit einem solchen Mann befreundet sei.
Und wieder eine Gruppe bilden jene, die offen und eindeu-

45 tig all die Jahre mit an Hitlers Triumphwagen gezogen

haben, einige Kollegen und Freunde aus früheren Zeiten her. Sie schreiben mir jetzt rührende und freundliche Briefe, erzählen mir eingehend von ihrem Alltag, ihren Bombenschäden und häuslichen Sorgen, ihren Kindern und Enkeln, als wäre nichts gewesen, als wäre nichts zwischen 50 uns, als hätten sie nicht mitgeholfen, die Angehörigen und Freunde meiner Frau, die Jüdin ist, umzubringen und mein Lebenswerk zu diskreditieren und schließlich zu vernichten. Nicht einer von ihnen schreibt, er bereue, er sehe die Dinge jetzt anders, er sei verblendet gewesen. Und auch 55 nicht einer schreibt, er sei Nazi gewesen und werde es bleiben, er bereue nichts, er stehe zu seiner Sache. Wo wäre je ein Nazi zu seiner Sache gestanden, wenn diese Sache schief ging? Ach, es ist zum Übelwerden.

Zitiert nach: Christoph Kleßmann, Die doppelte Staatsgründung. Deutsche Geschichte 1945–1955, Bonn 1991, S. 443 f.

---

1. Beschreiben Sie, wie sich die Deutschen in ihren Briefen an Hermann Hesse darstellen.

2. Erläutern Sie, welche Gründe es für die Einstellung der Deutschen und ihren Umgang mit dem Nationalsozialismus geben könnte. | **F**

3. Präsentation: Erörtern Sie die Haltung Hesses, die hier zum Ausdruck kommt. Nehmen Sie selbst Stellung zu den Briefschreibern und verfassen Sie Antworten. | **F**

M2 Mentalitätsbrüche

Der Historiker Hans-Ulrich Wehler (1931–2014) spricht von einem vierfachen Mentalitätsbruch, der die Ausgangslage der neu gegründeten Bundesrepublik begünstigt habe:

1. Jedes Liebäugeln mit der Diktatur traf nach 1945 in Westdeutschland auf unüberwindbaren Widerstand. Die Erfahrungen mit dem Führerabsolutismus hatten alle Illusionen, die dieses politische System unlängst noch umhüllt hatten, aufgelöst. […] 5
2. Mit dem Untergang des „Dritten Reiches" wurde außerdem die Fata Morgana eines deutschen „Sonderwegs" in die Moderne endgültig aufgegeben. Zwar hatte Deutschland seit jeher zum Okzident, zum westlichen Kulturkreis und europäischen Staatensystem, gehört – insofern ist die For- 10 mel vom „langen Weg nach Westen" irreführend. Doch war es seit der zweiten Hälfte des 19. Jahrhunderts mit fatalen Folgen von dessen Modernisierungspfad abgewichen. Das niederschmetternde Resultat des nationalsozialistischen „Sonderwegs" blieb umso wirkungsvoller, als die Blockkon- 15

---

[1] **Thomas Mann** (1875–1955): deutscher Schriftsteller und Nobelpreisträger, der 1933 in die Schweiz und 1938 in die USA emigrierte. Als Gegner der Nationalsozialisten wandte er sich regelmäßig in einer eigenen Radiosendung, gesendet von der BBC, an die deutsche Bevölkerung.

frontation zwischen sowjetischer Diktatur und westlicher Demokratie die vermeintliche Option für einen neuen „Dritten Weg", den einige irrlichternde Schwarmgeister noch immer für begehbar hielten, denkbar unattraktiv machte.

20 3. Nachdem der Vulkan des deutschen Radikalnationalismus erstickt worden war, erloschen auch die Leidenschaften, die ihn von einer Eruption zur anderen getrieben hatten. Damit verlor der politische Verband der Deutschen einen seiner Tragpfeiler, insbesondere aber eine Antriebskraft, die ihn

25 seit hundert Jahren bewegt hatte. Die große Frage lautet seither, welcher Loyalitätspol an die Stelle der Nation treten kann, da auch moderne westliche Staaten weiterhin einer integrierenden Programmatik bedürfen. [...]

4. Auch der Bann des charismatischen „Führers" war 1945

30 endgültig gebrochen worden, nachdem der Selbstmörder ein bis dahin unvorstellbares Chaos heraufgeführt hatte. Trotzdem: Da der Hitler-Mythos sozialpsychisch viel tiefer verankert war, als mancher Kritiker der Führerherrschaft später wahrhaben wollte, ist seine Ausstrahlungskraft nicht über

35 Nacht erloschen. Die ersten Meinungsumfragen ergaben, dass Hitlers Leistungen in den sechs Friedensjahren noch rundum auf Anerkennung trafen. Im Sommer 1952 etwa hielt ihn ein Drittel der Befragten für einen „großen Staatsmann", ein weiteres Viertel besaß eine „gute Meinung" von ihm.

40 Auch 1955 glaubte immerhin fast die Hälfte (48 Prozent), dass Hitler ohne den Krieg als einer „der großen deutschen Staatsmänner" dagestanden hätte. Selbst 1967, als die westdeutsche Wirtschaft und die Bonner Republik schon jahrelang florierten, hielten noch immer 32 Prozent an diesem

45 positiven Urteil fest. Heutzutage mag man das mit einem ungläubigen Kopfschütteln registrieren, aber die zuverlässig ermittelten empirischen Befunde beweisen noch einmal die außergewöhnliche Faszination, die Hitlers charismatische Herrschaft auf seine Deutschen ausgeübt hatte.

Hans-Ulrich Wehler, Deutsche Gesellschaftsgeschichte, Bd. 4: Vom Beginn des Ersten Weltkriegs bis zur Gründung der beiden deutschen Staaten 1914–1949, München 2003, S. 981 f.

Titelblatt der satirischen Nachkriegszeitschrift „Ulenspiegel" von Oktober 1946.
Die LDP (Liberal-Demokratische Partei Deutschlands) war eine 1945 in der Sowjetischen Besatzungszone gegründete liberale Partei, die in der DDR zur einflusslosen Blockpartei wurde.

▶ Analysieren Sie die Aussage des Bildes. | H

1. **Präsentation:** Vergleichen Sie die Aussagen Wehlers mit dem Bericht in M1. Erarbeiten Sie auf dieser Grundlage ein Schaubild zum Selbstverständnis der Deutschen nach dem Krieg.

2. Erörtern Sie, welche integrierende Idee heute im wiedervereinigten Deutschland als Antriebskraft wirken könnte.

M3 Einstellungen im Wandel der Zeit

„Wann im 20. Jahrhundert ist es nach Ihrem Gefühl Deutschland am besten gegangen, in welchen Jahren?"				
Zeitraum	Jahr der Umfrage			
	1959	1963	1970	1980
vor dem Ersten Weltkrieg	28	16	5	4
1918 bis 1933	5	5	2	2
1933 bis 1939	21	10	5	3
während des Krieges (1940–1945)	1	1	–	–
nach 1945	39	62	–	–
heute, jetzt	–	–	81	80
keine Angabe	6	6	7	11

Nach: Allensbacher Jahrbuch der Demoskopie 1984–1992, München 1993, S. 386

▶ „Wann im 20. Jahrhundert ist es nach Ihrem Gefühl Deutschland am besten gegangen …?" Diese Frage wurde von einem Meinungsforschungsinstitut in seinen Umfragen regelmäßig in der Bundesrepublik Deutschland gestellt. Die Tabelle zeigt, wie die Befragten geantwortet haben. Beschreiben Sie anhand der Daten die Einstellung der Westdeutschen zu ihrer Vergangenheit und Gegenwart bis um 1980. Erläutern Sie, welche Tendenzen erkennbar sind und wie sich diese erklären lassen. Ziehen Sie Ihre Ergebnisse aus M1 und M2 hinzu. | H

M4 Zur „antifaschistischen Umwälzung" in der DDR

Im Geschichtsschulbuch, das an allen 10. Klassen der Polytechnischen Oberschulen der DDR eingesetzt worden ist, heißt es in der Ausgabe von 1984:

Die Entstehung und Entwicklung der Deutschen Demokratischen Republik war das Resultat der siegreichen antifaschistisch-demokratischen Umwälzung. In diesem revolutionären Prozess kämpften Arbeiter, werktätige Bauern
5 und andere demokratische Kräfte unter Führung der SED für eine antiimperialistisch[1]-demokratische Staatsmacht und für die Durchsetzung des gesellschaftlichen Fortschritts. Die Machtgrundlagen der Monopolbourgeoisie und der Großgrundbesitzer wurden in der antifaschis-
10 tisch-demokratischen Umwälzung beseitigt, die Wurzeln des Faschismus wurden ausgerottet.

Geschichte Klasse 10, Volk und Wissen, Berlin 1984, S. 87

---

[1] **Imperialismus:** Nach Auffassung des Marxismus-Leninismus ist der Imperialismus die fortgeschrittene Stufe des Kapitalismus, da die Industrieländer, um sich Rohstoffe und Absatzmärkte zu sichern, zur Unterwerfung und Ausbeutung anderer Staaten übergehen.

1. Geben Sie wieder, wie im Schulbuch die „antifaschistisch-demokratische Umwälzung" in der DDR beschrieben wird. Entspricht die Darstellung den historischen Tatsachen?

2. Erläutern Sie mithilfe der Darstellung auf Seite 146 den Faschismus-Begriff, wie ihn die DDR verstand.

3. Erörtern Sie, welche Konsequenzen sich aus dieser Geschichtsdarstellung für den Umgang mit der jüngsten Vergangenheit in Politik und Gesellschaft der DDR – auch gegenüber Westdeutschland – ergaben.

M5 Antikommunismus als Deckmantel?

*Der Politikwissenschaftler Dietrich Thränhardt (*1941) analysiert die Integration ehemaliger Nationalsozialisten in der Bundesrepublik folgendermaßen:*

Als Übergangsideologie für die Bundesrepublik, die in die westliche Gesellschaft hineinwuchs, war der Antikommunismus hervorragend geeignet. In ihm konnte man sich mit den ehemaligen Kriegsgegnern, mit der Demokratie, den „westlichen Werten", dem Christentum, dem „Abendland" 5 identifizieren, die als positives Gegenbild fungierten. Auch wenn man während des „Dritten Reiches" unterschiedlichen politischen Lagern angehört hatte, war auf dieser ideologischen Grundlage eine Versöhnung möglich. Die große Menge der ehemaligen Nationalsozialisten und die 10 noch größere Zahl der ehemaligen Antidemokraten konnte auf diese Weise allmählich eine neue positive Identifikation gewinnen, die aber häufig sehr partiell blieb. Nach dem Urteil der Frankfurter Allgemeinen Zeitung war es 1954 bei Bewerbungen eher eine Empfehlung, „PG" [Parteige- 15 nosse, also Mitglied der NSDAP] gewesen zu sein.
Zur Stabilisierung nach innen trug diese neue Dichotomisierung[2] [...] zweifellos bei. Die politische Eingliederung breiter Schichten mit bisher nichtdemokratischer Orientierung gelang in bemerkenswertem Umfang. Die Eingliede- 20 rung einer so großen Anzahl ehemaliger Nichtdemokraten, vorwiegend in bürgerlichen Kreisen und gesellschaftlich angesehenen Berufsgruppen (Ärzte, Lehrer, Verwaltungsbeamte, Richter), barg andererseits die Gefahr des Eindringens von undemokratischen Einflüssen. [...] 25
Als die neuen Bundesministerien aufgebaut wurden, waren die Überprüfungen durch die Alliierten aufgegeben worden. Sozialdemokraten wurden wegen der harten innenpolitischen Frontstellung kaum eingestellt. Andererseits erhielten aber alle ehemaligen Beamten des „Dritten Reiches", 30 mit Ausnahme der schwer belasteten, einen Rechtsanspruch

---

[2] **Dichotomisierung:** Zerlegung einer Gesamtheit in zwei Teilgesamtheiten, die mithilfe eines Merkmals unterschieden werden (z. B. in der Statistik nach Geschlecht: männlich und weiblich)

Das Braune Haus von Bonn.
Schautafel, herausgegeben von der SED-Abteilung Agitation, Presse, Rundfunk, Berlin-Ost, 1956.
Als „Braunes Haus" wurde die NS-Parteizentrale in München von 1930 bis 1945 bezeichnet. „Das Braune Haus von Bonn" zeigt führende Politiker der Bundesrepublik, die im NS-Regime aktiv waren. Dazu gehört etwa Minister Theodor Oberländer (oben links).

▶ Erläutern Sie, warum die SED-Führung an der Aufdeckung der „braunen" Vergangenheit westdeutscher Politiker interessiert war.

auf Beschäftigung (Ausführungsgesetz zu Art. 131 GG). Alle Behörden hatten 20 % der Stellen für diesen Zweck zu re-
35 servieren. Da die meisten früheren Spitzenbeamten von den Alliierten entlassen und sogar vorübergehend verhaftet worden waren, standen sie 1949/50 zur Verfügung. Innerhalb der Gruppe der Beamten hatten alte Verbindungen Bestand gehabt: Ein ehemaliger Beamter „zog" den anderen nach. Im Ergebnis kam es zur Wiederherstellung
40 der alten Bürokratie, einschließlich ihrer NSDAP-Mitglieder. Im Auswärtigen Amt waren 1951 66 % der leitenden Beamten ehemalige NSDAP-Mitglieder. Kritik daran wies Adenauer mit dem Appell zurück, „jetzt mit der Naziriecherei Schluss zu machen". Für das Bundesjustizministe-
45 rium ergab eine amerikanische Untersuchung noch höhere Werte. In anderen Ministerien, für die keine Unterlagen vorliegen, dürfte die Entwicklung ähnlich gewesen sein. Immer wieder wurden diese Besetzungen mit dem Mangel an „Fachleuten" erklärt. Die Besetzung der Bundesministe-
50 rien war dabei der spektakulärste und auch greifbarste Fall. Denn es bestand ein Unterschied zwischen einer allge-

meinen beruflichen Wiedereingliederung ehemaliger Nationalsozialisten und der Besetzung zentraler Entscheidungspositionen. Insbesondere die Justiz, in der sich der Korpsgeist ihrer Angehörigen bemerkbar machte, wurde 55 weithin restituiert. Erst seit Ende der sechziger Jahre, als breite öffentliche Kritik einsetzte, wurde den schwer belasteten „Blutrichtern" die Möglichkeit gegeben, sich unter Wahrung ihrer Versorgungsansprüche pensionieren zu lassen. Bestraft wurde keiner. 60

Dietrich Thränhardt, Geschichte der Bundesrepublik Deutschland, Frankfurt a. M. 1996, S. 112 ff.

1. Fassen Sie die Aussagen Thränhardts mit eigenen Worten zusammen.

2. Erläutern Sie, inwiefern der Antikommunismus als „Integrationsideologie" wirkte.

3. Erörtern Sie, ob es in unserer heutigen Gesellschaft auch „Integrationsideologien" gibt.

M6 Antifaschismus und Antitotalitarismus

Der Historiker Martin Sabrow (*1954) vergleicht, wie nach 1945 „Vergangenheitspolitik" betrieben worden ist:

Der ostdeutsche Legitimationsantifaschismus wies schließlich tabuisierende Züge auf, indem er wesentliche Aspekte des Nationalsozialismus aus dem kollektiven Gedächtnis wie aus der wissenschaftlichen Forschung ver-
5 bannte, darunter so zentrale Fragen wie die Massenattraktivität des Hitler-Regimes und die Teilhabe der Bevölkerung an Verfolgung und Vernichtung. Nie brachte die DDR-Geschichtswissenschaft eine Hitler-Biografie hervor, und bis zum Schluss hielt sie an einem dogmatisierten
10 Denken fest, das Hitler als bloßen Handlanger der Monopole verstand, die KPD als führende Kraft des Widerstandes und das deutsche Volk als verführtes Opfer der Fremdherrschaft einer kleinen Clique. Die erste Überblicksdarstellung der DDR-Geschichtswissenschaft zur
15 NS-Zeit widmete der Shoah kein Kapitel und keinen Unterabschnitt, sondern konzentrierte sich in den vier von 260 der „faschistische[n] Barbarei in den okkupierten Gebieten" gewidmeten Seiten auf die deutschen Gräueltaten in den besetzten Teilen der Sowjetunion. Juden wurden als
20 Opfergruppe in diesem Zusammenhang nur ein einziges Mal, und zwar als Teil der sowjetischen Bevölkerung erwähnt [...].
Eine vergleichbare politische Instrumentalität und Tabuisierungskraft besaß auf der anderen Seite der Grenze
25 der bundesdeutsche Antitotalitarismus. Sie zeigte sich im Umgang etwa mit dem kommunistischen Widerstand, der in der Bundesrepublik aus der symbolischen wie der materiellen Integration ausgeschlossen blieb. Sie zeigte sich ebenso in der Wiedergutmachungspolitik gegen-
30 über den Opfern der nationalsozialistischen Gewaltherrschaft: Der zur westlichen Hemisphäre zählende Staat Israel erhielt Entschädigungsleistungen, osteuropäische Staaten erhielten sie bis 1989 nicht. [...] Seine tabuisierende Kraft bewies der bundesdeutsche Antitotalitaris-
35 mus, indem er das Bild des christlichen und konservativen Widerstands ebenso von unwillkommenen Zügen zu reinigen erlaubte, wie es der Antifaschismus in Bezug auf den kommunistischen Widerstand vermochte. Die antidemokratischen und teils sogar antisemitischen Grund-
40 überzeugungen vieler Männer des 20. Juli 1944, die in den Anfangsjahren der NS-Herrschaft oft überzeugte Hitler-Anhänger gewesen waren, blieben ebenso im Verborgenen wie die erst jüngst näher beleuchtete Frage der Verstrickung des militärischen Widerstandsflügels
45 in den nationalsozialistischen Genozid. Diese [...] Haltung belastete die frühe Bundesrepublik mit einer unheilvollen und bis zum Anschein der Komplizenschaft reichenden Symbiose von Amnesie und Amnestie, die aus heutiger Sicht als ein empörender „Triumph des ‚Be-
50 schweigens'" vor uns steht, sie erlaubte aber zugleich analog zur staatlich verfolgten und gesellschaftlich ver-

langten Wiedereingliederungspolitik die unzweideutige Verurteilung des NS-Systems, ohne seine ehemaligen Träger und Anhänger auszugrenzen.

Martin Sabrow, Die NS-Vergangenheit in der geteilten deutschen Geschichtskultur, in: Christoph Kleßmann und Peter Lautzas (Hrsg.), Teilung und Integration. Die doppelte deutsche Nachkriegsgeschichte als wissenschaftliches und didaktisches Problem, Bonn 2005, S. 132–151, hier S. 142–144

1. Geben Sie Gemeinsamkeiten und Unterschiede in der „Vergangenheitsbewältigung" beider deutscher Staaten wieder.
2. Charakterisieren Sie anhand des ostdeutschen Antifaschismus und des bundesdeutschen Antitotalitarismus den Begriff „Vergangenheitspolitik". Wie wirkt sich diese Politik jeweils aus? | F

M7 „Einheit in Vielfalt"

Walter Hallstein (1901–1982) war von 1958 bis 1968 der erste Vorsitzende der Kommission der Europäischen Wirtschaftsgemeinschaft. Anlässlich der Verleihung des Internationalen Karlspreises der Stadt Aachen 1961 hielt er folgende Rede:

[...] Wir blicken vielmehr zurück, weil wir gewiss sind, in der Erinnerung, in der Betrachtung unseres eigenen Werdens den Weg zu uns selbst zu finden, sicherer zu erkennen, was unser wahres Wesen ist, unsere Möglichkeiten, unsere Notwendigkeiten, unsere Verantwortung. Wir bli-
5 cken zurück, weil wir wissen, dass alles Leben Bewegung ist, auch das Leben der Völker, weil es hieße, die Dynamik unseres eigenen Tuns verleugnen, wenn wir es je anders begriffen als eine unaufhörliche Veränderung, ein ständiges Werden, eine *création continue* – und nicht als einen
10 Zustand, nicht als etwas Statisches. Deshalb ist in allem unserem Handeln, in allem Geschehen der europäischen Einigung immer die Vergangenheit gegenwärtig – ebenso sehr wie es die Zukunft ist; denn alle Politik ist ja ein beständiges In-Form-Bringen für die Aufgaben, die das Mor-
15 gen bringen wird.
In dieser Vergangenheit nun finden wir Weniges, in dem symbolkräftiger die eigenständige politische Einheit Europas Gestalt gewann, wie den Mann, dessen Namen der Preis trägt, den ich heute empfangen darf. Als das Licht der Geschichte
20 voll über dem nördlichen Europa aufgegangen war, hatte Europa befriedet im Innern und geschützt an seinen Grenzen unter der *Pax Romana* gelebt. Immer wieder hat es beides gesucht: das Ende des Zwists – zu keiner Zeit ist das Gefühl dafür ganz erloschen, dass es ein Bruderzwist war – und die
25 Überwindung der niemals ganz nachlassenden äußeren Gefahr. Von allen geglückten (oder scheinbar geglückten) Versuchen ist der Karls des Großen der glaubhafteste, ohne die Fragwürdigkeiten, ohne das Abenteuerliche anderer Bemühungen. Aber er gelang nur für einen historischen Augenblick, 30

und dann bereitete sich der lange Prozess vor, an dessen Ende jene nationalstaatliche Verfassung Europas steht, deren Struktur am Wesentlichsten durch den Wiener Kongress bestimmt ist. Diese Struktur Europas dauert bis in unser Jahrhundert,
35 bis in unsere Tage, als ein Staatensystem labilen Gleichgewichts, kunstvoll und mühsam durch das Ab- und Zugeben von Gewichten dirigiert von dem Konzert der Mächte und doch schließlich seiner Legitimität beraubt, weil es die einzige verbindliche Leistungsprüfung für ein europäisches politisches
40 System nicht bestanden hat: In zwei Weltkriegen hat es seine Unfähigkeit bewiesen, den inneren Frieden in Europa zu wahren und seine äußere Sicherheit zu gewährleisten.

[...] Damit sind wir auch beim innersten Kern des europäischen Phänomens. Unter den furchtbaren Erschütterun-
45 gen, die die europäische Geschichte der ersten Hälfte unseres Jahrhunderts ausmachen, ist eine neue Unbefangenheit gegenüber der traditionellen politischen Struktur erwachsen: Nicht, dass das Nationalbewusstsein erloschen wäre – trotz des entsetzlichen Missbrauchs, der mit ihm
50 getrieben worden ist. Nein: Europa ist die Vielfalt und wird sie immer bleiben. Seine Kraft und Art ist der großartige Reichtum seiner Landschaften, seiner Stämme, seiner Begabungen, seiner Erinnerungen, die wir Geschichte nennen. Aber das Nationalbewusstsein ist verändert. Es
55 ist geläutert. Es hat seine zerstörerischen Eigenschaften abgelegt, seine Erbfeindschaften, seine Rivalitäten, seine hegemonialen Tendenzen.

Denn Europa ist sich innegeworden, dass es nicht nur die Vielfalt ist. Es ist auch die Einheit, die Einheit in der Vielfalt.
60 Es gibt inmitten aller Verschiedenheit eine Grundmasse gleicher, identischer Elemente, Bedingungen, Anlagen, Wertmaßstäbe, seelischer und geistiger Gemeinsamkeiten, ein Gefühl des Aufeinanderangewiesenseins im Guten wie im Bösen, gemeinsamen Tuns und Leidens, großer gemein-
65 samer Schwächen, aber auch glänzender gemeinsamer Leistungen – kulturell, wirtschaftlich, politisch. Ist nicht sogar Amerika, wenn auch gewiss nicht gleich Europa oder ein Teil davon, doch zu einem guten Stück auch eine europäische Schöpfung? Und ist nicht der Eiserne Vorhang
70 mehr noch als eine tief schmerzende nationale Wunde; geht er nicht durch das Herz Europas selbst? Dieser Einheit in der Vielfalt hat Europa sich angeschickt, politischen Ausdruck, politische Form zu geben. [...]

Rede von Walter Hallstein, https://www.karlspreis.de/de/preistraeger/walter-hallstein-1961/rede-von-walter-hallstein (Zugriff: 17. Juni 2019)

1. Fassen Sie die Position Hallsteins in einer These zusammen.
2. Erläutern Sie die historische Begründung für Hallsteins Vorstellung von einem einigen Europa.
3. Diskutieren Sie, was genau Hallstein mit den kulturellen, wirtschaftlichen und politischen Gemeinsamkeiten der Europäer meint.

M8 Mythos und Identität

Der Politikwissenschaftler Herfried Münkler (*1951) beschreibt, welche Funktion „moderne" Mythen in der Bundesrepublik und der DDR übernommen haben:

Politische Mythen haben in allen europäischen Nationen eine wichtige Rolle gespielt, Deutschland allerdings war ein regelrechtes Dorado der politischen Mythografie. Das hängt mit der politischen Deutungshoheit des Bildungsbürgertums und mit der verspäteten Staatsbildung zusammen: 5 Bis 1871 waren Mythen und Symbole die einzige Repräsentation der Nation. Das hatte zur Folge, dass die nationalen Erwartungen und Anstrengungen auf das Feld des Symbolischen verwiesen waren. [...]

Dafür erfolgte nach dem Zweiten Weltkrieg ein mythen- 10 politischer Schnitt, wie er radikaler nicht hätte sein können. Fast alle politischen Mythen waren desavouiert: An eine Wiederkehr Barbarossas nach langem Schlaf war nicht mehr zu denken, und die Nibelungen hatten auf ihrem Zug nach Osten allesamt den Tod gefunden. Von der germani- 15 schen Identität, auf die man zeitweilig so stolz gewesen war, wollte man nichts mehr wissen, und auch der Preußenmythos war anrüchig geworden.

Im Umgang mit den Trümmern der alten deutschen Mythen gingen DDR und Bundesrepublik unterschiedliche 20 Wege: Während die DDR ein neues Mythensystem errichtete, in dessen Zentrum geschichtliche Ereignisse standen, die sich als Vorgeschichte des Arbeiter-und-Bauern-Staates aufbereiten ließen – vom Bauernkrieg über die antinapoleonischen Befreiungskriege bis zum antifaschistischen Wi- 25 derstand –, blieben in der Bundesrepublik die mythenpolitischen Trümmerberge zunächst weitgehend unbearbeitet. [...]

Aber ganz hat auch die Bundesrepublik auf Sinnstiftung durch mythische Erzählungen nicht verzichten können. Die 30 Konsummythen [...] dienten nicht nur als Kaufanreize und Marketinginstrumente einer sich in ihrem neuen Wohlstand einrichtenden Gesellschaft, sondern avancierten auch zu Gegenerzählungen zur Mythik der DDR: Sie bestritten deren Anspruch, der bessere deutsche Staat zu sein, 35 und hielten ihr die notorischen Versorgungsdefizite der Bevölkerung und die Einschränkung der Reisefreiheit als Manko der politischen Ordnung vor. Damit konterkarierten die bundesrepublikanischen Konsummythen den antifaschistischen Gründungsmythos, in dem die DDR den Wi- 40 derstand gegen Hitler und die Zerschlagung des Nazi-Regimes für sich monopolisiert hatte.

Herfried Münkler, Die Deutschen und ihre Mythen, Berlin ²2009, S. 17 und 19f.

1. Fassen Sie zusammen, was Münkler unter dem „mythenpolitische[n] Schnitt" (vgl. Zeile 10f.) versteht.
2. Erklären Sie auf der Grundlage von Münklers Ausführungen den Begriff „politischer Mythos". | H

M9 Sonderweg nach Westen: Das Modell Deutschland

Der Historiker Andreas Rödder (*1967) erklärt, wie sich das westdeutsche Selbstverständnis nach 1945 herausbildete:

Neben der auf die deutsche Schuld zentrierten Erinnerungskultur wurde die politisch-kulturelle Verwestlichung zum zweiten Spezifikum des bundesdeutschen Selbstverständnisses. Die Westbindung in Verbindung mit der au-
5 ßenpolitischen Kultur der Zurückhaltung schlug sich in der staatlichen Repräsentation nieder – von der Qualität der auf Staatsbanketten ausgeschenkten Weine bis zur Architektur staatlicher Bauten. Bonn war nicht nur wegen seiner überschaubaren Größe als Provisorium und als Manifesta-
10 tion der Bescheidenheit geeignet. [...]
Die alte Bundesrepublik zeigte sich durch und durch westlich: Demokratie und Marktwirtschaft, Pluralismus und Individualismus wurden zu unumstößlichen Grundwerten – die zu Beginn des 20. Jahrhunderts als Inbegriff der ver-
15 achteten „Zivilisation" gegolten hatten. Die dem seinerzeit gegenübergestellte deutsche „Kultur" war bestenfalls noch Gegenstand von Verlustanzeigen. [...]
Die Bundesrepublik hatte Leitideen und Deutschlandbilder des Westens übernommen, traditionelle Selbstbilder hinge-
20 gen ebenso aufgegeben wie einen affirmativen Bezug auf die eigene Geschichte. Ebenso verlor die Nation als Leitkategorie an Bedeutung. [...] Stattdessen zeigte sich die Bundesrepublik wie kaum ein anderer europäischer Staat bereit, staatliche Hoheitsrechte auf die europäische Ebene zu übertragen. Die Bundesrepublik vollzog nicht weniger als
25 einen grundlegenden Wechsel der deutschen Identität. Ersatz stellte das Selbstverständnis als „Modell Deutschland" bereit. Dabei wurde die „Erfolgsgeschichte" der Bundesrepublik in zwei Versionen erzählt, und sie wirkte gerade daher besonders integrativ. Die bürgerliche Version
30 hob auf die Stabilitätsgeschichte der politischen Institutionen, auf eine prosperierende Marktwirtschaft und Massenwohlstand sowie auf Frieden und Freiheit durch die Westbindung ab. Die linke Lesart zielte auf Demokratisierung und Partizipation, Liberalisierung und Emanzipation,
35 Individualisierung und Pluralismus. Beides kam zusammen, als die Bundesrepublik 1989 ihren 40. Geburtstag feierte.

Andreas Rödder, Wer hat Angst vor Deutschland? Geschichte eines europäischen Problems, Frankfurt a. M. 2018, S. 156–158

1. Präsentation: Stellen Sie die im Text genannten Elemente des westdeutschen Selbstverständnisses in einer Mindmap dar.
2. Zeigen Sie die Besonderheiten bei der Suche nach einer deutschen Identität nach 1945 auf.
3. Diskutieren Sie die Unterscheidung von Zivilisation und Kultur (vgl. Zeile 11–17) in Zeiten der Westbindung.

Der Kanzlerbungalow.
Der 1963/64 von Architekt Sep Ruf errichtete Bungalow diente als Wohn- und Empfangsgebäude der Kanzler bis zum Regierungsumzug nach Berlin 1999.

▶ Beschreiben Sie die Anlage des Kanzlerbungalows

▶ Geben Sie dem Bauwerk ein Motto und begründen Sie dies.

M10 „Unsere DDR ist ein sauberer Staat"

Im Dezember 1965 spricht Erich Honecker (1912–1994) vor dem Zentralkomitee der SED über die Kulturpolitik:

Unsere DDR ist ein sauberer Staat. In ihr gibt es unverrückbare Maßstäbe der Ethik und Moral, für Anstand und gute Sitte. Unsere Partei tritt entschieden gegen die von den Imperialisten betriebene Propaganda der Unmoral auf, die
5 das Ziel verfolgt, dem Sozialismus Schaden zuzufügen. Dabei befinden wir uns in voller Übereinstimmung mit der Bevölkerung der DDR und der überwiegenden Mehrheit der Menschen in Westdeutschland.

Wir stimmen jenen zu, die feststellen, dass die Ursachen für
10 diese Erscheinungen der Unmoral und einer dem Sozialismus fremden Lebensweise auch in einigen Filmen, Fernsehsendungen, Theaterstücken, literarischen Arbeiten und in Zeitschriften bei uns zu sehen sind. Es häuften sich in letzter Zeit auch in Sendungen des Fernsehfunks, in Filmen und Zeit-
15 schriften antihumanistische Darstellungen. Brutalitäten werden geschildert, das menschliche Handeln auf sexuelle Triebhaftigkeit reduziert. Den Erscheinungen der amerikanischen Unmoral und Dekadenz[1] wird nicht offen entgegengetreten. Das gilt besonders für den Bereich der heiteren Muse und der
20 Unterhaltung, für einzelne literarische Arbeiten. [...] Biermann wird systematisch vom Gegner zum Bannerträger einer sogenannten literarischen Opposition der DDR, zur Stimme der „rebellischen Jugend" gemacht. Davon zeugen Sendungen westdeutscher Rundfunkstationen, Berichte in
25 der westdeutschen Presse und Rezensionen zu seinem in West-Berlin erschienenen Gedichtband. Biermann wird dort als ein „äußerst freimütiger und kühner Kritiker des mitteldeutschen Regimes" gefeiert. Biermanns sogenannte Gedichte kennzeichnen sein spießbürgerliches, anarchistisches
30 Verhalten, seine Überheblichkeit, seinen Skeptizismus und Zynismus. Biermann verrät heute mit seinen Liedern und Gedichten sozialistische Grundpositionen. Dabei genießt er wohlwollende Unterstützung und Förderung einiger Schriftsteller, Künstler und anderer Intellektueller. Es ist an der Zeit,
35 der Verbreitung fremder und schädlicher Thesen und unkünstlerischer Machwerke [...] entgegenzutreten.

Zitiert nach: Rolf Steininger, Deutsche Geschichte. Darstellungen und Dokumente in vier Bänden, Bd. 3: 1955–1969, Frankfurt a. M. 2002, S. 269 f.

Der Liedermacher Wolf Biermann bei seinem Auftritt in der Kölner Sporthalle am 13. November 1976.

Mit der Begründung, er habe die DDR kritisiert, wurde Biermann nach seinem Köln-Konzert am 16. November 1976 ausgebürgert. Zu diesem Zeitpunkt hatte er in der DDR bereits elf Jahre Berufsverbot. Seine Ausbürgerung löste eine Protestwelle aus: Zwölf bekannte Schriftsteller unterschrieben eine Petition, 400 weitere DDR-Bürger solidarisierten sich mit ihnen. Die SED-Führung reagierte mit Festnahmen, Parteiausschlüssen und Berufsverboten. Reihenweise verließen daraufhin prominente Künstler und Schriftsteller die DDR.

1. Charakterisieren Sie das Bild, das Erich Honecker von der Kultur in der DDR zeichnet. Erläutern Sie, was er von der Kulturpolitik der SED erwartet.

2. Erörtern Sie die Begriffe, die Honecker in seiner Kritik verwendet, und finden Sie jeweils Gegenbegriffe.

---

[1] **Dekadenz**: kultureller Verfall

Kopf-an-Kopf-Rennen der beiden deutschen Mannschaften beim Staffelwettbewerb der Frauen.
Foto von den Olympischen Sommerspielen in München 1972.
Hier siegte die bundesdeutsche Auswahl knapp vor dem DDR-Team. Im Medaillenspiegel lag die DDR am Ende jedoch deutlich vorn. Die Spiele von 1972 waren die ersten, bei denen die Sportler aus der DDR hinter ihrer Landesfahne in das Stadion einziehen durften. Dies war auf bundesdeutschem Boden zuvor verboten. Als das Internationale Olympische Komitee (IOC) beschloss, die Spiele 1972 nach München zu vergeben, entschied das Bundeskabinett schließlich, das Hissen der „Spalterflagge" zuzulassen.

M11 Kalter Krieg im Sport

Die Historikerin Uta Andrea Balbier (*1974) zur Bedeutung des Sports in der Systemkonkurrenz:

Die internationale Sportwelt eröffnete den kalten Kriegern auf beiden Seiten des Eisernen Vorhangs mehrere Möglichkeiten: In der offensichtlichen Wettbewerbssituation um Millimeter und Hundertstelsekunden versuchten beide Blö-
5 cke, die Überlegenheit ihres Gesellschaftssystems unter Beweis zu stellen, wie es SED-Generalsekretär Walter Ulbricht der DDR-Sportbewegung bereits zu Beginn der 1950er-Jahre einschärfte. In den 1960er-Jahren wurden im westlichen Lager vergleichbare Stimmen laut, und auch
10 hier schnellte die Sportförderung in die Höhe. Gleichzeitig bot die – ihrem Selbstverständnis nach – unpolitische internationale Sportwelt diplomatisch kaum anerkannten Staaten wie der DDR Manövrierraum: Diese versuchte sich in den Sportstadien der Welt mit eigener Flagge und Hymne
15 in Szene zu setzen, da die Bundesregierung umgekehrt bestrebt war, jede auch nur symbolische Anerkennung des Pankower Regimes zu verhindern.
In einer Welt, in der Leistung, nicht ideologische Überzeugung zählte, mauserten sich die DDR-Sportfunktionäre lange
20 vor der diplomatischen Anerkennung ihres Staates zu ernst zu nehmenden Verhandlungspartnern. Innerhalb des Internationalen Olympischen Komitees [...] erreichte sie die Akzeptanz ihrer Existenz Jahre bevor der Grundlagenvertrag 1974 das Verhältnis zwischen der DDR und der Bundesrepublik normalisierte. Die Geschichte des Aufstiegs der DDR 25 im internationalen Sport ist jedoch eng mit der Politisierung der olympischen Bewegung im Kalten Krieg verknüpft. In dem Versuch, politisch neutral zu sein, schuf die olympische Bewegung Tatsachen, die politische Dynamiken auf beiden Seiten des Eisernen Vorhangs freisetzten. Die gesamtdeut- 30 sche Olympiamannschaft war von Beginn an – in Ost wie in West – ein Spielball deutschlandpolitischer Interessen.

Uta Andrea Balbier, Kalter Krieg im Stadion, in: Dies. u. a. (Hrsg.), Der Kalte Krieg, Darmstadt 2010, S. 91–96, hier: S. 91 f.

1. Fassen Sie zusammen, inwiefern die beiden Blöcke internationale Sportveranstaltungen in Arenen des Kalten Krieges verwandelten.
2. Erläutern Sie, weshalb die SED-Führung den Sport systematisch förderte. Gab es weitere mögliche Motive?
3. Beurteilen Sie das Verhältnis von Sport und Politik. Nennen Sie Beispiele, in denen der Sport politischen Zwecken diente.

M12 Der Weg zur Souveränität

In seinen Erinnerungen schreibt der damalige Bundes-kanzler Helmut Kohl (1930–2017) über die Schwierigkeiten bei den „Zwei-plus-Vier-Verhandlungen" im Frühjahr 1990, die letztlich im „Zwei-plus-Vier-Vertrag" mündeten, der am 12. September 1990 unterzeichnet wurde und dem wiedervereinigten Deutschland die volle Souveränität brachte:

Während die Außenminister der Vereinigten Staaten, Großbritanniens und Frankreichs ohne Wenn und Aber die Position der Bundesregierung unterstützten, endete die Zustimmung der sowjetischen Seite bei der Frage der Bünd-
5 niszugehörigkeit. Schewardnadse [damals Außenminister der Sowjetunion] wiederholte die Position Moskaus: Die Bevölkerung seines Landes und der Oberste Sowjet stünden der NATO-Mitgliedschaft eines vereinten Deutschlands eindeutig ablehnend gegenüber. Er warnte vor dem Trug-
10 schluss, die Sowjetunion würde hier spielen oder bluffen. Für sein Land bleibe die NATO, was sie immer gewesen sei: ein gegnerisches Militärbündnis, dessen Strategie den Ersteinsatz von Nuklearwaffen umfasse. [...]
Als mich Hans-Dietrich Genscher [damals Außenminister
15 der Bundesrepublik] in einer Konferenzpause anrief, sprach er einen brisanten Punkt an: Schewardnadse hatte im Verlauf der Verhandlungen erneut vorgeschlagen, die inneren und äußeren Aspekte der deutschen Einheit zeitlich zu entkoppeln. Das hätte praktisch bedeutet, dass zwar
20 die staatliche Einheit Deutschlands schon bald möglich geworden wäre, nämlich durch einen Beitritt der DDR zur Bundesrepublik. Diese auf den ersten Blick elegant erscheinende Übergangslösung hätte aber den entscheidenden Nachteil, dass uns – und das war ja auch erkennbar der
25 Hintergedanke der sowjetischen Seite – auf unbestimmte Zeit das Recht vorenthalten bliebe, über unsere Bündniszugehörigkeit frei zu entscheiden. Gerade bei der deutschen Linken gab es eine starke national-neutralistische Tradition, und so lag die Vermutung nahe, dass Moskau Zeit
30 gewinnen wollte, um mithilfe dieser Strömung schließlich doch noch eine Neutralisierung der Bundesrepublik Deutschland zu erreichen.

Da gab es nichts zu überlegen: Schewardnadses Vorschlag war für die Bundesregierung inakzeptabel. Entsprechend lautete meine Anweisung, in diesem Punkt keinen Millime- 35 ter nachzugeben; denn innere und äußere Aspekte der deutschen Einheit gehörten zusammen. [...]
Mein Optimismus beruhte darauf, dass wir in der Frage der NATO-Mitgliedschaft in einer guten Position waren. Außerhalb der Sowjetunion gab es damals praktisch nie- 40 manden mehr, der nicht die Mitgliedschaft Gesamtdeutschlands in der NATO bejaht hätte. Auf der Außenministerkonferenz des Warschauer Pakts hatten sich auch die ČSFR, wie sich die Tschechoslowakei seit dem 20. April nannte, Polen, Ungarn und noch andere Staaten in 45 diesem Sinne erklärt. Der eine oder andere Nachbar mochte dabei natürlich gedacht haben, es gehe hierbei nur um die Sicherheit für Deutschland, sondern auch um Sicherheit vor Deutschland. Aber die Motive waren mir letztlich gleichgültig, wenn wir im Ergebnis in der NATO 50 bleiben konnten.
In beiden Teilen Deutschlands, vor allem aber im Westen, war die Wiedervereinigungseuphorie des Winters 1989/90 unterdessen merklich abgekühlt. Der Weg zur Einheit war steiler und steiniger, als die meisten es sich vorgestellt 55 hatten. Die vielfach geäußerte Enttäuschung über die erste Runde der Zwei-plus-Vier-Verhandlungen war auch Ausdruck dieser Ernüchterung. Dennoch setzten die Menschen in der DDR auf den baldigen Beitritt zur Bundesrepublik. Garant dieser Politik war in ihren Augen nach wie vor der 60 deutsche Bundeskanzler.

Helmut Kohl, Erinnerungen 1990–1994, München 2007, S. 103–106

---

1. Fassen Sie die im Text von Kohl genannten Ziele der Bundesrepublik bzw. der Sowjetunion zusammen.
2. Partnerarbeit/Präsentation: Verfassen Sie mit Ihrem Sitznachbarn/Ihrer Sitznachbarin einen Dialog zwischen Kohl und Schewardnadse.
3. Recherchieren Sie Inhalt und Bedeutung des Zwei-Plus-Vier-Vertrags.
4. Beurteilen Sie die langfristigen Folgen der „Bündnisfrage" für die Idee eines gemeinsamen Europas.

DIE SIEGERMÄCHTE...

Karikatur „Die Siegermächte".
Zu sehen sind die britische Premierministerin Margaret Thatcher, der amerikanische Präsident George Bush, Bundeskanzler Helmut Kohl, der Ministerpräsident der DDR Lothar de Maizière, der sowjetische Staatschef Michail Gorbatschow sowie der französische Staatspräsident François Mitterand.

▶ Vergleichen Sie die Aussage der Karikatur mit der Einschätzung von Helmut Kohl in M12. | **H**

M13 Was ist die „Berliner Republik"?

Der Journalist Ludwig Watzal (*1950) 2001 zu Befürchtungen und Bedenken gegenüber der „Berliner Republik":

Als der Publizist Johannes Gross Anfang der neunziger Jahre den Begriff der Berliner Republik in die öffentliche Debatte einführte, schlugen die Wellen hoch. Seither geistert er durch die politischen Feuilletons. Gewichtige Beden-
5 ken wurden vorgetragen: Das Ende der Bonner Republik ließ Befürchtungen aufkeimen, Deutschland könnte an Traditionen anknüpfen, die es ins Verderben geführt hatten. Neuer deutscher Größenwahn, das Abstreifen seiner NS-Vergangenheit im Sinne eines historischen Schlussstri-
10 ches oder das Ende der Westbindung wurden befürchtet. Die Befürworter einer Berliner Republik behaupteten, dass sich durch den Umzug an der innen- wie außenpolitischen Ausrichtung Deutschlands nichts Wesentliches ändern werde. Dass die Herausforderungen an das Land von Berlin
15 aus besser bewältigt werden würden, ist bis heute bloße Behauptung. Der unbestreitbare Vorteil Berlins liegt aber darin, dass es nicht nur politische Hauptstadt, sondern auch gleichzeitig kulturelle Metropole ist.

Der Politologe Kurt Sontheimer (1928–2005) beurteilt die „Berliner Republik" im selben Jahr wie folgt:

Von einer Berliner Republik als erneuerter Republik ließe sich reden, wenn durch die Einbeziehung der DDR-Bevöl- 20 kerung ein politischer Prozess in Gang gekommen wäre, der zu bedeutsamen Änderungen der politischen und wirtschaftlich-sozialen Ordnung der alten Bundesrepublik geführt hätte. Doch dies war nicht der Fall. Nur die Bundesrepublik kam zum Zuge, die andere Seite war geschla- 25 gen und hilflos. So konnte die nun von Berlin aus zu regierende Bundesrepublik im Wesentlichen keine andere Republik sein als ihre Vorgängerin mit Regierungssitz in Bonn. Beim Übergang von Bonn nach Berlin hat sich an der Verfassungsordnung und dem politischen System der 30 Bundesrepublik nichts Wesentliches verändert. Die friedliche Revolution der DDR-Bürger kam in der westlichen Bundesrepublik an ihr Ziel und ihr Ende. Auf diese Bundesrepublik hat sie sich nicht verändernd ausgewirkt. Es war ein frommer Wunsch vieler Ostdeutscher zu meinen, 35 auch die Bundesrepublik müsse sich im Vereinigungsprozess ändern. Sie tat es nicht. [...]

Es sind diese großen und schwierigen Aufgaben des Zusammenwachsens und der gegenseitigen Anerkennung und Toleranz, die der jetzt von Berlin aus regierten Bundes-
40 republik von der Geschichte zugewiesen worden sind. Ihre Bewältigung, die auch misslingen oder nur unbefriedigend gelingen kann, unterscheidet die heutige Bundesrepublik von ihrer Bonner Variante. Dazu kommen die außerordent-
45 lichen Wandlungsprozesse im wirtschaftlichen und sozialen Bereich, die mit dem Allerweltsbegriff der Globalisierung umschrieben werden und die dem Staat einiges von seiner früheren Gestaltungsmacht entziehen. Kurz: Die Berliner Republik von heute unterscheidet sich hinsichtlich
50 ihrer Probleme und Aufgaben, auch in ihrer Stellung im Rahmen der internationalen Ordnung, doch ganz wesent-

lich von den Problemen, mit denen es Bonn und seine Politiker vor Jahrzehnten zu tun hatten.

Die Historikerin Vera Caroline Simon (*1980) äußert sich zum Stil der Einheitsfeiern im vereinigten Deutschland:

In Anbetracht der im In- und Ausland gezeichneten Rena-
55 tionalisierungsszenarien war es nicht verwunderlich, dass die symbolische Ausgestaltung des neuen Nationalfeiertags so unprovokativ, ja so zurückhaltend wie möglich ausfiel. [...]
Die nichtmilitärische Ausgestaltung entsprach jedoch nicht allein der außenpolitischen Signalfunktion einer sich der
60 internationalen Vorbehalte bewussten Bundesrepublik. Sie etablierte sich auch in dezidierter Abgrenzung zu den mili-

Der Reichstag in Berlin.
Von seiner Fertigstellung 1894 bis 1933 diente der Bau als Parlamentsgebäude. Nach der Wiedervereinigung beschloss der Deutsche Bundestag, den Reichstagsbau als Sitz des gesamtdeutschen Parlaments zu nutzen. Von 1995 bis 1999 wurde das Gebäude saniert; dabei entstand die gläserne Kuppel, die eine Durchsicht auf den darunterliegenden Plenarsaal ermöglicht. Sie ist für Besucher zugänglich und zu einem Wahrzeichen der Republik geworden.

▶ Die „Berliner Republik" versteht sich als bürgernah, transparent, weltoffen, modern und geschichtsbewusst – dies soll auch durch die repräsentativen Regierungsbauten deutlich werden. Beurteilen Sie, ob und inwiefern die Architektur des Reichstages dieses Selbstverständnis wiedergibt. | **H**

tärischen Zeremonien der DDR, die bereits zu Zeiten der Zweistaatlichkeit als Unterschied zwischen der säbelrasseln-
65 den, totalitären DDR und der demokratischen Bundesrepublik angeführt wurde. Bereits der Nationalfeiertag der alten Bundesrepublik, der 17. Juni, sollte [...] ein „geläutertes Nationalbewusstsein" präsentieren.

Erster Text: Ludwig Watzal, Editorial, in: Aus Politik und Zeitgeschichte, Heft 1–2/2001, S. 2; zweiter Text: Kurt Sontheimer, Berlin schafft keine neue Republik – und sie bewegt sich doch, in: Aus Politik und Zeitgeschichte, Heft 1–2/2001, S. 3–5; dritter Text: Vera Caroline Simon, Gefeierte Nation. Erinnerungskultur und Nationalfeiertag in Deutschland und Frankreich seit 1990, Frankfurt a. M. u. a. 2010, S. 84

1. Fassen Sie zusammen, was unter „Berliner Republik" verstanden wird. **| H**

2. Erläutern Sie, welche Erwartungen und Befürchtungen mit ihr verknüpft worden sind.

3. „Während sich in Bonn der Verzicht aufs Nationale ausdrückte, wird in Berlin in großem Stil die Nation re-inszeniert. Die Nation will nicht nur imaginiert, sie will auch repräsentiert sein: durch Ideen, Mythen, Erzählungen, Symbole und nicht zuletzt durch die Architektur ihrer neuen Hauptstadt."[1] Nehmen Sie dazu Stellung.

4. Stellen Sie die Berliner Republik jeweils der Bonner und der Weimarer Republik gegenüber. Erörtern Sie Gemeinsamkeiten und Unterschiede.

M14 „Eine Verpflichtung für Gegenwart und Zukunft"

Am 25. Juni 1999 beschließt der Bundestag die Errichtung eines Denkmals für die ermordeten Juden Europas nach einem Entwurf des amerikanischen Architekten Peter Eisenman. Kurz vor der Eröffnung des Holocaust-Mahnmals in Berlin am 10. Mai 2005 nimmt Bundestagspräsident und zugleich Kuratoriumsmitglied der Denkmal-Stiftung Wolfgang Thierse (*1943) in einem Interview mit der „Jüdischen Allgemeinen" (J. A.) dazu Stellung:

THIERSE: [...] Mit dieser Entscheidung [für die Errichtung des Denkmals] bekennt sich der Bundestag dazu, sich nicht nur der freundlichen, der großen Seiten unserer Geschichte zu erinnern, sondern auch der entsetzlichen. Im Sinne einer
5 Verpflichtung für Gegenwart und Zukunft. Das ist ein Bekenntnis zur *raison d'être*[2] dieser Republik, die entstanden ist aus den materiellen, geistigen und moralischen Trümmern des nationalsozialistischen Deutschland. Mit der Ver-

pflichtung, immer für Demokratie, Humanität und Toleranz einzustehen, Rassismus, Antisemitismus und Diktatur nie-
10 mals wieder zuzulassen.

J.A.: Kann ein solches Signal von einer Architektur ausgehen?

THIERSE: Kunstwerke zwingen nicht alle, ja zu sagen.
15 Kunstwerke, das Holocaust-Denkmal ist auch eines, sind eine Einladung. Ich bin überzeugt davon, dass diese Einladung vielfach angenommen werden wird. Sie werden beim Gang durch das Stelenfeld sinnlich und körperlich erfahren können, was das heißt: einsam sein, bedroht sein, bedrängt
20 sein. Wenn die Besucher so emotional berührt in den „Ort der Information" gehen, dort anhand von Einzelschicksalen erfahren, woran erinnert wird – an die millionenfache Vernichtung von Menschen –, dann kann das Denkmal gut gehen und funktionieren. [...]

J.A.: Viele Juden sagen, sie brauchen ein solches Denkmal
25 nicht.

THIERSE: Das ist richtig.

J.A.: Wer braucht dann das Denkmal?

THIERSE: Es ist doch ganz klar: Das ist kein Denkmal für die überlebenden Juden. Es ist ein Denkmal für uns Deut-
30 sche, für unser kollektives Gedächtnis. Damit wir uns daran erinnern, was einmal möglich war. Eine solche verpflichtende Erinnerung geschieht dadurch, dass wir der Opfer gedenken. Verdrängen wir damit die Täter? Nein! Ein Kilometer entfernt steht die „Topographie des Terrors"[3], die
35 zeigt, wie dieser Herrschafts- und Unterdrückungsapparat funktionierte. [...]

J.A.: Zieht das Denkmal nicht allein durch seine Existenz einen Schlussstrich unter die Geschichte?

THIERSE: Warum? Wenn es so wäre, wäre es ein Argument
40 gegen jedes Denkmal, das ja immer der „versteinerte" Ausdruck eines Diskussionsprozesses ist, der zu einem Ende gekommen ist. Aber Peter Eisenmans Werk hat eben etwas Anstößiges, Anregendes, Irritierendes. Und das Mahnmal steht ja auch in einem Kontext mit dem „Jüdischen Mu-
45 seum" und der „Topographie des Terrors". Das ist ein Angebot zur historischen Aufklärung im Selbstversuch.

Jüdische Allgemeine Nr. 18/2005, 6. Mai 2005

▶ Analysieren Sie die Rolle der NS-Zeit im politischen Selbstverständnis der Bundesrepublik, wie sie Thierse hier zum Ausdruck bringt.

[1] Aleida Assmann, Geschichte im Gedächtnis. Von der individuellen Erfahrung zur öffentlichen Inszenierung, München 2007, S. 111
[2] **Raison d'être:** dt. „Daseinsberechtigung"
[3] Projekt zur Dokumentation des NS-Terrors auf dem Gelände zwischen Prinz-Albrecht-Straße (heute Niederkirchnerstraße), Wilhelmstraße und Anhalter Straße im Berliner Stadtbezirk Kreuzberg, wo sich zwischen 1933 und 1945 das Hauptquartier der Gestapo, der Sitz der SS-Führung und das Reichssicherheitshauptamt befanden. Die Dokumentationsstätte in der Niederkirchnerstraße 8 zählt zu den staatlichen Museen in Berlin.

M15 Der lange Schatten der Vergangenheit

Die Literaturwissenschaftlerin Aleida Assmann (*1947) untersucht, welche Rolle historische Schlüsselereignisse für die Geschichtspolitik spielen:

Ein klarer Missbrauch, darin sind sich heute die meisten einig, besteht darin, die Toten der Geschichte nachträglich zu Agenten der eigenen Sache und zum politischen Verstärker eigener Zwecke und Ziele zu machen. Von Instrumen
5 talisierung der Geschichte im negativen Sinne können wir aber auch sprechen, wo mit Ad-hoc-Argumenten aus der Geschichte die eigenen Ziele legitimiert werden. Im Februar 2006 hat Angela Merkel zum Beispiel auf der Münchner (!) Sicherheitskonferenz mit Blick auf die Drohungen
10 des iranischen Präsidenten Ahmadinedschad vor „Appeasement" (Beschwichtigung) gewarnt. Mit diesem Stichwort erinnerte sie implizit an die britische und französische Politik der Zugeständnisse gegenüber Nazi-Deutschland 1938, dem Jahr der Annexion der sudetendeutschen Ge
15 biete und der damaligen Tschechoslowakei. Der Golfkrieg im Jahr 1990 und der Irakkrieg im Jahr 2002 waren von Vater und Sohn Bush jeweils mit dem Stichwort „Appeasement" legitimiert worden. Damit wird eine Parallele zwischen dem irakischen bzw. iranischen Präsidenten und
20 Hitler gezogen, die weitere Diskussionen und Verhandlungen unterbindet und den Krieg moralisch zum einzig angemessenen Mittel macht.
Das von Merkel in die Diskussion gebrachte Stichwort war gut gemeint. Es reflektiert die Position deutscher Politik,
25 sich in allen Stücken von der negativen Vorgeschichte der Bundesrepublik absetzen und unterscheiden zu müssen. Der politische Imperativ lautet: nie wieder Appeasement, nie wieder durch Arglosigkeit oder Opportunismus einer entsprechenden Entwicklung Vorschub leisten. Der Impe
30 rativ „Nie wieder" suggeriert, dass sich die Geschichte wiederholt und dass man diese Wiederholungen vermeiden kann. „Nie wieder" ist auch der moralische Imperativ der Auschwitz-Pädagogik. So klar diese Direktive ist, so unklar ist jedoch ihre Anwendung im Einzelnen, denn aus der
35 Geschichte heraus sind grundsätzlich keine glasklaren Lehren zu destillieren. So haben mit Berufung auf Auschwitz deutsche Politiker für und gegen den Einsatz der Bundeswehr im Kosovo argumentiert: wegen der deutschen Aggression im Zweiten Weltkrieg nie wieder deutsche Militä
40 reinsätze, und wegen Auschwitz nie wieder deutsche

Gleichgültigkeit gegenüber Völkermord. Michael Jeismann hat ernüchternd darauf hingewiesen, dass die feste Entschlossenheit zum „Nie wieder" bisher keine neuen historischen Katastrophen abzuwenden vermochte. 1994, als der Film Schindlers Liste von Steven Spielberg in den Kinos 45 anlief, starrte die Welt voller Entsetzen auf den Völkermord an der Bevölkerungsgruppe der Tutsi in Ruanda; 1995, als die Ausstellung „Verbrechen der Wehrmacht" gezeigt wurde, kam es gleichzeitig in Srebrenica zum Genozid, als bosnische Serben bosnische Muslime abschlachteten. 50
Das Appeasement-Stichwort ist nur ein idealtypisches Beispiel für Geschichtspolitik. Viele Nationen stehen im Banne von Schlüsselereignissen ihrer Geschichte, durch die hindurch sie die jeweils gegenwärtigen Herausforderungen wahrnehmen und die ihnen die normativen Vorgaben ihres 55 Handelns diktieren. Solche tief eingeprägten und langfristig prägenden historischen Erinnerungen bilden die kulturellen Schemata, durch die hindurch die Wirklichkeit auf eine mehr oder weniger zwanghafte Weise verarbeitet wird. Der Begriff „Instrumentalisierung" ist dabei irrefüh 60 rend, denn diese Assoziationen stellen sich geradezu reflexartig ein und bestimmen, wenn keine distanzierende historische Selbstaufklärung dazwischentritt, die Orientierung. Nationen, die die Herausforderungen der Zukunft immer wieder im Lichte bestimmter neuralgischer[1] Schlüsseler 65 eignisse deuten, sind noch nicht aus dem Bann (um nicht zu sagen: Schatten) ihrer Geschichte herausgetreten. Um diese Dynamik zu überwinden, müssen sie sie nicht vergessen, aber doch so umformen, dass die Vergangenheit ihren alles andere überbietenden Appellcharakter und damit die 70 Dominanz über die Gegenwart verliert.

Aleida Assmann, Der lange Schatten der Vergangenheit. Erinnerungskultur und Geschichtspolitik, München 2006, S. 275 f.

1. Fassen Sie zusammen, worin für Assmann die Problematik des Appeasement-Vergleichs liegt.
2. Gruppenarbeit: Setzen Sie sich mit der These auseinander, viele Nationen stünden im Banne von historischen Schlüsselereignissen (vgl. Zeile 52 f.). Überprüfen Sie dies in Gruppen für mehrere Staaten wie etwa die USA, Großbritannien, Frankreich, Spanien, China usw. | H
3. Diskutieren Sie im Plenum, worin Chancen und Risiken historischer Vergleiche liegen.

---

[1] **neuralgisch:** problematisch

Karikaturen interpretieren

Karikaturen (von ital. caricare für „übertreiben") sind gezeichnete Quellen: Sie nehmen kritisch und stets tendenziös Stellung zu politischen oder gesellschaftlichen Ereignissen, Entwicklungen oder Zuständen sowie individuellen Personen.

Mit den Mitteln der **Parodie** und der **Ironie** werden ausgewählte Aspekte bewusst übertrieben oder verzerrt. Der Betrachter soll auf Missstände aufmerksam gemacht und zu eigenem **Reflektieren** derselben angeregt werden. Eine Karikatur ist stets **Produkt ihres historischen Entstehungskontextes** und kann nur in diesem verstanden werden. Es bedarf bei der Arbeit mit Karikaturen außerdem einer genauen Analyse aller Bildelemente, damit diese aufgeschlüsselt werden können. Zur typischen **Symbolsprache** zählen:

- visualisierte Redensarten („den Gürtel enger schnallen")
- Tierallegorien (der „gallische/ französische Hahn", der „russische Bär")
- Symbole (Krone für die Monarchie, Waage für die Gerechtigkeit)
- Allegorien / Personifikationen („Uncle Sam" für die USA, „Marianne" für Frankreich, „Germania" für Deutschland, „der deutsche Michel" mit Zipfelmütze für die Deutschen, Taube als Friedensbringer)
- innerhistorische Verweise

In der Regel ergänzen Betitelungen oder kurze Texte, die den gezeichneten Personen Worte in den Mund legen, die bildliche Darstellung.

Kritisch bleiben! – Karikaturen verstecken hinter der amüsanten Fassade eine ernste Botschaft!

Weitere Anwendungsbeispiele finden Sie u.a. auf den Seiten 62, 100, 103, 146 und 156.

Arbeitsschritt	Leitfragen
1. beschreiben	• Wer hat die Karikatur angefertigt / in Auftrag gegeben? • Zu welchem Anlass ist die Karikatur veröffentlicht worden? • Wie lauten Titel und Thema der Karikatur? • Welche Gestaltungsmittel werden verwendet und wie spielen diese zusammen? (Größenverhältnisse, Farbgebung, Schrift)
2. erklären	• Was wird thematisiert? • Wie sind die Gestaltungsmittel und Symbole in ihrer inhaltlichen Aussage zu deuten? • Auf welche politischen / sozialen / wirtschaftlichen / kulturellen Hintergründe wird angespielt? • An welchen Adressaten wendet sich die Karikatur? • Welchen Standpunkt nimmt der Karikaturist ein? • Welche Aussageabsicht wird verfolgt?
3. beurteilen	• Wie lässt sich die Aussage der Karikatur insgesamt einordnen und bewerten? - - - - - - Ende Sachurteil / Beginn Werturteil - - - - - - • Wurde das Thema aus heutiger Sicht sinnvoll und zutreffend gestaltet und ist die Karikatur insgesamt überzeugend? • Welche Auffassung vertreten Sie insgesamt zu der Karikatur? (gelungen, berechtigte Kritik, übertrieben etc.)

schwarzer Horizont =
ungewisse/unglückliche
Zukunft

„Deutscher Michel" mit
Zipfel-Schlafmütze =
allegorische Darstellung des
„typischen" Deutschen

Mimik: wachender, wohl-
wollender Blick von oben,
Gesichtszüge: klare
Identifikation Adenauers

Kanonenrohr:
Hinweis auf
NATO-Beitritt/
Wiederbe-
waffnung

katholische
Kranken-
schwestertracht
und Kruzifix:
Ironisierung
typischer
Eigenschaften
Adenauers
(Katholik,
autoritär)

VW-Käfer:
Symbol für die
wirtschaftlich
prosperierende
BRD

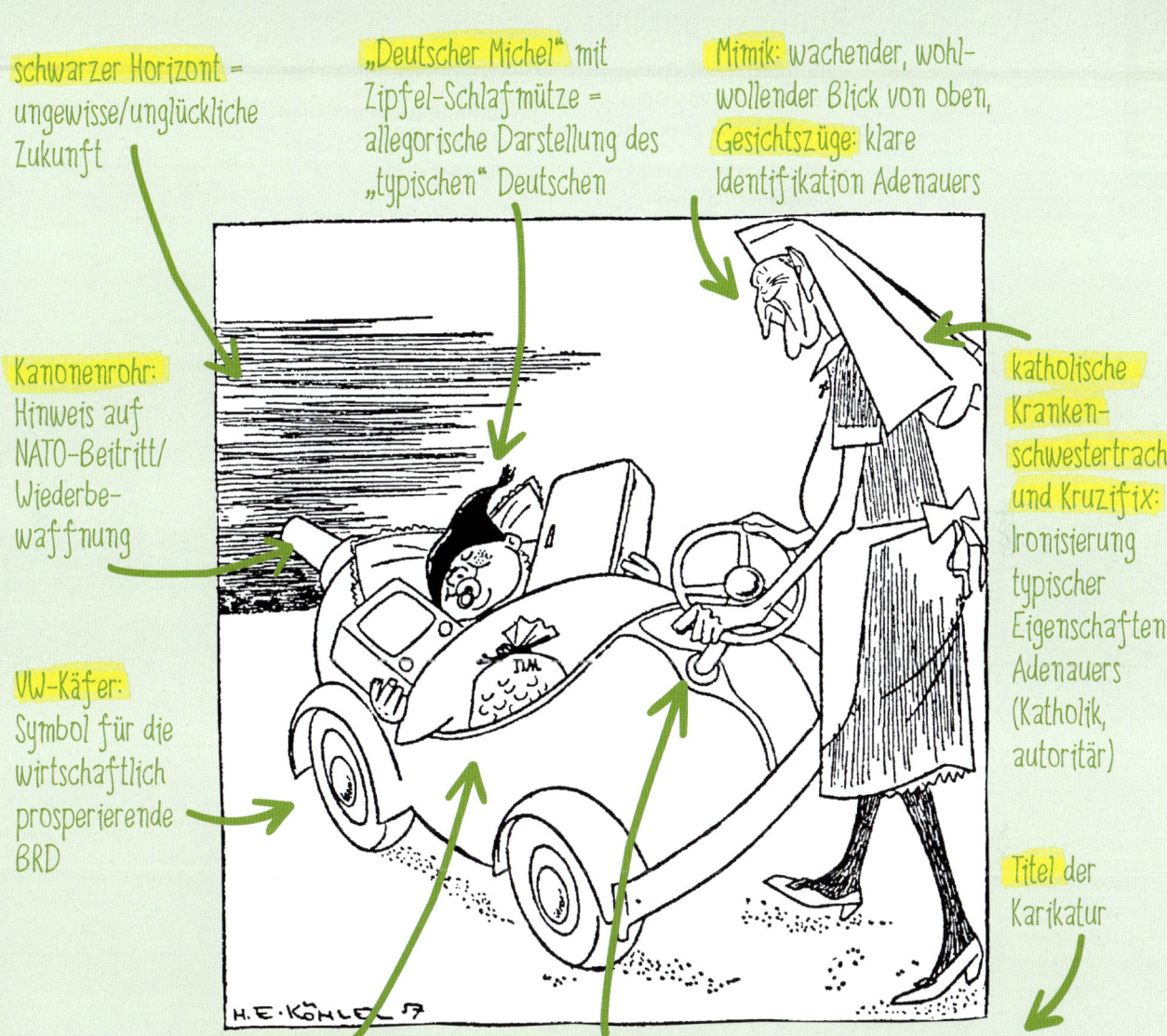

Titel der
Karikatur

Konsumgüter und
DM-Geldsack: Symbole
für den wirtschaftli-
chen Aufschwung
(„Wirtschaftswunder")

Gestik: Adenauer hält
das Steuer fest in der
Hand. ≙ autoritärer
Führungsstil

„Nicht wahr, Michelchen – keine
Experimente!"
Karikatur von Hanns Erich Köhler in der
Frankfurter Allgemeinen Zeitung aus dem
Jahre 1957.

▶ Analysieren Sie die Karikatur mithilfe der Arbeitsschritte auf Seite 174.
  Ihre Ergebnisse können Sie mit der Beispiellösung auf Seite 195 vergleichen.

Deutsches Selbstverständnis – eine Suche nach Identität?

Bundesrepublik

- antitotalitärer Konsens: Bekämpfung von Links- und Rechtsextremismus
- Antikommunismus als Integrationsstrategie
- Wirtschaftswunder als Basis des westdeutschen Selbstverständnisses

DDR

- verordneter Antifaschismus
- kommunistischer Widerstand als Basis des Gründungsmythos
- Kapitalismus als Quelle des Faschismus

Wiedervereinigung 1990

„Berliner Republik"

- „Tag der deutschen Einheit" am 3. Oktober
- gesamtdeutsche Erinnerung an den Nationalsozialismus
- beginnende Aufarbeitung der DDR-Diktatur
- Entschädigung ehemaliger Zwangsarbeiter (2000)
- Holocaust-Mahnmal im Zentrum Berlins (2005)

ABER:

- weiterhin unterschiedliche Mentalitäten in Ost- und Westdeutschland
- Herausforderung einer gemeinsamen europäischen Erinnerungskultur

M Eine europäische Erinnerungsgemeinschaft?

Die Literaturwissenschaftlerin Aleida Assmann (*1947) beschäftigt sich mit der Möglichkeit der Überwindung nationaler Erinnerungsmythen. 2018 wurde sie mit ihrem Mann zusammen mit dem Friedenspreis des Deutschen Buchhandels ausgezeichnet.

[...] Der ungarische Schriftsteller Peter Esterhazy hat einen ähnlichen Gedanken geäußert, als er im Oktober 2004 in seiner Friedenspreis-Rede in der Paulskirche sagte: „Die eigenen Verbrechen durch einen Hinweis auf die deutschen
5 Verbrechen abzudecken, ist eine europäische Gewohnheit. Der Hass auf die Deutschen war das Fundament der Nachkriegszeit."
Auf dieser Basis gab es transnational anerkannte und ehrenwerte Haltungen, die die nationalen Kollektive für sich
10 in Anspruch nahmen: Opfer und/oder Widerstand. Für die erste Option, die Opferrolle, kann hier als ein Paradigma die österreichische Opferthese stehen, für die zweite Option, den Widerstand, kann das Beispiel Frankreichs und die Bedeutung der „Résistance" herangezogen werden.
15 Selbstverständlich hat es beides gegeben, Opfer Hitlerdeutschlands und Manifestationen des Widerstands. Deshalb geht es hier auch keineswegs um die unstrittige Rechtmäßigkeit solcher Erinnerungen, sondern allein um die Art und Weise, wie solche Erinnerungen als offizielle
20 Erinnerung verallgemeinert und nach dem Kriege politisch instrumentalisiert wurden. In der Psychoanalyse spricht man in diesem Zusammenhang von „Deckerinnerungen", die das positive Selbstbild schützen: Man erinnert sich an etwas, um etwas anderes umso besser vergessen zu kön-
25 nen. Auf die Situation des nationalen Gedächtnisses bezogen heißt das: Man erinnert sich an das eigene Leiden, um sich nicht an die eigene Schuld erinnern lassen zu müssen. Sich in der Opferrolle zu erinnern, kann weiter bedeuten, dass der Blick auf andere Opfer, insbesondere auf die jü-
30 dischen Opfer, verstellt ist. Nationale Mythen entstehen dadurch, dass passende partielle Erinnerungen, die durch Erfahrung gedeckt sind, als einheitliche und ausschließli-che Erinnerung für das gesamte Kollektiv in Anspruch genommen werden, womit die unpassenden Erinnerungen aus dem nationalen Diskurs und Selbstbild ausgeschlossen 35 bleiben. Diese Selbstentlastungsstrategien der nationalen Mythen wurden in den 1990er-Jahren nach und nach zum Gegenstand von Kontroversen. Überall in Europa haben sich in den letzten zehn Jahren die Koordinaten der nationalen Geschichtsbilder verschoben und komplexeren Dar- 40 stellungen Platz gemacht. In Frankreich hat die Anerkennung der Vichy-Kollaboration den nationalen „Mythos der Résistance" erschüttert; im post-Waldheim'schen[1] Österreich wurde die offizielle Version vom „ersten Opfer Hitlers" problematisiert, die Polen, die besonders unter der 45 deutschen Verfolgung und Vernichtung zu leiden hatten, müssen sich mit ihrer antisemitischen Geschichte auseinandersetzen, in Italien sind die kommunistischen und faschistischen Erinnerungen nach wie vor gespalten, und 50 selbst die Schweiz, der neutrale Staat und die Zuflucht für so viele Flüchtlinge, ist mit den Banken und der Grenze als ihren aktuellen „Erinnerungsorten" konfrontiert.

Aleida Assmann, Der lange Schatten der Vergangenheit. Erinnerungskultur und Geschichtspolitik, München ³2018, S. 260 f.

1. Fassen Sie die Funktion, die Assmann den nationalen Erinnerungsmythen zuschreibt, in einer These zusammen.

2. Erläutern Sie, auf welchen historischen Ereignissen die deutsche Opferrolle nach dem Zweiten Weltkrieg basierte.

3. Gruppenarbeit/Präsentation: Recherchieren Sie in Gruppen zu den genannten Nationen und ihren Mythen betreffend den Zweiten Weltkrieg: Frankreich, Österreich, Polen, Italien, Schweiz. Präsentieren Sie Ihre Ergebnisse und diskutieren Sie mögliche Formen der Überwindung nationaler Erinnerung.

4. Entwickeln Sie Ideen zur Ausgestaltung des Europäischen Tages des Gedenkens an die Opfer von Stalinismus und Nationalsozialismus am 23. August an Ihrer Schule.

[1] **Kurt Waldheim** (1918–2007): Generalsekretär der Vereinten Nationen (1972–1981) und Bundespräsident Österreichs (1986–1992). Geriet 1985 nach Aufdeckung seiner NS-Vergangenheit, die von ihm geleugnet und relativiert wurde, insbesondere international stark in die Kritik („Waldheim-Affäre").

2.1 Hilfen zum richtigen Umgang mit den Operatoren

Anforderungsbereich I (Reproduktion)

Operator	Was ist zu beachten?	Wie ist vorzugehen?
beschreiben	Der Operator wird häufig sowohl bei Bildquellen wie Gemälden, Karikaturen oder Fotografien als auch bei Statistiken verwendet. Als Vorbereitung für eine anschließende Analyse soll das Material in **nachvollziehbarer** und **strukturierter Form** in seinen **Einzelheiten** (in der Regel Bildelemente und deren Beziehungen zueinander) vorgestellt werden. Eine Analyse oder Erklärung ist hier noch nicht vorzunehmen, also was z.B. die einzelnen Elemente einer Bildquelle oder einer Statistik im historischen Kontext für eine Bedeutung haben oder wie die Darstellung zu beurteilen ist. Klar identifizierbare Personen dürfen aber bereits als solche benannt werden.	Kreisen Sie das Ihnen wesentlich erscheinende Element des Materials ein und verfassen Sie ausgehend davon eine Beschreibung. Das zentrale Element ist z.B. bei einer **Bildquelle** daran zu erkennen, dass es oft in klarer Beziehung zu den anderen Bildelementen steht. Davon ausgehend können Sie dann die übrigen Bestandteile des Materials und die Bildebenen (Vordergrund, Hintergrund) in ihrem Inhalt beschreiben. Bei **Statistiken** empfiehlt es sich, auf die dort oft dargestellte Entwicklung einzugehen. Das gilt auch für dynamische **Karten** (z.B. eine Karte, die die Expansion Roms oder die „Entdeckungsfahrten" der Frühen Neuzeit zeigt). **Beispiel:** Im Zentrum des um 1877 entstandenen Historiengemäldes des Künstlers Anton von Werner steht Martin Luther in aufrechter Haltung und legt seine rechte Hand aufs Herz. Sein Blick ist Kaiser Karl V., der auf seinem Thron im Schatten sitzt, zugewandt. Im Bildhintergrund befinden sich ... usw.
gliedern	Der Operator ist dafür gedacht, einen **Sachverhalt vorzustrukturieren** und zu **ordnen**, um ihn leichter greifbar zu machen. Das kann zum Beispiel die Einteilung eines zeitlichen Verlaufes in bestimmte Phasen sein. In Bezug auf einen vorgegebenen Text wird durch die Gliederung die Vorarbeit für eine Zusammenfassung bzw. eine Textwiedergabe geleistet. Oft wird der Operator daher bei Texten verwendet, in denen die zugrunde liegende inhaltliche Struktur zunächst nicht so einfach zu erkennen ist oder sich verschiedene Aspekte überlagern.	Falls keine Gliederungskategorien durch die Aufgabenstellung vorgegeben sind, wählen Sie **prägnante Begriffe** aus, die aus dem Text heraus deutlich werden. Geben Sie dann die **Zeilen** an, in denen Informationen, die zu diesen Begriffen gehören, benannt werden. Die Begriffe können dann jeweils den Ausgangspunkt für eine Textwiedergabe oder Zusammenfassung bilden. Zusätzlich werden auch Wertungen und Einstellungen der Autorin/des Autors wiedergegeben bzw. zusammengefasst. **Beispiel:** In einem Brief an seine Ordensbrüder in Europa berichtet der Franziskaner Pedro de Gante aus Mexiko-Stadt 1529 über die Missionierung der indigenen Bevölkerung. Der Autor schreibt zunächst über den alten Glauben der Einheimischen (Belegstelle: Zeilenangabe). Anschließend thematisiert er die verschiedenen Strategien der Missionierung der indigenen Bevölkerung. Dabei nennt er die Massentaufen (Belegstelle: Zeilenangabe), den Unterricht und die Ausbildung der Einheimischen zu Missionaren (Belegstelle: Zeilenangabe) und deren Vorgehen bei der Missionierung (Belegstelle: Zeilenangabe).
wiedergeben	Ähnlich wie beim Operator „zusammenfassen" (siehe Seite 179) geht es hier darum, zu zeigen, dass Sie den **Inhalt** eines vorgegebenen Textes **verstanden** haben. Allerdings sollen die Inhalte dabei nicht reduziert, sondern **strukturiert** in ihrer Gänze wiedergegeben werden. Meist wird dieser Operator bei Texten verwendet, die einen hohen Informationsgehalt und wenige Wiederholungen aufweisen, oft auch sprachlich anspruchsvoller sind und quasi „**übersetzt**" werden müssen. Dies kann z.B. für Quellen gelten, die aus einer weiter zurückliegenden Epoche stammen. Auch hier soll der Inhalt des vorliegenden Textes weder von Ihnen erläutert noch bewertet werden. Sie verfassen Ihre Textwiedergabe also wie ein **distanzierter Beobachter**.	Teilen Sie den Text, der wiedergegeben werden soll, in **Sinnabschnitte** ein. Notieren Sie an den Rand des jeweiligen Sinnabschnitts einen Satz, der die Inhalte des Abschnitts in die **moderne Fachsprache** „übersetzt". Um die sprachliche Distanz zum Ausdruck zu bringen, verwenden Sie bei der anschließenden Formulierung der Wiedergabe den **Konjunktiv**. **Beispiel:** Der portugiesische Seefahrer Vasco da Gama berichtet, dass bei der Ankunft seiner Flotte an der Küste von Kalikut im Jahre 1498 zunächst Abgesandte in vier Booten zu ihm gekommen seien, die ihn und sein Gefolge nach ihrer Herkunft gefragt hätten.

Operator	Was ist zu beachten?	Wie ist vorzugehen?
zusammenfassen	Der Operator ist oft in der ersten Aufgabe bei schriftlichen Arbeiten anzutreffen. Hier sollen Sie zeigen, dass Sie den **Inhalt** eines Textes **verstanden** haben und damit in der Lage sind, diesen **gekürzt** und **in eigenen Worten** wiederzugeben. Zu beachten ist dabei, dass Sie den Text auf die **wichtigsten Aussagen** reduzieren und diese dann anführen. Die Inhalte des zu untersuchenden Textes sollen weder von Ihnen erläutert noch bewertet werden. Sie schreiben Ihre Zusammenfassung wie ein **distanzierter Beobachter**.	Teilen Sie den Text, der zusammengefasst werden soll, im Vorfeld in **Sinnabschnitte** ein. Schreiben Sie an den Rand des jeweiligen Sinnabschnitts eine **Überschrift** oder einen **Satz**, der den Inhalt des Abschnitts auf den Punkt bringt. Um die sprachliche Distanz zu unterstreichen, verwenden Sie bei der anschließenden Formulierung der Zusammenfassung den **Konjunktiv**. **Beispiel:** Der Historiker Manfred Hettling erläutert in einer Fachpublikation, dass der Begriff „Wende" passender als der Begriff „Revolution" für die Zeit von 1989/90 sei.

Anforderungsbereich II (Reorganisation und Transfer)

Operator	Was ist zu beachten?	Wie ist vorzugehen?
analysieren	Mithilfe dieses Operators soll ein Material auf bestimmte Aspekte hin untersucht werden, um seine **inhaltliche Aussagekraft** thematisch **zielgerichtet zu erfassen**. Die Aspekte sind in der Regel direkt aus dem Material zu ersehen. Bei manchen Materialien bietet es sich auch an, diese in Hinblick auf mehrere Aspekte zu analysieren und dann zu einem Gesamtbild zusammenzufügen. Wichtig ist es, die Untersuchungsergebnisse anschließend zu **ordnen** und **strukturiert darzustellen**. Außerdem muss – zum Beispiel durch ein Zitat mit Zeilenangabe bzw. ein Bildelement oder einen Zahlenwert – das entsprechend erfasste Ergebnis der Untersuchung am Material **belegt** werden. Genau wie bei „charakterisieren" und „herausarbeiten" (siehe Seite 180 und 181) wird der Operator „analysieren" zur **inhaltlichen Erschließung** eines Materials genutzt. Damit werden diese Operatoren seltener in normalen schriftlichen Arbeiten eingesetzt. Allerdings können sie in umfangreicheren schriftlichen Arbeiten (z. B. im Abitur) als **Vorbereitung**, **Nachbereitung** oder **Verbindung** zu einer anderen weiteren Aufgabe aus dem Anforderungsbereich II (wie „erläutern"; siehe Seite 180 f.) genutzt werden. So kann z. B. eine inhaltliche Erläuterung der jeweils erschlossenen Aspekte gefordert sein oder eine Untersuchung eines Materials in Bezug auf zuvor in einer anderen Aufgabe erläuterte Inhalte.	Gehen Sie das Material durch, indem Sie Ihre „Analysebrille" aufsetzen und die Elemente (Textpassagen, Bildelement oder Zahlenwerte) **markieren**, in denen Aussagen zu ihrem Untersuchungsaspekt auftauchen. Fügen Sie diese Elemente zusammen und wählen Sie eine **geeignete Struktur**, mit der Sie Ihre Ergebnisse geordnet darstellen wollen. **Beispiel:** Analysieren Sie die Motive (Kriterium) der handelnden Gruppen, die in der spätmittelalterlichen Chronik in Bezug auf den Umgang mit der jüdischen Bevölkerung genannt werden. Eine denkbare Antwort: In der Chronik wird ein entscheidendes Motiv für die Ermordung der jüdischen Bevölkerung durch die Stadtbevölkerung genannt: „Was man den Juden schuldete, galt als bezahlt" (Belegstelle: Seiten- und/oder Zeilenangabe). Die Pest bot den Stadtbürgern einen Anlass, die Juden als Sündenböcke darzustellen und sich so ihrer Schulden zu entledigen. Dies gilt auch für die „Landesherren", die als „Schuldner" (Belegstelle: Seiten- und/oder Zeilenangabe) erwähnt werden. Die ablehnende Haltung der Stadträte gegenüber den Mordaktionen gegen die jüdische Bevölkerung, die in … (Belegstelle: Seiten- und/oder Zeilenangabe) nachzulesen ist, erklärt sich daraus, dass die jüdische Gemeinde in den Städten regelmäßig Schutzgeldzahlungen an den jeweiligen Stadtrat leistete.
charakterisieren	Ähnlich wie beim Operator „analysieren" soll auch hier **ein Aspekt** in einem Material **zielgerichtet untersucht** werden. Während bei einer Analyse eher sachorientiert vorzugehen ist, stehen bei einer Charakterisierung **Eigenarten und Merkmale** im Vordergrund, die sich häufig auf einer Werteebene bewegen. Die untersuchten Eigenschaften lassen sich oft mit **Adjektiven** belegen, die die Eigenarten beschreiben und sich im Endergebnis zu einem „Gesamtbild" bzw. einer Gesamtwirkung zusammenfügen. Dazu ist es wichtig, die Untersuchungsergebnisse zu **ordnen** und **strukturiert darzustellen** und auch ein **Fazit** zu ziehen. ▶ nächste Seite	Betrachten Sie das Material durch Ihre „Analysebrille" und **markieren** Sie die Elemente (Textpassagen), in denen Aussagen zu Ihrem Untersuchungsaspekt auftauchen. **Belegen** Sie die Aussagen auch mit passenden Adjektiven, die sich z. B. aus der Bewertung des Autors oder Ihrem eigenen Eindruck ergeben. Fügen Sie anschließend die Elemente zusammen und suchen Sie eine **Struktur**, mit der Sie Ihre Ergebnisse geordnet darstellen wollen. Wichtig ist dabei, auch die **Gesamtwirkung** zu erfassen, die der Sachverhalt nach der Untersuchung entfaltet. **Beispiel:** Charakterisieren Sie die Vorgehensweise (Kriterium) der Franziskaner bei der Missionierung der indigenen Bevölkerung in Spanischamerika. Eine mögliche Antwort: Die Vorgehensweise lässt sich als oberflächlich (Adjektiv) charakterisieren, da in … ▶ nächste Seite

Operator	Was ist zu beachten?	Wie ist vorzugehen?
charakterisieren	Dabei kann eine erste Bewertung der Ergebnisse erfolgen. Außerdem ist – zum Beispiel durch ein Zitat mit Zeilenangabe – das **Ergebnis** der Untersuchung auf Basis des Materials zu **belegen**.	(Belegstelle: Seiten- und/oder Zeilenangabe) deutlich wird, das Teile der indigenen Bevölkerung, die zuvor mit dem christlichen Glauben noch nicht in Berührung gekommen sind, sehr schnell zu Missionaren ausgebildet werden. Sie gehen wiederum auch gewalttätig (*Adjektiv*) vor, da sie „Götzenbilder" und „Tempel" des alten Glaubens ohne Zögern zerstören (Belegstelle: Seiten- und/oder Zeilenangabe). Insgesamt erscheint die Missionierung eher darauf abzuzielen, möglichst viele Menschen zu erfassen. Die Akzeptanz des christlichen Glaubens durch die einheimische Bevölkerung aus Überzeugung und dessen Durchdringung scheinen eher zweitrangig zu sein.
einordnen	Dieser Operator ist verwandt mit dem Operator „erläutern" (siehe weiter unten) aber von der Aufgabenstellung her enger gefasst. Es geht darum, **Einzelaspekte** in einen größeren **historischen Zusammenhang** zu stellen. Durch eine Erläuterung dieser Zusammenhänge, in den der Aspekt eingeordnet wird, zeigen Sie dann, dass Sie **wissen** und **begründen** können, warum der Aspekt in diesen Zusammenhang passt. Daher wird dieser Operator auch gern für schriftliche Arbeiten gewählt.	Es bietet sich zunächst an, eine **Mindmap** zu erstellen. Gehen Sie dabei von einem Einzelaspekt aus, der sich z. B. in einem vorgegebenen Material findet, und suchen Sie weitere Aspekte, die mit ihm in Beziehung stehen. Oft geht es dabei um historische Ereignisse und Prozesse, die als Ursache des Sachverhalts zeitlich vorher abliefen oder als Wirkungen und Folgen zeitlich danach stattfanden. So ergibt sich der **Gesamtzusammenhang**, den Sie dann umfassend in Ursachen und Folgen erläutern. **Beispiel:** In seiner Schrift „An den christlichen Adel deutscher Nation von des christlichen Standes Besserung" aus dem Jahre 1520 erklärt Martin Luther, dass alle Christen geistlichen Standes seien. Er erkennt damit die Überordnung des geistlichen Standes über den weltlichen Stand nicht mehr an. Für ihn sind alle Getauften Priester (*Ausgangspunkt*). Diese Feststellung ist eine Reaktion auf die Missstände innerhalb der Kirche z. B. in Bezug auf Simonie (Ämterkauf) und kanonische Gerichtsbarkeit, die die folgenden Auswirkungen hatten … (*Ursachen*). Mit seiner Lehre vom allgemeinen Priestertum erhöht Luther den Status des Laien und verhilft dem weltlichen Stand, sich aus seiner Unmündigkeit zu befreien. Diese Erkenntnis aus Luthers Adelsschrift ermöglicht z. B. den Fürsten des Heiligen Römischen Reiches sich als „Notbischöfe" zu verstehen, die somit die Struktur der Kirche in ihren Territorien ganz neu ordnen konnten … (*Folgen*).
erklären	Der Operator ist eine **Vorstufe des Erläuterns**, daher sind im Prinzip dieselben Aspekte zu beachten (siehe unten). Allerdings steht der Materialbezug hier weniger im Vordergrund. Gleichwohl geht es aber auch darum, **Wissen gezielt anzuwenden**. Ein Sachverhalt ist so darzustellen, dass seine Voraussetzungen, Ursachen und Folgen verständlich werden. Sie sollen also die **Gründe** oder die **Zusammenhänge** von etwas **aufzeigen**.	Grundsätzlich gelten hier dieselben Anregungen wie beim Operator „erläutern" (siehe unten). Allerdings können die Sachverhalte abgekoppelt von konkreten Materialbezügen dargestellt werden. So kann z. B. die **Gesamtaussage eines Materials** Ausgangspunkt einer Erklärung sein. **Beispiel:** Erklären Sie, was das vom spanischen Kronjuristen Palacios Rubios 1513 entworfene Requerimiento für die Gebietsansprüche anderer europäischer Mächte bedeutet. Eine denkbare Antwort: Der Text des Requerimiento gaukelt vor, die indigene Bevölkerung hätte eine Möglichkeit, sich mit den Spaniern friedlich zu einigen. Dadurch erhielt die spanische Eroberung den Anschein der Rechtmäßigkeit. Das Requerimiento etablierte also ein Verfahren, welches der spanischen Krone gegenüber anderen europäischen Mächten die Behauptung ermöglichte, die Eroberung sei rechtmäßig, weil sie erst nach Unterweisung der Einheimischen vollzogen worden sei.
erläutern	Der Operator taucht häufig in schriftlichen Arbeiten auf. Dabei sollen Sachverhalte, die in Textquellen, aber auch in Materialien wie Statistiken oder Bildern angesprochen werden, in ihren **Hintergründen erklärt** werden. ▶ nächste Seite	Bei diesem Operator ist es wichtig, *nicht* nur einfach **Wissen** unstrukturiert und aneinandergereiht wiederzugeben. Sie sollen zeigen, dass Sie Ihr Wissen, das zur Bearbeitung der Aufgabe benötigt wird, abrufen können, um dann zielgerichtet die Sachverhalte zu erläutern. ▶ nächste Seite

Operator	Was ist zu beachten?	Wie ist vorzugehen?
erläutern	Das eigene Sachwissen ist zu nutzen, um zielgerichtet z. B. einzelne relevante Textpassagen, Bildelemente oder Daten in ihrer **tieferen Bedeutung** umfassend darzustellen. Hier zeigen Sie also, dass Sie Ihre **Kenntnisse kompetent anwenden** können. Der Operator beinhaltet zwar auch den Operator „erklären" (siehe Seite 180), geht jedoch über ihn hinaus. So sollen nicht nur **Theorien** (wie z. B. Theorien zu Krisen oder Transformationsprozessen), sondern auch **historische Beispiele** herangezogen werden, um die entsprechenden Sachverhalte zu veranschaulichen.	In einem ersten Schritt ist das vorgegebene Material daraufhin zu untersuchen, zu welchen Textpassagen, Bildelementen oder Daten Sie **Hintergründe** erläutern könnten. Zur Vorstrukturierung bietet es sich an, z. B. eine **Mindmap** zu erstellen und den gewählten Passagen schlagwortartig Sachinhalte zuzuordnen. Diesen Sachinhalten können noch weitere Inhalte zugeordnet werden, sodass sich ein umfassendes Beziehungsgeflecht ergibt. Nach einer von Ihnen gewählten Reihenfolge kann dann ausgehend vom Material die Erläuterung mit **Beispielen und Belegen** formuliert werden. **Beispiel**: Den Ausgangspunkt der Erläuterung bildet eine Textpassage aus dem 1513 verfassten Requerimiento. Dort wird von der indigenen Bevölkerung verlangt, die Kirche als obersten Herrn der gesamten Welt anzuerkennen. Eine mögliche Erläuterung dazu könnte folgendermaßen aussehen: Die spanische Krone will damit eine Rechtsgrundlage für ihre Herrschaft in Amerika schaffen. Sie hatte durch die päpstliche Bulle „Inter caetera divinae" (1493) und den Vertrag von Tordesillas (1494) die Herrschaft in den „neu entdeckten" Territorien, die sich in dem ihnen zugewiesenen Bereich befanden, zugesprochen bekommen – also letztlich auch vonseiten der Kirche. Daher ist es wichtig, dass die indigene Bevölkerung missioniert wird und sich zum „heiligen katholischen Glauben" bekennt (Belegstelle: Seiten- und/oder Zeilenangabe), um damit – in der Vorstellung der spanischen Krone – auch die neue Herrschaftsordnung verbindlich anzuerkennen. Deswegen wird sogar mit Vergünstigungen und Rechten im Fall eines Übertritts zum Christentum geworben (Belegstelle: Seiten- und/oder Zeilenangabe).
gegenüberstellen	Dieser Operator ist eine **Vorstufe zum Operator** „**vergleichen**" (siehe Seite 182 f.). Hier geht es aber ausschließlich darum, die **Unterschiede und Gegensätze** von Sachverhalten oder Materialien anhand **bestimmter Kriterien** herauszustellen.	Es empfiehlt sich, zunächst eine **Tabelle** anzulegen. Eine Spalte sollte sich auf den ersten Sachverhalt bzw. das erste Material und die andere auf den zweiten Sachverhalt bzw. das zweite Material beziehen. Anhand des in der Aufgabe formulierten Kriteriums werden nun beide Sachverhalte bzw. Materialien auf die gegensätzlichen Aspekte hin untersucht und diese jeweils in den entsprechenden Sichtweisen – am besten mit **Belegstellen** aus dem Material – stichpunktartig in die Tabelle eingetragen. Mithilfe dieser Vorstrukturierung können Sie dann die Gegenüberstellung ausformulieren. **Beispiel**: Während der sowjetische Staatspräsident Michail Gorbatschow Reformen (*Kriterium*) in der Sowjetunion anmahnt, schließt Erich Honecker auf einer Politbürositzung im Februar 1989 diese für die DDR mit den Worten „wir sind doch nicht daran interessiert, dass wir Rückstände wieder […] als Ziel angehen […]" aus (Belegstelle: Seiten- und/oder Zeilenangabe).
herausarbeiten	Während beim Operator „analysieren" (siehe Seite 179) die Aspekte, die aus einem Material erschlossen werden sollen, direkt zu erkennen sind, muss beim Operator „herausarbeiten" erst **zwischen den Zeilen** gelesen werden, um die Aussage eines Materials zu erfassen. Genauso wie beim Operator „analysieren" werden einem dabei **bestimmte Kriterien** an die Hand gegeben, anhand derer die Untersuchung erfolgen soll.	Wie bei den Operatoren „analysieren" und „charakterisieren" ist es auch beim Operator „herausarbeiten" hilfreich, sich das **Untersuchungskriterium**, das in der Aufgabenstellung genannt wird, klar zu machen. Achten Sie bei der Bearbeitung des Textes auf **Andeutungen** oder **subtile Bewertungen**, die der Autor/die Autorin vornimmt, und ziehen Sie daraus Ihre Erkenntnisse. **Beispiel**: Arbeiten Sie aus dem Bericht des Sekretärs des Herzogs von Aragón im Jahre 1517 heraus, wie er Leonardos Arbeiten beurteilt (*Kriterium*). Die relevante Textstelle in dem Bericht lautet: „Dieser Herr hat eine besondere (*Wertung*) Abhandlung über den Körperbau zusammengestellt […], so wie noch kein anderer Mensch es jemals getan hat (*Wertung*)" (Belegstelle: Seiten- und/oder Zeilenangabe). ▶ nächste Seite

Operator	Was ist zu beachten?	Wie ist vorzugehen?
	◀ vorherige Seite	Fazit: Der Sekretär stellt das einzigartige Talent Leonardos heraus. Er hat etwas geschaffen, was noch niemand vor ihm geschafft hat, seine Arbeit ist also besser als die Anderer.
in Beziehung setzen	Wenn dieser Operator in einer Aufgabe verwendet wird, sind **Zusammenhänge** zwischen Sachverhalten, die in **verschiedenen Materialien** zu finden sind, herzustellen. Häufig soll dabei untersucht werden, in welcher Art der Sachverhalt in dem jeweils anderen Material erscheint und ob sich ggf. in der inhaltlichen Aussage Veränderungen zeigen. Es kann aber auch sein, dass in einem Material der Sachverhalt selbst analysiert wird und dann in Beziehung zu einem Material gesetzt werden soll, welches bereits die Folgen oder Ursachen dieses Sachverhaltes thematisiert. In jedem Fall ist es notwendig, die jeweils herausgestellten Zusammenhänge nachvollziehbar zu **erläutern**.	Analysieren Sie zunächst das Ausgangsmaterial nach den gesuchten Aspekten und listen Sie diese **stichpunktartig** auf (ähnlich wie beim Operator „nachweisen", siehe unten). Untersuchen Sie dann das andere Material daraufhin, inwiefern ein **Zusammenhang** zu den herausgestellten Aspekten erkennbar ist. Fassen Sie anschließend den jeweiligen Zusammenhang in Worte und erläutern Sie ihn. **Beispiel:** In dem Ende des 16. Jahrhunderts veröffentlichten Kupferstich von Theodor de Bry „Kolumbus betritt amerikanischen Boden" (*Ausgangsmaterial*) sind gleich mehrere Ereignisse zu erkennen, die sich in dem durch Bartolomé de Las Casas überlieferten „Bordbuch des Kolumbus" (*Bezugsmaterial*) an verschiedenen Tagen wiederfinden. So wird die Flucht der indigenen Bevölkerung vor der ankommenden Flotte des Kolumbus, die im Hintergrund des Kupferstiches zu sehen ist, im Bordbuch am … erwähnt. Der Stich soll also in der Rückschau einen visuellen Überblick über verschiedene Ereignisse geben (*Erläuterung*).
nachweisen	Hier wird verlangt, ein Material auf **bekannte historische Inhalte** hin zu untersuchen (z.B.: Finden sich Aspekte von Martin Luthers Lehre in dem vorliegenden Text?). Außerdem ist genau aufzuzeigen, an welcher Stelle im Material die gesuchten Aspekte stehen. In schriftlichen Arbeiten ist dieser **Beleg** dann auch durch eine **Erläuterung** zu begründen.	Vergewissern Sie sich zunächst, welche **Aspekte** den historischen Inhalt, der nachgewiesen werden soll, ausmachen. Notieren Sie sich diese Aspekte und untersuchen Sie das Material daraufhin, ob der Inhalt direkt oder indirekt angesprochen wird. Formulieren Sie dann den Nachweis und nennen Sie die **Belegstelle**. Erläutern Sie anschließend, warum Sie diese Stelle gewählt haben. **Beispiel:** Das Motto der Humanisten „ad fontes", was übersetzt so viel wie „zu den Quellen" bedeutet (*Aspekt des gesuchten historischen Inhaltes*), lässt sich in Luthers Adelsschrift von 1520 nachweisen. Der Reformator bezieht sich bei seiner Aussage, dass alle Christen geistlichen Standes sind, auf eine Textpassage aus der Bibel (Belegstelle: Seiten- und/oder Zeilenangabe). Seine Überlegungen gehen also – wie es die Humanisten forderten – auf ein Studium der Quellen zurück, um der Wahrheit näher zu kommen. Dies steht auch in Verbindung zu dem auf Luther zurückgehenden Begriff „sola scriptura" (dt.: „allein durch die Schrift"), wonach die Bibel als einzige Quelle des christlichen Glaubens gilt (*Erläuterung*).
vergleichen	Bei einem Vergleich ist es wichtig, **Unterschiede**, **Ähnlichkeiten** und **Gemeinsamkeiten** zwischen Sachverhalten bzw. Materialien anhand **bestimmter Kriterien** darzustellen. Oft bleibt die Bearbeitung unvollständig, da z.B. nur auf die Unterschiede Bezug genommen wird.	Erstellen Sie eine **Tabelle** mit den Spalten „Gemeinsamkeiten", „Ähnlichkeiten" und „Unterschiede". Untersuchen Sie nun die Sachverhalte bzw. Materialien anhand des **Vergleichskriteriums** und tragen Sie Ihre Ergebnisse stichpunktartig – am besten mit den **Belegstellen** aus dem Material – in die Tabelle ein. Im Anschluss können Sie anhand dieser Vorstrukturierung den Vergleich ausformulieren. **Beispiel:** Der um 1450 erfundene Buchdruck mit beweglichen Lettern weist in seiner Wirkung (*Kriterium*) insofern *Gemeinsamkeiten* mit dem heutigen Internet auf, dass er eine Eigendynamik in der Verbreitung von Medien und Informationen auslöste. Was heute E-Mails oder Tweets leisten, erfüllten damals Flugschriften und -blätter als Massenmedien. Beiden Entwicklungen gemein ist zudem eine stärkere Vernetzung der Welt (*Ähnlichkeit*), auch wenn das Internet in viel größerem Ausmaß dazu beigetragen hat. Deutliche *Unterschiede* ergeben sich hinsichtlich der Autorenschaft und des Konsums: Die Kosten des Drucks von Schriften und Flugblättern waren immer noch so hoch, ▶ nächste Seite

Operator	Was ist zu beachten?	Wie ist vorzugehen?
vergleichen	◄ vorherige Seite	dass nicht jeder Mensch sich diese leisten konnte. Hinzu kam auch noch die geringe Alphabetisierungsrate zu Beginn der Entwicklung. Informationen und Nachrichten wurden also nur von einem Teil der Bevölkerung veröffentlicht und je nach Adressaten von einem größeren oder kleineren Kreis rezipiert. Das Internet ermöglicht jedoch, dass jeder Mensch zum Autor werden kann, ungeachtet der finanziellen oder literarischen Fähigkeiten.

Anforderungsbereich III (Reflexion und Problemlösung)

Operator	Was ist zu beachten?	Wie ist vorzugehen?
beurteilen	Es soll zu einem historischen Sachverhalt oder Prozess ein **begründetes Sachurteil** formuliert werden. Ein persönlicher Wertebezug wird nicht verlangt. Der Fokus ist in der Regel auf die Vergangenheit gerichtet. Es wird geprüft, ob der Sachverhalt/Prozess in der betrachteten Zeit in der Gesellschaft gerechtfertigt (legitim) bzw. stimmig oder nützlich (effizient) z. B. in Bezug auf wirtschaftliche oder politische Vorgänge war. Wichtig ist aus der **Perspektive der Zeit** zu urteilen, in der der Gegenstand, der beurteilt werden soll, in Erscheinung tritt. Entscheidend sind vor allem die **Argumente** bei der Beurteilung. Anhand **bestimmter Kriterien** wie beispielsweise Effizienz, Stimmigkeit oder Legitimität sollen historische Fakten und Beispiele angeführt werden und als Begründungen für das Urteil dienen. Je deutlicher erläutert wird, warum das Beispiel oder der Sachverhalt das eigene Urteil unterstützt, umso besser. Es können übrigens sowohl Argumente für als auch gegen die eigene Position in die Bearbeitung einfließen. Anders als bei „erörtern" (siehe Seite 184) muss dies aber nicht zwingend sein.	Wählen Sie – falls es nicht schon durch die Aufgabenstellung vorgegeben ist – ein für die Beurteilung sinnvoll erscheinendes **Sachkriterium** (z. B.: Effizienz, Stimmigkeit oder Legitimität) aus. Es sollte dann bei der späteren Formulierung der Beurteilung auch explizit genannt werden. Überprüfen Sie, in welcher Ausprägung die Kriterien bei dem zu untersuchenden Gegenstand vorliegen, und überlegen Sie anschließend, welche **Position** Sie vertreten wollen. Sammeln Sie im Anschluss daran Ihre Argumente stichpunktartig und achten Sie darauf, **historische Sachverhalte** *und* **Beispiele** anzuführen. Generell müssen Sie (insbesondere in schriftlichen Arbeiten) auch das Material, zu dem die Aufgabe gestellt ist, zur Unterstützung Ihrer Argumentation oder als Ausgangspunkt für die Beurteilung einbeziehen. Beim Verfassen der Beurteilung sollten Sie daher mit **Zitaten** aus oder **Bezügen** zum Material (Zeilenangaben) arbeiten. Am Ende der Bearbeitung sollte ein **Fazit** stehen, das die zentralen Argumente noch einmal prägnant zusammenfasst und die eigene Position auf den Punkt bringt. Als **Faustregel** gilt: Nicht das Urteil an sich entscheidet darüber, ob die Bearbeitung gelungen ist, sondern die Qualität und Nachvollziehbarkeit der Argumente, anhand derer das eigene Urteil begründet wird. **Beispiel:** Die Umsiedlung der indigenen Bevölkerung in Dörfern und Gemeinden, wie es auch der Vizekönig von Peru im 16. Jahrhundert dem spanischen König berichtete (Belegstelle: Seiten- und/oder Zeilenangabe), war in Bezug auf die Ziele der Spanier durchaus effizient (*Kriterium*). Auf diese Weise konnte die indigene Bevölkerung besser durch die Spanier kontrolliert und missioniert werden. Mit der Annahme des christlichen Glaubens wurde so auch die gottgegebene Herrschaft der Spanier von der indigenen Bevölkerung akzeptiert (*Argument*).
entwickeln	Anders als bei den anderen Operatoren im Anforderungsbereich III verbleibt der Operator „entwickeln" nicht nur bei einer **Beurteilung** eines Sachverhalts oder einer Problemstellung. Darüber hinaus sind Sie hier aufgefordert, eine **eigene Einschätzung** des Sachverhalts darzulegen und ggf. sogar ein **Lösungsmodell** für die vorliegende Problemstellung zu konstruieren. Oft ist hier das Einnehmen einer **Gegenposition** hilfreich, um aus dieser eine Alternative zu dem vorgelegten Problem oder dem Sachverhalt zu gewinnen. Formate wie die Gegenrede oder der Leserbrief bieten sich hier als Rahmen zur Ausformulierung der Ergebnisse an.	Machen Sie sich zunächst die **Sachverhalte**, die **Problemstellungen** und **Wertungen** klar, die sich aus dem Material, das Sie bearbeiten, ergeben (z. B. durch die Analyse eines Textes oder einer Karikatur). Überlegen Sie nun jeweils Möglichkeiten, die Aspekte anders zu sehen bzw. anders mit ihnen umzugehen. Finden Sie **Argumente** dafür, dass diese Alternativen eine tragfähigere Strategie darstellen, das vorliegende Problem zu lösen. Gehen Sie dabei auf prägnante Punkte im vorliegenden Material ein, und stellen Sie daraufhin Ihre **Alternative** begründet vor. Im abschließenden **Fazit** bringen Sie ihr Lösungsmodell dann noch einmal auf den Punkt. **Beispiel:** In seiner Rede am 10. Oktober 1991 zum bevorstehenden Kolumbus-Tag verweist US-Präsident George Bush darauf, dass die „Entdeckung" Amerikas ► nächste Seite

Operator	Was ist zu beachten?	Wie ist vorzugehen?
entwickeln	◄ vorherige Seite	durch Christoph Kolumbus zu einem „Austausch von Wissen, Ressourcen und Ideen zwischen der Alten und der Neuen Welt" geführt habe (Belegstelle: Seiten- und/oder Zeilenangabe). Seine Aussage erweckt den Eindruck, hier habe ein gleichberechtigter Austausch bzw. Handel stattgefunden (*Bezug zum Text*). Das war aber nicht der Fall (*Gegenposition*). Wissen aus der „Alten Welt" wie z. B. der Bergbau wurden von Spaniern vorrangig in die „Neue Welt" gebracht, um Ressourcen der indigenen Bevölkerung einseitig und unter menschenunwürdigen Arbeitsbedingungen auszubeuten (*Argument*). In einer Rede zum Kolumbus-Tag muss auf dieses ungerechte Missverhältnis aus Gründen der Wahrhaftigkeit hingewiesen werden, auch wenn langfristig die „Neue Welt" auch von neuen Techniken profitieren konnte. Zudem wäre hier eine Entschuldigung für die Ausbeutung der einheimischen Bevölkerung angebracht (*alternatives Lösungsmodell*).
erörtern	Eine Erörterung erfolgt zu einer vorgegebenen Problemstellung, die meist als eine **These/Position** vorgegeben ist. Wie beim Operator „sich auseinandersetzen" (siehe unten) steht es einem offen, ob man ein **Sach- oder Werturteil** verfassen möchte, es sei denn, die Aufgabenstellung gibt dies bereits vor. Anders als bei den Operatoren „beurteilen", „Stellung nehmen" oder „sich auseinandersetzen" ist es hier zwingend erforderlich, eine **abwägende Auseinandersetzung/Beurteilung** zu gestalten. Bevor die eigene Position im abschließenden **Fazit** auf den Punkt gebracht wird, müssen also sowohl Argumente für als auch gegen die vorgegebene These/Position gesammelt, gewichtet und begründet werden.	Wählen Sie – falls es nicht schon durch die Aufgabenstellung vorgeben ist – ein Ihnen für die Aufgabe sinnvoll erscheinendes **Sach- oder Wertekriterium** für die Beurteilung aus (z. B. Effizienz, Stimmigkeit oder Legitimität bzw. Freiheit, Sicherheit etc.). Es sollte später bei der Formulierung der Erörterung auch genannt werden. Überprüfen Sie anhand des ausgewählten Kriteriums, welche Argumente für und welche gegen die formulierte These oder die problemorientierte Fragestellung sprechen. Listen Sie die **Pro- und Kontra-Argumente** stichpunktartig mithilfe einer Tabelle auf. Achten Sie auch darauf, historische Sachverhalte *und* Beispiele anzuführen sowie das zur Erörterung vorgegebene Material – wie bei den Operatoren „beurteilen", „Stellung nehmen" und „sich auseinandersetzen" – einzubeziehen. Überlegen Sie anschließend, welche **Position** Sie vertreten wollen. Gewichten Sie die gesammelten Pro- und Kontra-Argumente – beginnend mit dem schwächsten Argument (für die eigene Position) bzw. stärksten Argument (gegen die eigene Position). In dieser Reihenfolge formulieren Sie dann Ihre Erörterung nach dem sogenannten „**Sanduhrprinzip**". Am Ende der Bearbeitung sollte ein **Fazit** stehen, das die zentralen Argumente noch einmal prägnant zusammenfasst und die eigene Position auf den Punkt bringt. Generell gilt als **Faustregel** auch hier: Nicht das Urteil an sich entscheidet darüber, ob die Bearbeitung gelungen ist, sondern die schlüssige Argumentation, anhand derer das eigene Urteil begründet wird. **Beispiel**: Erörtern Sie, ob es sich bei dem „Thesenanschlag" Martin Luthers um einen Wendepunkt in der Geschichte handelt (*problemorientierte Fragestellung*). Mögliche Antwort: Im Sinne der Stimmigkeit (*Sachkriterium*) der These vom „Wendepunkt in der Geschichte" ist festzuhalten, dass bereits vor dem Thesenanschlag von 1517 Reformer wie John Wyclif und Jan Hus ähnliche Ansichten wie Martin Luther gegenüber der Kirche vertraten, z. B. ... Luthers Thesenanschlag hatte aber deutlich gravierendere Auswirkungen auf das Heilige Römische Reich und Europa als das Wirken seiner Vorgänger, wie z. B. ...
sich auseinandersetzen	Bei diesem Operator steht es Ihnen frei, ob Sie ein **Sach- oder Werturteil** bilden. Anders als beim Operator „Stellung nehmen" (siehe Seite 185) ist es für das Verfassen eines Werturteils also nicht erforderlich, zuvor noch ein Sachurteil zu formulieren. Oft lässt sich bereits schon aus der Aufgabenstellung ablesen, welche Art von Urteil verlangt wird.	Es sind die gleichen Anregungen und Hilfen, wie bei den Operatoren „beurteilen" und „Stellung nehmen" zu beachten. Bei einem **Sachurteil** würden dann jeweils Sachkriterien wie z. B. Legitimität, Stimmigkeit oder Effizienz gelten, während bei einem **Werturteil** Maßstäbe wie Freiheit, Gerechtigkeit etc. herangezogen werden könnten. Wie bereits weiter oben erwähnt, ist auch hier nicht das Urteil entscheidend darüber, ob es sich um eine gelungene Bearbeitung handelt, sondern die **schlüssige Argumentation**, anhand derer das **eigene Urteil** begründet wird.

siehe Seite 185

Operator	Was ist zu beachten?	Wie ist vorzugehen?
Stellung nehmen	Der Operator geht über ein **begründetes Sachurteil** hinaus, da hier zusätzlich ein **Werturteil** gefordert wird. Eine Stellungnahme besteht also im Grunde genommen aus zwei Teilen: Im ersten Teil geht es um Aspekte, die schon unter dem Operator „beurteilen" erklärt worden sind (siehe Seite 183). Im zweiten Teil ist ein Werturteil zu formulieren, bei dem eine Beurteilung aus **heutiger Perspektive** und anhand von **heutigen Wertmaßstäben** (z.B.: Freiheit, Sicherheit, Recht und Gerechtigkeit, Gleichberechtigung, politische Teilhabe, Solidarität) verlangt wird. Entscheidend beim Werturteil sind auch hier die **Argumente**. Je überzeugender diese sind, umso besser.	Zu beachten ist, dass dem Werturteil ein Sachurteil vorgeschaltet ist. Daher gelten hier die gleichen Hinweise wie beim Operator „beurteilen". Im Prinzip kann für das Werturteil das Vorgehen genauso erfolgen, nur dass **heutige Wertmaßstäbe als Kriterien dienen**, die in der Stellungnahme auch benannt werden sollten. Außerdem gilt wieder die **Faustregel**: Nicht das Sach- und anschließende Werturteil an sich entscheiden darüber, ob die Bearbeitung gelungen ist, sondern die Qualität und Nachvollziehbarkeit der Argumente, anhand derer die eigenen Urteile begründet werden. **Beispiel**: Die Umsiedlung der indigenen Bevölkerung in Dörfern und Gemeinden im 16. Jahrhundert war in Bezug auf die Ziele der Spanier durchaus effizient (*Kriterium*). Auf diese Weise konnte die indigene Bevölkerung besser kontrolliert und missioniert werden. Mit der Annahme des christlichen Glaubens wurde so auch die gottgegebene Herrschaft der Spanier von der indigenen Bevölkerung akzeptiert (*Argument für das Sachurteil*). Im Hinblick auf das Kriterium „Freiheit" ist das Vorgehen aus heutiger Sicht abzulehnen. Die Freizügigkeit (freie Wahl des Wohnortes) und die Glaubensfreiheit (*Wertmaßstäbe*) der indigenen Bevölkerung wurden stark eingeschränkt. Es wurde ein willkürlicher Zwang ausgeübt (*Argument für das Werturteil*).
überprüfen	Hier soll ein Sachverhalt daraufhin untersucht werden, ob er die Voraussetzungen für die **Gültigkeit einer Hypothese** erfüllt. Oft wird anhand von Materialien überprüft, ob historische Theorien und Modelle einen Prozess passend beschreiben – z.B. ob ein Sachverhalt als Krise oder Revolution einzuschätzen ist. Anders als beim Operator „nachweisen" (siehe Seite 182) ist nicht sicher, dass sich die Hypothese am Ende wirklich bestätigen lässt bzw. der Prozess nachweisbar ist. Die Überprüfung ist also **offen** und muss auch nicht zu einem eindeutigen Ergebnis führen. Umso wichtiger ist es hier, die Erkenntnisse, die Sie bei der Überprüfung gewonnen haben, durch eine **Erläuterung** zu begründen. Je präziser erläutert wird, warum das Beispiel oder der Sachverhalt die zu überprüfende Hypothese unterstützt oder entkräftet, umso besser.	Formulieren Sie **zentrale Kriterien**, die erfüllt sein müssen, damit die zu überprüfende These Gültigkeit besitzt. Bearbeiten Sie den Sachverhalt/das Material daraufhin, inwieweit diese Kriterien nachweisbar sind. Erfolgt die Überprüfung anhand eines Materials, sollten Sie **relevante Textstellen** oder **Zahlenwerte** vermerken, die Sie später zitieren können. Verfassen Sie strukturiert ihr **„Prüfgutachten"**, indem Sie ausgehend vom Sachverhalt/dem Material darlegen, inwieweit die Hypothese erfüllt ist. Begründen Sie Ihre Einschätzung durch Beispiele/Sachwissen. **Beispiel**: Die Entwicklungen in der DDR 1989 brachten einen fundamentalen Systemwechsel (*Kriterium einer Revolution*) für die Bevölkerung. Aus einer faktischen Einparteienherrschaft wurde eine parlamentarische Demokratie, aus einer zentralistischen Planwirtschaft schließlich eine freie Marktwirtschaft (*Argumente*). In diesem Aspekt ist das Kriterium einer Revolution also erfüllt.

Operator, der Leistungen in allen drei Anforderungsbereichen verlangt:

Operator	Was ist zu beachten?	Wie ist vorzugehen?
interpretieren	Der Operator erfordert **Leistungen aus allen drei Anforderungsbereichen**. Zuerst ist nachzuweisen, dass das Material verstanden worden ist. Das bedeutet, dass zunächst eine Beschreibung, Zusammenfassung oder Wiedergabe der Inhalte des Materials in eigenen Worten erfolgt. Danach soll anhand von bestimmten Kriterien das Material auf seine Inhalte hin analysiert und diese mithilfe des eigenen Fachwissens erläutert werden. Die Kriterien können in der Aufgabenstellung vorgegeben sein oder müssen selbst festgelegt werden. Zum Schluss sind die Aussagen, die sich aus dem Material ergeben, zu beurteilen. Dabei soll immer ein Sachurteil erfolgen, das noch um ein Werturteil ergänzt werden kann, aber nicht muss.	Es empfiehlt sich, **schrittweise vorzugehen** und die jeweiligen **Teile der Bearbeitung auszuformulieren**. Beginnen Sie mit der Beschreibung, Zusammenfassung oder Textwiedergabe, anschließend folgen die Analyse und Erläuterung bezogen auf ein Untersuchungskriterium. Zuletzt ist die Beurteilung oder Stellungnahme in Hinblick auf das zuvor Untersuchte vorzunehmen. **Hilfen** zur jeweiligen Vorstrukturierung befinden sich bei den entsprechenden Operatoren. **Beispiel** *(für eine Aufgabenstellung):* Interpretieren Sie die Wandmalerei „Landung der Spanier in Veracruz" von Diego Rivera aus dem Jahre 1951 im Hinblick auf ihre Aussagekraft bezüglich der Folgen der spanischen Kolonisation (*Untersuchungskriterium*).

2.2 Hinweise zur Bearbeitung von Klausuren

Ziel

Klausuren

In Klausuren sollen Sie zeigen, dass Sie fachspezifisches Material anhand von Aufgaben angemessen bearbeiten können. Dabei sollen Sie ihr Wissen mit neuen Sachverhalten **problembewusst verknüpfen** und begründet **Stellung nehmen**.

Anforderung

Reproduktion

Im **Anforderungsbereich I** beschreiben Sie geordnet und gerafft historische Zustände oder Entwicklungen.

Reorganisation und Transfer

Im **Anforderungsbereich II** bearbeiten Sie Materialien problem- und methodenbewusst zu einem aus dem Unterricht bekannten Thema.

Reflexion und Problemlösung

Der **Anforderungsbereich III** verlangt gründliches Nachdenken und eine Lösung. Sie müssen auf Grundlage Ihrer Materialienanalyse ein Problem untersuchen und bewerten. Ihre Stellungnahme kann eine abwägende Diskussion gegensätzlicher Standpunkte erfordern. Abschließend müssen Sie dazu selbst Position beziehen.

Tipp

Die Operatoren der Anforderungsbereiche I bis III finden Sie vorne im Buch erklärt (siehe: Anforderungsbereiche und Operatoren). **Hilfen zum richtigen Umgang mit den Operatoren** bietet die Übersicht ab Seite 178.

Vorgehen

Aufgaben erfassen

☑ Lesen Sie die **Aufgaben** sorgfältig durch; unterstreichen Sie den **Operator**. Versuchen Sie, den Auftrag genau zu erfassen. Machen Sie sich ihn bei Bedarf in eigenen Worten klar. Finden Sie **Schlüsselbegriffe** und klären Sie kurz ihre Bedeutung.

Operatoren beachten

☑ Erledigen Sie die Aufgaben streng anhand der Operatoren. Sie zeigen Ihnen, zu welchen **Anforderungsbereichen** Sie jeweils arbeiten sollen.

Kernaussagen ermitteln

☑ Lesen Sie den Text zunächst als Ganzes, um Thema und Hauptaussagen im **Zusammenhang** zu begreifen. Im zweiten Durchgang ermitteln Sie aufgabenbezogen die **wesentlichen Aussagen**. Unterstreichen Sie dabei Wörter statt Sätze; so fällt es Ihnen leichter, **eigene Formulierungen** zu finden und sich von der Vorlage zu lösen.

Aussagen strukturieren

☑ Stellen Sie zunächst den **Autor** und die **Quelle** (Entstehungszeit, historischer Kontext, Adressaten) vor, wiederholen Sie aber nicht die wissenschaftliche Fundstelle des Textes.

Text gliedern

☑ Gliedern Sie Ihren Text folgerichtig. Setzen Sie **Schwerpunkte in Inhalt und Umfang** Ihres Textes. Achten Sie bei Ihrem Zeit- und Arbeitsaufwand auf die Gewichtung der Aufgaben.

☑ Geben Sie die Hauptgedanken eigenständig in **indirekter Rede** im **Konjunktiv** wieder.

Aussagen belegen

☑ Direkte **Zitate** empfehlen sich, wenn der Operator intensive Textarbeit verlangt und sie einen Kernaspekt in auffälligen Worten ausdrücken. Eine **Erläuterung in eigenen Worten** muss folgen.

☑ Halten Sie die **Reihenfolge der Aufgaben** ein. Vermeiden Sie Überschneidungen.

Stil

☑ Schreiben Sie **kurze, verständliche Hauptsätze** oder **Satzgefüge**. Drücken Sie sich sachlich aus und benutzen Sie **Fachbegriffe**.

Letzte Kontrolle

☑ Planen Sie Zeit für die **Durchsicht** ein. Lesen Sie Ihre Klausur zunächst nur unter **inhaltlichen Gesichtspunkten**; erst in einem zweiten Durchgang achten Sie auf **Rechtschreibung, Grammatik** und **Satzbau**. Achten Sie auf die **Zeitenfolge** (Präsens mit Perfekt; Präteritum mit Plusquamperfekt). Nutzen Sie zulässige **Wörterbücher**.

2.3 Formulierungshilfen für die Textanalyse

Der Verfasser / die Verfasserin (kurze Vorstellung) beschäftigt sich (Zeit / Kontext) mit .../ untersucht / setzt sich mit der Frage auseinander / behandelt das Problem ... / thematisiert / äußert sich zu / führt aus ...
Beispiel: Der Historiker Klaus J. Bade setzt sich in seiner 2002 erschienenen Publikation „Europa in Bewegung" mit der historischen und aktuellen Bedeutung von Migration auseinander.

Einleitung

Der Autor / die Autorin (Name) hat den Brief / Aufsatz / etc. verfasst / die Rede gehalten, als ... Die Quelle lässt sich vor dem Hintergrund von ... einordnen / ist im Zusammenhang mit ... zu sehen.
Beispiel: Die Bürgerbewegung „Demokratie Jetzt" startet am 12. September 1989 einen Aufruf, der sich an alle Initiativgruppen und reformfreudigen Kräfte in der DDR richtet und auf aktuelle Probleme im Staat eingeht. Der Aufruf lässt sich vor dem Hintergrund der sich wirtschaftlich und politisch zuspitzenden Krise der DDR im Jahre 1989 einordnen.

Einordnung in den historischen Kontext

Er / sie behauptet / ist der Meinung, dass ... / vertritt die These / die Position, dass ...
Beispiel: Der amerikanische Politikwissenschaftler Samuel Phillips Huntington behauptet, dass die Konflikte in der Welt in der Zukunft zwischen verschiedenen Großkulturen verlaufen werden.

Textwiedergabe „Kernthese"

Der Verfasser / die Verfasserin begründet dies, indem er / sie ... / belegt dies mit ... / erklärt dies mit / hebt hervor / betont / kritisiert / bemängelt / argumentiert
Beispiel: Der Politikwissenschaftler Samuel Phillips Huntington betont, dass ein „weltweiter Kampf der Kulturen" (Zeilenangabe / Belegstelle) nur zu vermeiden sei, wenn der Westen seine Kultur verteidigt und dieser nicht darauf hoffe, dass die anderen Kulturen sich ihm annähern werden.

Textwiedergabe „Argumentation"

Der Autor / die Autorin fasst seine / ihre Haltung / Sichtweise zusammen, indem er / sie ... / sagt abschließend ... / kommt zu dem Schluss, dass ...
Beispiel: Eberhard Kolb, Professor für Geschichte, kommt zu dem Schluss, dass jeder Historiker durch die Gewichtung der verschiedenen Faktoren darüber entscheidet, wie er das Scheitern der Weimarer Republik interpretiert.

Zusammenfassung

Ebenso wie (ein anderer Autor / eine andere Autorin) / anders als (die Meinung / Argumentation / Position von) ...
Beispiel: Die Historiker František Graus und Peter Schuster nehmen unterschiedliche Standpunkte in Bezug auf die Krise des Spätmittelalters ein. Während Graus ... betont, hebt Schuster ... hervor.

Vergleich

Er / sie will darauf hinweisen / erreichen / verdeutlichen / appelliert / zielt auf / verfolgt die Absicht ...
Beispiel: Der britische Mathematiker, Philosoph und Friedensforscher Bertrand Russell will mit seinem in der „Times" am 23. Oktober 1945 erschienenen Leserbrief auf die Geschehnisse im Kontext der Vertreibung der deutschen Bevölkerung aufmerksam machen.

Absicht

Beurteilung: Die Argumentation überzeugt (nicht) / ist widersprüchlich / schlüssig / (nicht) einleuchtend / nachvollziehbar / zutreffend, weil ... *Bewertung*: Ich stimme dem Autor / der Autorin zu / teile (nicht) die Haltung des Verfassers / der Verfasserin / schließe mich (nicht) der Argumentation an, weil ... / Aus heutiger Sicht / Perspektive lässt sich sagen / festhalten, dass ...
Beispiel: Die Thesen des amerikanischen Politologen Jack A. Goldstone über die Ursachen von Revolutionen überzeugen (nicht) aus folgenden Gründen: ...

Stellungnahme (Sach- und Werturteil)

2.4 Übungsklausur: Wurzeln unserer Identität

Die Aufgabenstellung bezieht sich auf das **Pflichtmodul** „Das deutsch-polnische Verhältnis" aus dem dritten Rahmenthema des niedersächsischen Kerncurriculums sowie den **Kernmodulen** „Nation – Begriff und Mythos" und „Deutungen des deutschen Selbstverständnisses". Daneben gibt es einen Bezug zum **Wahlmodul** „Deutsches und europäisches Selbstverständnis nach 1945". Außerdem liegt ein Semesterübergriff zum vierten Rahmenthema „Geschichts- und Erinnerungskultur" vor. Thematisch wird sich hier mit den Erinnerungen an die Opfer des Nationalsozialismus beschäftigt.

Pflicht- und Kernmodul

1. Arbeiten Sie die nationalen Symbole heraus, die in M1 verwendet werden. Analysieren Sie anschließend ihre Bedeutung.
2. Interpretieren Sie die Selbstdarstellung (M2), die Jozef Piłsudski im Rückblick vornimmt.
3. Erörtern Sie, wie „polnisch" oder wie „deutsch" der Fußballverein Schalke 04 in den 1930er-Jahren war (M3). Nehmen Sie dazu Stellung, warum die Vereinsführung von Schalke 04 so viel Wert darauf legte, die deutsche Herkunft ihrer Spieler zu dokumentieren. Berücksichtigen Sie dabei das Jahr 1934.

Kern- und Wahlmodul

4. Fassen Sie die Überlegungen von Theodor Heuss (M4) mit eigenen Worten zusammen und kommentieren Sie die Botschaft der Rede.
5. Erörtern Sie, welches Selbstverständnis sich in der Rede von Heuss manifestiert. Ordnen Sie die Rede in den historischen Kontext ein und nehmen Sie dazu Stellung.

Semesterübergriff

6. Erörtern Sie, inwiefern sich Heuss in seiner Rede mit Formen und Funktion von historischer Erinnerung auseinandersetzt.

Tipps für die Bearbeitung

- **Aufgabe 1**: Achten Sie hierbei insbesondere auf Attribute wie zum Beispiel den Eichenlaubkranz auf dem Kopf, das Schwert und den Hanfzweig in der rechten Hand sowie die gesprengten Fesseln zu den Füßen der Germania.
- **Aufgabe 2**: Gehen Sie auch darauf ein, vor wem Piłsudski seine Ansprache hielt und wie seine Worte möglicherweise aufgenommen wurden.
- **Aufgabe 5**: Hier ist die Einstellung der jungen Bundesrepublik zur NS-Vergangenheit zu berücksichtigen.

Hinweis: Ihre Arbeitsergebnisse zu den Aufgaben 1 bis 6 können Sie mit den Lösungsvorschlägen unter dem Code **32203-19** vergleichen.

M1 Germania

Die Malerei auf einem Transparent (482 x 320 cm) fertigt Philipp Veit im März 1848 an. Das Bild wird in der Frankfurter Paulskirche, dem Tagungsort der verfassunggebenden deutschen Nationalversammlung, angebracht. Heute befindet es sich im Germanischen Nationalmuseum in Nürnberg.

M2 „Aber was kann ich Machtloser geben?"

Auf der ersten Tagung der Legionäre in Krakau hält Jozef Piłsudski am 6. August 1922 eine Ansprache. Zu diesem Zeitpunkt ist er polnischer Staatschef. Im Rückblick stellt er seine Überlegungen von 1914 folgendermaßen dar:

Die Rechnung machte ich folgendermaßen: Jede Politik und jede Tätigkeit ist auf dem einfachen und rohen Grundsatz „do ut des"[1] aufgebaut; wo man alle Kraft anstrengen muss, um zu siegen, da ist nur das etwas wert, was zum Siege ver-
5 hilft [...] Aber was kann ich Machtloser geben? [...] Das war die Frage, meine Herren, und so entschloss ich mich, in diesem Falle das zu geben, was das Schwierigste war: den bewaffneten Arm, den Arm des Soldaten, der sich obendrein erst in schweren Mühen seinen Ruf als Soldat nicht nur bei
10 den Fremden, sondern auch bei den eigenen Landsleuten erwerben musste. Das war der schwerste, der zweifelhaf-

_____
[1] **do ut des** (lat.), deutsche Übersetzung: Ich gebe, damit du gibst.

teste und der allen Teilungsmächten unangenehmste Weg. Gleichzeitig fragte ich mich, wo, bei welcher der Teilungsmächte ich die Bedingungen vorfinden könnte, um eine Wehrmacht in Polen zu errichten, die am Ende des Krieges, 15 wenn schon alle durch den Krieg entsprechend geschwächt wären, in der Waagschale etwas bedeuten könnte [...]. Bei dieser Rechnung sagte ich mir von Anfang an: Der einzige Staat unter den Teilungsmächten, in welchem eine solche Arbeit begonnen und entfaltet werden kann, ist Österreich. 20 Das also ist meine Rechnung, die ich nur einigen, mir sehr ergebenen Menschen offen dargelegt habe:
Die Deutschen werden mit ihrer eisernen Organisation, mit ihrer furchtbaren Kriegsmaschinerie alles erfassen, was kriegstüchtig ist; das ganze Menschenmaterial wird für 25 Kriegszwecke verbraucht. [...] Auf irgendeinen Aufbau der Wehrmacht dort zu rechnen und darauf zu hoffen, wäre geradezu Selbsttäuschung gewesen. Von dort konnte ich nichts haben.
Wenn ich an Russland dachte, so war ich von vornherein 30 sicher, dass ein derartiger Versuch sofort auf große Schwierigkeiten stoßen würde, und zwar nicht nur auf moralisch-staatliche, sondern vor allem auf die allergrößten Hindernisse angesichts des inneren Machtbewusstseins des Staates, seines Bewusstseins der Macht und der Über- 35 legenheit gegenüber seinen Untertanen. Daher nahm ich also bei der Berechnung im Voraus an: Dieser Plan kann nicht in Russland zur Ausführung gelangen, denn Russland würde nicht darauf eingehen.
So blieb mir nur Österreich, der schwächste von den dreien, 40 mit dem sich daher am leichtesten reden ließ [...].
Der Entschluss vom 6. August gab Polen den Soldaten; er schuf das, was Polen vorher niemals besessen hatte: die Kraft, und ich möchte glauben, dass er vielleicht auch eine neue Art von Menschen schuf. 45

Jozef Piłsudski, Erinnerungen und Dokumente, Bd. 4: Reden und Armeebefehle, Essen 1936, S. 97 – 99 und 107

M3 Wurde 1934 eine polnische Fußballmannschaft Deutscher Meister?

1934 wird zum ersten Mal der FC Schalke 04 Deutscher Meister im Fußball. Da auch die polnische Presse darüber ausführlich berichtet, setzt sich der Herausgeber des Fußballmagazins „Kicker", Georg Nifka, am 10. Juli 1934 in dem Artikel „Die Deutsche Meisterschaft in den Händen der Polen" mit dem Problem auseinander:

„Die Deutsche Fußballmeisterschaft in den Händen der Polen', ,Polen Deutscher Fußballmeister', ,Schalke 04, die Mannschaft unserer polnischen Landsleute' usw. Unter diesen und ähnlichen Schlagzeilen berichtet die gesamte polni- 5 sche Presse [...] über das Ergebnis des Finalspiels der Deutschen Fußballmeisterschaft. Ja, der ,Przeglond Sportoury', das größte polnische Sportblatt, lässt sich von seinem Berliner Korrespondenten Gliner berichten, dass die Schalke-

Mannschaft in den bisherigen Jahren wegen ihrer polni-
10 schen Nationalität vom Deutschen Fußballbund auf alle
mögliche Weise benachteiligt wurde, nun allen Machinatio-
nen[1] zum Trotz Deutscher Fußballmeister geworden ist. Es
wird weiter berichtet, dass die Spieler Kuzorra, Szepan,
Badorek, Jarcyk, Zajons, Tibulski, Valentin, Kalwitzki, Urban,
15 ja sogar Mellage und Czerwonski Polen seien, Söhne von
polnischen Emigranten."
Zwei Wochen später, am 7. August 1934, antwortete die
Vereinsführung von Schalke 04 in einem offenen Brief
unter der Überschrift „Schluss mit den polnischen Gerüch-
20 ten" im „Kicker", veröffentlichte die Geburtsdaten und Ge-
burtsorte der Spieler und ihrer Eltern. Alle 13 aufgeführten
Spieler waren entweder im Ruhrgebiet oder in Westfalen
geboren worden. Bei den Eltern von 10 der 13 Spieler
handelte es sich um Arbeitsmigranten aus dem preußi-
25 schen Osten, zum größten Teil aus Masuren:
„Aus dieser Darlegung ist einwandfrei zu ersehen, dass die
Eltern unserer Spieler sämtlich im heutigen oder früheren
Deutschland geboren und keine polnischen Emigranten
sind. Ihre Söhne sind alle im westfälischen Industriegebiet
30 geboren, wodurch die Behauptungen, sie seien Emigranten
widerlegt sind. [...] Nach unserer Wahrnehmung denkt in
Deutschland niemand daran, unsere Mannschaft als Polen
zu bezeichnen, das beweisen auch die nach tausenden zäh-
lenden Glückwünsche aus allen Kreisen Deutschlands."

Britta Lenz, „Polen deutscher Fußballmeister"? Polnischsprachige Einwanderer
im Ruhrgebietsfußball der Zwischenkriegszeit, in: Dittmar Dahlmann, Albert S.
Kotowski und Zbigniew Karpus (Hrsg.), Schimanski, Kuzorra und andere polnische Einwanderer im Ruhrgebiet zwischen der Reichsgründung und dem
Zweiten Weltkrieg, Essen 2005, S. 237–250, hier: S. 248

M4 „Diese Scham nimmt uns niemand ab!"

*Zur Einweihung der Gedenkstätte Bergen-Belsen am
30. November 1952 hält der erste Bundespräsident der
Bundesrepublik, Theodor Heuss, folgende Rede:*

Als ich gefragt wurde, ob ich heute, hier, aus diesem Anlass
ein Wort zu sagen bereit sei, habe ich ohne lange Überlegung mit ja geantwortet. Denn ein Nein der Ablehnung, der
Ausrede, wäre mir als eine Feigheit erschienen, und wir
5 Deutschen wollen, sollen und müssen, will mir scheinen,
tapfer zu sein lernen gegenüber der Wahrheit, zumal auf
einem Boden, der von den Exzessen menschlicher Feigheit
gedüngt und verwüstet wurde. Denn die bare Gewalttätig-
keit, die sich mit Karabiner, Pistole und Rute verziert, ist in
10 einem letzten Winkel immer feige, wenn sie, gut gesättigt,
drohend und mitleidlos, zwischen nutzloser Armut, Krank-
heit und Hunger herumstolziert. [...]
Aber nun will ich etwas sagen, das manchen von Ihnen hier
erstaunen wird, das Sie mir aber, wie ich denke, glauben
15 werden, und das mancher, der es am Rundfunk hört, nicht
glauben wird: Ich habe das Wort Belsen zum ersten Mal im

Frühjahr 1945 aus der BBC gehört, und ich weiß, dass es
vielen in diesem Lande ähnlich gegangen ist. Wir wussten –
oder doch ich wusste – Dachau, Buchenwald bei Weimar,
Oranienburg, Ortsnamen bisher heiterer Erinnerungen, 20
über die jetzt eine schmutzig-braune Farbe geschmiert war.
Dort waren Freunde, dort waren Verwandte gewesen, hatten davon erzählt. Dann lernte man frühe das Wort Theres-
ienstadt, das am Anfang sozusagen zur Besichtigung durch
Neutrale präpariert war, und Ravensbrück. An einem bösen 25
Tag hörte ich den Namen Mauthausen, wo sie meinen alten
Freund Otto Hirsch „liquidiert" hatten, den edlen und be-
deutenden Leiter der Reichsvertretung deutscher Juden.
Ich hörte das Wort aus dem Munde seiner Gattin, die ich
zu stützen und zu beraten suchte. Belsen fehlte in diesem 30
meinem Katalog des Schreckens und der Scham, auch
Auschwitz.
Diese Bemerkung soll keine Krücke sein für diejenigen, die
gern erzählen: Wir haben von alledem nichts gewusst. Wir
haben von den Dingen gewusst: Wir wussten auch aus den 35
Schreiben evangelischer und katholischer Bischöfe, die
ihren geheimnisreichen Weg zu den Menschen fanden, von
der systematischen Ermordung der Insassen deutscher
Heilanstalten. Dieser Staat, den menschliches Gefühl eine
lächerliche und Kosten verursachende Sentimentalität 40
hieß, wollte auch hier tabula rasa – „reinen Tisch" – machen, und der reine Tisch trug Blutflecken, Aschenreste –
was kümmerte das? Unsere Fantasie, die aus der bürgerlichen und christlichen Tradition sich nährte, umfasste nicht
die Quantität dieser kalten und leidvollen Vernichtung. 45
[...] [D]ie Deutschen dürfen nie vergessen, was von Menschen ihrer Volkszugehörigkeit in diesen schamreichen
Jahren geschah. [...]
Nun höre ich den Einwand: Und die anderen? Weißt du
nichts von den Internierungslagern 1945/46 und ihren 50
Rohheiten, ihrem Unrecht? Weißt du nichts von den Opfern
in fremdem Gewahrsam, von dem Leid der formalis-
tisch-grausamen Justiz, der heute noch deutsche Menschen
unterworfen sind? Weißt du nichts von dem Fortbestehen
der Lagermisshandlung, des Lagersterbens in der Sowjet- 55
zone, Waldheim, Torgau, Bautzen? Nur die Embleme haben
sich dort gewandelt.
Ich weiß davon und habe nie gezögert, davon zu sprechen.
Aber Unrecht und Brutalität der anderen zu nennen, um
sich darauf zu berufen, das ist das Verfahren der moralisch 60
Anspruchslosen, die es in allen Völkern gibt, bei den Ame-
rikanern so gut wie bei den Deutschen oder den Franzosen
und so fort. [...]
Da steht der Obelisk, da steht die Wand mit den vielspra-
chigen Inschriften. Sie sind Stein, kalter Stein. Saxa loquun- 65
tur, Steine können sprechen. Es kommt auf den Einzelnen,
es kommt auf dich an, dass du ihre Sprache, dass du diese
ihre besondere Sprache verstehst, um deinetwillen, um
unser aller willen!

Zitiert nach: Bulletin des Presse- und Informationsamtes der Bundesregierung,
Nr. 189 vom 2. Dezember 1952, S. 1655 f.

---
[1] **Machination:** Machenschaft

Lösungsskizze: Historische Urteile untersuchen

Beurteilung (Sachurteil) | Jürgen Heyde geht davon aus, dass die gesellschaftliche Basis für den Aufstand zunächst sehr gering gewesen sei. Erst als die Liberalen begonnen hätten, zielstrebig auf eine „Nationalisierung" hinzuarbeiten, wären breitere Schichten der Bevölkerung bereit gewesen, sich dem Aufstand anzuschließen (vgl. Zeile 3 ff.). Dieses Sachurteil stimmt mit denjenigen Quellen und Texten überein, die bisher erarbeitet worden sind (vgl. hierzu die Seiten 35 f. und 42 f.). Allerdings lässt der Quellenauszug weitgehend offen, was genau unter „Nationalisierung" zu verstehen ist. Hier besteht Raum für Interpretation, weil die Begriffe Nationalismus, Nationalisierung und Nationsvorstellungen sehr unterschiedliche Bedeutungen haben können.

Hinweis: Den Text des Historikers Jürgen Heyde zum „Novemberaufstand" finden Sie auf Seite 45.

Heyde gibt ferner an, dass die großen Universitätsstädte Zentren des Aufstandes gewesen seien (vgl. Zeile 10 ff.). Dieses Sachurteil, das gut begründbar ist, lässt ferner darauf schließen, dass die ländliche Bevölkerung weniger als die städtische an dem Aufstand beteiligt war, also nicht so sehr von dem polnischen Nationalismus erfasst wurde. Trägerschicht der Freiheitsbewegung waren also vor allem die von Heyde angegebenen sozialen und politischen Gruppen und nicht so sehr die polnischen Bauern.

Heyde hebt als weiteres Sachurteil hervor, dass die Emigration für die Schaffung eines bestimmten nationalen polnischen Bewusstseins sehr wichtig gewesen sei (vgl. Zeile 15 ff.). Diese Auffassung ist plausibel und nachvollziehbar. Allerdings ist eine Formulierung wie „nicht zu unterschätzende[r] Einfluss" (vgl. Zeile 19) wenig präzise. Unklar ist, wie genau dieser Einfluss einzuschätzen ist. Handelt es sich um einige wenige französische Intellektuelle oder hat fast jedes Mitglied der jungen französischen Intelligenz die Schriften von Mickiewicz gelesen? Hier wären weitere Informationen notwendig und hilfreich. Diese könnte man erhalten, wenn beispielsweise die Auflagenhöhe seiner Werke angegeben würde. Ferner könnte analysiert werden, ob in zeitgenössischen Zeitschriften oder Zeitungen Diskussionen über seine Thesen stattgefunden haben, ob seine Bücher positiv oder negativ rezensiert worden sind und in welche Sprachen sie übersetzt wurden. Ein weiterer möglicher Indikator, an dem sein Einfluss gemessen werden könnte, wäre die Zahl der Studenten, die bei ihm Slawistik studiert haben.

Ein weiteres Sachurteil stellt fest, dass in Paris Werke entstanden, die für lange Zeit das Bild der polnischen Nationalbewegung prägen sollten (vgl. Zeile 25 ff.). Auch diese Annahme ist überzeugend und stimmt überein mit denjenigen Quellen und Texten, die bekannt sind. Es wird im vorliegenden Text ferner am Beispiel des leidenden Christus angegeben (vgl. Zeile 23), wie dieses Bild ausgesehen hat. Polen als unschuldiges Opfer ist ein Motiv, das im 19. Jahrhundert von Intellektuellen gerne benutzt worden ist, und das auch in dem weitgehend katholischen Polen Verbreitung gefunden hat. Unklar ist allerdings, wie genau es den polnischen Patrioten gelungen ist, die französische Regierung zu überzeugen, eine derartige Professur in Paris einzurichten. Zur Beantwortung dieser Frage müssten weitere Quellen herangezogen werden.

Lösungsskizze: Fotografien als Quellen deuten

Hinweis: Die Fotos vom 31. Juli und 1. August 1914 finden Sie auf Seite 75.

1. beschreiben | Das erste Foto wurde in Berlin (Unter den Linden) am 31. Juli 1914 aufgenommen und in der Wochenzeitung „Berliner Illustrirte Zeitung" veröffentlicht. Das zweite Foto entstand am 1. August 1914 auf dem Pariser Platz in Berlin. Die Fotografen sind nicht bekannt.

Im Zentrum des ersten Schwarz-Weiß-Fotos steht ein Offizier, der eine Erklärung zur drohenden Kriegsgefahr verliest. Um ihn herum befindet sich mit geringem Abstand zu ihm eine große Menschenmenge, die aufmerksam zuhört. Der Fotograf schoss seine Aufnahme aus der Vogelperspektive.

Das zweite Schwarz-Weiß-Foto zeigt junge Männer, die jubelnd ihre Hüte schwenken. Dabei schreiten sie zielstrebig fast frontal auf den Fotografen zu. Im Hintergrund ist ein bekanntes Gebäude in Berlin am Pariser Platz zu erkennen, das heißt, der zeitgenössische Betrachter konnte genau erkennen, wo die Szene spielt.

2. erklären | Beide Fotografien entstanden im Kontext der Kriegserklärungen des Deutschen Reiches im August 1914. Noch bis zu den 1980er-Jahren haben einige Historiker geglaubt, dass überall im Deutschen Reich auf den Kriegsausbruch mit Begeisterung reagiert worden sei. Neuere Forschungen haben hier aber ein sehr viel differenzierteres Bild gezeichnet. Viele der Fotografien, die jubelnde Menschen zeigen, sind nachweislich oder sehr wahrscheinlich gestellt, weil die damalige Kameratechnik „Schnappschüsse" kaum oder gar nicht erlaubte. Auch wenn vor allem in den Großstädten junge Menschen, häufig männliche Studenten, tatsächlich den Ausbruch des Krieges begeistert begrüßten, stellten sie nicht die Mehrheit der deutschen Bevölkerung dar. Stattdessen herrschte in vielen Gegenden Verwirrung und Konfusion, oft auch kollektive Hysterie vor. Der amerikanische Historiker Jeffrey Verhey betont ferner, dass in Berlin auch „karnevaleske" Verhaltensweisen auftraten. Betrunkene Jugendliche zogen nachts durch die Stadt zum Schloss oder zur österreichischen Botschaft und brüllten Parolen wie „Nieder mit Serbien!" oder „Hoch lebe Österreich!". Die Polizei ließ sie meistens gewähren, weil hier ja eine „nationale" Gesinnung ausgedrückt wurde – plötzlich waren Dinge erlaubt, die – außer im Karneval – ansonsten verboten gewesen wären.

Das zweite Foto soll die Kriegsbegeisterung in Berlin zeigen. Junge Männer, die noch Zivilkleidung tragen, bejubeln offensichtlich die Kriegserklärungen. Dem zeitgenössischen Betrachter wird suggeriert, dass sie sich wahrscheinlich sehr schnell freiwillig zur Armee melden werden, wenn sie es nicht bereits getan haben. Das Bild vermittelt Entschlossenheit und Siegessicherheit.

Das erste Foto hat eine etwas andere Wirkung. Offenbar bestand unter den Menschen ein erhebliches Bedürfnis zu erfahren, was eigentlich vor sich ging. Selbst wenn der Offizier eine sehr laute Stimme gehabt hat und die Menschen leise waren, ist es fast ausgeschlossen, dass jemand in den hintersten Reihen noch verstanden hat, was genau verlesen wurde. Dennoch scheinen alle ruhig und aufmerksam zuzuhören, um Informationen zu erhalten.

3. beurteilen | Beim zweiten Foto kann man fast sicher davon ausgehen, dass es gestellt ist, weil die damalige Kameratechnik derartige „Schnappschüsse" kaum möglich machte. Solche Fotografien sind im August 1914 in Deutschland zu Hunderten, möglicherweise zu Tausenden verteilt und abgedruckt worden. Sie dienten vor allem der Kriegspropaganda und sollten Stärke, Siegesgewissheit, Einigkeit und Entschlossenheit demonstrieren.

Das erste Foto dürfte der Realität in einer deutschen Stadt deutlich näher gekommen sein, als das zweite.

Lösungsskizze: Politische Plakate auswerten

1. beschreiben | Bei dem vorliegenden Material handelt es sich um ein Wahlplakat der SPD aus dem Jahre 1930. Die Schriftzüge bestehen alle aus Großbuchstaben und nennen neben dem Auftraggeber auch das Motto. Das Plakat zeigt laut Slogan „die Feinde der Demokratie" – und dies in dreifacher Personifizierung: Die zentrale Figur ist ein schwarzer Mann mit Hakenkreuz-Kappe, dessen Umrisse nur vage zu erkennen sind. Er scheint mit seiner rechten Hand in Richtung des Betrachters zu greifen und hält in seiner linken Hand einen nach unten gerichteten Dolch. Seine Mimik wirkt, als ob er schreit oder zum Angriff ruft. Links hinter ihm sieht man eine ebenfalls nur schemenhaft dargestellte Figur, die eine Kappe mit rotem Stern trägt. Rechts auf dem Plakat ragt ein Totenkopf mit Reichswehrhelm und Bajonett hervor.

Hinweis: Das Wahlplakat der SPD von 1930 finden Sie auf Seite 139.

2. erklären | Die drei Figuren dominieren das Bild und scheinen eingerahmt von Slogan und Aufruf zur Wahl („Hinweg damit! Deshalb wählt Liste 1"). Die zentrale Person stellt einen SA-Mann da, links davon ist ein Kommunist zu erkennen und ganz rechts handelt es sich um eine Allegorie auf die Gefahr des Militarismus. Das Plakat teilt somit in dreifacher Hinsicht Schelte aus: gegen die Kommunisten, gegen den rechtskonservativen Nationalismus und gegen die alten Eliten. Die Symbolik ist stark und gut gewählt (Stern auf der Kappe des Kommunisten, Hakenkreuz, Stahlhelm). Gleiches gilt auch für die Farbgebung: Durch die Verwendung der Nationalfarben Schwarz-Rot-Gold drückt die SPD ihr Bekenntnis zur Demokratie aus. Rot ist zudem die Farbe der Sozialdemokratie.

3. beurteilen | Anlass für die Veröffentlichung des Wahlplakates war die Reichstagswahl vom 14. September 1930. Es wendet sich an die potentielle Wählerschaft (Frauen und Männer) und gegen die politischen Gegner der SPD von rechts und links, die die Republik seit ihrer Gründung bekämpften. Vor allem die Parteien der extremen Rechten nutzten die „Dolchstoßlegende" (vgl. Seite 119) zur hasserfüllten Agitation gegen die demokratischen Vertreter der Weimarer Republik. Hierauf wird Bezug genommen durch eine „Richtigstellung": Nicht etwa ein Sozialdemokrat hält den Dolch in der Hand! Die SPD kämpft für ein Zurückdrängen der erstarkenden Flügelparteien des rechten und linken Parteienspektrums.

Die SPD will ihren Wählern die von diesen Parteien ausgehenden Gefahren veranschaulichen, indem sie ein Bedrohungsszenario aus Angst, Terror, Gewalt, Krieg und Tod entwirft. Dazu bedienen sie sich Stereotypen und Feindbilder. Die SPD will, ungleich ihrer Gegner, nicht mit Gewalt, sondern mittels der Wahl als demokratisches Mittel die gegnerischen Parteien ausschalten.

Die Bedrohung wird durch die ideenreiche Gestaltung, starke Farben, bekannte Symbole und Stereotype eindrucksvoll und verständlich in Szene gesetzt. Seine beabsichtigte Wirkung hat das Plakat rückblickend jedoch verfehlt: Bei der Reichstagswahl von 1930 verlor die SPD fast drei Prozent der Stimmen, blieb aber stärkste Partei. Die KPD gewann 2,5 Prozent Stimmenanteil, die NSDAP stieg mit 18,2 Prozent sogar zur zweitstärksten Partei auf.

Lösungsskizze: Rollenspiele durchführen

Hinweis: Das Rollenspiel zur Weimarer Republik finden Sie auf Seite 141.

Rollenprofil		ehemaliger ranghoher Offizier	junge Frau und Mutter	Beamter im mittleren Dienst	Arbeitsloser
	Bildung und Beruf	• klassische Schulbildung • Militärausbildung • durch Kriegsgeschehen zu Geld und Ansehen gekommen • lange militärische Familientradition • Traditionslinie (Kaiserreich)	• keine höhere Schulbildung / kein Bildungsbürgertum • kaufmännische Ausbildung = für Frauen nicht selbstverständlich! • nicht auf schwere körperliche Arbeit angewiesen	• vermutlich Bildungsbürgertum • klassische Schulbildung • Ausbildung zum Beamten im Staatsdienst • geprägt von den Idealen und politischen Grundsätzen des Kaiserreiches	• niedriges Bildungsniveau • gelernter Arbeiter oder Hilfsarbeiter? • ehemals Arbeiter in der Stahlindustrie • jahrelang harte körperliche Arbeit bei geringem Lohn
Sozialer Status		Oberschicht	Mittelschicht	Mittelschicht	Unterschicht
	Gefühle	• Berufsehre • Vaterlandsstolz • Kaisertreue • Monarchist • enttäuscht vom „Schmachfrieden" • verletzter Stolz durch „Alleinschuld"-Paragraph • Glaube an „Dolchstoßlegende" • Identifizierung mit Republik fehlt	• familiär • häuslich oder modern? • Angst um Selbstständigkeit (Wirtschaftskrise!) • Befürworterin der Republik • profitiert vom neuen Wahlrecht für Frauen • Angst vor Umsturz und politischer Radikalisierung	• ideologisch heimatlos durch Wegfall des Kaiserreiches • Distanzierung von radikalen Linken • Sehnsucht nach Stabilität / „den guten alten Zeiten" • fehlende Akzeptanz der Republik als Staatsform, arrangiert sich aber mit ihr	• Existenzangst • Frustration • fühlt sich übergangen, vergessen, abgeschrieben • Gefühl der Wertlosigkeit • Suche nach ideologischer und politischer Heimat (SPD als Interessensvertretung der Arbeiterschicht durch Spaltung weggefallen ➜ auf der Suche nach Alternativen) • enttäuscht vom neuen Staat (fehlende Fürsorge für Arbeitslose)
	Politische Ansichten	• nationalistisch • rechtskonservativ • antirepublikanisch	demokratisch	konservativ	Gefahr der Radikalisierung nach links oder rechts

Lösungsskizze: Karikaturen interpretieren

1. beschreiben | Die Zeichnung stammt von Hanns Erich Köhler (1905–1983), einem der bekanntesten Karikaturisten der frühen Bundesrepublik. Er veröffentlichte sie 1957 in der Frankfurter Allgemeinen Zeitung, der führenden überregionalen, politisch eher konservativ ausgerichteten deutschen Tageszeitung.

> **Hinweis:** Die Karikatur „Nicht wahr, Michelchen – keine Experimente!" von Hanns Erich Köhler finden Sie auf Seite 175.

2. erklären | Die Karikatur zeigt den an seinen charakteristischen Gesichtszügen erkennbaren ersten deutschen Bundeskanzler und CDU-Vorsitzenden Konrad Adenauer. In Anspielung auf seine Prägung als rheinischer Katholik und seinen autoritären Führungsstil ist er als Krankenschwester in Ordenstracht gekleidet. Lächelnd schiebt er eine Kreuzung aus Kinderwagen und Volkswagen, an dem vorn ein Kanonenrohr angedeutet ist. Im Kinderwagen liegen ein Geldsack und der als zufrieden schlafendes Baby dargestellte „Deutsche Michel" mit typischer Zipfelmütze, die Personifikation des deutschen Durchschnittsbürgers. Er hält einen Kühlschrank und einen Fernseher in den Armen. Thema der Karikatur ist die gesellschaftspolitische Situation Mitte der 1950er-Jahre (1957), die von Adenauers langjähriger Kanzlerschaft (1949–1963) und dem „Wirtschaftswunder" geprägt war, das VW-Käfer, Fernseher, Kühlschrank und D-Mark symbolisieren.

Mit dem Slogan „Keine Experimente" errangen die CDU/CSU und ihr Spitzenkandidat Adenauer bei der Bundestagswahl 1957 mit 50,2 Prozent der Mandate ihren bislang größten Sieg. Es war das erste und einzige Mal, dass eine Partei die absolute Mehrheit erhielt und die alleinige Regierungsfraktion stellen konnte.

Grundlagen für Adenauers Popularität waren der steigende Lebensstandard und die sinkende Arbeitslosigkeit. 1955 hatte die Bundesrepublik zudem mit dem Ende der Besatzungsherrschaft, dem NATO-Beitritt und der folgenden Wiederbewaffnung ihre Souveränität wiedererlangt. Adenauer konnte in seiner dritten Legislaturperiode nun vier Jahre lang ohne Koalitionspartner regieren und seine umstrittenen Ziele auch in der Außenpolitik verwirklichen. Dazu gehörte u.a. der Aufbau der Bundeswehr im NATO-Bündnis, worauf das angedeutete Kanonenrohr und die als schwarzer Horizont ausgemalte ungewisse oder gar dunkle Zukunft anspielen.

Mit seiner Karikatur nimmt Köhler Stellung zur politischen Einstellung der Bevölkerung, die sich in der Bundestagswahl spiegelt. Die meisten Deutschen hielten sich nach dem Krieg politisch zurück, konzentrierten sich auf den wirtschaftlichen Wiederaufbau und ihren privaten Lebensstandard. In Adenauer sahen sie den Garanten für Wohlstand und Stabilität. Für das „Experiment" eines politischen Wechsels gab es keinen Bedarf.

3. beurteilen | Der Karikaturist will dem Wähler einen Spiegel vorhalten und ihn daran erinnern, seine politische Verantwortung ernst zu nehmen. Adenauer hat sich in den acht Jahren im Kanzleramt ein so hohes Ansehen verschafft, dass ihm der Bundesbürger – mit den Errungenschaften des „Wirtschaftswunders" materiell zufriedengestellt – im Schlaf vertraut und freie Hand lässt, ohne zu wissen, wohin der Weg führt. Der Karikaturist wendet sich nicht gegen Adenauers Politik, sondern das Desinteresse, mit dem sich die Deutschen ihre gerade erst zurückgewonnene politische Mündigkeit aus Bequemlichkeit abnehmen lassen.

Zeichenstil und Bildkomposition sind einfach, die Personen leicht zu erkennen und auf wenige charakteristische Elemente reduziert. Die Karikatur ist eine gelungene Allegorie, da sie die komplexen Zusammenhänge des gesellschaftspolitischen Klimas der Adenauerzeit mit Text und Symbolik treffend, einfach und damit wirkungsvoll zusammenfasst.

1. Wurzeln unserer Identität

1.1 Kernmodul: Nation – Begriff und Mythos

Seite 12, M4, A2, F

Informieren Sie sich über realen historischen Hintergründe und Auswirkungen der Schlacht von Tannenberg/Grundwald im Jahre 1410. Stellen Sie anschließend die in M4 und M6 dargestellten Mythen, die sich auf deutscher und polnischer Seite entwickelten, sachlich begründet kritisch in Frage (Dekonstruktion).

Seite 13, M5, A3, F

Als Vorbereitung für Aufgabe 3: Analysieren Sie das Gemälde in seinen Bildelementen in Hinblick auf die Kennzeichen eines Mythos. Zum Beispiel: Sinnstiftung, Überhöhung, Komplexitätsreduktion und Stilisierung (Reduktion auf ein Muster mit hohem Wiedererkennungswert).

1.2 Kernmodul: Deutungen des deutschen Selbstverständnisses

Seite 16, M1, A5, F

Als Abschlussaufgabe für das gesamte Kernmodul: Diskutieren Sie nach der Bearbeitung der Materialien M1 bis M6 Ihr persönliches Selbstverständnis als Deutsche/Deutscher mit Ihren Mitschülern. Erörtern Sie dabei, welche Rolle der Postnationalismus (also die sinkende Bedeutung der „eigenen" Nation zugunsten übergeordneter Organisation wie z.B. der EU) und der Patriotismus für Ihre eigene Identität spielen. Überlegen Sie anschließend, inwieweit sich das deutsche Selbstverständnis durch die Geschichte gewandelt hat.

1.3 Kernmodul: Deutscher Sonderweg und transnationale Geschichtsschreibung

Seite 21, M1, A2, H

Zur Bedeutung der Weimarer Republik können die Informationen ab Seite 112 helfen. Über die Vorgeschichte und die Bedingungen der deutschen Reichsgründung geben die Darstellungstexte des Moduls „Das deutsch-polnische Verhältnis" ab Seite 26 Auskunft.

Seite 24, M3, A2, F

Überprüfen Sie anhand der Teilkapitel „Die deutsche und die polnische Nationalbewegung" (Seite 33 ff.), „Der Weg zur Reichsgründung" (Seite 46 ff.) sowie „Nation und Minderheiten" (Seite 56 ff.), inwieweit sich die von Winkler dargestellten Merkmale und Ursachen des „deutschen Sonderweges" nachweisen lassen.

1.4 Pflichtmodul: Das deutsch-polnische Verhältnis

Seite 32, M3, A1, H

Stellen Sie die von Wehler im Text beschriebenen Loyalitätsbindungen in Form eines Beziehungsdiagramms dar. Gehen Sie dabei jeweils von der „Ich-Identität" aus und beschriften Sie die Beziehungspfeile geeignet.

Seite 32, M3, A2, F

Beurteilen Sie die in M1 bis M3 dargestellten Positionen in Hinblick auf ihre Schlüssigkeit.

Seite 33, Abb., A, F

Arbeiten Sie aus der Karte heraus, was der Wiener Kongress für „Deutschland" bzw. „Polen" bedeutete und stellen Sie dies vergleichend in Form einer Tabelle dar. Ergänzen Sie Ihre Ergebnisse mit den Informationen aus dem Darstellungstext auf Seite 34 und 35.

Seite 43, M6, A3, H

Als Vorbereitung für Aufgabe 3: Diskutieren Sie die in M6 von Nipperdey dargestellten Gründe für das Scheitern der Revolution von 1848 und stellen Sie danach ein begründetes Ranking auf, welche Gründe Ihrer Meinung nach am relevantesten sind.

Seite 53, M2, A, F

Überprüfen Sie, inwieweit sich die von Bismarck betriebene Reichsgründung an seiner Erklärung von 1862 (M2) orientiert. Siehe dazu nochmals die Darstellung auf den Seiten 47 bis 51.

Als Abschlussaufgabe für das Teilkapitel: Erörtern Sie anhand der Ergebnisse der Bearbeitung der Materialien M2, M3, M4 und M6 sowie dem Verfassertext „Die Verfassung des Deutschen Reiches" auf Seite 51 die These, ob die Entstehung des deutschen Nationalstaats 1871 als „Einheit ohne Freiheit" zu sehen ist.

Charakterisieren Sie, in welcher Weise sich die Nationsidee in Polen zwischen 1919 und 1939 seit dem 19. Jahrhundert gewandelt hat. Sie können dazu auch die Verfassertexte auf Seite 76 bis 82 heranziehen.

Seite 83, M1, A2, F

Informieren Sie sich über den Warschauer Aufstand von 1944 und setzen Sie sich damit auseinander, inwieweit die Aussage, die das Denkmal dem Betrachter vermitteln will, historisch plausibel ist. Lesen Sie dazu auch den Verfassertext „Der polnische Aufstand vom Sommer 1944" auf Seite 90 f.

Seite 91, Abb., A2, F

Weisen Sie das dritte Stadium der Radikalisierung, das Liulevicius im M5 darstellt (vgl. Zeile 21 bis 30), in M2, M3 und M4 auf den Seiten 92 und 93 nach.

Seite 94, M5, A, F

Informieren Sie sich über den Inhalt des Warschauer Vertrags vom 7. Dezember 1970 und Brandts Fernsehansprachen dazu. Überprüfen Sie, ob sich die Botschaft, die die Fotos (M3) dem Betrachter vermitteln, auch in diesen Quellen widerspiegeln.

Seite 105, M3, A1, F

Beurteilen Sie die Bedeutung von Brandts Handlungen und seiner Politik für das deutsch-polnische Verhältnis.

1.5 Wahlmodul: Die Gesellschaft der Weimarer Republik

Ordnen Sie die Debatte in den historischen Kontext des ausgehenden Jahres 1918 ein. Sie können dazu als Hilfe die Darstellung auf den Seiten 114f. heranziehen.

Seite 130, M1, A1, F

Recherchieren Sie den Text der Verfassung der Weimarer Republik und des Bonner Grundgesetzes. Weisen Sie die Eigenschaften, die Sebastian Haffner der Weimarer Verfassung und dem Bonner Grundgesetz zuschreibt, in den jeweiligen Texten begründet nach.

Seite 132, M3, A1, F

Beziehen Sie die Informationen des Darstellungstextes „Kriegsende und Revolution" auf Seite 114 in die Stellungnahme bzw. Beurteilung mit ein.

Seite 133, M4, A2 und A3, H

Diskutieren Sie, inwieweit ähnlich ausgerichtete Hetzschriften auch heute noch existent sind und dann ggf. in einem nächsten Schritt, welche Wirkungen diese gegenwärtig erzeugen.

Seite 133, M5, A2, F

Informieren Sie sich über den Hintergrund von Kronprinz Wilhelm als Adressaten Stresemanns und erklären Sie vor diesem Hintergrund die Argumentation des Außenministers.

Seite 134, M8, A1, H

Legen Sie eine Folie über die Collage von John Heartfield und umranden Sie mit einem Folienstift einzelne Bereiche bzw. Bildebenen. Analysieren Sie diese dann in Bezug auf ihre Wirkung und Bedeutung hin. Beachten Sie dabei auch die Symbolik in den Bildelementen. Die Bearbeitung kann auch arbeitsteilig erfolgen. Die Bereiche sind dann unter den Gruppenmitgliedern zu verteilen. Im Anschluss werden die Teilergebnisse zusammengetragen und die Gesamtdeutung gemeinsam erarbeitet.

Seite 136, Abb., A1, H

Diskutieren Sie, wie die in M11 aufgeführten Faktoren zu gewichten sind – auch in Hinblick auf ihr jeweiliges Zusammenwirken. Als Hilfe können die Seiten 114 bis 129 genutzt werden.

Seite 137, M11, A2, F

Legen Sie eine Folie über das Gemälde von George Grosz und umranden Sie mit einem Folienstift einzelne Bereiche bzw. Bildebenen. Gehen Sie anschließend vor, wie weiter oben beschrieben. Siehe die Hilfestellung zur Seite 136, Abb., A1.

Seite 137, Abb., A1, H

1.6 Wahlmodul: Deutsches und europäisches Selbstverständnis nach 1945

Seite 146, Abb., A, H	Legen Sie eine Folie über die Karikatur und umranden Sie mit einem Folienstift einzelne Personen und Symbole. Identifizieren Sie diese in ihrer Funktion und analysieren Sie sie dann in Bezug auf ihre Wirkung und Bedeutung hin. Die Bearbeitung kann auch arbeitsteilig erfolgen. Tragen Sie die Ergebnisse anschließend zusammen, indem Sie die Beziehungen der Elemente/Personen untereinander diskutieren.
Seite 160, M1, A2 und A3, F	Setzen Sie die Haltung Hesses in Beziehung zu der Aussage der Karikatur auf Seite 146. Nutzen Sie auf der derselben Seite auch die Informationen des Textabschnittes „Schuld und Sprachlosigkeit".
Seite 161, Abb., A, H	Legen Sie eine Folie über das Titelblatt des „Ulenspiegel" und umranden Sie mit einem Folienstift einzelne Bereiche. Gehen Sie anschließend vor, wie weiter oben beschrieben. Siehe die Hilfestellung zur Seite 136, Abb., A1.
Seite 162, M3, A, H	Erstellen Sie zu den Daten einen Verlaufsgraphen. Beachten Sie dabei, dass die Zeitachse gleichmäßig skaliert wird (z. B. 1 cm für 1 Jahr). Beschreiben Sie anschließend den Verlauf des Graphen. Erklären Sie ihn auch anhand der Informationen auf den Seiten 146 bis 159.
Seite 164, M6, A2, F	Setzen Sie sich damit auseinander, inwieweit die im Text jeweils angesprochenen Defizite in der jeweiligen Vergangenheitspolitik heute behoben sind.
Seite 165, M8, A2, H	Informieren Sie sich über die von Münkler angesprochenen Inhalte. Überprüfen Sie dann, inwieweit hier jeweils eine Mythisierung vorgenommen wurde, indem Sie untersuchen, ob die Kriterien der Sinnstiftung, Überhöhung und Komplexitätsreduktion jeweils erfüllt sind.
Seite 170, Abb., A, H	Legen Sie eine Folie über die Karikatur und umranden Sie mit einem Folienstift einzelne Personen und Symbole. Gehen Sie anschließend vor, wie weiter oben beschrieben. Siehe die Hilfestellung zur Seite 146, Abb., A.
Seite 171, Abb., A, H	Suchen Sie nach Fotos und Abbildungen des Reichstagsgebäudes aus vergangenen Zeiten und untersuchen Sie jeweils, inwieweit sich die Architektur im Vergleich zur gegenwärtigen jeweils verändert hat bzw. gleich geblieben ist. Analysieren Sie die Gründe dafür.
Seite 172, M13, A1, H	Erstellen Sie eine Mindmap mit dem Titel „Charakteristika der Berliner Republik".
Seite 173, M15, A2, H	Eine Anregung kann hier das Modul „Das deutsch-polnische Verhältnis" liefern.

Lexikon zur Geschichte: Begriffe

Aufstand vom 17. Juni 1953: Nachdem die SED-Führung die Arbeitsnormen heraufgesetzt hatte, kam es in Ost-Berlin und 700 weiteren Städten der DDR zu Aufständen. Diese wurden mithilfe sowjetischer Truppen blutig niedergeschlagen.

Auschwitz: Das Lager Auschwitz wurde nahe der polnischen Stadt Oświęcim 1939 für die politischen Häftlinge aus Polen eingerichtet. Ab September 1941 begann der Ausbau zum größten Vernichtungslager im deutschen Machtbereich. Dort wurden ab Mai 1942 vornehmlich jüdische Häftlinge systematisch ermordet (▸ *Holocaust*). Außerdem entstanden mehrere große Industriebetriebe (z. B. IG Farben in Monowitz), für die die Häftlinge Zwangsarbeit leisten mussten. Bis zur Befreiung von Auschwitz am 27. Januar 1945 starben dort etwa eine Million Menschen.

Deutscher Bund: Er bestand von 1815 bis 1866 und war ein lockerer Staatenbund, dem die meisten deutschsprachigen Territorien angehörten. Seine Grenzen waren allerdings nicht identisch mit den Staatsgrenzen, beispielsweise gehörten die östlichen Teile Preußens und viele der nicht-deutschsprachigen Teile Österreichs nicht zum Bund. Einige Gebiete, die – wie Schleswig und Holstein – von ausländischen Herrschern regiert wurden, gehörten hingegen dazu. Ziel des Bundes war es, die innere und äußere Sicherheit der Mitgliedstaaten zu gewährleisten.

Deutscher Zollverein: Binnenmarkt, dem die meisten deutschen Staaten ohne Österreich angehörten

Entente: Kriegsbündnis, dem Frankreich, Großbritannien, Russland, Italien und zahlreiche weitere Staaten angehörten

Entspannungspolitik: Der Begriff beschreibt eine Phase des ▸ *Kalten Krieges* von Ende der 1960er- bis Anfang der 1980er-Jahre. In diesem Zeitraum versuchten die USA und die UdSSR sowie ihre jeweiligen Verbündeten Konflikte vorwiegend auf diplomatischem Weg zu lösen und gegenseitiges Vertrauen aufzubauen.

Expressionismus (von lat. *expressio*: Ausdruck): vom Ende des 19. Jahrhunderts bis ca. 1925 bestehende Kunstrichtung in Europa, die Erlebtes expressiv ausdrückt.

Frankfurter Auschwitz-Prozess: Mit 22 Angeklagten und 183 Verhandlungstagen handelte es sich um einen der größten und meistbeachteten Prozesse in der Geschichte der deutschen Justiz. Durch die Aussagen der mehreren hundert Zeugen – größtenteils KZ-Überlebende – sahen sich viele Deutsche gezwungen, sich mit der eigenen Rolle während der NS-Zeit und der mangelnden Aufarbeitung nach 1945 auseinanderzusetzen.

Freimaurer: internationale Bewegung, die bereits Anfang des 18. Jahrhunderts gegründet worden war. Ihre Ideale bestehen aus Freiheit, Gleichheit, Brüderlichkeit, Toleranz und Humanität. Sie praktizierten aber auch geheime Rituale, wurden deshalb häufig angefeindet und ihr Internationalismus stieß auf die Gegnerschaft von überzeugten Nationalisten.

Generalgouvernement: Bezeichnung für die besetzten polnischen Gebiete, die nicht unmittelbar dem Reich angegliedert worden waren

Ghetto: primär in Polen und den besetzten Gebieten der Sowjetunion eingerichtete abgesperrte Wohnbezirke, in denen die jüdische Bevölkerung unter unmenschlichen Bedingungen zusammengepfercht und häufig sich selbst überlassen wurde. Die Konzentrierung der Juden wurde gleichzeitig für die Ausbeutung ihrer Arbeitskraft genutzt. Katastrophale hygienische Verhältnisse, Unterversorgung und Epidemien führten zum Tod vieler zehntausend Menschen. Nach Auflösung der Ghettos wurde die jüdische Bevölkerung fast ausnahmslos in Vernichtungslager (▸ *Auschwitz*) deportiert (▸ *Holocaust*).

Grabmal des unbekannten Soldaten: besonderes Soldatendenkmal, durch das an die nicht namentlich identifizierbaren Gefallenen und an die jeweiligen Kriege erinnert werden soll

Hohenzollern: das – eigentlich protestantische – Fürstengeschlecht, aus dem die preußischen Könige stammten

Holocaust (Shoah) (griech. *holócaustos*: „völlig verbrannt" bzw. „Brandopfer"): wurde zunächst als Lehnwort ins Englische übernommen, gilt heute weltweit als Synonym für die systematische Ermordung von mindestens sechs Millionen europäischer Juden und anderer Opfergruppen. In der jüdischen Tradition wird für diesen Genozid (▸ *Völkermord*) der Begriff „Shoah" (hebr. „Großes Unheil, Katastrophe") verwendet, der sich jedoch ausschließlich auf die Judenvernichtung bezieht. In der NS-Terminologie wurde häufig auch der Begriff „Endlösung" verwendet.

Hyperinflation: eine völlig außer Kontrolle geratene Geldentwertung durch Ansteigen aller Preise

Imperialismus: Als „Zeitalter des Imperialismus" wird die Zeit zwischen dem späten 19. Jahrhundert und dem Ausbruch des Ersten Weltkrieges bezeichnet. In dieser Periode teilten die europäischen Mächte Afrika und Teile Asiens unter sich auf.

Indemnität: nachträgliche Billigung einer Regierungsmaßnahme

Jagiellonische Staatsidee: benannt nach dem mittelalterlichen bzw. frühneuzeitlichen Königsgeschlecht der Jagiellonen

Kalter Krieg: Bezeichnung für den politischen, wirtschaftlichen und militärischen Konkurrenzkampf zwischen den Supermächten USA und UdSSR und ihren Bündnissen (▸ *NATO* und ▸ *Warschauer Vertrag von 1955*). Frühe Höhepunkte waren die Blockade West-Berlins von 1948 und der Korea-Krieg (1950 – 1953). Die amerikanische „Politik der Stärke und des Dialogs" und die Reformen Gorbatschows in der Sowjetunion (Glasnost und Perestroika) beendeten 1989/90 den Kalten Krieg.

Landwehr: Bestandteil des preußischen Heeres. Sie umfasste alle Männer bis zum 40. Lebensjahr, die nicht dem stehenden Heer angehörten.

Lebensraumideologie: fester Bestandteil der NS-Außenpolitik zur Vergrößerung des deutschen „Lebensraumes im Osten" (Polen und Russland). Das Recht dazu wurde aus der Rassenideologie abgeleitet. Der aus der Biologie stammende Begriff „Rasse" wurde im 19. Jh. auf Menschen angewandt und zur weltanschaulichen Frage. Rassistisches Denken geht davon aus, dass die eigene Rasse einer fremden überlegen ist („Sozialdarwinismus").

Mittelmächte: Kriegsbündnis aus dem Deutschen Reich, Österreich-Ungarn, dem Osmanischen Reich und Bulgarien

Norddeutscher Bund: Der 1866 gegründete Bund bestand aus Preußen, 17 Kleinstaaten nördlich der Mainlinie und vier Freien Städten. Er ging 1871 im Deutschen Kaiserreich auf.

North Atlantic Treaty Organization (NATO): 1949 gegründetes Militärbündnis. Die Mitglieder sicherten sich gegenseitigen Beistand bei einem Angriff zu. Der NATO gehören 28 Staaten an (seit 2009). Zu den Gründungsmitgliedern zählen die USA und Kanada sowie Belgien, Dänemark, Frankreich (1966 wieder ausgetreten), Großbritannien, Island, Italien, Luxemburg, Niederlande, Norwegen und Portugal.

Paramilitärische Verbände: Truppen, die nicht einer regulären Armeeführung unterstehen, sondern sich auf eigene Initiativen hin zusammengefunden haben und/oder privat aufgestellt und finanziert werden

Partisanen: bewaffnete Widerstandskämpfer im Hinterland

Planwirtschaft: Wirtschaftsordnung, in der die Produktion von Gütern sowie deren Verteilung nach staatlich festgelegten Plänen vorgenommen wird.

Räterepublik: Herrschaftsform der direkten Demokratie. Räte sind gewählte Ausschüsse von Bewohnern eines Bezirks, Arbeitern und Soldaten. Sie sind an die Weisungen der Wähler gebunden und vereinen gesetzgebende, ausführende und rechtsprechende Gewalt auf sich.

Reichsexekution: (militärisches) Mittel eines Bundesstaates oder Staatenbundes gegenüber seinen Gliedstaaten

Rheinbund: Zusammenschluss der kleineren deutschen Staaten im Jahre 1806, der aber fast vollständig von den Franzosen abhängig war. Nach der Völkerschlacht bei Leipzig löste sich der Rheinbund 1813 auf.

Schutzstaffel (SS): 1925 gegründete Parteiformation zum persönlichen Schutz ▸ *Hitlers*, ab 1934 „selbstständige Organisation" der NSDAP mit polizeilicher Machtbefugnis

Soziale Marktwirtschaft: Wirtschaftsordnung der Bundesrepublik Deutschland, in der sich der Staat, anders als in der reinen freien Marktwirtschaft, durch gesetzliche Rahmenbedingungen um einen möglichst gerechten Ausgleich zwischen wirtschaftlich stärkeren und schwächeren Gruppen der Gesellschaft bemüht.

Ultramontanismus (von lat. *ultra montes*": „jenseits der Berge"): also jenseits der Alpen dem Papsttum und nicht dem preußischen Staat gegenüber loyal

Völkermord (Genozid): Auslöschung willkürlich definierter Gruppen von Menschen unter zumeist extrem brutalen Begleitumständen; der englische Begriff für Völkermord, *genocide*, geht auf den poln.-jüd. Juristen Raffael Lemkin zurück, der ihn im Jahr 1944 prägte. Beispiele für Genozide in der Geschichte sind der ►*Holocaust* sowie der Völkermord an den Armeniern während des Ersten Weltkrieges.

Warschauer Vertrag von 1955 („Vertrag über Freundschaft, Zusammenarbeit und gegenseitigen Beistand"): Militärbündnis, gegründet am 14. Mai 1955. Ihm gehörten die UdSSR, Albanien (bis 1968), Bulgarien, die Tschechoslowakei, die DDR (bis 1990), Polen, Rumänien und Ungarn an. Der Vertrag wurde am 1. April 1991 aufgelöst.

Wiener Kongress: 1814/15 versammelten sich die europäischen Mächte in Wien, um eine neue Friedensordnung zu beschließen, die mehrere Jahrzehnte funktionieren sollte.

Wilson-Frieden: Der US-amerikanische Präsident Woodrow Wilson hatte am 8. Januar 1918 einen „14-Punkte-Plan" vorgelegt, in dem er seine Vorstellungen von den Grundlagen einer zukünftigen Friedensordnung in Europa formulierte. Diese sollte auf dem Selbstbestimmungsrecht der Völker und dem Autonomie- und Nationalitätenprinzip basieren.

Lexikon zur Geschichte: Personen

Adenauer, Konrad (1876–1967): 1917–1933 katholischer Oberbürgermeister von Köln, 1948 Vorsitzender des Parlamentarischen Rates, 1950–1966 Mitbegründer und Bundesvorsitzender der CDU, 1949–1963 Bundeskanzler, 1951–1955 zugleich Bundesaußenminister.

Bismarck, Otto von (1815–1898): von 1862 bis 1890 preußischer Ministerpräsident; 1871–1890 Reichskanzler und Außenminister

Brandt, Willy (1913–1992): 1966–1969 Außenminister und Vizekanzler in der großen Koalition zwischen CDU/CSU und SPD, 1969–1974 Bundeskanzler der sozialliberalen Koalition. Erhielt 1971 den Friedensnobelpreis.

Brüning, Heinrich (1885–1970): 1930 bis 1932 Reichskanzler; 1934 Emigration in die USA

Ebert, Friedrich (1871–1925): Er arbeitete als Sattler, Redakteur und Gastwirt. Ebert engagierte sich früh in Partei und Gewerkschaft, war ab 1913 SPD-Vorsitzender, übernahm nach Ausrufung der Republik 1918 die Regierungsgeschäfte und wurde 1919 erster Reichspräsident der Weimarer Republik.

Friedrich Wilhelm IV. (1795–1861): preußischer König seit 1840, trat 1858 aus gesundheitlichen Gründen von seiner Regentschaft zurück

Havel, Václav (1936–2011): tschechischer Schriftsteller und Bürgerrechtler, von 1993 bis 2003 Präsident der Tschechischen Republik

Himmler, Heinrich (1900–1945): „Reichsführer SS" (▸*Schutzstaffel*); ab 1936 zudem Chef der Deutschen Polizei; einer der Hauptverantwortlichen für den ▸*Holocaust* und die zahlreichen Verbrechen der Waffen-SS; 1945 Selbstmord

Hindenburg, Paul von (1847–1934): Als Sohn eines adligen Offiziers und Gutsbesitzers durchlief Hindenburg ab 1866 eine militärische Karriere. Er wurde 1914 zum Oberbefehlshaber der Truppen an der Ostfront berufen und stieg im Ersten Weltkrieg zum Generalfeldmarschall auf. Von 1925 bis 1934 war er Reichspräsident, als welcher er am 30. Januar 1933 ▸*Adolf Hitler* zum Reichskanzler ernannte.

Hitler, Adolf (1889–1945): Hitler stammte aus dem österreichischen Braunau (Inn), kam 1913 nach München, wo er sich erfolglos als Künstler durchschlug. 1914 freiwillige Teilnahme am Ersten Weltkrieg in bayerischem Regiment, Verwundung und Auszeichnung, 1919 Propagandist der DAP, seit 1920 NSDAP; 1921 Vorsitzender der Partei, 1923 Hitler-Putsch und Festungshaft, 1925 Neugründung der NSDAP und Aufstieg zur Massenpartei, 1933 Ernennung zum Reichskanzler, ab 1934 „Führer und Reichskanzler".

Kohl, Helmut (1930–2017): 1969–1976 Ministerpräsident von Rheinland-Pfalz, 1973–1998 Bundesvorsitzender der CDU, 1982–1998 Bundeskanzler

Ludendorff, Erich (1865–1937): seit Herbst 1914 gemeinsam mit ▸*Paul von Hindenburg* Oberbefehlshaber im Osten, seit Herbst 1916 Generalquartiermeister im Großen Generalstab (3. Oberste Heeresleitung), damit faktisch Oberbefehlshaber der gesamten deutschen Armee; 1924–1928 Abgeordneter im Reichstag

Luxemburg, Rosa (1871–1919): einflussreiche Vertreterin der europäischen Arbeiterbewegung und Mitgründerin des "Spartakusbundes" sowie der "Kommunistischen Partei Deutschlands"

Metternich, Klemens Wenzel Lothar Fürst von (1773–1859): auf dem ▸*Wiener Kongress* österreichischer Außenminister und in den folgenden Jahren wichtigster europäischer Politiker

Mussolini, Benito (1883–1945): Begründer des italienischen Faschismus, einer nationalistischen, antidemokratischen Bewegung. Nach einem „Marsch auf Rom" übernahm er die Regierung. Seine Diktatur war lange Zeit Vorbild für die deutschen Nationalsozialisten.

Papen, Franz von (1879–1969): 1932 Reichskanzler; im Nürnberger Prozess gegen die Hauptkriegsverbrecher 1946 freigesprochen

Rathenau, Walther (1867–1922): Industrieller und Schriftsteller; 1919 Mitbegründer der DDP; 1922 von Rechtsradikalen ermordet

Stresemann, Gustav (1878–1929): Wirtschaftswissenschaftler und Politiker, 1923 Reichskanzler, 1923–1929 Außenminister. Er prägte die Weimarer Republik und erwirkte die Aufnahme Deutschlands in den Völkerbund.

Wałęsa, Lech (*1943): polnischer Arbeiterführer und Bürgerrechtler, erhielt 1983 den Friedensnobelpreis, 1990 bis 1995 Staatspräsident Polens

Wilhelm I. (1797–1888): preußischer König (1861–1888) und Deutscher Kaiser ab 1871

Wilhelm II. (1859–1941): seit 1888 König von Preußen und Deutscher Kaiser. Nach seiner Abdankung im Jahre 1918 lebte er im Exil im niederländischen Doorn.

Die **fettgedruckten Namen und Seitenzahlen** verweisen auf biografische Informationen in der Randspalte des Darstellungsteils.

Die **fettgedruckten Begriffe und Seitenzahlen** verweisen auf Erläuterungen in der Randspalte des Darstellungsteils.

Quellen und Methoden

Die Vergangenheit hat zahllose Spuren in unserer Gegenwart hinterlassen, die uns überall begegnen. Historiker bezeichnen diese Überreste aus früheren Zeiten als Quellen. Allgemein lassen sich folgende Arten unterscheiden:

- **schriftliche Quellen** (Textquellen): Gesetze, Zeitungen, Briefe etc.
- **visuelle Quellen** (Bildquellen): Gemälde, Karikaturen, Fotografien etc.
- **gegenständliche Quellen** (Sachquellen): Münzen, Fahrzeuge, Bauwerke etc.
- **mündlich überlieferte Geschichte** (mündliche Quellen): Sagen, Mythen, Zeitzeugenberichte etc.

Für jede Quellenart werden eigene Verfahren und Arbeitsweisen benötigt, um möglichst viele und verlässliche Informationen zu erhalten. Die nachstehende Übersicht bietet daher Hinweise auf Erklärungen, wie Sie Schritt für Schritt bei der **Quellenanalyse** vorgehen können. Zum einen wird auf die entsprechende Schulbuchseite verwiesen. Zum anderen finden Sie Codes, die sich auf Methoden beziehen, die nicht im Schulbuch abgedruckt sind.

Methoden im Schulbuch

Seite 44	Historische Urteile untersuchen
Seite 74	Fotografien als Quellen deuten
Seite 138	Politische Plakate auswerten
Seite 140	Rollenspiele durchführen
Seite 174	Karikaturen interpretieren

Methoden im Internet

Um auf die folgenden Methoden zuzugreifen, geben Sie bitte in das Suchfeld auf unserer Internetseite (www.ccbuchner.de) den in der Randspalte genannten Code ein.

Code 32203-20	Historiengemälde analysieren
Code 32203-21	Mit Karten arbeiten
Code 32203-22	Statistiken auswerten
Code 32203-23	Umgang mit historischer Fachliteratur üben
Code 32203-24	Verfassungsschemata auswerten